2018年

CHINA INDUSTRY DEVELOPMENT REPORT 2018

中国工业发展报告

中国信息通信研究院 主编

人民邮电出版社
北京

图书在版编目（CIP）数据

2018年中国工业发展报告 / 中国信息通信研究院主编. -- 北京 : 人民邮电出版社, 2018.12
ISBN 978-7-115-50449-4

Ⅰ. ①2… Ⅱ. ①中… Ⅲ. ①工业发展－研究报告－中国－2018 Ⅳ. ①F424

中国版本图书馆CIP数据核字(2018)第289364号

内 容 提 要

《2018 年中国工业发展报告》分为综合篇、行业篇和热点专题篇三篇。本报告立足于当前国内外发展新环境和新的发展阶段，全面、系统地分析了 2017 年全年我国工业整体运行态势及重点行业现状，揭示了需重点关注的问题，研判了未来发展趋势；同时聚焦热点专题进行了深入分析，充分揭示了当前我国工业发展全景及未来发展的重点。

本报告可供工业领域政府主管机构、行业管理部门、相关企业及研究人员等学习参考。

◆ 主　　编　中国信息通信研究院
责任编辑　杨　凌
责任印制　彭志环

◆ 人民邮电出版社出版发行　　北京市丰台区成寿寺路 11 号
邮编　100164　　电子邮件　315@ptpress.com.cn
网址　http://www.ptpress.com.cn
北京市艺辉印刷有限公司印刷

◆ 开本：787×1092　1/16
印张：26.5　　　　2018 年 12 月第 1 版
字数：429 千字　　　　2018 年 12 月北京第 1 次印刷

定价：198.00 元

读者服务热线：(010) 81055488　印装质量热线：(010) 81055316
反盗版热线：(010) 81055315

本书主要编写单位

主编单位

中国信息通信研究院

参与编写单位（排名不分先后）

中国石油和化学工业联合会
中国钢铁工业协会
中国有色金属工业协会
中国建筑材料联合会
中国汽车工业协会
中国机械工业联合会
中国纺织工业联合会
中国轻工业联合会
中国医药企业管理协会
中国电子信息行业联合会

本书主要编写人员

特约撰稿人（排名不分先后）：

中国有色金属工业协会会长　陈全训

中国医药企业管理协会会长　于明德

主　　编：刘　多

副 主 编：余晓晖

编 写 组：（按姓氏笔画排序）

王　戈　王文淦　王学恭　王贺彬　王骏成　王德春　文彩霞
尹　茗　叶盛基　冯　旭　冯琦杰　巩天啸　朱吉乔　朱　军
朱金周　朱　敏　刘世佳　刘棣斐　刘　默　汤　苗　严　苗
李拥军　李　杰　李明怡　李　贺　李晓佳　李媛恒　杨　楠
宋　超　张　红　张　洁　张　倩　张涌涛　范　敏　范德君
金永花　赵武壮　赵新敏　钟　倩　段雨泽　祝　昉　贺　静
倪　全　高　芸　郭　文　郭永新　唐广应　黄　骞　董温彦
傅向升　谢聪敏　瞿　伟

序

2018 年是改革开放 40 周年。改革开放 40 年以来，在“改革红利”“人口红利”“市场红利”“后发优势”“全球产业转移”和“技术变革”等多重因素驱动下，我国工业发展取得了巨大的成就，我国迅速成长为世界第一制造大国。40 年以来，工业持续保持高速增长。目前，我国是世界上唯一拥有所有工业门类制造能力的国家，钢铁、水泥、原煤、发电量等 200 多种工业品产量居世界首位。我国是世界第一制造大国，但大而不强，这是当前我国工业发展面临的基本国情。

2008 年以来，随着全球经济进入周期性调整期，我国经济也逐渐进入“新常态”，尤其是 2012 年以来，“三期叠加”的特征更加明显，增长速度处于由高速增长向中高速增长转变的换挡期，结构调整进入不断深化、压力加大的阵痛期，应对 2008 年金融危机的前期强刺激政策逐步进入消化期。为应对 2012 年以来工业面临的新形势、新特征、新问题，十八大以来，以习近平总书记为核心的党中央部署了一系列经济改革政策，提出了“五大发展理念”“供给侧改革”“三去一降一补”“大众创业　万众创新”“中国制造 2025”“互联网+”“高质量发展”“新旧动能转换”等重要方向，工业转型升级、结构调整、制造强国等取得了重大成效。2017—2018 年，工业发展逐渐呈现稳中有升、结构向优、协同开放的良好发展格局，工业增长总体稳定，并初现企稳回升的势头，新旧动能转换、结构调整取得初步成效，一些制约制造业发展的关键领域逐步突破，工业布局更加优化协同，开放水平不断提高。

与此同时，随着国际、国内形势变化，2018—2019 年我国工业发展面临新老问题交织的局面。例如，产业结构与现代化经济体系要求仍有差距，消费、投资和出口动力同现不足，稳定工业发展压力大，破除制造业发展短板任务紧迫，资源环境与经济发展的矛盾仍然突出，债务金融风险化解难度增大等。2018—2019 年是实现“十三五”发展目标的冲刺时期，是贯彻落实十九大精神的关键时期，是建设制造强国、推动经济高质量发展的重要时期。下一步工业发展要在突破关键领域发展障碍、提升工业创新能力上下苦功，抓住以新一代信息技术为核心的第四次工业革命机遇，实现由制造大国向制造强国的转变。

建设制造强国产业基础大数据平台是推动制造强国和网络强国的重要举措，也是改善决策、科学决策的重要手段。在工业和信息化部的指导下，中国信息通信研究院自 2015 年起开始建设“制造强国产业基础大数据平台”，现已初步建成基础数据库，逐步建设形成了一些科学决策支撑能力。《2018 年中国工业发展报告》分为综合篇、行业篇和热点专题篇三篇，综合篇基于中国信息通信研究院“制造强国产业基础大数据平台”，以数据为核心，全面展示了改革开放 40 年以来，尤其是 2017—2018 年以来的工业发展全景，梳理了 2017 年的政策图谱，研究提出了当前面临的突出问题和形势，并对 2018—2019 年形势进行了预判。同时，多年来中国信息通信研究院一直致力于凝聚政府部门、行业协会、研究机构和企业主体的力量，搭建了多方合作平台，推动工业发展。行业篇邀请了我国主要行业协会专家撰稿，总结了发展现状，研判了发展形势。热点专题篇围绕“高质量发展”“新旧动能转换”“智能制造”“大数据”“产业集群”等重点问题，凝聚了中国信息通信研究院相关专家的长期跟踪研究成果。

县域工业经济一直是中国信息通信研究院多年来关注的研究领域。长期研究表明，工业强县多为“富县”，贫困县工业多较弱，产业强则县域富，产业是县域经济可持续发展的核心和灵魂，发展县域工业是解决“‘三农’问题”、实施“精准扶贫”的重要路径。通过构建适应县域工业高质量发展的指标体系，每年发布“工业百强县（市）”榜单，加快引导和推动县域工业向高质量转型，走创新、协调、绿色、开放、共享的可持续发展之路。“工业百强县（市）”每年连续发布，本书在热点专题篇中继续发布了 2018 年“工业百强县（市）”榜单。

编　者

2018 年 10 月

目　录

综合篇

热点专题篇

综合篇

第一章　2017 年全球工业发展概况

一、全球工业发展现状

在各国重振制造业战略的引导下，制造业在全球经济中的地位不断提升，2017 年，全球制造业总体保持了平稳复苏态势，增速达到近年来的高点，对促进全球经济稳步增长发挥了重要的作用，尤其是对发展中国家经济社会的发展起到了支撑作用。全球竞争格局不断变迁，发达国家聚集各种创新资源保持制造业发展优势，新兴经济体也表现出了强劲的发展活力，随着产业的高端化发展，投资、贸易总体情况良好。

（一）制造业是创造财富、形成国家竞争力的重要产业

从不同类型国家制造业增加值占 GDP 的比重来看（如图 1 所示），高收入国家制造业增加值占 GDP 的比重整体呈下降趋势，低于全球平均水平，制造业对高收入国家经济稳定、国家竞争力的形成具有重要作用。制造业对中等收入、中低收入国家拉动作用强，对其未来不断发展进入高收入国家行列有支撑作用，中等偏上收入国家、中等收入国家和中低收入国家这三种类型国家的制造业增加值占 GDP 的比重显著高于其他类型国家，中等偏下收入国家制造业增加值占 GDP 的比重与全球平均水平相当，但 2018 年保持较快上升趋势，制造业对这几类国家的拉动作用更加显著。而最不发达国家、重债穷国和低收入国家这三种类型国家的制造业增加值占 GDP 的比重显著低于全球平均水平和其他国家。

（二）制造业在各国经济中的地位不断攀升

2008 年金融危机后，各国纷纷意识到制造业在稳定经济和提升国家竞争力中的重要作用，纷纷将发展重点、产业政策向制造业倾斜。2012 年以来，美国、德国、法国、英国、日本、韩国、印度等世界主要经济体都发布了工业或者制造业的国家战略。这些战略转变直接带动了 2012 年以来制造业增加值占 GDP 比重的回升（如图 2 所示），金融危机后，制造业增加值占 GDP 的比重快速下

降，到2009年降至15.66%，之后在政策刺激效应下快速回升，于2011年达到峰值（16.74%），2012年再次迅速下降到16.05%。但在世界各国不断加大对制造业的扶持后，2012年至今制造业处于稳定缓慢上升阶段，2016年全球制造业增加值占GDP的比重回升至16.32%，比2012年提升0.27个百分点。亚洲国家对制造业的依赖程度较高，从各地区制造业增加值占GDP的比重来看（如图3所示），近几年来，亚洲地区制造业增加值占GDP的比重远高于世界其他地区，是唯一高于全球平均水平的区域，之后依次是欧洲、美洲、非洲、大洋洲。

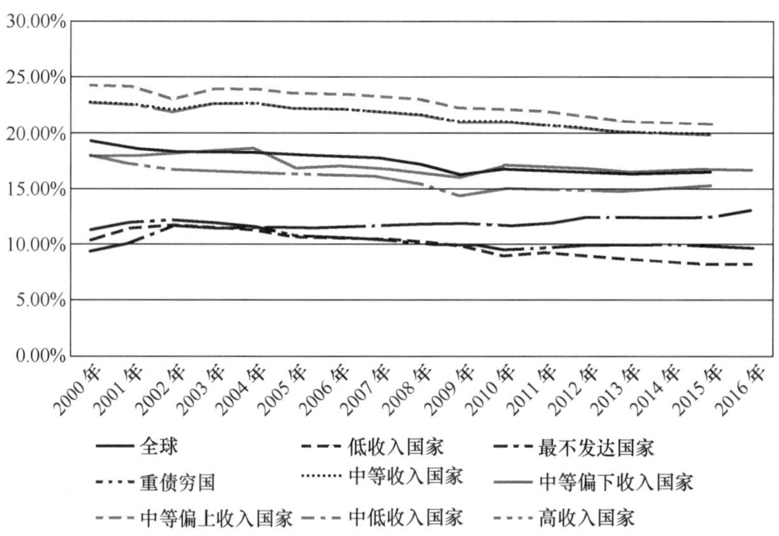

图1 2000—2016年不同类型国家制造业增加值占GDP的比重（数据来源：世界银行）

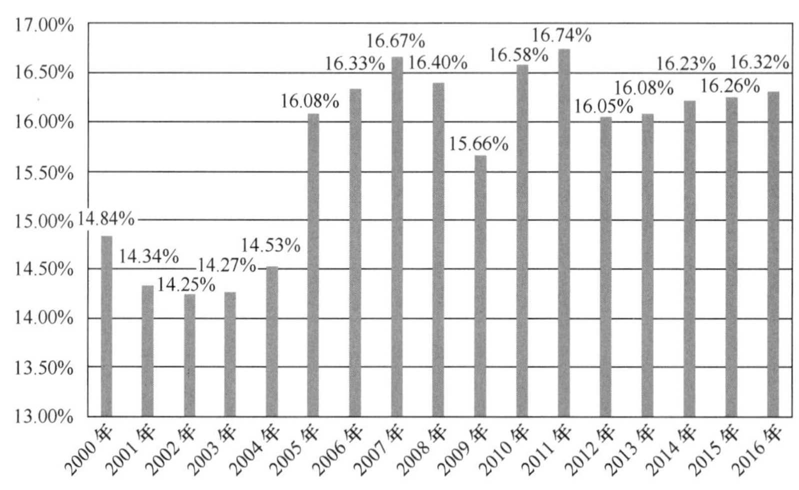

图2 2000—2016年全球制造业增加值占GDP的比重（数据来源：世界银行）

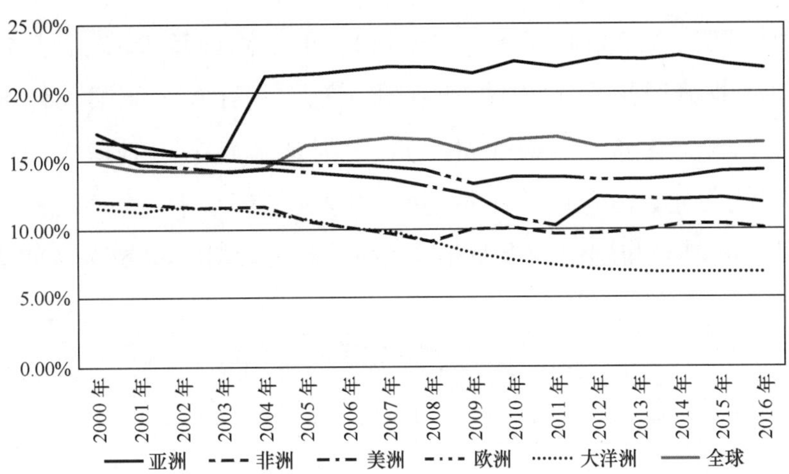

图 3　2000—2016 年主要地区制造业增加值占 GDP 的比重（数据来源：世界银行）

（三）制造业保持平稳复苏态势

经过 2008 年、2009 年金融危机调整后，自 2010 年起，全球制造业规模保持持续扩大态势（如图 4 所示），逐渐焕发新的活力，据世界银行统计数据，2016 年全球制造业规模达到 126 449.79 亿美元。从近几年制造业增加值增速来看，在金融危机后相关政策的刺激效应下，2010 年制造业增加值实际增速达到了 10.13%，之后随着各国短期刺激政策的退出，2011—2016 年增速基本保持在 2%～4%的平

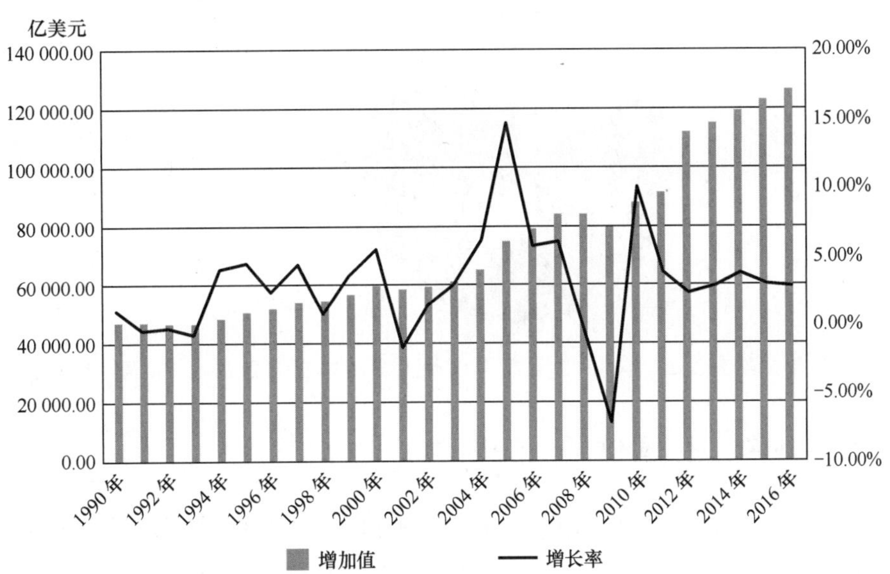

图 4　1990—2016 年全球制造业增加值发展趋势（数据来源：世界银行）

稳增长区间，2016 年达到 2.83%，比 2015 年小幅回落 0.13 个百分点。从主要经济体制造业情况来看，2016 年中国、美国、日本、德国、韩国制造业增加值规模居全球前五名（如图 5 所示），中国是全球第一制造大国，增加值达到 30 798.95 亿美元，占全球的比重达到 30.9%。2016 年，全球制造业增加值规模排名前二十位国家的制造业增加值总量占到了全球的 82.88%（如图 6 所示）。

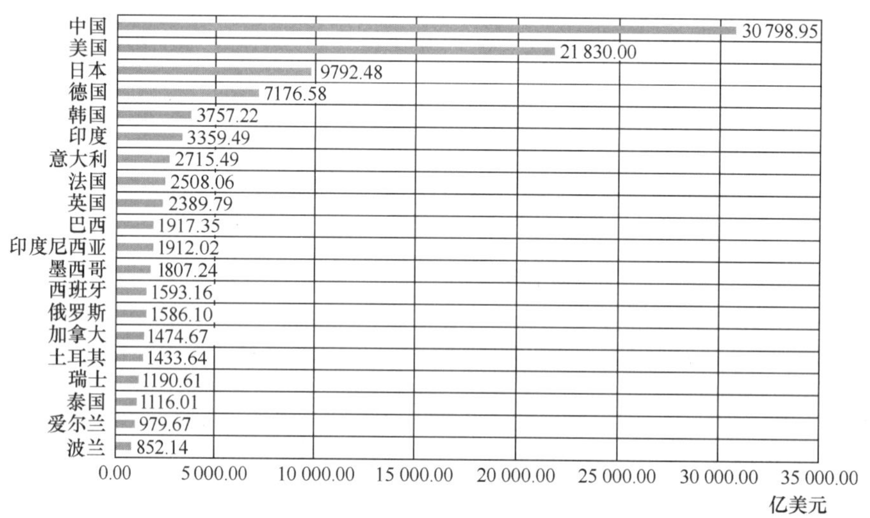

图 5　2016 年全球制造业增加值规模前二十名国家（数据来源：联合国统计司）

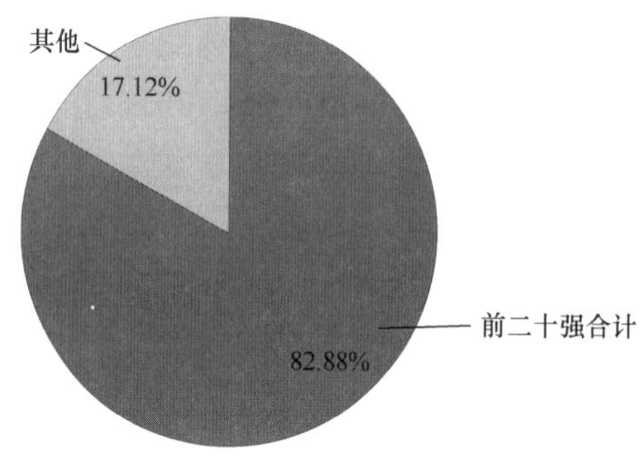

图 6　2016 年全球制造业增加值总量前二十强占全球比重（数据来源：联合国统计司）

（四）传统制造强国仍居优势地位

劳动生产率是反映一个国家竞争力水平高低的重要指标，从第一财经研究院计算的 2016 年全球主要经济体制造业劳动生产率水平来看（见表 1），排名前十的分别是美国、德国、日本、法国、西班牙、英国、韩国、澳大利亚、意大利和土耳其，基本都是传统发达国家和制造强国，尤其是排名前五的制造强国劳动生产率大幅超出其他国家，但中国、印度、马来西亚等新兴经济体劳动生产率提升很快。从制造业的规模占比来看，美国、日本、德国等发达国家下降较快，中国、印度、土耳其等新兴国家快速上升。总体而言，传统制造强国在人才、创新、环境等方面具有较大优势，美国、德国、日本在人才、创新、能源、环境等方面都具有绝对优势，中国与印度的优势仍然是成本竞争力。

表 1　主要经济体制造业劳动生产率水平及分时期年复合增长率

主要经济体	2000 年制造业劳动生产率（美元）	2008 年制造业劳动生产率（美元）	2016 年制造业劳动生产率（美元）	2000—2008 年复合增长率	2008—2016 年复合增长率	2000—2016 年复合增长率
美国	108 942	136 430	165 823	2.9%	2.5%	2.7%
德国	124 618	125 902	136 660	0.1%	1.0%	0.6%
日本	83 316	113 435	123 439	3.9%	1.1%	2.5%
法国	76 543	93 033	109 681	2.5%	2.1%	2.3%
西班牙	38 315	68 712	108 884	7.6%	5.9%	6.7%
英国	95 991	92 084	108 545	–0.5%	2.1%	0.8%
韩国	57 562	92 660	102 775	6.1%	1.3%	3.7%
澳大利亚	75 850	96 626	89 634	3.1%	–0.9%	1.0%
意大利	70 977	73 544	79 600	0.4%	1.0%	0.7%
土耳其	34 964	45 224	60 138	3.3%	3.6%	3.4%
墨西哥	43 413	54 558	59 449	2.9%	1.1%	2.0%
中国台湾地区	28 747	42 337	57 556	5.0%	3.9%	4.4%
巴西	59 456	56 687	47 439	–0.6%	–2.2%	–1.4%
南非	17 905	23 917	29 278	3.7%	2.6%	3.1%
马来西亚	12 744	17 850	24 871	4.3%	4.2%	4.3%
中国大陆地区	5550	11 090	23 505	9.0%	9.8%	9.4%
俄罗斯	12 862	19 321	22 831	5.2%	2.1%	3.7%
印度尼西亚	9332	12 663	14 333	3.9%	1.6%	2.7%
印度	2411	4087	5210	6.8%	3.1%	4.9%
全球平均	27 013	29 258	36 690	1.0%	2.9%	1.9%

注：劳动生产率以 2010 年美元计算，按照 2016 年水平排序。

数据来源：第一财经研究院。

（五）全球高技术产业发展迅速

从制造业结构现状来看，发展最快的是电子、信息通信、化学工业、汽车和机械电气制造业，其占制造业的比重不断上升，以信息通信、生命科学和生物工程、新材料和新能源为主的高技术产业发展迅速。高技术产业对传统产业的改造作用不断加大，推动传统劳动密集型产业向资本和技术密集型产业转变，如纺织业、服装业、建筑业，同时推动钢铁、汽车、化工等资本密集型产业逐渐向技术密集型产业转变。

从国家间的产业结构来看，根据联合国工业发展组织《2016 年工业发展报告》，1972—2012 年间，发展中国家在中低技术产业方面发展较快，发展中国家的中低技术产业占全球比重已经超过发达国家，表明近年来制造业在发达国家（地区）和发展中国家（地区）间形成了有序的梯度转移，实现了协同发展，发达国家（地区）高技术产业增加值占全球的比重仍然超过 50%，但差距在不断缩小。随着近几年发达国家（地区）纷纷提出重返制造业，利用本国科技优势发展高端制造业，同时设立贸易壁垒限制对发展中国家（地区）的技术出口，发展中国家（地区）在发展高技术产业过程中面临越来越多的障碍。

（六）科技研发投入产出表现良好

从研发投入强度来看，2018 年各国越来越重视提升本国的创新能力，主要经济体研发投入占 GDP 的比重逐年提高，全球研发支出仍然集中在 G20 国家，G20 国家的研发投入约占到了全球的 90%，相应的专利数量也占到了美国专利及商标局颁发专利总数的 90%以上。从 2015 年 G20 国家内部研发投入强度分布来看（见表 2），韩国以 4.23%的研发投入比重居首位，位居第二、三位的分别是日本（3.29%）和德国（2.93%），中国达到了 2.07%，在 G20 国家中排第七位。而从支出总额来看（见表 3），美国依然是研发投入总额最多的国家，中国仅次于美国，位居第二，欧盟地区排名第三，之后依次是日本、韩国。

表 2　　G20 部分国家研发支出占 GDP 比重

国家	研发支出占 GDP 比重
韩国	4.23%
日本	3.29%
德国	2.93%

续表

国家	研发支出占 GDP 比重
美国	2.79%
法国	2.22%
澳大利亚	2.11%
中国	2.07%
加拿大	1.71%
英国	1.70%
意大利	1.33%
俄罗斯	1.10%
土耳其	0.88%
南非	0.73%
阿根廷	0.63%
墨西哥	0.53%

数据来源：世界银行。

表 3　　G20 部分国家或地区研发支出总额排名

排名	国家或地区	研发支出（亿美元）
1	美国	4630
2	中国	3770
3	欧盟地区	3460
4	日本	1550
5	韩国	740

数据来源：世界银行。

从研发投入产出来看，专利数量稳步增多，尤其是以中国为代表的新兴国家专利数量增长很快。从主要国家 PCT 专利申请占全球的比重数据来看（如图 7 所示），美国始终是专利申请占比最多的国家，但其比重在不断下降。中国的增长势头迅猛，从 2000 年的 0.84%上升到 2017 年的 20.13%，并超过日本跃居第二位。日本近几年的上升势头有所减缓，德国则表现出下降势头，而法国、英国的该比重近年来相对稳定。从 2017 年中、美、日分领域 PCT 申请件数来看（如图 8 所示），3 个国家的专利申请主要集中在电气工程领域，其次是化工、机械工程与仪器。具体来看，在 5 个领域中，中国在电气工程领域的专利申请数超过美国、日本，日本在机械工程领域超过美国、中国，而在其他 3 个领域美国均排名第一。

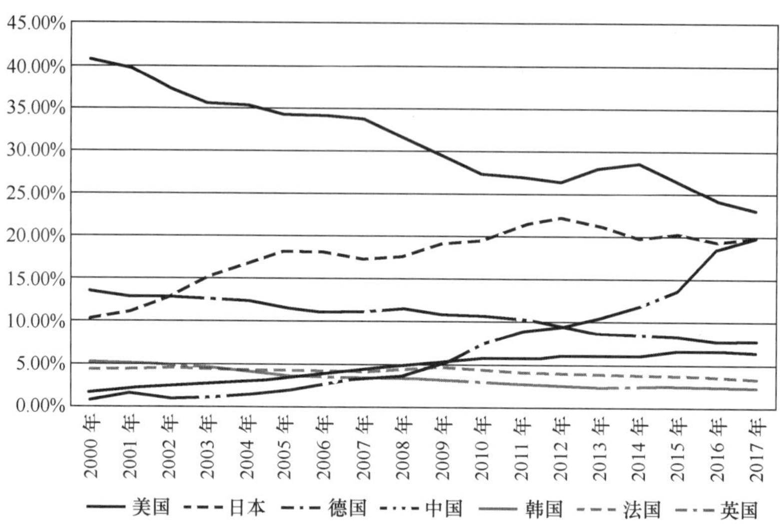

图7 2000年以来主要国家PCT专利申请占全球的比重(资料来源:世界知识产权组织(WIPO))

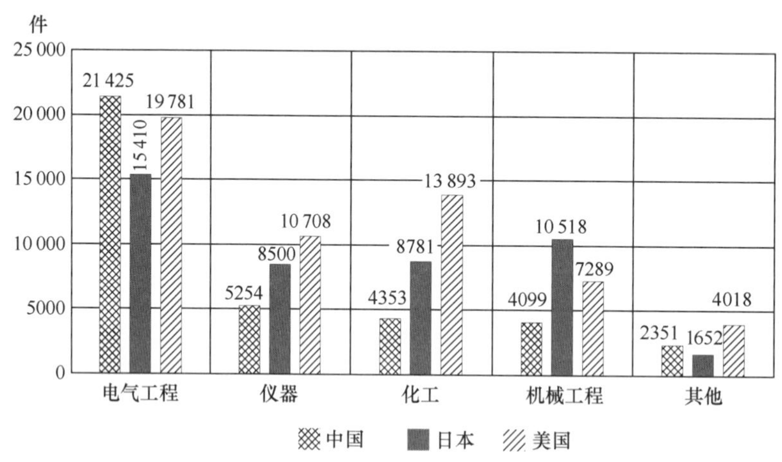

图8 2017年中、美、日分领域PCT申请数(数据来源:世界知识产权组织(WIPO))

(七)全球制造贸易持续转暖

2017年，在大宗商品市场的周期性复苏和新科技革命提振制造业的背景下，全球货物贸易回暖态势明显，世界贸易组织数据显示，2017年全球货物贸易量增长4.7%，达到2012年以来的最高水平。从全球货物贸易额来看，2017年全球货物出口贸易额为17.20万亿美元，货物进口贸易额为17.57万亿美元，分别增长约11%，其中中国货物贸易额达到4.10万亿美元，位居全球首位，美国为3.95万亿美元，位居第二。结合世界银行全球制造业进出口占商品进出口指标来看（如图 9 所示），近年来各国的重振制造业计划促进了全球制造业贸易的提升，从 2013 年起，全球制造业进出口占商品进出口的比重持续上升，2016 年制造业进口、出口占全球进口、出口总额的比重分别达到了 73.68%和 72.32%，制造业贸易对全球经济贸易的影响和拉动力显著提升。从高技术产品出口占制成品出口的比重来看（如图 10 和图 11 所示），2015 年高收入国家高技术产品出口重新超过新兴国家，2016 年高收入国家和中等收入国家高技术产品出口占比分别为 18.47%和 18.16%。

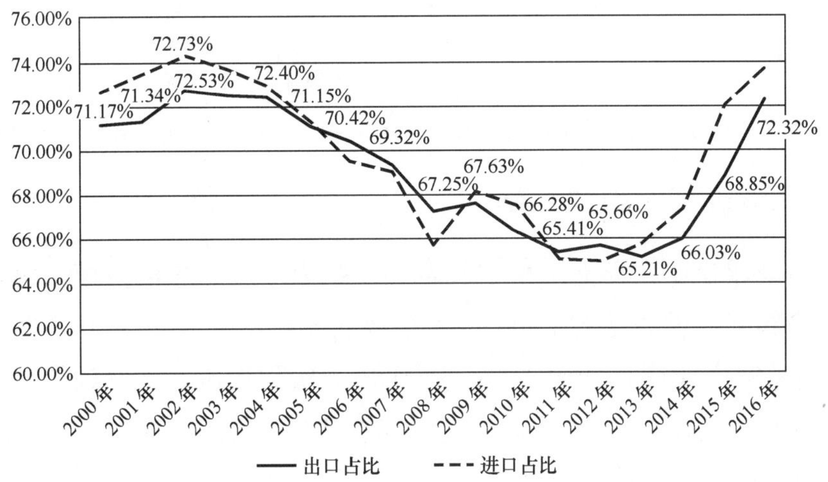

图 9　2000—2016 年全球制造业对商品进出口贸易占比（数据来源：世界银行）

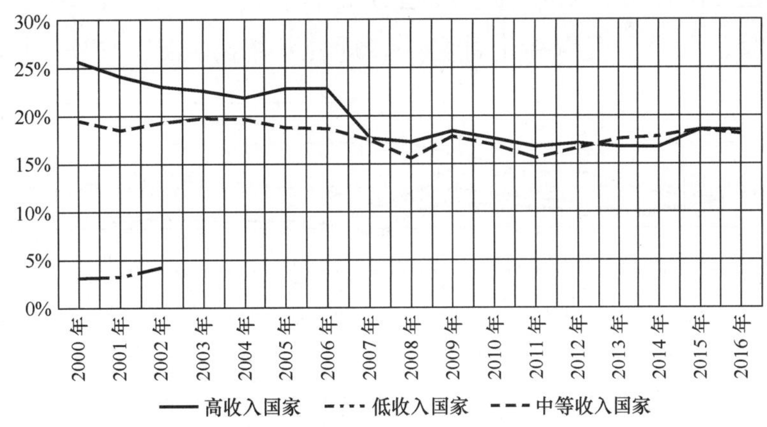

图 10　2000—2016 年不同收入国家高技术产品占制成品出口比重（数据来源：世界银行）

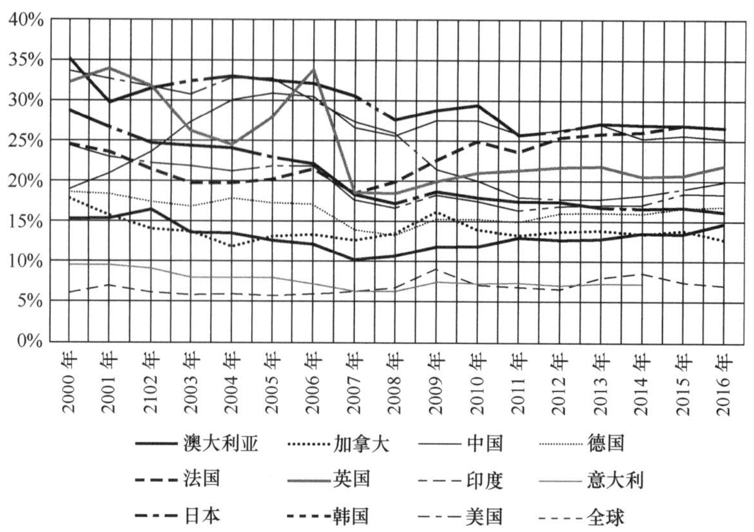

图 11　2000—2016 年主要国家高技术产品占制成品出口比重（数据来源：世界银行）

（八）全球投资波动性复苏

2017 年全球企业投资支出呈增长态势，结束了近 3 年的持续下滑，并创下 2011 年来的新高，据高盛对 2500 多家企业的调研结果显示，2017 年这些企业的资本支出总额同比增长 4%，与全球 GDP 的实际增速基本一致。从全球投资率来看（如图 12 所示），近年来全球投资率总体保持稳定，2017 年达到 25.57%，新兴市场和发展中经济体的投资率明显高于发达经济体，其中，新兴市场和发展中经济体的投资率总体保持上升态势，近几年上升势头有所减缓，2017 年为 32.31%；发达经济体的投资率与全球趋势基本一致，在经历了 2007—2009 年危机期的下滑后，至今一直保持上升势头，近几年增势稳定，2017 年为 21.21%。

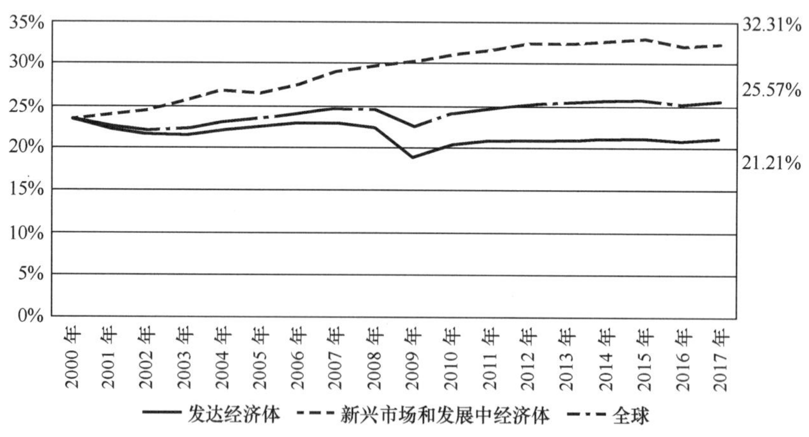

图 12　2000—2017 年不同类型国家历年投资率（投资占 GDP 比重）（资料来源：IMF）

从外国直接投资（FDI）及其增长率来看（如图 13 所示），全球 FDI 有起有伏，但总体处于上升态势，2016 年逆转了此前连续两年的下降势头实现了增长，达到 1.81 万亿美元，但 2017 年下降了 16%，降至 1.52 万亿美元。以美国、英国为首的发达经济体外资流入量的较大幅度下滑是造成全球 FDI 下降的主要原因，流向亚洲和大洋洲、拉丁美洲和加勒比地区的外国直接投资呈上升态势，其中，亚洲的跨境并购总额从 2016 年的 420 亿美元增至 2017 年的 730 亿美元。

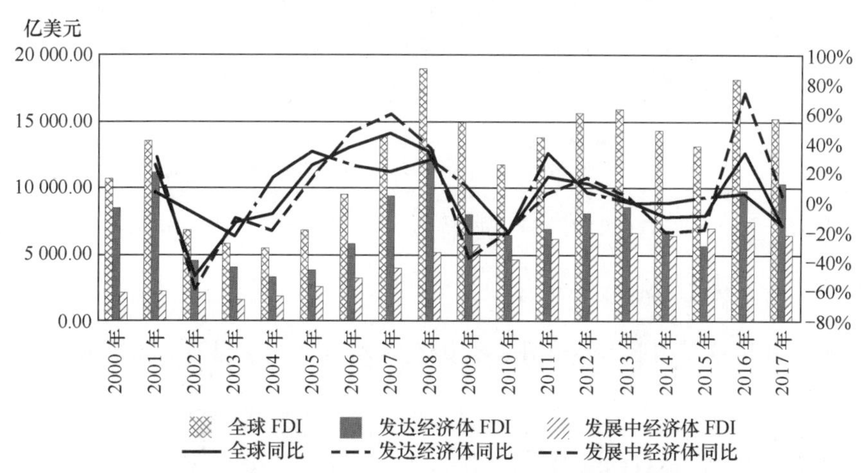

图 13　2000—2017 年全球及不同类型国家 FDI 流量及同比（资料来源：联合国贸易和发展会议）

（九）能源利用效率不断提高

从 1980—2015 年不同收入水平国家每 1000 美元 GDP 能耗量来看(如图 14 所示)，各国普遍的能耗平均水平在不断降低，这说明能源利用效率在不断提升，其中，高收入国家的能源利用效率始终领先其他国家。近来，能源利用效率提升最快的是中等偏下收入国家，其平均能耗水平甚至超过了中等收入国家，与高收入国家几乎持平。这一方面与中等偏下收入国家的产业结构有关，其产业体系主要以劳动密集型产业为主，资源密集型产业布局较少，劳动力要素是第一生产要素，能耗相对较少；另一方面也体现了近年来中低收入国家在提高能源利用效率上成效显著。与之相对应的，低收入国家和重债穷国的能源利用效率虽然也在提高，但仍然远远落后于其他收入水平的国家，这说明在经济水平相对落后的地区，由于缺乏足够的研发投入，能源利用尚处于较低水平，且进步相对缓慢。

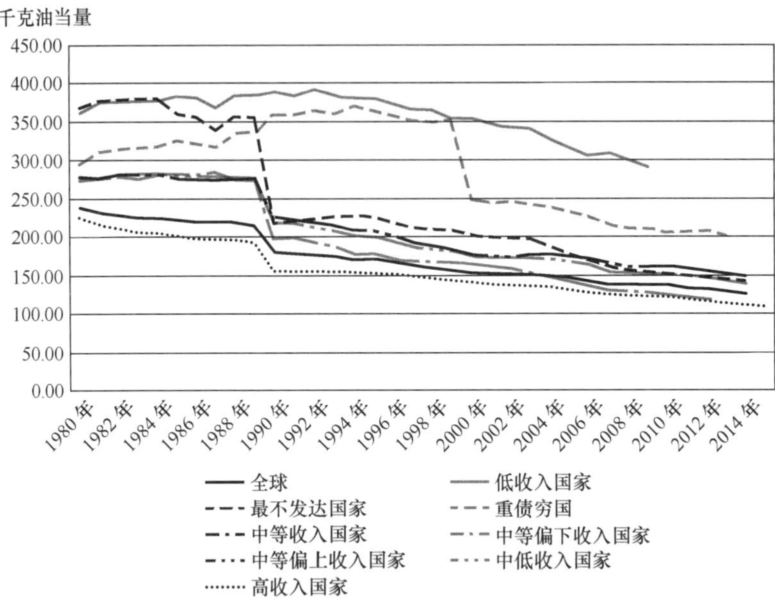

注：以购买力平价法 2005 不变价计。

图 14　1980—2014 年不同收入水平国家每 1000 美元 GDP 能耗量（数据来源：世界银行）

二、全球工业发展中存在的问题

与此同时，全球制造业复苏依然存在很多挑战，面临的下行风险依然很大。当前全球贸易保护主义抬头，给全球经济的可持续增长带来威胁，政策的不连贯和不确定性以及地缘政治风险都会影响世界范围内投资的增长。发达国家重振制造业战略带来全球制造业复苏的同时，也可能造成发展中国家中低端路径被锁定的风险。而以人工智能为代表的新技术在高速发展的同时，也将受到道德、法律、监管等层面的限制，这也会在一定程度上影响全球制造业的发展方向。

（一）全球经济增长动能不足

根据国际货币基金组织的《世界经济展望》，2017 年全球经济增长率为 3.8%，是 2011 年以来增长最快的一年。总体来看，世界经济虽然有景气恢复的趋势，但经济增长的后续动力仍然不足。从经济增长的主要动力来源看，新兴经济体是世界经济增长的主要动力。但总体上看，全球经济增长动能不足，后劲亟待开发。从消费、投资和贸易三大需求动能来看，2017 年全球消费者信心保持稳定，但外商直接投资流量表现出下降趋势，贸易增长转暖但保护主义盛行，提高了全球经济复苏的不确定性；从产业结构转换进程来看，目前全球经济仍然处在新经济增长动能与传统产业经济动能转换时期，能源资源产业、传统装备产业、纺织轻工产业、电子电器产业仍是全球经济发展的支撑产业，但这些产业目前仍处在产能出清阶段，短期内较难进入快速增长周期。与此同时，人工智能、3D 打印等新技术虽然不断涌现，但新经济增长动能尚未形成；从主要国家产业结构调整来看，近年来中国是带动全球经济增长的主要力量（2017 年 GDP 实现了 6.9%的增长），但中国目前也仍处在转型升级的关键历史时期，产业结构调整、技术改造升级、绿色发展提升等压力依然巨大，这些都限制了 GDP 的进一步增长，美、日、欧等主要经济体经济增长存在较大的不确定性，俄罗斯、巴西等国虽然在 2017 年结束了衰退，但再次衰退的风险依然存在，全球经济发展失衡问题和主要经济体发展问题等制约了全球经济的全面复苏。

（二）贸易保护主义倾向趋于严重

金融危机爆发后，全球贸易保护主义有所抬头，且在近期呈现进一步加剧趋势，贸易摩擦也不断增多，全球贸易环境阴云密布。以中国为例，按照商务部贸易救济调查局的数据，2017 年以来我国共遭遇来自 21 个国家和地区发起的 75 起贸易救济调查，美国和印度是对我国发起贸易救济调查的主要国家。2018 年以来，美国先后针对中国、欧洲等区域征收反倾销税或者高额关税。贸易摩擦增多的同时，各国多边谈判进展缓慢，全球贸易投资自由化步伐放缓。

全球价值链增长也随之放缓。贸易的高速增长与基于价值链的国际分工密切相关，专业化分工扩大了参与贸易的国家数量、贸易品数量，推动全球经济发展。但近期全球价值链分工则不断趋于放缓，究其原因，一方面是随着工业化的深入发展和工业技术水平的提升，部分发展中国家在产业价值链中的地位发生了变化，其出口产品中进口的成分降低；另一方面是发达国家的再工业化、重振制造业战略，因为其采取一些措施鼓励企业本地化生产，从而限制了全球价值链分工。

（三）发展中国家有低端路径锁定的风险

在全球价值链生产体系中，发展中国家利用自身劳动力价格较低的比较优势参与其中，通过承接发达国家转移的劳动密集型产业或劳动密集型环节，逐步建立了本国的产业体系，实现了经济的高速发展。当前新兴经济体是世界经济增长的主引擎，其对世界经济增长的贡献率明显超过发达经济体。根据 IMF 的数据，发达国家和发展中国家的经济总量之比已由 1990 年的 3.9 倍下降到目前的 1.5 倍。新兴经济体的持续快速增长需求、产业升级需求与发达国家的再工业化需求形成竞争。总体上，在全球价值链分工体系中，发达国家仍然占据了微笑曲线的两端——研发、销售两个附加值最高的环节，而发展中国家多数仍只参与附加值较低的加工组装环节。近年来，发达国家为了维持其产业链优势地位，不断加大对产业核心技术的保护程度，以保持其自身竞争力。而科技创新往往需要雄厚的资金实力和长期的资金投入，多数发展中国家短期内难以跨越这一障碍，同时高端人才更倾向于留在基础设施完善、生活条件优越的发达国家，这也使得发展中国家更难实现技术跨越，建立有竞争力的创新体系。因此，发展中国家存在可能被锁定在从事附加值较低的加工贸易环节的风险，其技术提升和产业结构升级难度加大。

（四）全球财政金融风险有所加大

金融危机爆发以来，全球总体处于宽松的金融环境中，同时全球债务总量持续攀升，国际货币基金组织（IMF）2018 年 4 月的《财政监测报告》数据显示，2016 年全球债务总量约为 164 万亿美元，占全球 GDP 总量的 225%，其中，2017 年发达经济体公共债务总量占 GDP 的 105%。2016 年全球债务水平比 2007 年高出约 40%，中国占债务水平增长 40%以上的份额。高额债务负担使得政府、公司和家庭更容易受到突如其来的金融状况收紧的冲击，这将进一步引发制造企业融资成本上升及其带来的一系列影响。而近年来主要发达经济体货币政策率先逐步转向通过减少负债、提升利率来收缩流动性，2017 年以来，美国的加息步伐提速，并正式提出缩减资产负债表（“缩表”）计划；欧元区、日本在经济复苏的背景下，量化宽松政策也出现转向；加拿大、英国、韩国也先后加息。全球主要经济体货币政策的转向有可能刺破前期量化宽松政策催生的资产泡沫，同时对债务水平较高的政府、企业和家庭产生重大影响。

三、全球工业发展趋势

2018—2019 年制造业增长的有利因素与不利因素交织，总体保持稳定增长趋势。随着战略导向和比较优势的变化，发达经济体与新兴经济体间的竞争以及两个经济体内部的竞争将进一步加剧。随着新技术、新模式的应用，制造业生产方式将进一步向智能化、定制化、绿色化转型，从而带动效率的提升。创新对各国制造业竞争力的提升将更加重要，技术创新将呈现集成化、网络化、专业化趋势。随着全球投资贸易环境的变化，全球经济治理秩序将逐渐变化，全球化新趋势将形成。

（一）制造业增长趋势总体稳定

2017 年全球经济增长良好，主要动力来源于投资贸易回暖和金融风险管控良好，从而促进了企业和家庭的支出，据 IMF 估计，2017 年全球产出增长 3.7%，比 2016 年提高了 0.5 个百分点。IMF 2018 年 2 月发布的最新《世界经济展望》预测，2018 年和 2019 年的全球增长约为 3.9%。2018 年美国的减税政策将持续刺激美国经济活动，企业所得税降低将直接带动企业投资增长，总体全球消费者信心指数呈现小幅上涨趋势[1]，这些因素有利于下一步制造业的稳定增长。但与此同时，制造业也面临一定的下行压力，从短期来看，财政刺激效应减退、金融市场收紧以及不利的全球贸易环境，将加大制造业的下行压力。从中长期来看，人口老龄化、技术创新革命性突破暂未形成、生产率增长乏力等将限制全球制造业复苏。总体预计，2018 年全球制造业将保持稳定增长态势。

（二）发达经济体与发展中经济体间的竞争进一步加剧

发达经济体战略转向和发展中国家比较优势变化，加剧了发达经济体与发展中经济体在制造环节的竞争。金融危机让发达经济体意识到本区域发展制造业的重要性，发达经济体纷纷出台再工业化战略，扶持本国制造业的发展，同

[1] 益普索最新发布的《2018 年 2 月全球消费者信心指数》。

时通过税率改革等一系列措施吸引本国跨国企业回流，将生产基地从海外搬迁回本国。按照全球价值链分工，跨国公司通常将低端产业和生产过程中的劳动密集型环节布局到发展中经济体，以利用发展中经济体较低的劳动力价格和政策优势，从而在制造端降低成本。但随着发展中国家经济社会的发展，劳动力价格不断上涨，低成本优势渐渐流失，加之生产技术和生产方式变革的影响，也促进了跨国公司将生产制造环节向发达国家回流。在两方面的共同作用下，发达经济体和发展中经济体在制造环节的竞争将进一步加剧。与此同时，全球制造业发展正处在一个产业和技术革新的重要转型时期，发展中经济体面临发展赶超的窗口期，发达经济体和发展中经济体都在集中资源，抢占未来产业和未来技术高点，发达经济体和发展中经济体在新产业、新技术方面的竞争也将进一步加剧。

（三）制造业向按需生产模式转变将带动整体效率提升

制造业加快与新技术、新产业、服务业融合发展，生产方式向智能化、个性化、服务化方向发展。由于大数据、智能制造等技术的不断发展和普及，企业逐渐改变了以往大工业化时代大批量、同质化的生产方式，小批量、定制化、个性化的产品将越来越多地产生，从而满足不同用户的需求。在未来的一段时间内，所有行业的制造业企业都将更接近市场，通过提供更加符合客户需求和喜好的产品来维持企业的竞争力，同时大数据的应用可以确保企业及时获取客户的偏好和购买习惯等数据，从而迅速应对市场变化。受益于这种生产模式的升级，供应系统的反应能力也在不断提升，从而有效提高了库存管理的效率。按需生产模式同样也会在多领域产生协同效应，使得上游企业同样面临效率升级的压力，从而倒逼供应商更积极地服务下游客户，缩短供应链，提升自身应对能力，最终带动上游产业整体经营管理效率的提升。同时，制造业将更加突出可持续发展，注重绿色化发展。

（四）集成化、网络化、专业化创新渐成趋势

技术创新能力对全球制造业竞争力提升的作用将更加凸显，各主要经济体更加注重从国家层面引导创新和技术发展，很多国家都在不断制定和完善国家创新战略，传统的劳动力、土地、资本将逐渐失去主导地位，知识逐渐成为制

造业发展的第一生产要素。从技术趋势来看，人工智能、生命科学、新能源、新材料是重要的技术革新方向，也是各国科技创新的制高点，短期内尤其是以人工智能为主的信息技术将是重点突破方向，将进一步改变制造业生产方式，极大地提高生产效率。从创新组织模式来看，集成化、网络化创新趋势已基本形成，开放与合作创新将更加普遍。当前新兴经济体竞争力提升、技术更新周期缩短，改变了技术创新模式，创新能力的提升更加强调开放性和合作性，需要跨领域运用各领域的创新技术，强化并购、风投等资本与技术的结合，整合内外部创新资源才能保持技术创新优势，开放合作创新模式极大地提升了全球创新的速度和效率。同时，企业研发外包渐成趋势，专业的研发服务公司将不断增多，例如像集成电路设计公司、消费电子独立设计企业、第三方设计公司、软件研发外包企业等研发新业态不断涌现，促进了研发活动的效率提升。人才是创新的核心资源，全球的人才竞争也将更加激烈。

（五）经济全球化趋势面临新转变

经济全球化的重点在于充分利用各经济体的比较优势，形成专业化和规模化的效应，直接表现为全球投资、贸易活动的迅速扩张，财富的快速积累，这些都将推动全球生产体系的形成。但随着英国脱欧、多国贸易纠纷持续复杂化，目前全球化进程面临着前所未有的挑战。尤其是以美国为首的一系列贸易调查和征收高额关税的措施，将产生“黑天鹅效应”，短期内将影响全球企业全球化布局和投资决策，同时也将促使其他国家采取更多的贸易保护政策。贸易保护主义加剧了地区之间紧张对立的冲突情绪，给世界经济发展的前景蒙上了一层阴影。在此背景下，原有的贸易规则和全球经济治理体系将面临一系列的挑战，同时也暴露了当前全球经济治理体系存在的碎片化和不平衡等缺点，全球经济治理体系亟待变革，经济全球化趋势面临新的转变。

第二章　2017 年中国工业发展全景

面对错综复杂的国内外形势，2017 年，中国工业经济仍然承担起了支撑国民经济发展的重要职责，支撑了国民经济的稳定良好运行，保障了社会就业和发展。2017 年至 2018 年上半年，中国工业发展呈现稳中有升、结构向优、协同开放的良好发展格局："一稳"——工业运行总体平稳，工业增长、投资、贸易、效益保持良好稳定发展；"一升"——投资、利润、价格等驱动工业增长的动能指标逐步呈现出企稳回升的势头，创新能力稳步提升；"一优"——工业结构持续优化，高技术、装备制造、战略性新兴产业领域引领工业增长，私营企业市场活力不断提升，工业向智能化、绿色化、服务化转型步伐不断加快，新兴动能持续活跃；"协同"——重大区域战略稳步实施，东、中、西、东北以及南北区域发展逐渐协同；"开放"——对外贸易、对外投资取得新突破，全球化布局加速。

一、2017 年中国工业运行全景

（一）工业支撑经济社会稳定发展

1. 工业支撑国民经济稳定

随着我国工业化进程的不断深入发展和行业投资效率差异化不断加大，自 2012 年以来，第二产业、工业经济占国民经济总量的比重不断下降，到 2016 年，第二产业占比降至 39.88%，工业增加值占比降至 33.34%（如图 15 和图 16 所示）。近年来，世界各国在制造业领域的技术创新不断得到重视和发展，我国企业也围绕制造强国战略不断加大在新兴产业领域的发展，2017 年工业增加值达到 279 997 亿元，工业在国民经济中的地位得到进一步强化，具体表现为 2017 年工业增加值占 GDP 比重出现回升，回升至 33.85%，比 2016 年回升 0.51 个百分点，在工业拉动下第二产业比重也微升至 40.46%，比 2016 年回升 0.58 个百分点（如图 16 所示）。

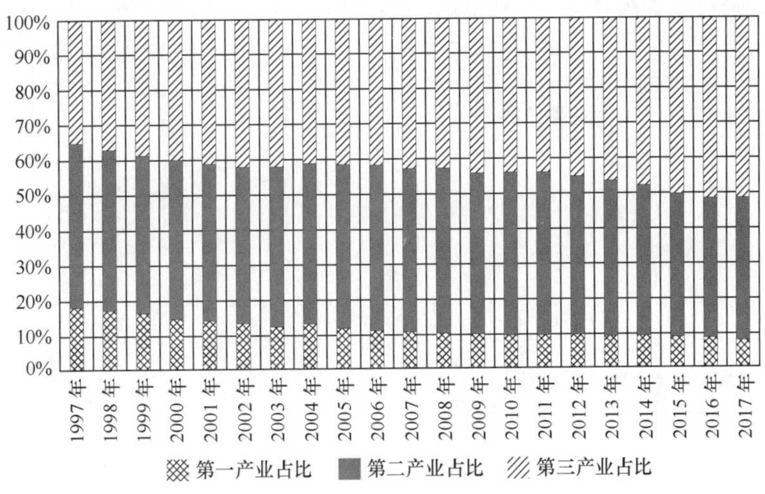

图 15 1997—2017 年第一、第二和第三产业占比趋势

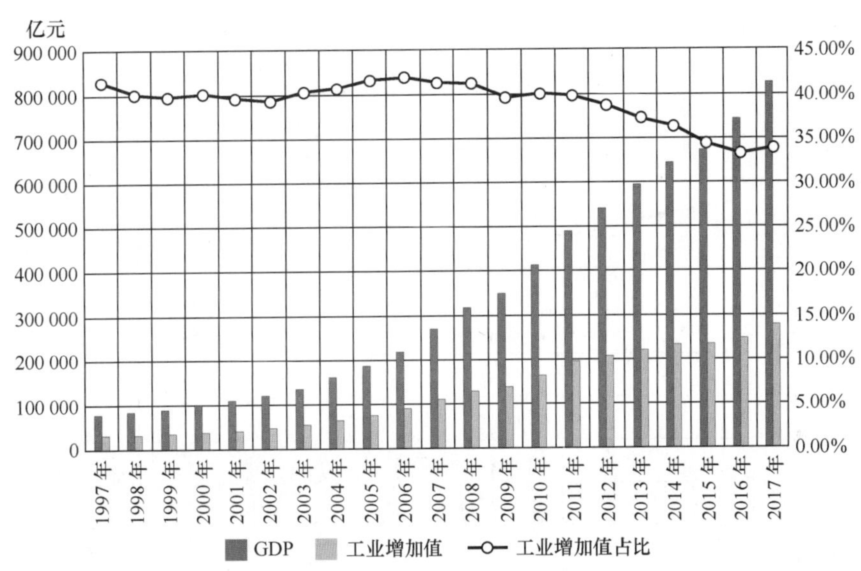

图 16 1997—2017 年工业增加值及其占 GDP 的比重

2. 工业保障社会就业稳定

2016 年工业城镇单位就业数达到 5772.3 万人，占总体城镇单位就业人数的 32.3%，但自 2013 年以来，工业城镇单位人数呈现下降趋势，工业城镇单位就业占总体城镇单位就业的比重也有一定程度的下滑，这与工业增长有所放缓、企业逐渐开始智能化改造、机器换人等因素有关（如图 17 所示）。2016 年工业法人单位数达到 322.28 万个，比 2015 年增加约 23 万个，占总体法人单位数的 17.71%（如图 18 所示）。

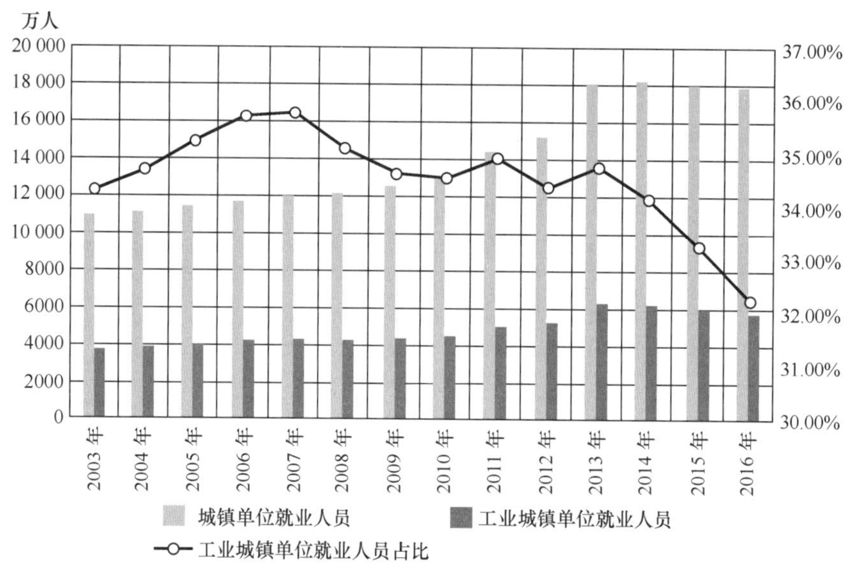

图17　2003—2016年工业城镇单位就业人员占全部城镇单位就业人员比重

（数据来源：国家统计局）

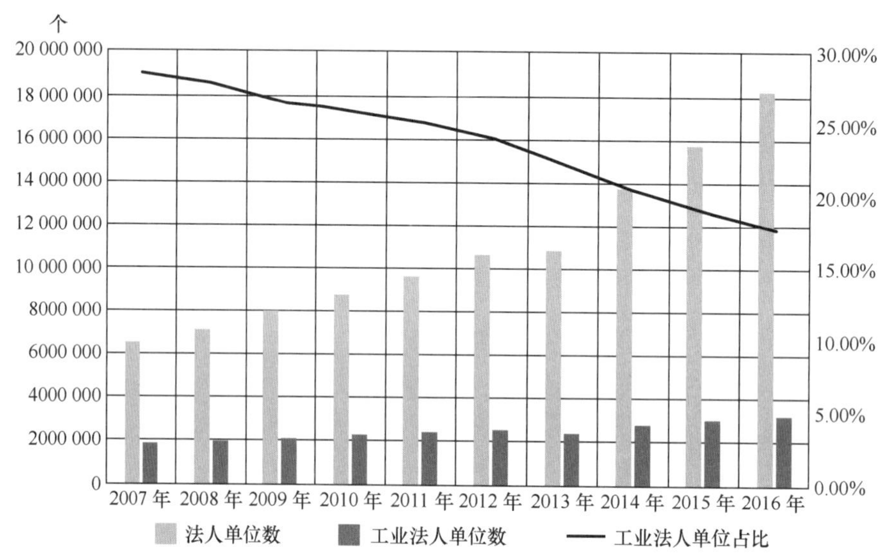

图18　2007—2016年工业法人单位数（数据来源：国家统计局）

（二）工业保持稳中有升态势

1. 工业总体实现稳定增长

从工业增速来看，工业增长趋稳回升。2017年，我国规模以上工业增加值同比增长6.6%，而国内生产总值（GDP）增长6.9%，规模以上工业增加值增速低于 GDP 增速 0.3 个百分点，比 2016 年加快了 0.6 个百分点。自 2015 年起，我国 GDP 增速开始高于工业增速，但总体呈现“剪刀差”逐渐缩小的趋势，2015—2017 年工业增速分别低于 GDP 增速 0.8、0.7、0.3 个百分点（如图 19 所示）。从月度增速来看，2017 年工业月度增速波动性总体高于 2016 年，呈现明显的前高后低的特征，多数月份月度同比增速高于 2016 年同期，仅 8 月、11 月的月度增速分别略低于 2016 年同期 0.3 和 0.1 个百分点（如图 20 所示）。

图 19 2007—2017 年 GDP 和规模以上工业增加值同比增速（数据来源：国家统计局）

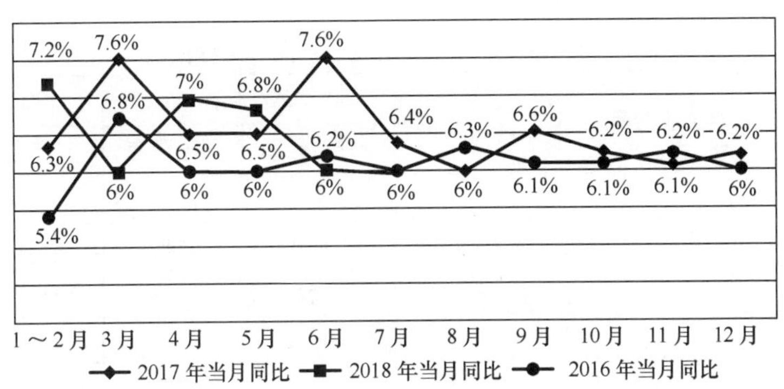

图 20 2016—2018 年工业增加值月度同比增速（数据来源：国家统计局）

从工业产品来看，产品增长面也有所扩大。2017 年，在统计的 596 种主要工业产品中，有 427 种实现同比增长，增长面为 71.6%，较上年提高 4.7 个百分点。代表工业结构调整、转型升级方向的工业品产量增长迅速，2017 年挖掘机等工程机械、工业机器人、部分农业机械、锂离子电池、房间空气调节器、集成电路等产量实现同比两位数增长（如图 21 所示）。与此同时，上一个增长周期积累产能较为过剩的行业产品低速甚至负增长，2017 年农用氮、磷、钾化学肥料，化学农药原药，水泥，钢材分别增长–2.6%、–8.7%、–0.2%和 0.8%（见表 4）。

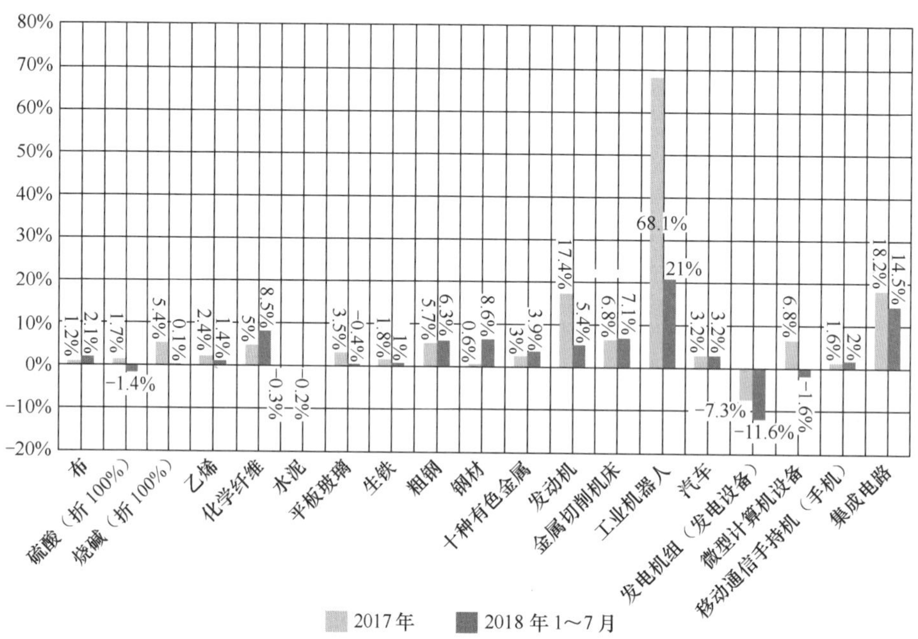

图 21　重点工业产品 2017—2018 年同比产量增速（数据来源：国家统计局）

表 4　　2017—2018 年主要工业产品产量数据

主要工业产品	2017 年		2018 年 1～7 月	
	产量	同比增速	产量	同比增速
铁矿石原矿（万吨）	122 937.3	7.1%	44 721.7	–1.8%
磷矿石（折含 P_2O_5 30%）（万吨）	12 313.2	0.6%	6132.9	8.4%
原盐（万吨）	6266.6	3.8%	3324.1	0.4%
饲料（万吨）	28 465.5	5.3%	13 820.3	2.4%
精制食用植物油（万吨）	6071.8	2%	2912.9	2.6%
成品糖（万吨）	1463.7	3.3%	1006.8	13.8%
鲜、冷藏肉（万吨）	3254.9	5.1%	1827.3	12%
乳制品（万吨）	2935	4.2%	1558.3	7%
白酒（折 65 度，商品量）（万千升）	1198.1	6.9%	540.7	3.3%
啤酒（万千升）	4401.5	–0.7%	2512.1	0.5%
葡萄酒（万千升）	100.1	–5.3%	39.6	–1.7%

续表

主要工业产品	2017 年		2018 年 1～7 月	
	产量	同比增速	产量	同比增速
软饮料（万吨）	18 051.2	4.6%	9882.1	7.4%
卷烟（亿支）	23 450.7	–1.6%	13 823.7	4.6%
纱（万吨）	4050	5.6%	1939.2	1.4%
布（亿米）	695.6	1.2%	304.4	2.1%
蚕丝及交织机织物（含蚕丝≥50%）（万米）	60 069.8	–2.7%	29 595.7	2.9%
机制纸及纸板（外购原纸加工除外）（万吨）	12 542	3.1%	6923.3	–0.9%
新闻纸（万吨）	249.1	–18.1%	122.6	–5.1%
硫酸（折 100%）（万吨）	8694.2	1.7%	4806.1	–1.4%
烧碱（折 100%）（万吨）	3365.2	5.4%	1956.4	0.1%
纯碱（碳酸钠）（万吨）	2677.1	5%	1495.7	0.8%
乙烯（万吨）	1821.8	2.4%	1052.8	1.4%
农用氮、磷、钾化学肥料（折纯）（万吨）	6065.2	–2.6%	3281.8	–6%
化学农药原药（折有效成分 100%）（万吨）	294.1	–8.7%	132.7	–10.4%
初级形态塑料（万吨）	8377.8	4.5%	4899.3	6.6%
合成橡胶（万吨）	578.7	4%	316.5	8.2%
合成洗涤剂（万吨）	1265.1	12.4%	569.8	–1.4%
化学药品原药（万吨）	347.8	1.6%	175.3	0.6%
中成药（万吨）	364.6	6.5%	164.8	0.9%
化学纤维（万吨）	4919.6	5%	2920.3	8.5%
合成纤维（万吨）	4480.7	5%	2592.8	8.3%
橡胶轮胎外胎（万条）	92 617.5	5.4%	51 131.6	0.8%
塑料制品（万吨）	7515.5	3.4%	3560.2	2.2%
水泥（万吨）	231 624.9	–0.2%	118 962.6	–0.3%
平板玻璃（万重量箱）	79 023.5	3.5%	49 743.1	–0.4%
钢化玻璃（万平方米）	53 633.1	3.8%	28 035.5	3.1%
夹层玻璃（万平方米）	9696.9	10.3%	4974	3.2%
中空玻璃（万平方米）	11 453.2	9.4%	5532.3	–2.9%
生铁（万吨）	71 075.9	1.8%	44 179.4	1%
粗钢（万吨）	83 172.8	5.7%	53 284.6	6.3%
钢材（万吨）	104 818.3	0.8%	62 587.2	6.6%
钢筋（万吨）	19 997.7	3.6%	11 629.9	5%
线材（盘条）（万吨）	12 973.4	–1.7%	8032.4	9.3%
冷轧薄板（万吨）	3277.3	–2.2%	1775.6	5.8%

续表

主要工业产品	2017年		2018年1~7月	
	产量	同比增速	产量	同比增速
中厚宽钢带（万吨）	13 779.6	5.4%	8726.6	2.2%
焊接钢管（万吨）	5317.1	–1.9%	2756.1	8.7%
铁合金（万吨）	3288.7	0.5%	1788.5	4.9%
氧化铝（万吨）	6901.7	7.9%	3918.5	2.4%
十种有色金属（万吨）	5377.8	3%	3136.3	3.9%
精炼铜（电解铜）（万吨）	888.9	7.7%	509.3	11.6%
铅（万吨）	471.6	9.7%	276.2	8.6%
锌（万吨）	622	–0.7%	325.9	–0.6%
原铝（电解铝）（万吨）	3227.3	1.6%	1939.6	3%
铝合金（万吨）	792.2	10.7%	473.2	1%
铜材（万吨）	1861.7	6.9%	940.5	11.8%
铝材（万吨）	5832.4	9.5%	2724	–1.2%
金属集装箱（万立方米）	10 348.4	48.3%	7044.6	36.5%
工业锅炉（蒸发量吨）	433 674.7	–0.8%	169 090.2	–2.7%
发动机（万千瓦）	267 405.1	17.4%	157 798.4	5.4%
金属切削机床（万台）	64.3	6.8%	30	7.1%
金属成形机床（万台）	30.6	1.7%	13.6	–5.6%
电梯、自动扶梯及升降机（万台）	67.9	5.1%	39.5	3.7%
电动手提式工具（万台）	25 597.2	11.6%	15 377.6	10.4%
包装专用设备（台）	101 377	–0.3%	51 515	–6.8%
复印和胶版印制设备（万台）	825.4	–9.2%	353.5	–3.6%
挖掘机（台）	194 606	77.2%	158 798	45.9%
水泥专用设备（吨）	1 012 636	11.7%	335 714.9	2.3%
金属冶炼设备（吨）	563 867.6	7.7%	366 342.4	29.4%
饲料生产专用设备（台）	488 035	5.7%	252 633	12.4%
大型拖拉机（台）	51 052	–18.9%	25 179	–21.4%
中型拖拉机（台）	367 210	–11.9%	149 719	–6.8%
小型拖拉机（万台）	99.6	–13.2%	28.2	–31.1%
大气污染防治设备（台（套））	375 697	3.5%	196 516	4.5%
工业机器人（套）	131 079	68.1%	87 709	21%
汽车（万辆）	2994.2	3.2%	1637.7	3.2%
基本型乘用车（轿车）（万辆）	1199	–0.8%	674.6	5.8%
运动型多用途乘用车（SUV）（万辆）	1033.4	9.1%	545.1	2.1%

续表

主要工业产品	2017 年		2018 年 1 ~ 7 月	
	产量	同比增速	产量	同比增速
载货汽车（万辆）	344.1	19.7%	222	12.1%
铁路机车（辆）	1500	32.2%	583	–6%
动车组（辆）	2600	–25.2%	1270	4.6%
民用钢质船舶（万载重吨）	4377	9.5%	2075.1	–19.4%
发电机组（发电设备）（万千瓦）	11 832.7	–7.3%	6108.4	–11.6%
交流电动机（万千瓦）	27 918.2	10%	15 586.3	7.1%
光缆（万芯千米）	34 211.1	5.2%	19 215.4	0.7%
锂离子电池（万只）	1 111 278	31.3%	781 890.6	8.6%
太阳能电池（光伏电池）（万千瓦）	9453.9	30.6%	5387.6	7.5%
家用电冰箱（家用冷冻冷藏箱）（万台）	8670.3	13.6%	4629.5	2%
家用冷柜（家用冷冻箱）（万台）	1792.8	9%	1027	1.9%
房间空气调节器（万台）	18 039.8	26.4%	12 702.5	12.6%
家用洗衣机（万台）	7500.9	3.2%	3944.6	0.1%
电子计算机整机（万台）	36 376.4	7%	18 609.5	7.3%
微型计算机设备（万台）	30 678.4	6.8%	16 200	–1.6%
程控交换机（万线）	1240.8	–17.8%	529.3	–3.9%
移动通信基站设备（万信道）	27 233.4	–19.4%	18 875.2	12.2%
传真机（万部）	228.3	30%	110.9	–15%
移动通信手持机（手机）（万台）	192 207.5	1.6%	98 950.4	2%
彩色电视机（万台）	17 233.1	1.6%	10 274.7	16.6%
集成电路（亿块）	1564.9	18.2%	1000.7	14.5%
光电子器件（亿只（片、套））	11 770.7	16.9%	6628	0.1%
电工仪器仪表（万台）	22 378.4	–5.6%	12 253.3	4.4%

数据来源：国家统计局。

2. “三驾马车”增长动能基本稳定

消费对经济增长的驱动力增强。投资、消费、净出口是驱动国民经济增长的“三驾马车”，近年来“三驾马车”对国民经济增长的驱动能力基本保持稳定，最终消费支出对增长的驱动能力略有增强。从“三驾马车”对国民经济增长的贡献率[2]来看，自 2015 年起，最终消费支出对 GDP 增长的贡献率呈现明显较快增长，且大幅高于资本形成总额的贡献率，2017 年最终消费支出对 GDP 增长的

[2] 贡献率是部分增量与总体增量之比。

贡献率达 58.8%，高于资本形成总额贡献率（32.1%）26.7 个百分点。与此同时，净出口贡献率则一直低位，2015—2016 年为负贡献，2017 年净出口贡献率为 9.1%。而在 2014 年，最终消费支出、资本形成总额、净出口的贡献率则为 48.8%、46.9%、0.3%（如图 22 所示）。从“三驾马车”对国民经济的拉动力[3]来看，自 2014 年以来，最终消费支出对 GDP 增长的拉动力上升较快，成为拉动 GDP 增长的第一拉动力，资本形成总额对 GDP 增长的拉动力基本保持稳定，自 2008 年以来净出口拉动力则一直较低甚至负拉动（如图 23 所示）。2017 年，最终消费支出、资本形成总额和净出口对国民经济的拉动力分别为 4.1%、2.2%和 0.6%。**从工业增长来看，投资和消费仍是驱动工业增长的核心动力**。“三驾马车”对工业增长的拉动力变动趋势也与 GDP 基本一致，投资和消费是驱动工业增长的两大核心动力，形成“双轮驱动模式”，工业净出口拉动力则相对较低。

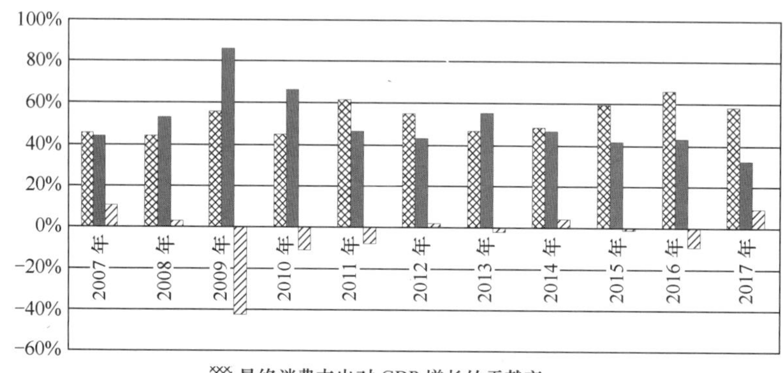

图 22　2007—2017 年“三驾马车”对 GDP 增长的贡献率

（数据来源：国家统计局，2017 年数据为计算数据）

工业投资是 2017 年以来固定资产投资稳定增长的重要支撑。2017 年，工业投资占总体固定资产投资（不含农户）的比重约为 36%，比服务业投资（59%）低 23 个百分点，制造业投资占比约为 30%，制造业投资占工业投资的比重约为 83%（如图 24 所示）。2017 年全社会固定资产投资（不含农户）总体比较稳定，月度累计增速基本在 7%～9%的范围内小幅波动，全年同比增长 7.2%。2018 年以来全社会固定资产投资表现出较快下滑态势，而同期工业投资则逐步回升，尤其是制造

[3] 某部门对总体增长的拉动率=该部门对总体增长的贡献率 × 总体增长率。

业投资增长较快，2018 年 6 月制造业投资增速近两年来首次高于全社会固定资产投资增速，成为拉动全社会固定资产投资稳定增长的重要支撑。2018 年 1～7 月，全社会固定资产投资同比增长 5.5%，低于制造业投资增速 1.8 个百分点。

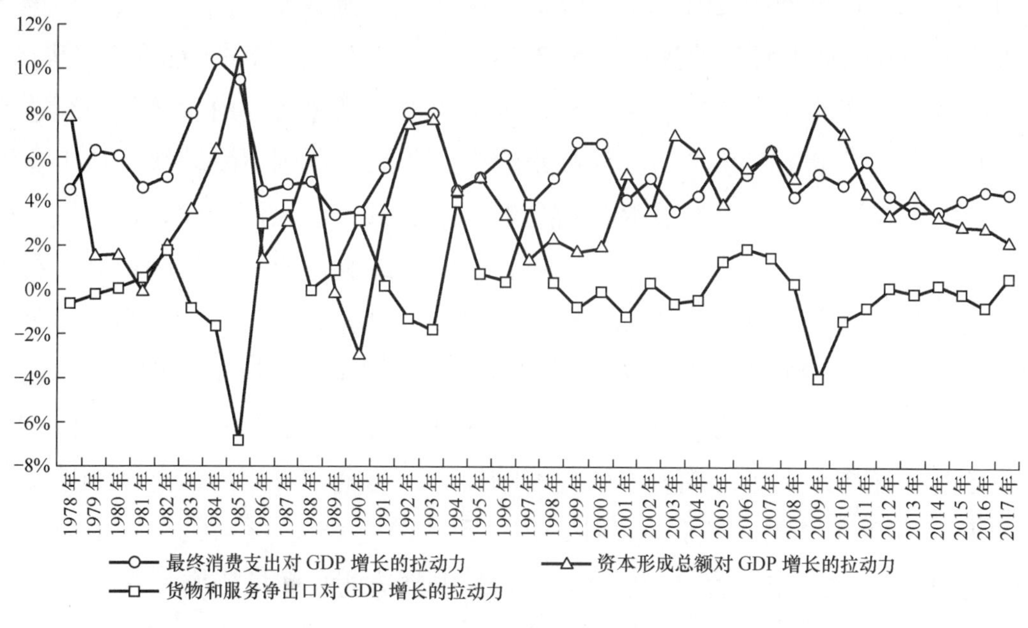

图 23　1978—2017 年“三驾马车”对 GDP 增长的拉动力

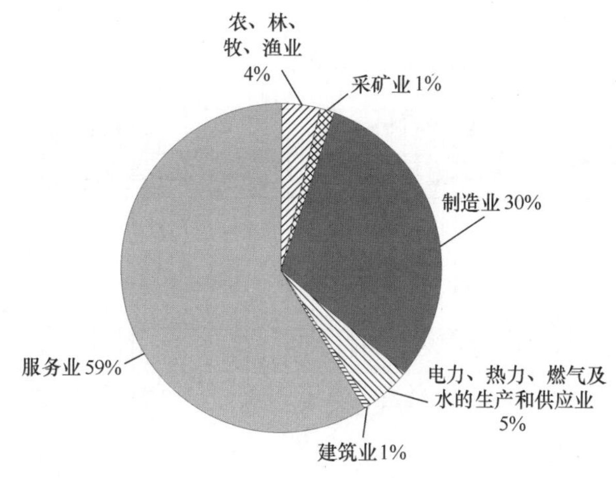

图 24　2017 年全社会固定资产投资（不含农户）占比

从工业投资来看，工业投资呈“趋稳回升”态势。2017 年之前，工业投资总体表现为稳步较快下滑，2017 年以来，工业投资总体趋于稳定，多数月份工业固定资产投资累计增速位于 3%～4%的增长区间，2017 年工业固定资产投资同比增长 3.6%。但进入 2018 年以来，工业投资初现逐步回升势头。2018 年 1～7 月，工业固定资产投资累计同比增长 4.1%。与此同时，2017 年采矿业，制造业，电力、热力、燃气及水的生产和供应业投资增速也总体保持稳定，分别增长–10%、4.8%、0.8%。2018 年 1～7 月，采矿业，制造业，电力、热力、燃气及水的生产和供应业投资增速分别为 3.70%、7.30%和–11.60%（如图 25 所示）。经过前期“去产能”和市场需求调整，采矿业投资增速实现由负转正，制造业增速复苏很快，电力、热力、燃气及水的生产和供应业则下滑较快。从工业细分行业投资来看，2017 年废弃资源综合利用业，仪器仪表制造业，计算机、通信和其他电子设备制造业，汽车制造业，化学纤维制造业，家具制造业，石油和天然气开采业投资保持两位数增长，分别增长 24.1%、14.3%、25.3%、10.2%、20%、23.1%、13.9%（如图 26 和表 5 所示）。从民间投资来看，2017 年，国家促进民间投资稳定增长的各项政策措施效果显现，民间投资整体回暖向好，自 3 月起各月增速均比上年同期有不同程度的提高，与全部投资增速之间的差距逐步缩小。2017 年，民间投资达 381 510 亿元，增长 6%，增速比 1～11 月提高 0.3 个百分点，比上年提高 2.8 个百分点，其中制造业民间投资增长 4.8%，增速比 1～11 月和上年分别提高 0.7 和 1.2 个百分点。2017 年工业技术改造投资达 105 912 亿元，增长 16.3%，占固定资产投资（不含农户）的比重为 16.8%。

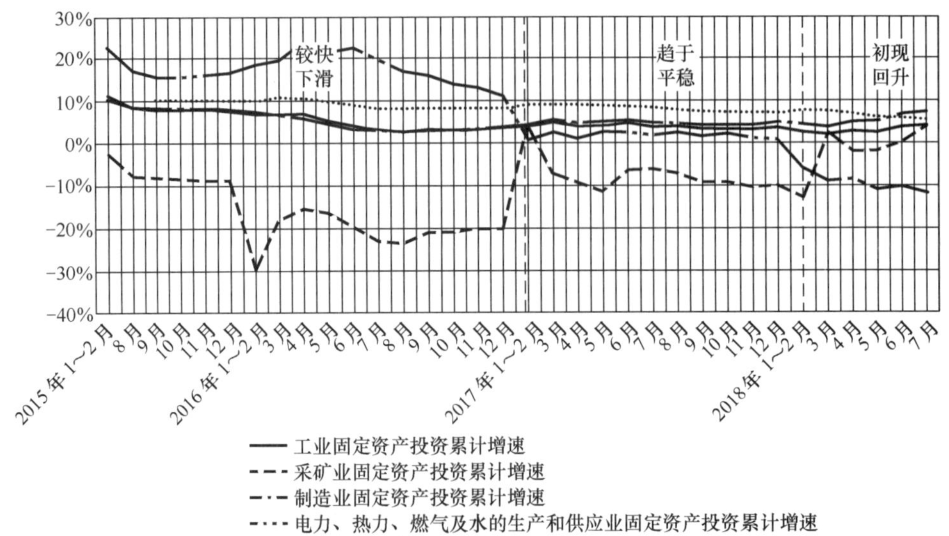

图 25　2015—2018 年工业固定资产投资累计增速趋势

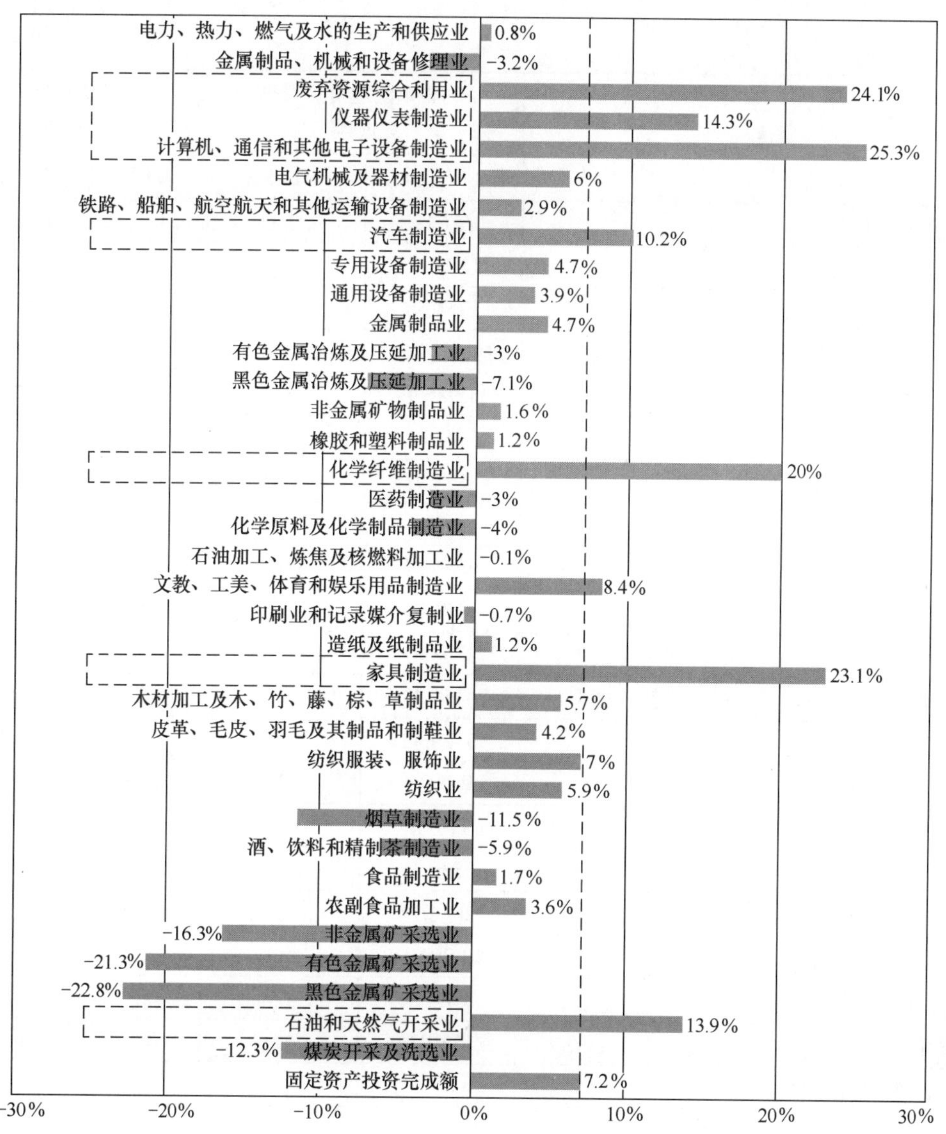

图 26 工业主要行业固定资产投资额（不含农户）增速（数据来源：国家统计局）

表 5 2016—2017 年我国固定资产投资情况

指标	2017 年固定资产投资完成额		固定资产投资完成额占比	
	总额（亿元）	同比增长	2017 年	2016 年
固定资产投资完成额（不含农户）	631 683.96	7.2%	100%	100%
一、农、林、牧、渔业	24 638.33	9.1%	3.9%	3.8%
二、采矿业	9208.95	–10%	1.5%	1.7%
煤炭开采及洗选业	2648.38	–12.3%	0.4%	0.5%
石油和天然气开采业	2648.93	13.9%	0.4%	0.4%

续表

指标	2017 年固定资产投资完成额		固定资产投资完成额占比	
	总额（亿元）	同比增长	2017 年	2016 年
黑色金属矿采选业	751.19	–22.8%	0.1%	0.2%
有色金属矿采选业	1109.14	–21.3%	0.2%	0.2%
非金属矿采选业	1754.58	–16.3%	0.3%	0.4%
三、制造业	193 615.67	4.8%	30.7%	31.3%
农副食品加工业	11 985.99	3.6%	1.9%	2%
食品制造业	5842.82	1.7%	0.9%	1%
酒、饮料和精制茶制造业	3833.91	–5.9%	0.6%	0.7%
烟草制造业	185.24	–11.5%	0%	0%
纺织业	6936.14	5.9%	1.1%	1.1%
纺织服装、服饰业	4976.79	7%	0.8%	0.8%
皮革、毛皮、羽毛及其制品和制鞋业	2368.07	4.2%	0.4%	0.4%
木材加工及木、竹、藤、棕、草制品业	4456.49	5.7%	0.7%	0.7%
家具制造业	3729.43	23.1%	0.6%	0.5%
造纸及纸制品业	3090.96	1.2%	0.5%	0.5%
印刷业和记录媒介复制业	1797.1	–0.7%	0.3%	0.3%
文教、工美、体育和娱乐用品制造业	2830.35	8.4%	0.4%	0.4%
石油加工、炼焦及核燃料加工业	2676.77	–0.1%	0.4%	0.5%
化学原料及化学制品制造业	13 903.18	–4%	2.2%	2.5%
医药制造业	5986.26	–3%	0.9%	1%
化学纤维制造业	1330.36	20%	0.2%	0.2%
橡胶和塑料制品业	6979.37	1.2%	1.1%	1.2%
非金属矿物制品业	16 952.76	1.6%	2.7%	2.8%
黑色金属冶炼及压延加工业	3804.2	–7.1%	0.6%	0.7%
有色金属冶炼及压延加工业	5038.38	–3%	0.8%	0.9%
金属制品业	10 389.88	4.7%	1.6%	1.7%
通用设备制造业	13 246.83	3.9%	2.1%	2.2%
专用设备制造业	12 346.63	4.7%	2%	2%
汽车制造业	13 099.94	10.2%	2.1%	2%
铁路、船舶、航空航天和其他运输设备制造业	2985.67	2.9%	0.5%	0.5%
电气机械及器材制造业	13 346.71	6%	2.1%	2.1%
计算机、通信和其他电子设备制造业	12 913.91	25.3%	2%	1.7%
仪器仪表制造业	1975.13	14.3%	0.3%	0.3%

续表

指标	2017 年固定资产投资完成额		固定资产投资完成额占比	
	总额（亿元）	同比增长	2017 年	2016 年
废弃资源综合利用业	1694.91	24.1%	0.3%	0.2%
金属制品、机械和设备修理业	277.62	–3.2%	0%	0%
四、电力、热力、燃气及水的生产和供应业	29 794.14	0.8%	4.7%	5%
电力、热力生产和供应业	22 055.21	–1.9%	3.5%	3.8%
燃气生产和供应业	2229.78	5%	0.4%	0.4%
水的生产和供应业	5509.15	11.6%	0.9%	0.8%
五、建筑业	3647.92	–19%	0.6%	0.8%
六、批发和零售业	16 541.8	–6.3%	2.6%	3%
七、交通运输、仓储和邮政业	61 185.82	14.8%	9.7%	9%
八、住宿和餐饮业	6106.62	3.9%	1%	1%
九、信息传输、软件和信息技术服务业	6987.43	12.8%	1.1%	1.1%
电信、广播电视和卫星传输服务	2489.3	–5.2%	0.4%	0.4%
十、金融业	1121.48	–13.3%	0.2%	0.2%
十一、房地产业	139 733.52	3.6%	22.1%	22.9%
十二、租赁和商务服务业	13 304.22	14.4%	2.1%	2%
十三、科学研究和技术服务业	5932.48	9.4%	0.9%	0.9%
十四、水利、环境和公共设施管理业	82 105.3	21.2%	13%	11.5%
十五、居民服务、修理和其他服务业	2686.15	2.4%	0.4%	0.4%
十六、教育	11 083.54	20.2%	1.8%	1.6%
十七、卫生和社会工作	7327.4	18.1%	1.2%	1.1%
十八、文化、体育和娱乐业	8731.88	12.9%	1.4%	1.3%
十九、公共管理、社会保障和社会组织	7931.32	–2%	1.3%	1.4%

从工业消费来看，刚需类、消费升级类工业消费品保持稳定增长。近年来，全社会消费品零售总额增速呈现稳中下滑的趋势，但总体仍保持了两位数增长。2017 年，社会消费品零售总额同比增长 10.2%，比上年回落 0.2 个百分点，继续保持两位数较快增长，在人口和居民收入平稳增长等多因素带动下，社会消费品零售总额持续扩大。但自 2018 年以来社会消费品零售总额增速的下降速度稍有加快，2018 年上半年月度增速已下探至 8.5%（2018 年 5 月）。从限

额以上企业消费品零售情况来看，2017 年限额以上单位商品零售额为 150 861 亿元，比上年增长 8.2%，低于全社会消费增长 2 个百分点（如图 27 所示）。从具体工业消费品来看，**汽车，石油及制品类，粮油、食品、饮料、烟酒类，服装鞋帽、针纺织品类等重点工业消费品保持稳定增长**，分别占 2017 年限额以上单位零售总额的 29%、15%、15%、10%，四者零售消费共占全部限额零售总额的 66%，2017 年分别同比增长 5.6%、9.2%、9.7%、7.8%，四者的稳定增长保障了全年工业消费品的稳定增长（如图 28 所示）。**消费升级类商品的较快增长带动了总体工业消费的稳定增长**，2017 年，限额以上单位家用电器和化妆品类商品比上年分别增长 9.3%和 13.5%，增速分别比上年提高 0.6 和 5.2 个百分点；通信器材类商品在上年较高增速的基础上仍保持了 10%以上的较快增长（如图 29 和表 6 所示）。另据中国汽车工业协会发布的数据显示，2017 年我国新能源汽车产销分别完成 79.4 万辆和 77.7 万辆，比上年分别增长 53.8%和 53.3%。其中纯电动汽车产销分别完成 47.8 万辆和 46.8 万辆，分别增长 81.7%和 82.1%；插电式混合动力汽车产销分别完成 11.4 万辆和 11.1 万辆，分别增长 40.3%和 39.4%。

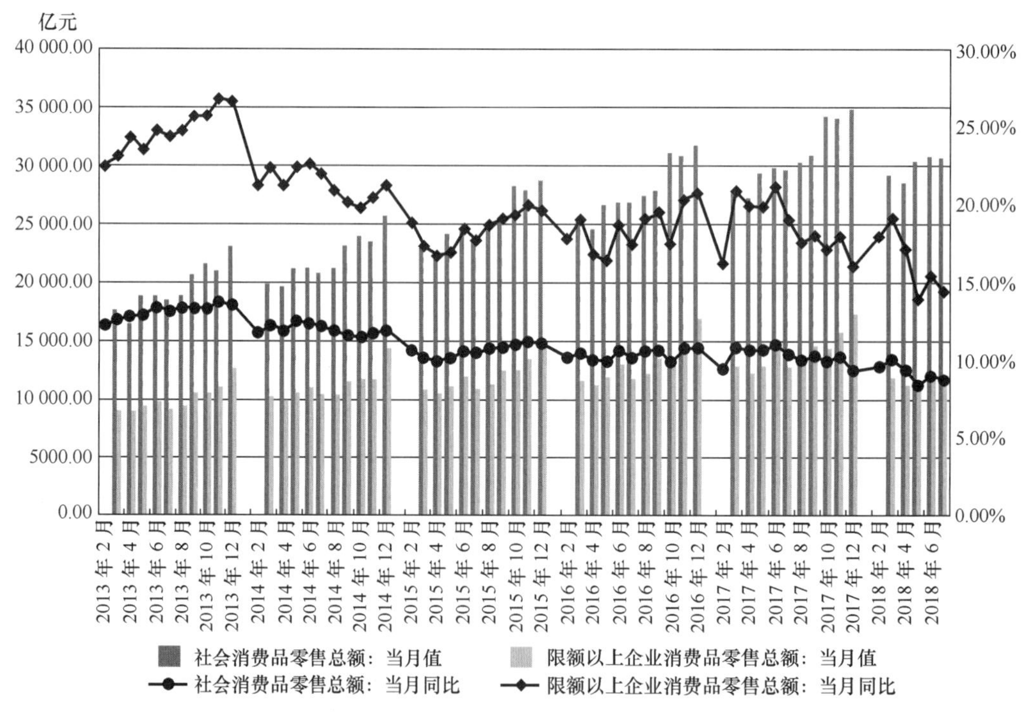

图 27 2013—2018 年全社会消费品零售总额情况（数据来源：国家统计局）

表 6　　主要消费品消费情况

主要工业产品	2018 年 1 ~ 7 月			2017 年		
	累计额（亿元）	比上年同期累计增长	占比	累计额（亿元）	比上年同期累计增长	占比
总计	75 978.8	7.3%	100%	150 861.3	8.2%	100%
粮油、食品、饮料、烟酒类	11 072.6	9.7%	14.57%	22 035.4	9.7%	14.61%
服装鞋帽、针纺织品类	7601.9	9.2%	10.01%	14 556.6	7.8%	9.65%
化妆品类	1455.9	13.3%	1.92%	2513.7	13.5%	1.67%
金银珠宝类	1574.1	7.5%	2.07%	2969.5	5.6%	1.97%
日用品类	2937.5	12.4%	3.87%	5511.7	8%	3.65%
体育、娱乐用品类	387.6	–1.3%	0.51%	743.1	15.6%	0.49%
书报杂志类	601.7	8.4%	0.79%	1156.7	7%	0.77%
家用电器和音像器材类	4965.1	9%	6.53%	9453.9	9.3%	6.27%
中西药品类	3171.6	9.4%	4.17%	9481.5	12.4%	6.28%
文化办公用品类	1725.3	5.9%	2.27%	3661.3	9.8%	2.43%
家具类	1239.8	10.3%	1.63%	2808.9	12.8%	1.86%
通信器材类	2423.1	10.4%	3.19%	4330.2	11.7%	2.87%
石油及制品类	11 037.3	12.8%	14.53%	19 743.4	9.2%	13.09%
建筑及装潢材料类	1377	7.6%	1.81%	3221.2	10.3%	2.14%
汽车类	21 698.2	2%	28.56%	42 221.9	5.6%	27.99%
其他	2710.1	0.5%	3.57%	6452.6	2.8%	4.28%

数据来源：国家统计局。

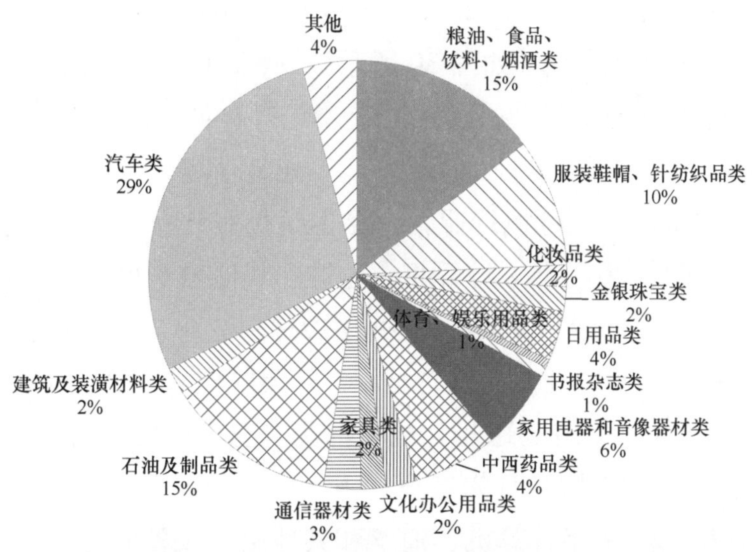

图 28　2017 年限额以上零售商品占比

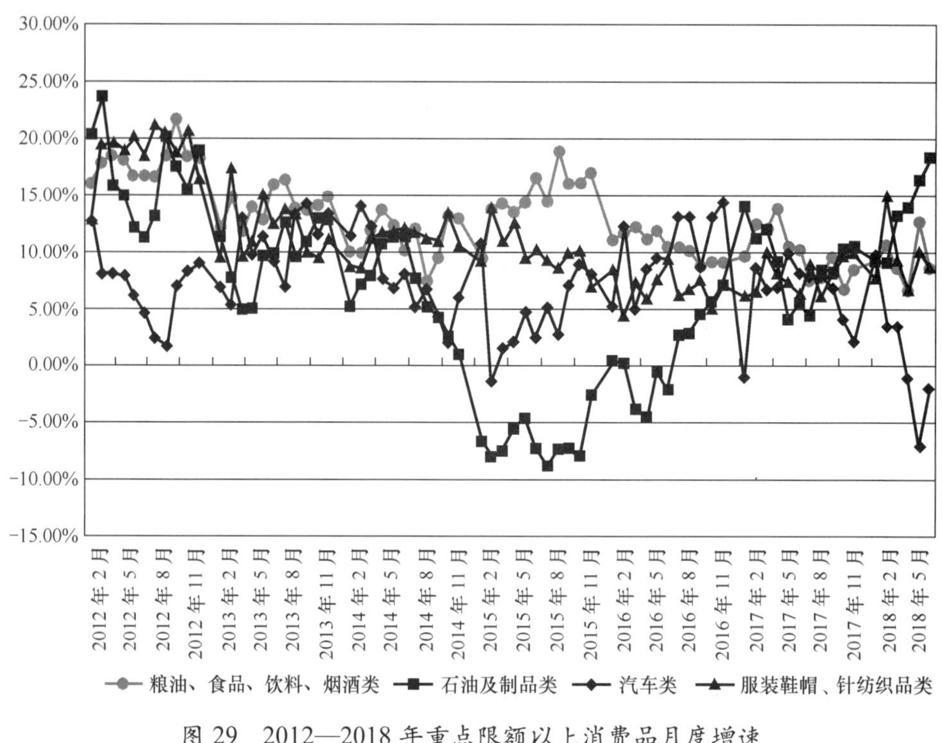

图 29　2012—2018 年重点限额以上消费品月度增速

从工业出口来看，2017 年工业出口增长较快，动力强劲。2016 年、2017 年工业出口持续保持复苏的态势，这与世界经济的复苏步伐一致，至 2017 年，规模以上工业出口交货值实现 123 229.8 亿元，同比增长 10.7%，比 2016 年（0.4%）加快 10.3 个百分点（如图 30 所示）。从 2017 年月度工业出口交货值来看，多数月份出口表现强劲，总体位于 8%～12%的增长区间，是近两年来的工业出口增长高点（如图 31 所示）。从工业行业出口结构来看，计算机、通信和其他电子设备业，机械行业，食品，纺织服装鞋帽行业是我国工业出口的重点行业，其中 2017 年，计算机、通信和其他电子设备制造业占比达到总工业出口交货值的 41.43%，电气机械及器材制造业，汽车制造业，通用设备制造业，专用设备制造业，铁路、船舶、航天航空和其他运输设备制造业、金属制品业、仪器仪表制造业这几大机械行业占总工业出口交货值的约 25%，食品工业约占 4%，纺织服装鞋帽行业约占 10%（如图 32 所示）。从这几大主要出口行业来看，2017 年计算机、通信和其他电子设备制造业增长 14.2%，增长强劲，拉动了全年工业出口交货值较 2016 年的快速增长，机械行业出口增速基本和整体工业出口持平，汽车制造业、仪器仪表制造业出口良好，2017年出口交货值同比增长 15.8%、12.1%。另外，受需求大、价格走高影响，煤炭、钢铁、石油化工、有色金属行业出口高速增长，其中，2017 年煤炭采选业、黑色金属矿采选业的出口交货值同比增长达到 157.9%、156.3%（如图 33 所示）。

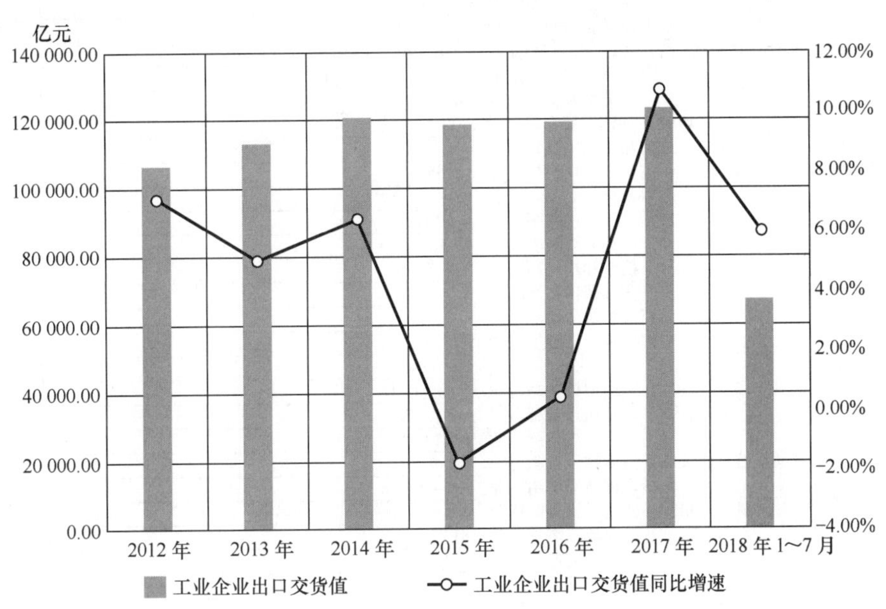

图 30　2012—2018 年工业企业出口交货值

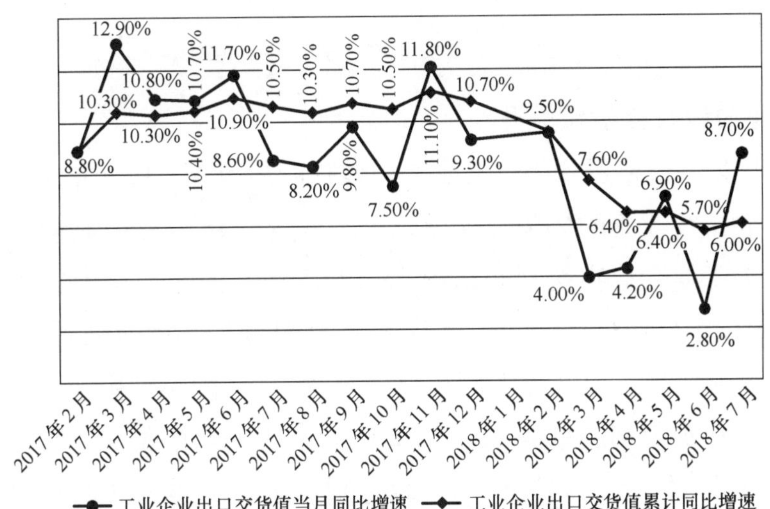

图 31　2017—2018 年工业企业出口交货值月度增速

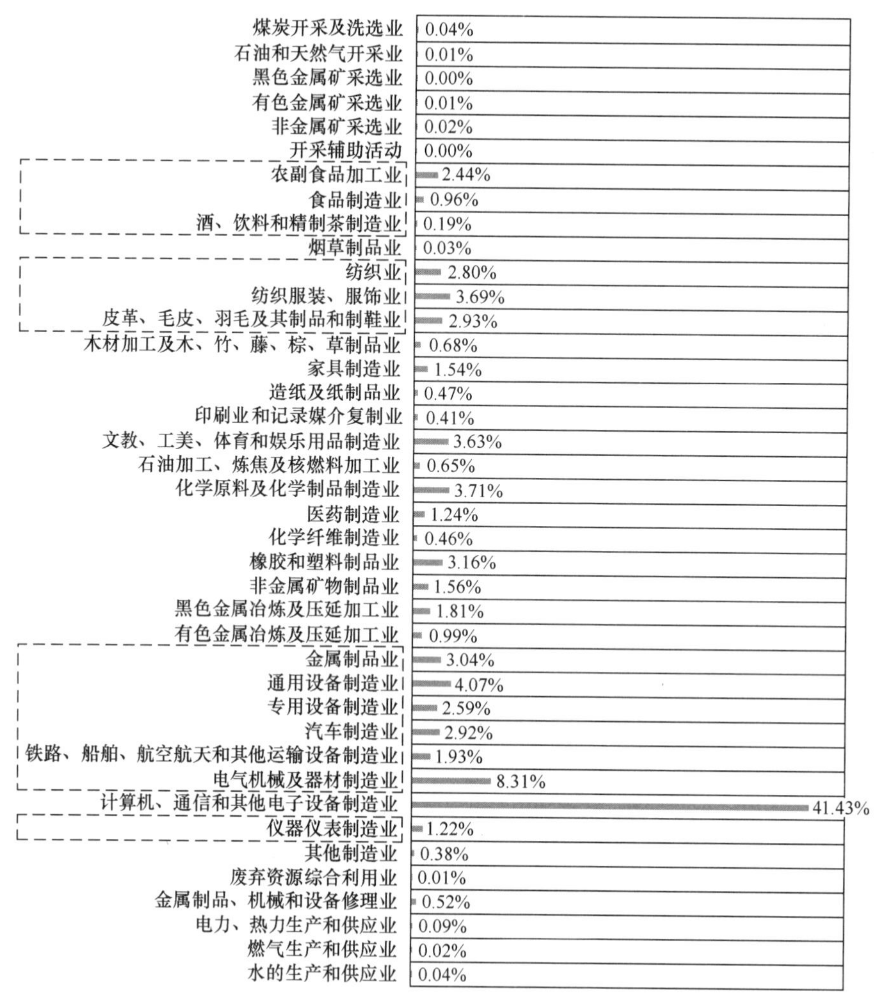

图 32 2017 年工业主要行业出口交货值占比

3. 工业质量效益明显提升

在需求回暖、价格反弹下，工业利润效益明显改善。从近年利润来看，2017 年延续了利润持续改善的势头，规模以上工业企业利润保持高速增长，2017 年全国规模以上工业企业实现利润总额 75 187.1 亿元，比上年增长 21%，增速比 2016 年加快 12.5 个百分点（如图 34 所示）。从月度利润增速来看，总体呈现“先降后升再降”的高位波动态势（如图 35 所示）。从不同类型企业利润来看，2017 年国有控股企业实现利润总额 16 651.2 亿元，比上年增长 45.1%；集体企业实现利润总额 399.9 亿元，下降 8.5%；股份制企业实现利润总额 52 404.4 亿元，增长 23.5%；外商及港澳台商投资企业实现利润总额 18 752.9 亿元，增长 15.8%；私营企业实现利润总额 23 753.1 亿元，增长 11.7%。从三大门类行业利润来看，

2017 年，在“去产能”改善市场需求，煤炭、钢铁等价格快速反弹驱动下，采矿业实现利润总额 4586.8 亿元，比上年增长 2.6 倍；制造业实现利润总额 66 511.1 亿元，增长 18.2%；电力、热力、燃气及水的生产和供应业实现利润总额 4089.2 亿元，下降 10.7%。从细分行业利润增长面来看，2017 年，在 41 个工业大类行业中，37 个行业利润总额比上年增加，利润增长面达到 90%，其中煤炭、钢铁实现翻番式增长，煤炭采选业利润增长将近 2.9 倍，黑色金属冶炼及压延加工业增长 1.8 倍。从主营业务收入利润率来看，2017 年为 6.46%，比 2016 年（5.97%）提高 0.49 个百分点，利润率明显改善（如图 36 所示）。

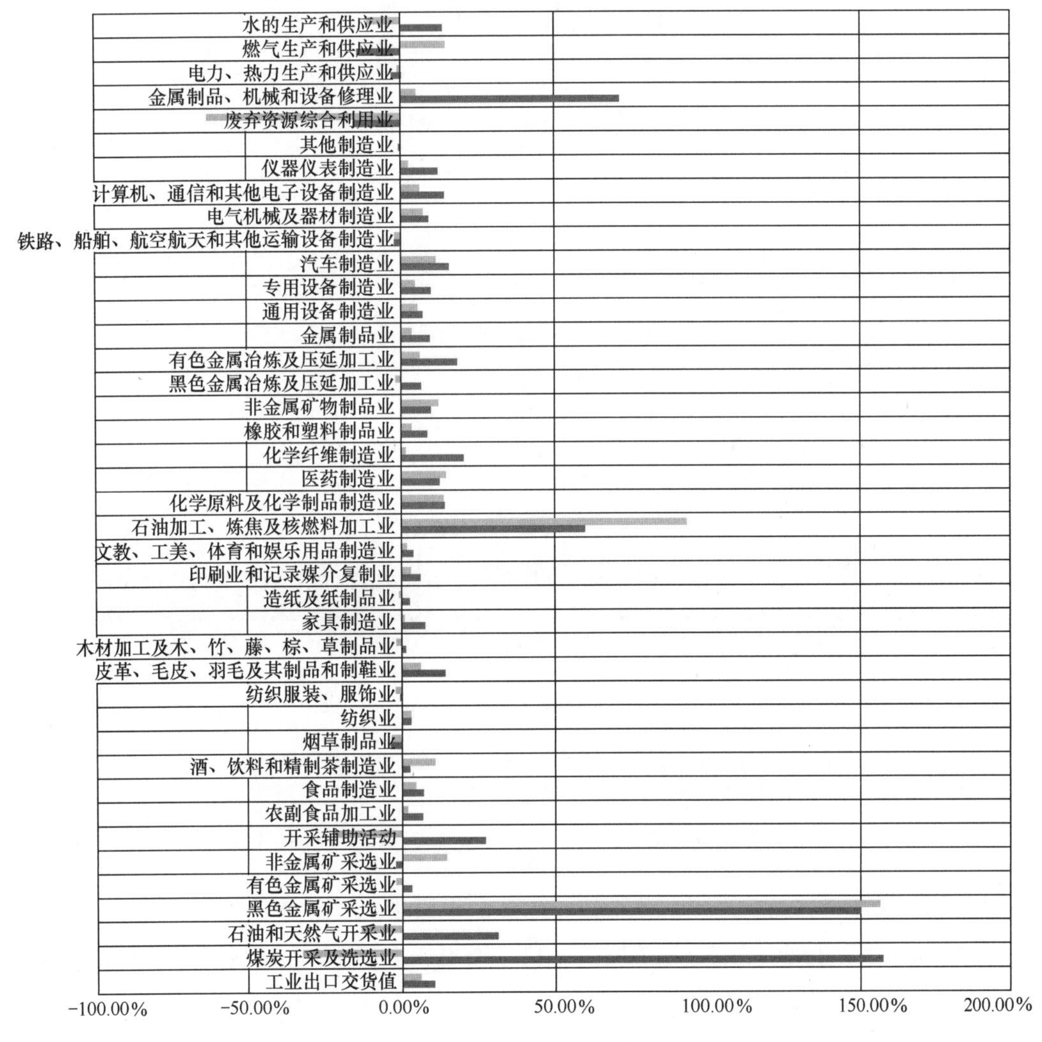

图 33 2017—2018 年工业主要行业出口交货值增速

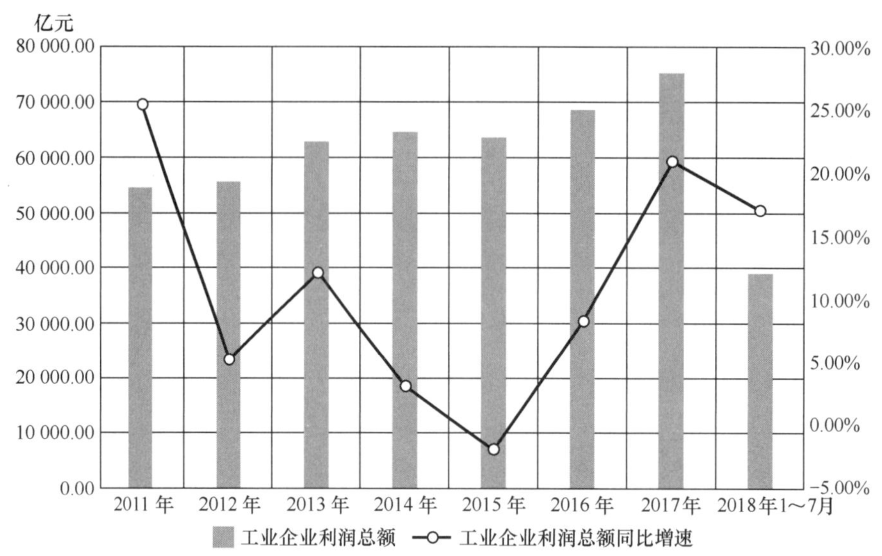

图34　2011—2018年工业企业利润总额年度变化情况（数据来源：国家统计局）

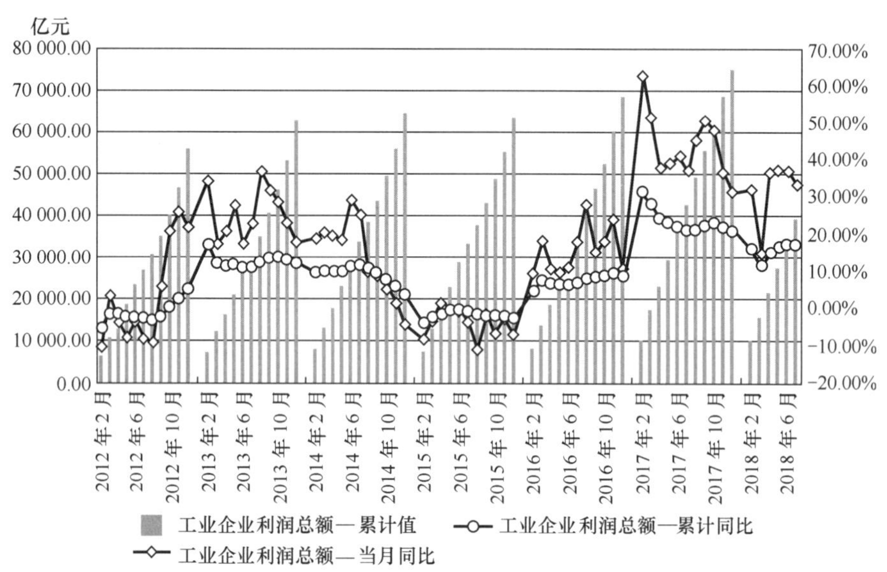

图35　2012—2018年工业企业利润总额月度增速变化情况（数据来源：国家统计局）

从经营成本来看，工业企业经营成本不断下降。随着各种减税降费等降成本政策效果不断显现，自2016年开始工业企业每百元主营业务收入中的成本不断下降，2017年降至84.92元，比2016年（85.52元）下降0.6元，比近年高点（2015年为85.68元）下降0.76元（如图37所示）。其中，2017年采矿业，制造业，电力、热力、燃气及水的生产和供应业每百元主营业务收入中的成本分别为 76.55 元、85.01 元、89.83 元，分别比上年下降 6.51 元、下降 0.47 元和增加 1.65 元，采矿业受需求端价格快速上涨影响，每百元主营业务收入中的成本下降迅速（如图 38 所示）。从不同类型企业成本来看，国有控股、股份制、集体所有制企业成本有不同程度的下降，但私有制企业成本下降仍不明显（如图 39 所示），且每百元主营业务收入中的成本最高，2017 年国有控股、股份制、集体所有制、外商及港澳台投资、私有制企业每百元主营业务收入中的成本分别为 81.74 元、82.38 元、84.86 元、84.46 元、87.03 元，比 2016 年（82.55 元、84.27 元、85.62 元、84.75 元、87.34 元）各下降 0.81 元、1.89 元、0.76 元、0.29 元、0.31 元。

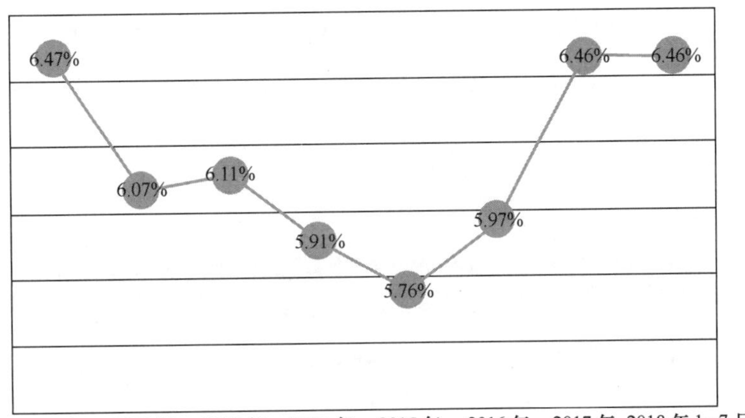

图 36 2011—2018 年工业企业主营业务收入利润率

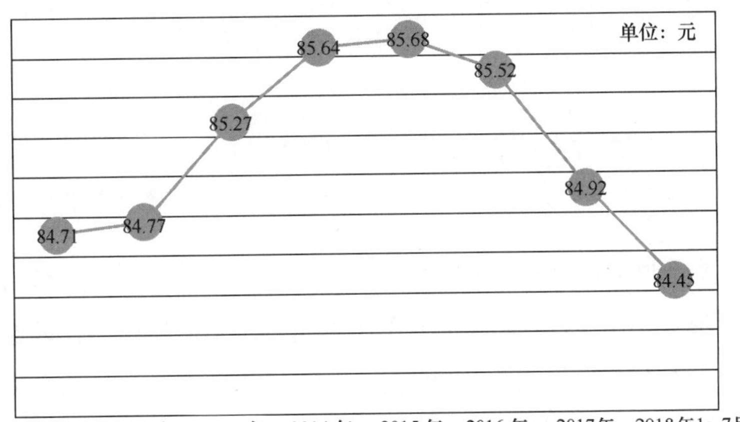

图 37 2011—2018 年工业企业每百元主营业务收入中的成本

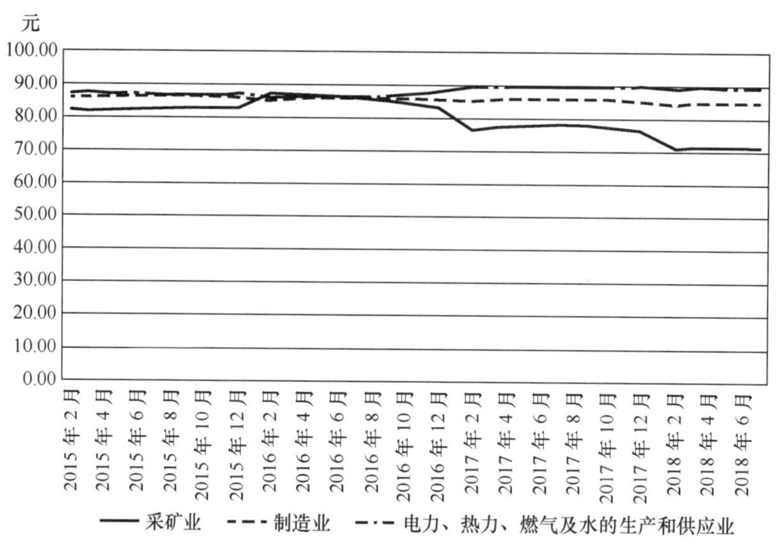

图38 2015—2018年三大类工业行业企业每百元主营业务收入中的成本

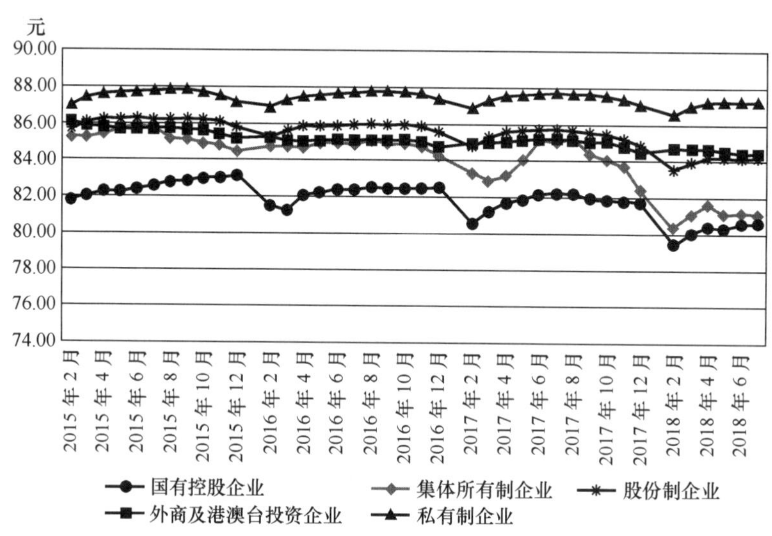

图39 2015—2018年不同类型工业企业每百元主营业务收入中的成本

市场供需状况明显改善。从产销率来看，2017年工业产销率为98.1%，较2016年有所改善（97.8%），提高了0.3个百分点。从月度产销率变化来看，总体呈现“先低后高，逐步回升”的态势（如图40所示）。从市场价格来看，受世界经济整体回暖、大宗产品价格回升、“去产能”等影响，2017年PPI（工业生产者出厂价格指数）呈一定恢复性上涨特征。2017年PPI同比增长6.30%，扭转了 2012 年以来的价格持续下降的势头（如图 41 所示），经测算[4]，2017 年 12 月工业品出厂价格已大体回升至 2013 年 5 月水平，但仍低于 2011 年 9 月的高点近 4.2%。从月度价格趋势来看，2017 年年初，受原油、铁矿石和有色金属等国际大宗产品价格上涨，以及上年同期基数较低影响，2 月 PPI 同比上涨 7.8%，之后，受重点行业价格回落影响，PPI 涨幅回落，8 月之后 PPI 涨幅有所扩大，第四季度 PPI 涨幅再次回落，12 月上涨 4.9%，为全年最低，全年 PPI 同比走势呈“M”形（如图 42 所示）。

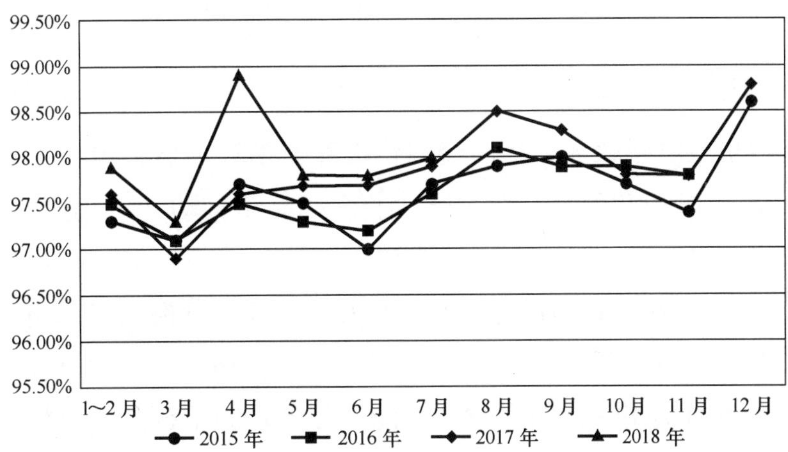

图 40　2015—2018 年工业产销率（数据来源：国家统计局）

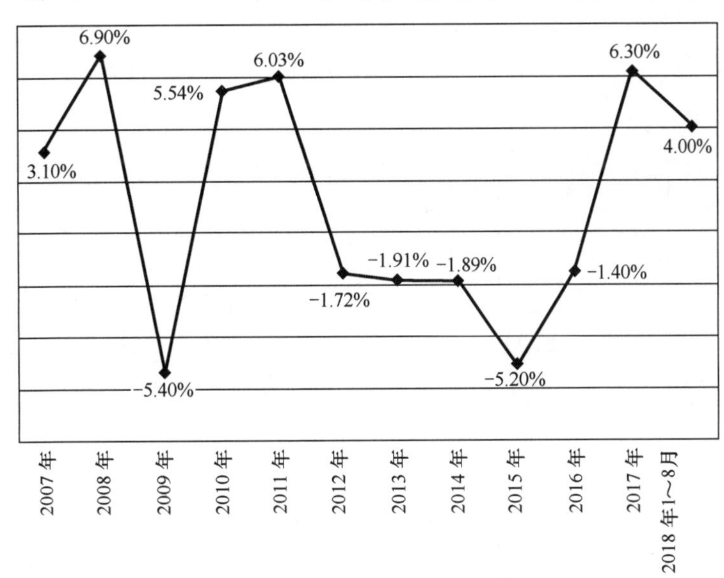

图 41　2007—2018 年工业生产者出厂价格指数（PPI）同比增速（数据来源：国家统计局）

[4] 统计局测算结果。

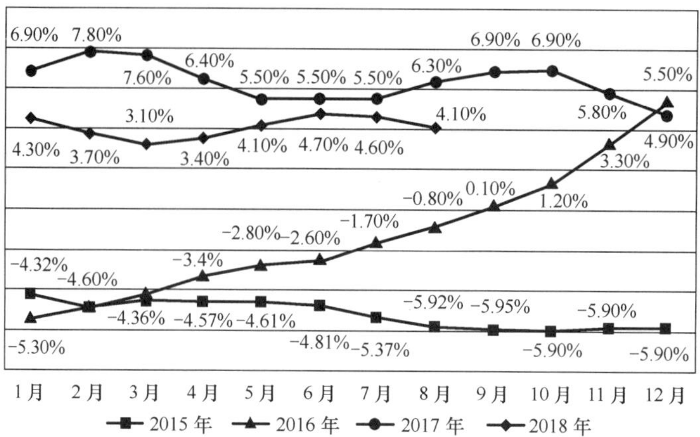

图 42　2015—2018 年工业生产者出厂价格指数（PPI）同比增速（数据来源：国家统计局）

生产资料价格涨幅较大，生活资料价格涨幅相对较小。2017 年，生产资料价格上涨 8.3%，影响 PPI 上涨约 6.13 个百分点，是推动 PPI 上涨的主要因素；生活资料价格上涨 0.7%，影响 PPI 上涨约 0.17 个百分点。从近年价格水平来看，2017 年生产资料价格仍比 2012 年低约 5.8%；生活资料价格比 2012 年高约 0.5%，基本呈微涨态势（如图 43 和图 44 所示）。从行业价格来看，2017 年，价格涨幅较大的行业多为前期跌幅较深和“去产能”任务重的采掘和原材料工业：石油和天然气开采业，2015 年下跌 37.3%，2016 年下跌 16.4%，2017 年上涨 29.0%；煤炭开采及洗选业，2015 年下跌 14.7%，2016 年下跌 1.7%，2017 年上涨 28.2%。机械工业价格涨幅平稳，主要是因为科技进步、产品升级更新等因素消化了部

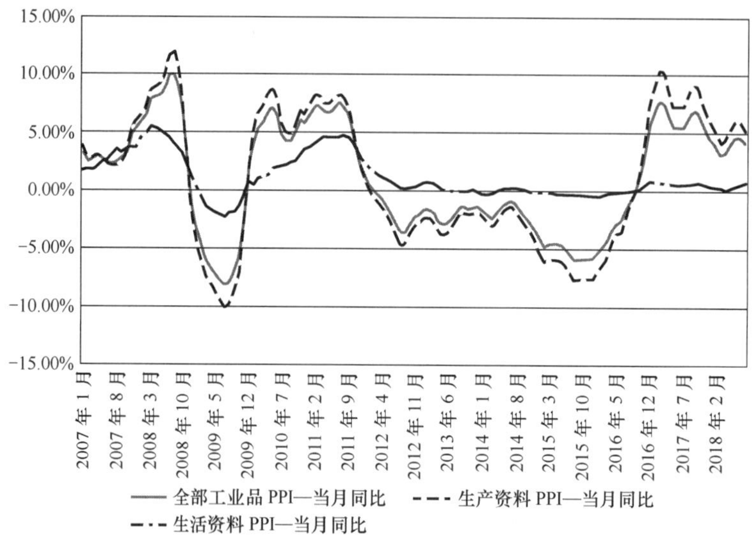

图 43　2007—2018 年月度工业生产者出厂价格指数（PPI）同比增速（数据来源：国家统计局）

分上游原材料涨价影响。其中，电气机械及器材制造业上涨 2.0%，铁路、船舶、航空航天和其他运输设备制造业上涨 1.2%，汽车制造业下降 0.2%，计算机、通信和其他电子设备制造业下降 0.3%（如图 45 所示）。从生活资料价格来看，日用品和衣着类是生活资料价格上涨的主要原因（如图 46 所示）。

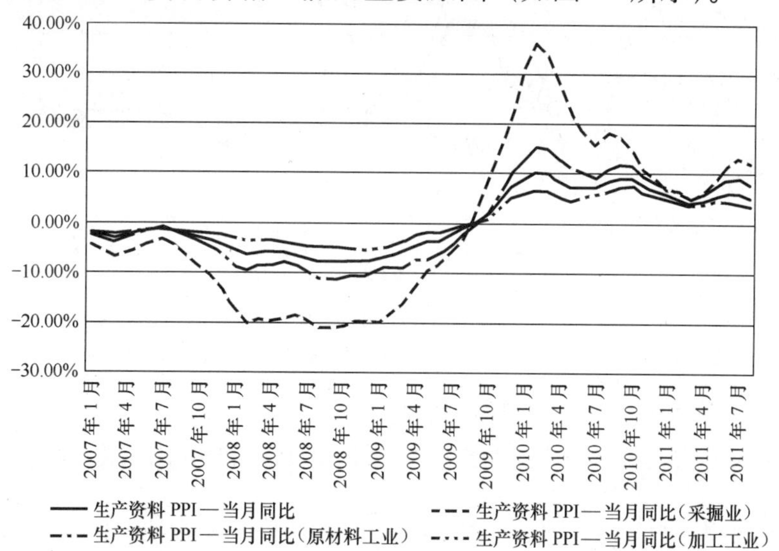

图 44　2007—2018 年生产资料类工业生产者出厂价格指数（PPI）同比增速

（数据来源：国家统计局）

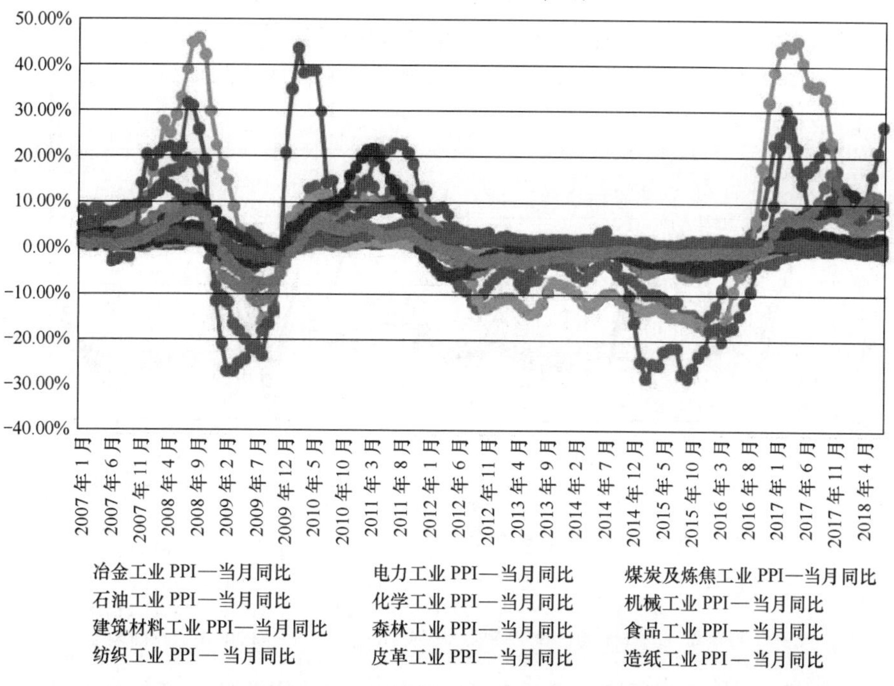

图 45　2007—2018 年主要工业行业生产者出厂价格指数（PPI）同比增速

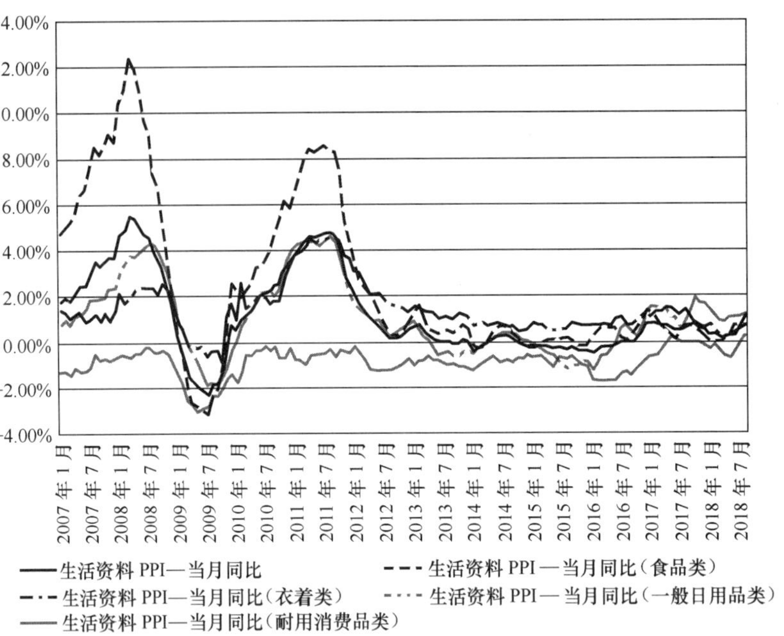

图 46　2007—2018 年生活资料类工业生产者出厂价格指数（PPI）同比增速（数据来源：国家统计局）

工业生产者购进价格指数（PPIRM）持续回升。经过 2012—2016 年的低位调整后，2017 年以来，PPIRM 持续回升，黑色金属材料类、有色金属类和燃料动力类价格回升最快，化工原料类、建筑材料类和木材及纸浆类价格回升也较快，农副食品类和纺织原料类价格回升相对较慢（如图 47 所示）。

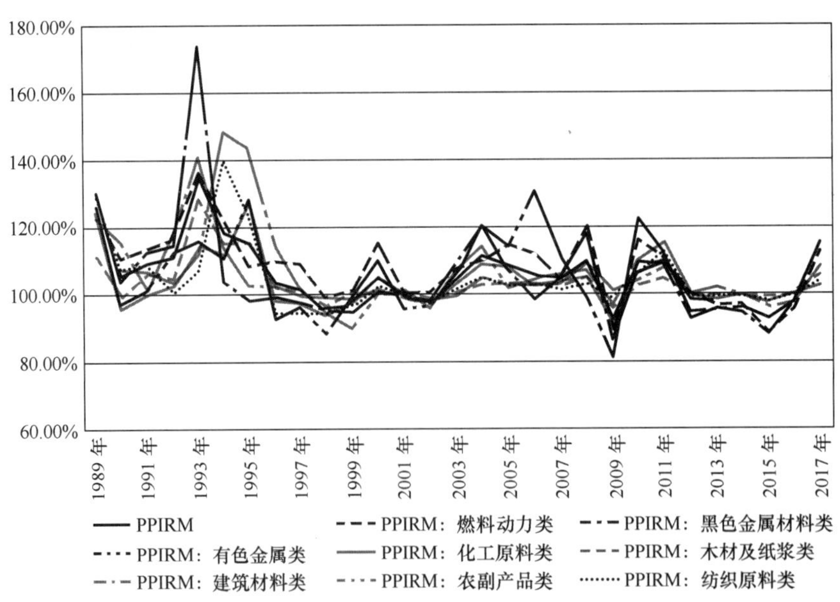

图 47　1989—2017 年工业生产者购进价格指数（PPIRM）变化趋势

4. 重点要素保障工业发展

煤、电、油、气等要素保障工业平稳运行。2017 年原煤产量 34.5 亿吨，同比增长 3.2%；原油产量 2 亿吨，同比下降 4%；天然气产量 1474.2 亿立方米，同比增长 8.5%；原油加工量 5.7 亿吨，同比增长 5%；焦炭产量 4.3 亿吨，同比下降 3.3%；发电量实现 62 758.2 亿千瓦时，同比增长 5.7%（见表 7）。火力发电仍是我国主要的发电方式，2017 年火力发电量占总发电量的 73.48%，比 2016 年（74.36%）降低 0.88 个百分点，风力、核能发电增长较快，2017 年同比增长 21.4%、16.3%（如图 48 所示）。

表 7　　　　重点能源产品产量

主要能源产品	2018 年 1 ~ 7 月		2017 年	
	产量	同比增速	产量	同比增速
原煤（万吨）	197 818	3.4%	344 545.6	3.2%
原油（万吨）	10 995.3	–2.1%	19 150.6	–4%
天然气（亿立方米）	904.9	5.5%	1474.2	8.5%
煤层气（亿立方米）	41.5	9.9%	70.2	8.2%
液化天然气（万吨）	426.4	–10.4%	829	14.4%
原油加工量（万吨）	35 057	9.2%	56 777.3	5%
汽油（万吨）	8108.1	6.8%	13 276.2	3%
煤油（万吨）	2761.1	15.6%	4230.9	6.2%
柴油（万吨）	10 432.7	1.2%	18 318	2.4%
燃料油（万吨）	1399.6	–11.9%	2693.4	–0.7%
石脑油（万吨）	2055.7	3.9%	3401.2	2.5%
液化石油气（万吨）	2262.8	10.1%	3677.3	4.5%
石油焦（万吨）	1557.8	0.2%	2721.7	3.5%
石油沥青（万吨）	2258.8	7.7%	3980	21.2%
焦炭（万吨）	24 745.8	–3.3%	43 142.6	–3.3%
发电量（亿千瓦时）	38 373.3	7.8%	62 758.2	5.7%
火力发电量（亿千瓦时）	28 456.1	7.3%	46 114.6	4.6%
水力发电量（亿千瓦时）	5901.1	3.5%	10 818.8	3.4%
核能发电量（亿千瓦时）	1563.6	12.9%	2480.7	16.3%
风力发电量（亿千瓦时）	1948.5	23%	2695.4	21.4%
煤气（亿立方米）	6555.5	2.8%	10 626.9	3.9%

数据来源：国家统计局。

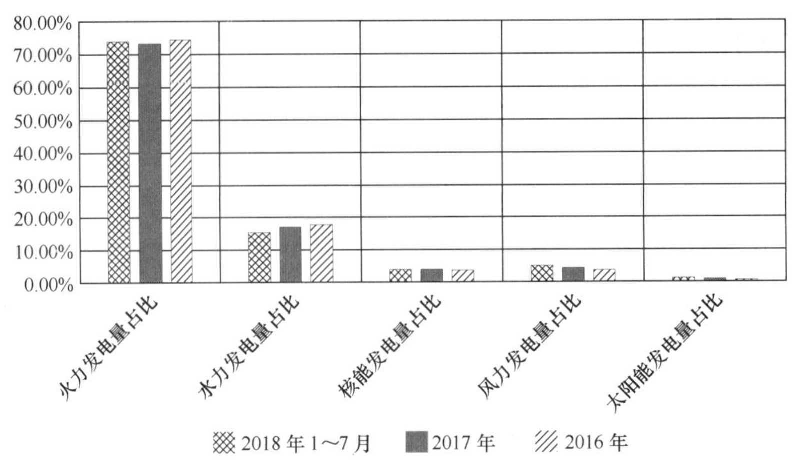

图 48　我国 2016—2018 年发电结构组成（数据来源：国家统计局）

（三）工业创新能力不断提升

1. 综合创新实力提高

从科技部每年公布的中国创新指数来看，我国创新综合实力不断增强，以 2015 年为基期，2016 年该指数已升至 181.2。从分指数来看，2005—2016 年创新环境[5]、创新投入[6]、创新产出[7]、创新成效[8]指数都有显著提升，2014 年以来上升速度有所加快，尤其是创新产出指数加快更为显著，2016 年创新环境、创新投入、创新产出、创新成效指数分别为 172、172.2、223.3、157.3，相比 2005 年创新产出改善最为明显，创新成效改善相对较慢（如图 49 所示）。

2. 创新主体不断增多

研发人员数量保持较快增长。从总量来看，2016 年研究与试验发展（简称“研发”）人员全时当量为 387.81 万人年，比 2015 年（375.88 万人年）提高 11.93 万人年，相比 2015 年，同比增速有所加快。从结构来看，2016 年基础研究、应用研究、研发人员全时当量为 27.47、43.89、316.44 万人年，分别占比为 7.08%、11.32%、81.60%。从趋势来看，总体研发人员数量保持较快增

[5] 该分指数主要反映驱动创新能力发展所必备的人力、财力等基础条件的支撑情况，以及政策环境对创新的引导和扶持力度。

[6] 该分指数通过创新的人力/财力投入情况、企业创新主体中发挥关键作用的部门（即研发机构）建设情况以及创新主体的合作情况来反映国家创新体系中各主体的作用和关系。

[7] 该分指数通过论文、专利、商标、技术成果成交额反映创新中间产出结果。

[8] 该分指数通过产品结构调整、产业国际竞争力、节约能源、经济增长等方面，反映创新对经济社会发展的影响。

长趋势，尤其是试验发展人员规模扩大较快，自 2000 年以来试验发展人员占总研发人员的比重基本保持扩大趋势，从 2000 年的 67.57%增长到 2015 年的 81.81%，2016 年略有下降（81.06%），与此同时，应用研究人员占比则有所下降，基础研究人员占比保持稳定，但略有下滑。总体试验发展人员仍占绝对主导优势（如图 50 所示）。

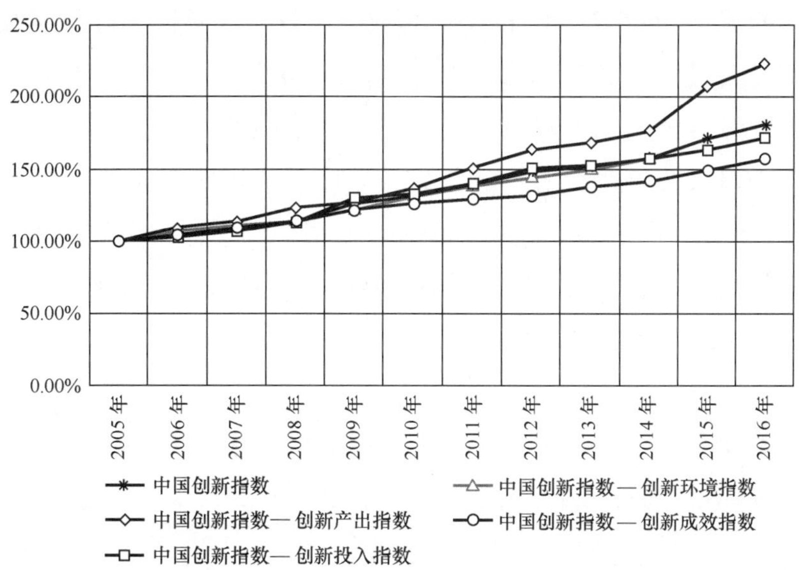

图 49　2005—2016 年中国创新指数（数据来源：科技部）

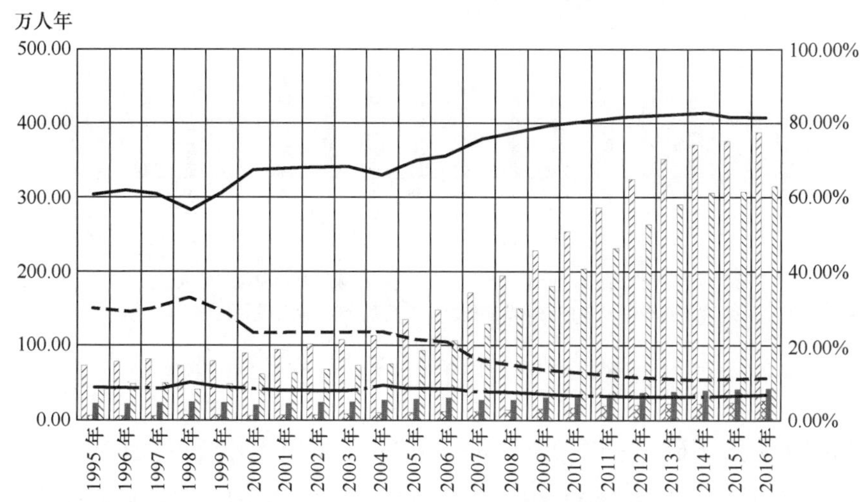

图 50　1995—2016 年全国研究与试验发展全时人员变化趋势（数据来源：Wind）

高等院校和研究机构创新基础增强。从高等院校的研发能力来看，近年来，我国高等院校研发人员数量不断增长，2015 年全国高等院校研发人员达到 38 万人，比上年增加 1.2 万人，占总的高等院校教学与科研人员的 39%，近年来高等院校研发人员占比总体保持在 40%左右（如图 51 所示）。从政府机构的研发来看，政府研究机构的研发活动也保持持续活跃，2016 年，政府研究机构从事研发活动的人员为 45 万人，比上年增加 1.4 万人，增长 3.1%；按实际工作时间计算的研发人员为 39.0 万人年，比上年增加 0.6 万人年，增长 1.7%，政府研究机构的研发经费已达 2260.2 亿元，比上年增加 123.7 亿元，增长 5.8%（如图 52 所示）。2016 年，政府研究机构的研发人员中拥有博士学位的人员有 7.9 万人，比上年增长 7.6%，占研发人员的比重达到 17.6%，比上年提高了 0.8 个百分点；拥有硕士学位的人员有 15.6 万人，增长 6.6%，占研发人员的比重达到 34.7%，比上年提高了 1.2 个百分点（如图 53 所示）。

图 51　2003—2015 年全国高等院校研发人员数量

工业企业创新基础增强。2016 年，我国开展研发活动的规模以上工业企业（以下简称“企业”）共 86 892 个，占全部企业的 23.0%，比上年提高了 3.8 个百分点；拥有研发机构的企业共 72 452 个，占全部企业的 16.3%，比上年增加了 2.5 个百分点，我国企业有研发人员 386.7 万人，占全国研发人员总数的 2/3。2016 年，在开展研发活动的企业中，内资企业为 72 452 个，占 83.4%；港、澳、台商投资企业 6730 个，占 7.7%；外商投资企业 7709 个，占 8.9%。从工业分行业研发人员来看，机械、电子等先进制造业研发人员数量增长快，煤炭、有色以及非金属矿采选、加工业研发人员增长慢，甚至出现负增长（如图 54 所示）。

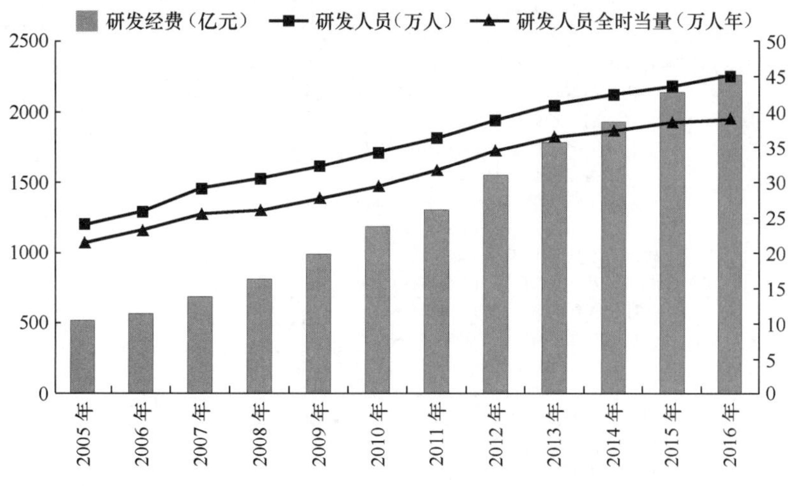

图 52　2005—2016 年政府研究机构的研发人员和研发经费

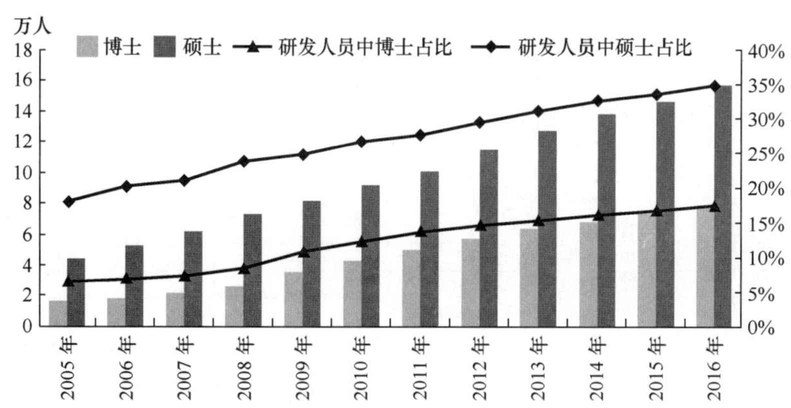

图 53　2005—2016 年政府研究机构的研发人员中拥有博士和硕士学位的人员情况

科技孵化器对创新的支撑作用增强。近年来，我国科技孵化器对创新的作用逐步发挥，孵化器数量和孵化企业数量都有显著增加，尤其是自 2014 年“大众创业 万众创新”提出以来，孵化器数量和孵化企业数都有显著增加。截至 2016 年年底我国已培育科技孵化器 3255 个，比 2014 年增加 1507 个，孵化企业 133 286 家，比 2014 年增加 54 321 个，其中累计毕业企业 89 694 家，比 2014 年增加 27 750 个，毕业企业占孵化企业的比重达到 67%。2016 年孵化企业总收入达到 4792.7

亿元（如图 55 所示）。

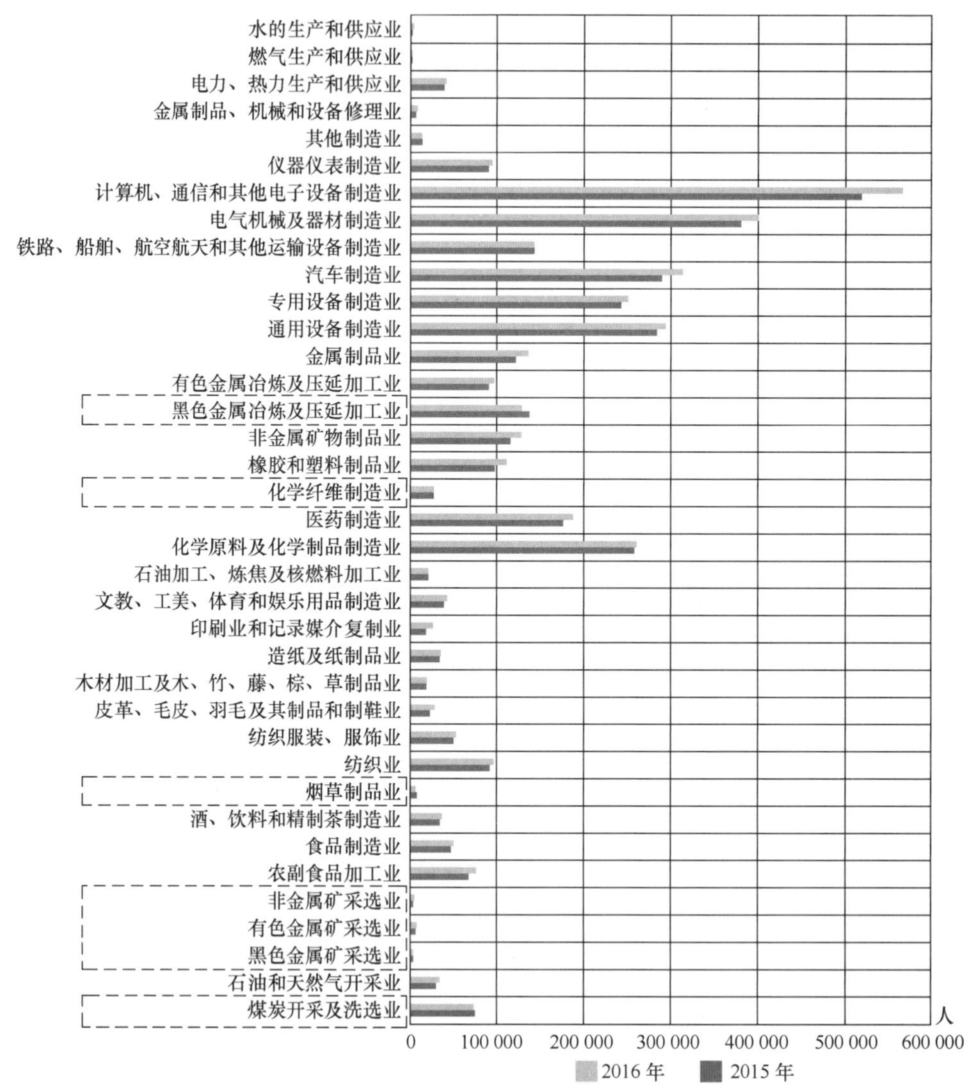

图 54　规模以上工业企业分行业研发人员数量（数据来源：Wind）

3. 研发投入强度加大

研发经费持续增长。2017 年我国研发经费投入总量为 17 500 亿元，比上年增长 11.6%，增速较上年提高 1 个百分点（如图 56 所示）。研发经费投入强度（研发经费与国内生产总值之比）为 2.12%，较上年提高 0.01 个百分点（如图 57 所示）。分研发活动类型来看，研发经费以试验发展为主。2017 年我国基础研究经费为 920 亿元，比上年增长 11.8%；基础研究占研发经费的比重为 5.3%，较上年提高 0.1 个百分点，2016 年我国应用研究和试验发展研究经费分别为 1610.49 亿元、13 243.36 亿元，占研发经费的比重分别为 10.27%、84.48%。分研发活动主体来看，企业仍是研发主体。2017 年企业研发经费为 13 733 亿元，比上年增长 13.1%，连续两年实现两位数增长；政府研究机构和高等院校研发经费分别为 2418.4 亿元和 1127.7 亿元，分别比上年增长 7%和 5.2%。

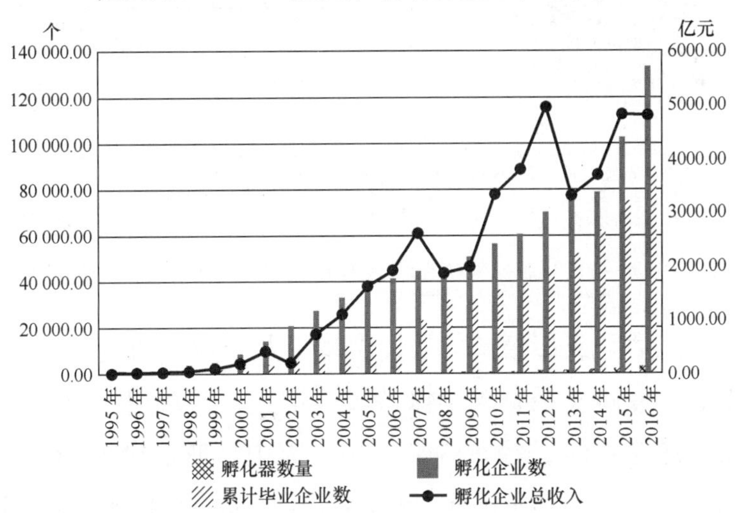

图 55 1995—2016 年我国科技企业孵化器情况（数据来源：Wind）

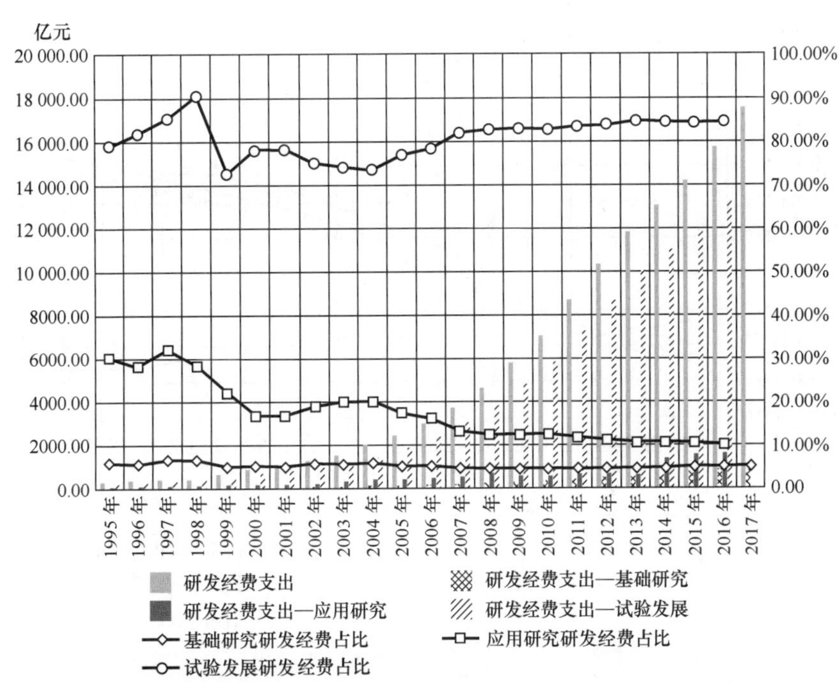

图 56 1995—2017 年我国研发经费支出情况（数据来源：科学技术部）

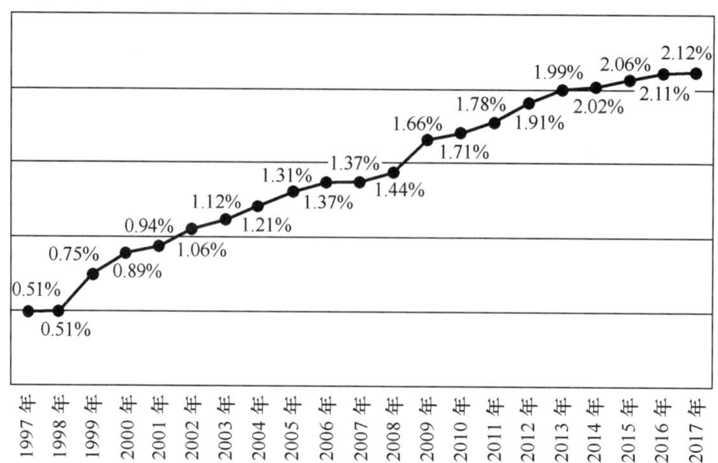

图 57　1997—2017 年我国研发投入强度情况（数据来源：计算数据）

工业企业科技活动支出增长。从大中型工业企业的研发经费来看，近年来，我国大中型工业企业研发经费支出保持较快增长，2016 年大中型工业企业研发经费、大中型制造企业研发经费内部支出、大中型制造企业新产品开发经费支出分别达到 8289 亿元、7973 亿元、8728 亿元（如图 58 所示）。相对而言，大中型制造企业技术改造经费支出有所减少，引进技术经费支出、消化吸收经费支出、购买国内技术经费总体保持稳定。

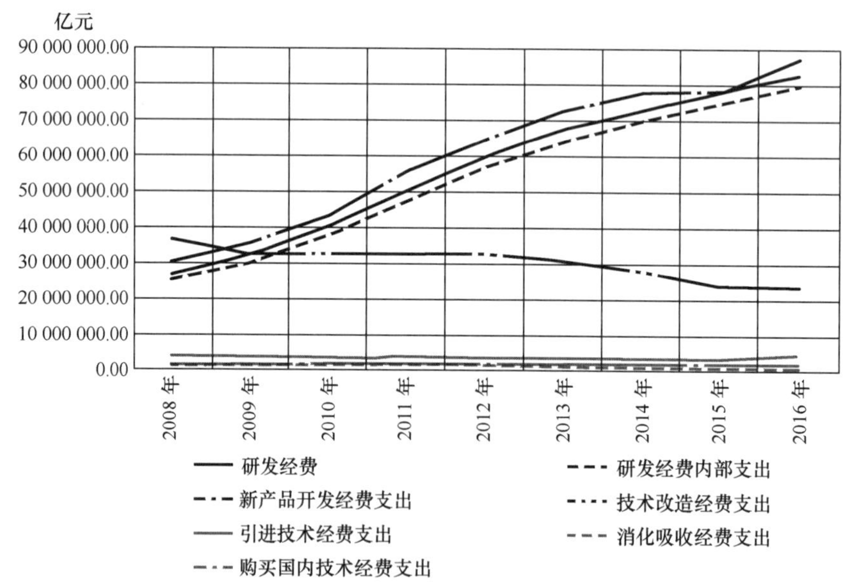

图 58　2008—2016 年大中型制造企业研发经费支出

从行业分布来看，研发经费主要集中在电子信息、机械制造、化工、医药和金属冶炼及压延加工业。从规模来看，2016 年，有 22 个行业的企业研发经费超过了 100 亿元，与上年相比，排名基本保持稳定。研发经费投入最高的行业是计算机、通信和其他电子设备制造业，为 1811.0 亿元，占全部企业研发经费的 16.5%。研发经费超过千亿元的行业还有电气机械及器材制造业和汽车制造业，分别为 1102.4 亿元和 1048.7 亿元。研发经费在 500 亿元以上的行业还有化学原料及化学制品制造业、通用设备制造业、专用设备制造业以及黑色金属冶炼及压延加工业，这 7 个行业研发经费总和的占比为 60.2%（如图 59 所示）。

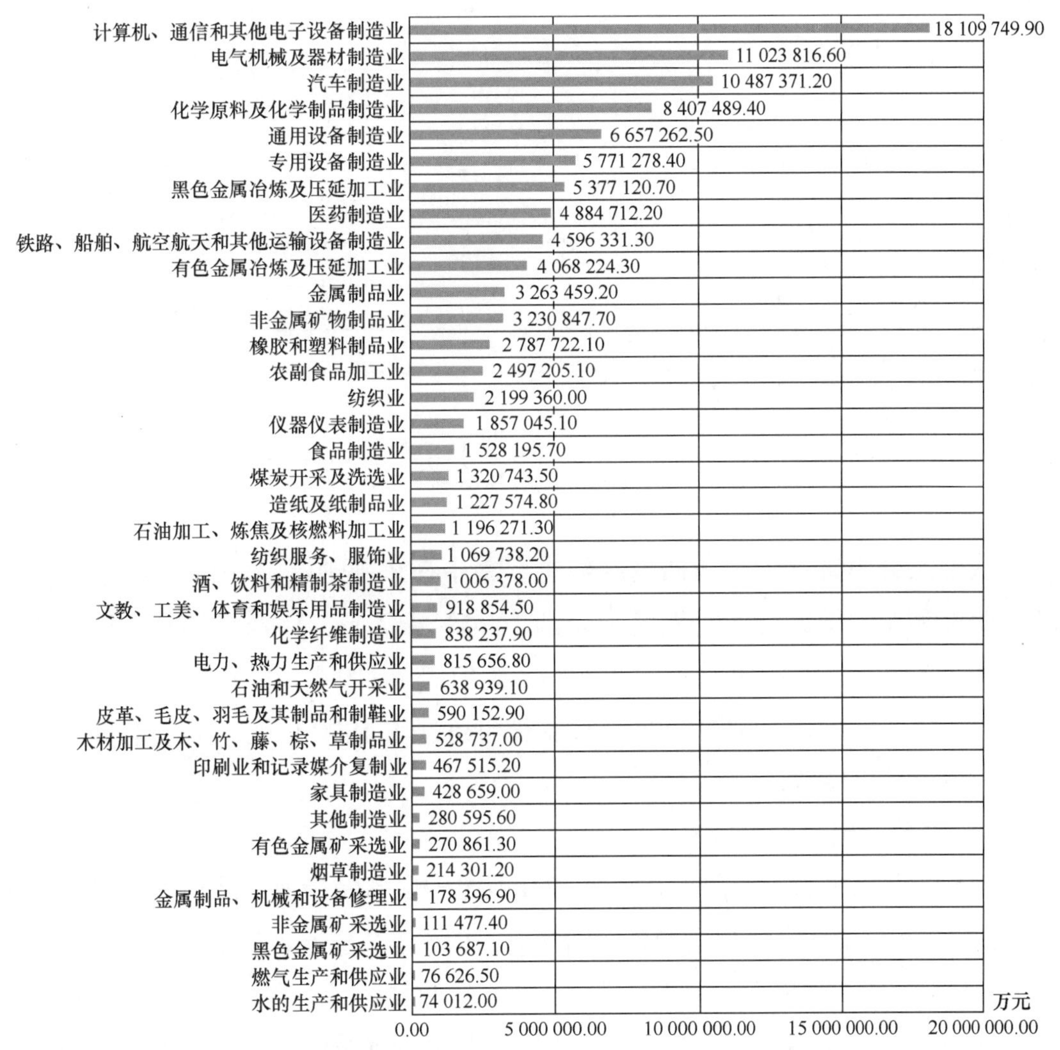

图 59　2016 年规模以上工业企业分行业研发经费内部支出额

从投入强度来看，2016 年企业研发经费投入强度最高的是铁路、船舶、航空航天和其他运输设备制造业（2.38%），其次是仪器仪表制造业（1.96%）。超过研发经费投入强度平均水平的行业还包括计算机、通信和其他电子设备制造业，医药制造业，专用设备制造业，电气机械及器材制造业，通用设备制造业，汽车制造业，金属制品、机械和设备修理业，化学纤维制造业，其他制造业以及化学原料及化学制品制造业（见表 8）。

表 8　企业研发经费投入最多的 10 个行业及其投入强度（2016 年）

行业	研发经费（亿元）	研发经费投入强度
总计	7938.3	1.35%
计算机、通信和其他电子设备制造业	1811.0	1.82%
电气机械及器材制造业	1102.4	1.50%
汽车制造业	1048.7	1.29%
化学原料及化学制品制造业	840.7	0.96%
通用设备制造业	665.7	1.38%
专用设备制造业	577.1	1.54%
黑色金属冶炼及压延加工业	537.7	0.87%
医药制造业	488.5	1.73%
铁路、船舶、航空航天和其他运输制造业	459.6	2.38%
有色金属冶炼及压延加工业	406.8	0.76%

数据来源：科技部《2016 年规模以上工业企业研发活动统计分析》。

从地区分布来看，企业研发经费主要集中在东部地区。2016 年，东部、中部、西部和东北地区企业研发经费分别为 7484.4 亿元、1896.9 亿元、1141.9 亿元和 421.4 亿元，所占比重分别为 68.4%、17.3%、10.4%和 3.9%。从省市分布来看，江苏、广东和山东的企业研发经费均超过了 1000 亿元，这三地研发经费总额的占比为 43.4%。

4. 研发产出能力增强

从专利产出来看，计算机、通信和其他电子设备制造业以及电气机械及器材制造业发明专利活跃。从全国专利产出来看，2016 年全国专利申请授权数为 175.38 万件，比 2015 年增长 3.56 万件，其中发明专利授权数为 40.42 万件，比 2015 年增长 4.49 万件，发明专利授权数增长较快，占比不断提升，2016 年发明专利授权数占比达到 23.05%，比 2015 年（20.91%）提高 2.14 个百分点（如图 60 所示）。

从工业的专业情况来看，2016年，我国规模以上工业企业申请专利71.5万件，其中发明专利28.7万件，分别比上年增长12.0%和16.8%，发明专利申请占企业专利申请总量的40.1%（如图61所示）。从分行业来看，计算机、通信和其他电子设备制造业发明专利拥有量最多（22.7 万件），其次是电气机械及器材制造业（8.5 万件），二者之和占企业全部有效发明专利的比例为40.6%。从地区分布来看，东部、中部、西部和东北地区的企业发明专利拥有量分别为56.0万件、11.6万件、7.1万件和2.2万件，所占比重分别为72.8%、15.1%、9.2%和2.9%。从省市分布来看，广东和江苏的企业发明专利拥有量最多，分别占30.8%和15.3%。

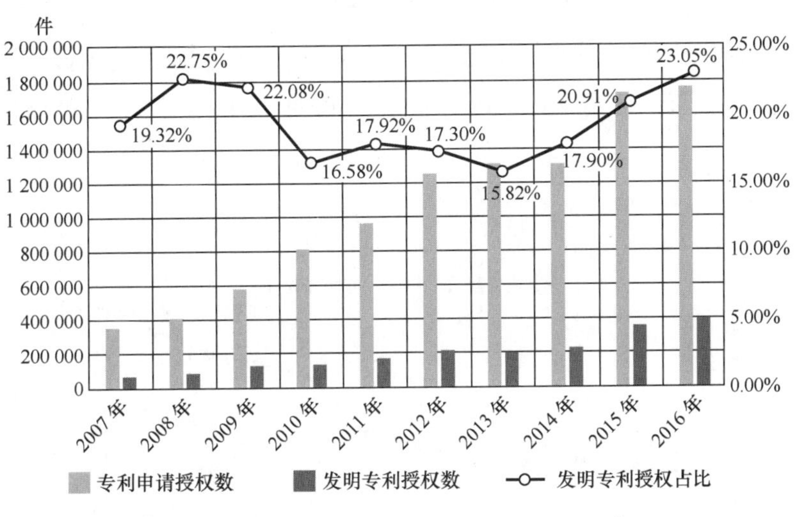

图60　2007—2016年我国专利申请授权情况

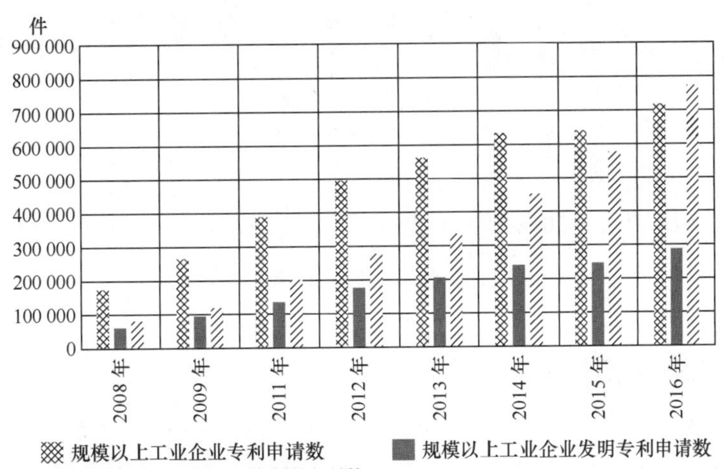

图61　2008—2016年我国规模以上工业企业专利申请情况

技术市场交易额稳步增长，为促进经济结构调整和产业提质增效、推进大众创业万众创新提供了有力支撑。2016年全年共签订各类技术合同32.0万项，成交金额11 407.0亿元，比上年分别增长4.3%和16.0%。合同成交金额占全国GDP的比重继续增加，达到1.53%。平均每项技术合同成交金额356.0万元，同比增长11.2%（如图62所示）。从领域来看，新一代电子信息技术、先进制造技术、新能源、生物医药、节能环保及新材料领域技术合同成交额达7018.4亿元，占全国总量的61.5%，除核应用技术和航空航天技术领域下降外，其他领域的技术交易额均有不同程度的增长，新一代电子信息技术交易继续保持领先地位，全年共成交136 246项，成交额3312.9亿元，增长32.7%，占全国技术合同成交总额的29.0%；现代交通领域技术交易增长迅猛，成交合同10 895项，成交额1368.8亿元，同比增长39.4%，增幅居首位（如图63所示）。

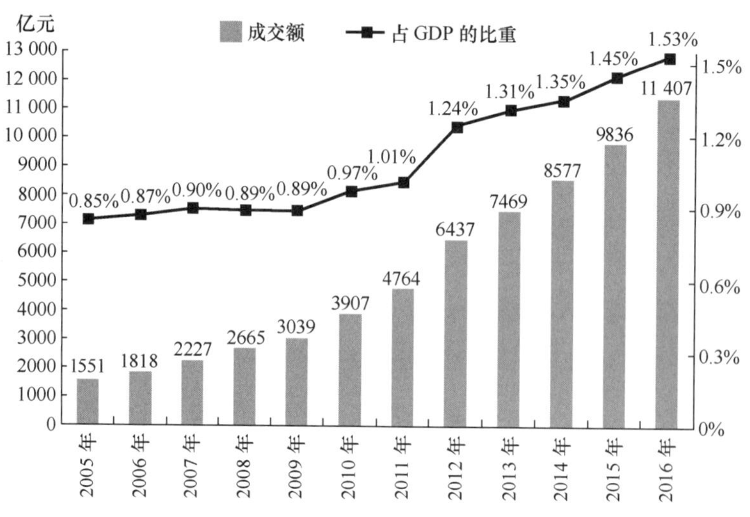

图62　2005—2016年全国技术合同成交金额及其占GDP的比重

（数据来源：科学技术部）

5. 重点领域有所突破

在国家“核高基”、宽带移动通信、高档数控机床、大飞机、“两机”等重大科技专项实施支持，产学研领域的通力合作下，重点领域“卡脖子”问题进一步得到缓解，据工业和信息化部材料显示，有45项高端机床主机产品达到或接近国际先进水平。山东省全球最大、最先进超深水半潜式钻井平台“蓝琼 1 号”于 2017 年 5 月完成了首次泥质粉砂型天然气水合物试采，使我国成为全球率先掌握该技术的国家。中国国产 C919 大型客机在上海浦东国际机场正式首飞成功，使中国实现了民用飞机技术集群式突破，形成了中国大型客机发展核心能力。浙江省“5 兆瓦模块化大型海洋潮流能发电机组研究”项目通过专家验收，依托该项目，我国海洋清洁能源利用技术取得重大突破，成为继英、美之后，全球第三个全面掌握潮流能发电并网技术的国家。北京市首次发现了三重简并费米子，率先完成酿酒酵母 12 号染色体的设计与人工化学合成，率先研制成功 5 纳米碳基光电集成电路，性能达到世界最高水平，研制出了全球首款人工智能处理器、首个商用的“深度学习”神经网络处理器寒武纪。广东省天然气水合物试采标志着我国取得了天然气水合物勘查开发理论、技术、工程、装备的自主创新，实现了历史性突破。

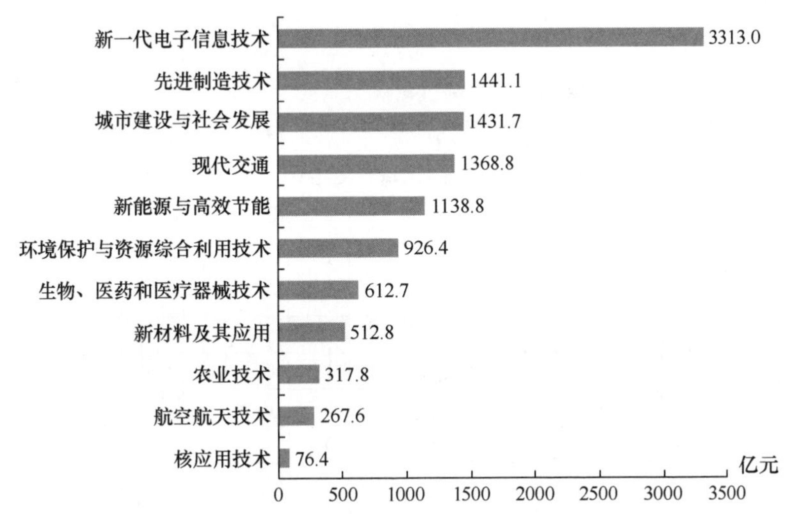

图 63　2016 年全国技术合同成交金额按领域分布（数据来源：科学技术部）

（四）工业结构持续优化

1. 工业行业结构调整加快

机电、医药等先进制造行业增长迅速，原材料行业增长低迷。从三大行业门类来看，2017 年，制造业，电力、热力、燃气及水的生产和供应业增长快于总体工业增长，分别同比增长 7.2%、8.1%，快于总体工业增速 0.6、1.5 个百分点，采矿业增加值则同比下降 1.5%（如图 64 和图 65 所示）。行业增长面持续扩大，2017 年，41 个大类行业中有 36 个行业增加值保持增长态势，增长面达 87.8%，较上年提高 4.9 个百分点。机械、医药等行业引领工业增长，其中，电子、仪器仪表、汽车、医药、专用设备、通用设备、电气机械等行业均保持两位数增长（如图 66 所示）。2018 年以来，多数行业增速较 2017 年都有所加快，由于前期“去产能”阶段影响，以煤炭为代表的采矿业增长逐渐由负转正。

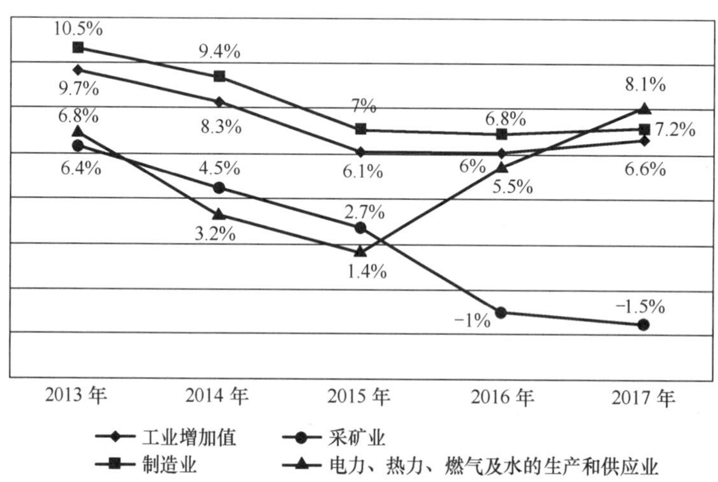

图 64　2013—2017 年工业三大门类行业年度增速（数据来源：国家统计局）

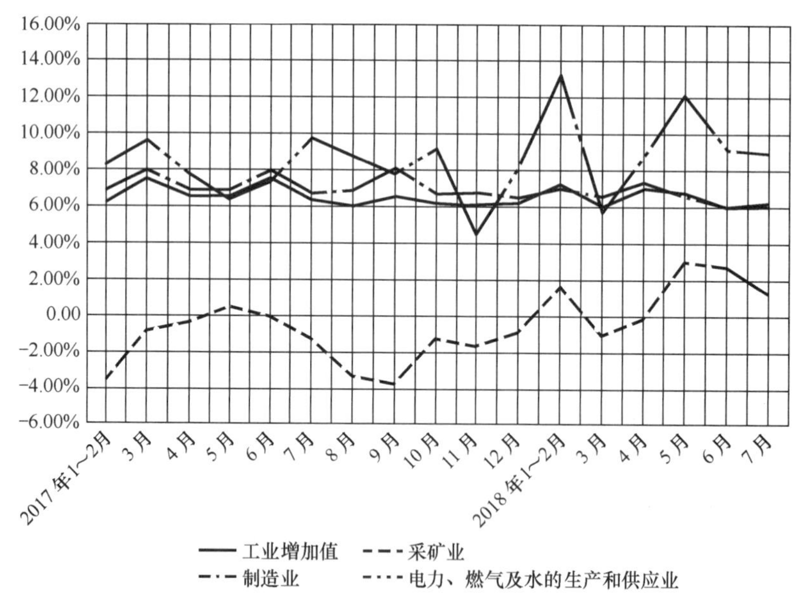

图 65　2017—2018 年工业三大门类行业月度增速（数据来源：国家统计局）

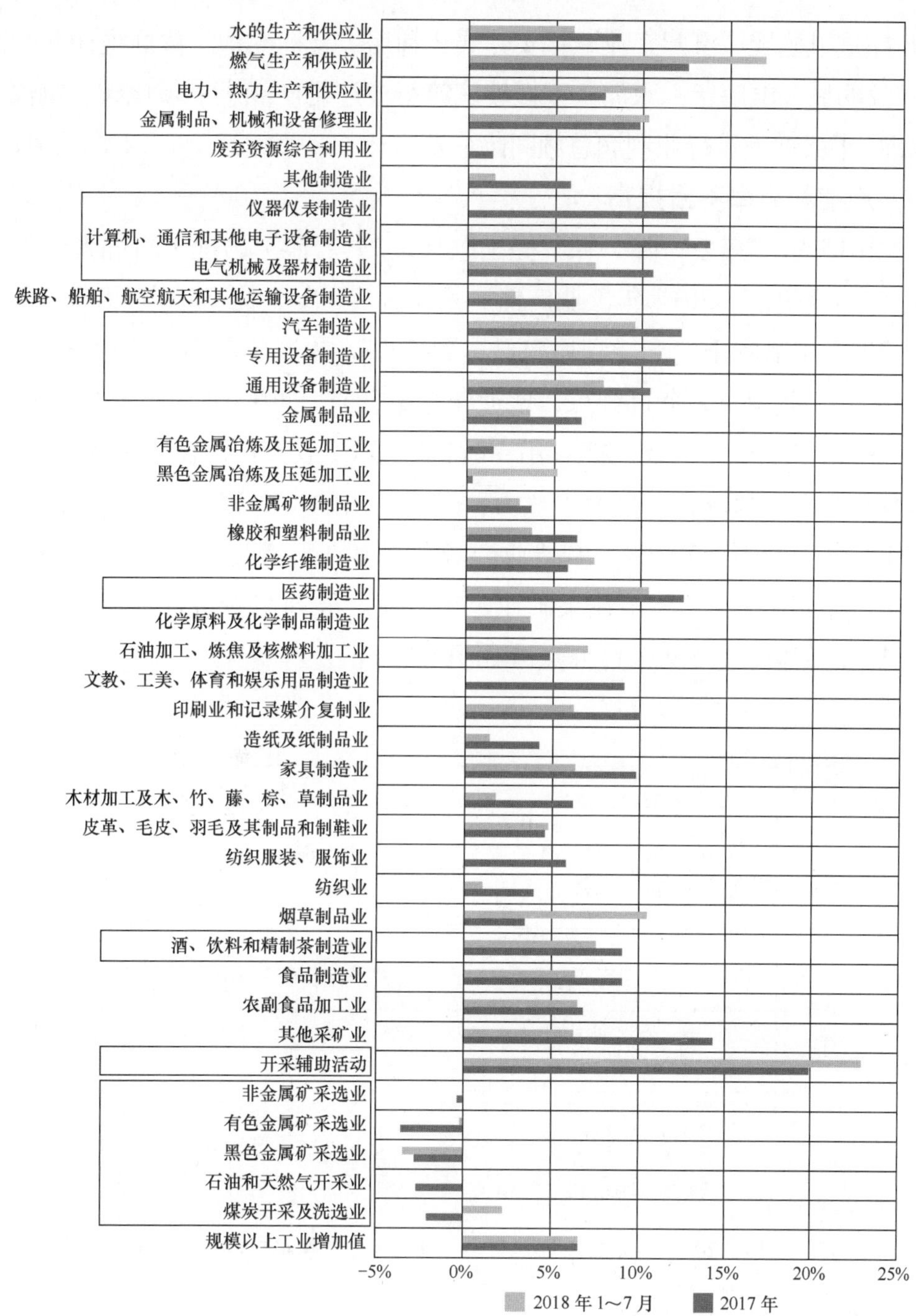

图 66 2017—2018 年 41 大类行业工业增加值增速

2. 去产能任务落实有力有效

据工业和信息化部公布数据显示，2017 年 5000 万吨钢铁去产能目标任务超额完成，累计化解钢铁过剩产能 1.15 亿吨以上，1.4 亿吨“地条钢”全面出清，行业兼并重组处置“僵尸企业”扎实开展。利用综合标准依法依规推动落后产能退出成效明显，电解铝、水泥、平板玻璃等行业过剩产能进一步化解。钢铁、有色、水泥、平板玻璃等行业利润总额同比分别增长 178.9%、27.5%、94.4%和 81.3%。

3. 产能利用率不断提高

自 2015 年“三去一降一补”提出以来，“去产能”力度不断加大，工业产能利用率不断提高，2017 年工业产能利用率为 77.0%，比 2016 年回升 3.7 个百分点，2017 年第四季度产能利用率已达到 78%，为近年来高点，比 2016 年同期（73.8%），提高 4.2 个百分点，比近年来最低点（2016 年第一季度，72.9%）提高了 5.1 个百分点，工业产能利用率改善明显（如图 67 所示）。从分行业来看，2017 年采矿业，制造业，电力、热力、燃气及水的生产和供应业产能利用率分别为 71.1%、77.5%、72.8%，制造业产能利用率高于工业整体（77%）0.5 个百分点，产能过剩行业多集中在采矿业，采矿业产能利用率虽有改善，但一直偏低，仍比工业整体低 5.9 个百分点（如图 68 所示）。

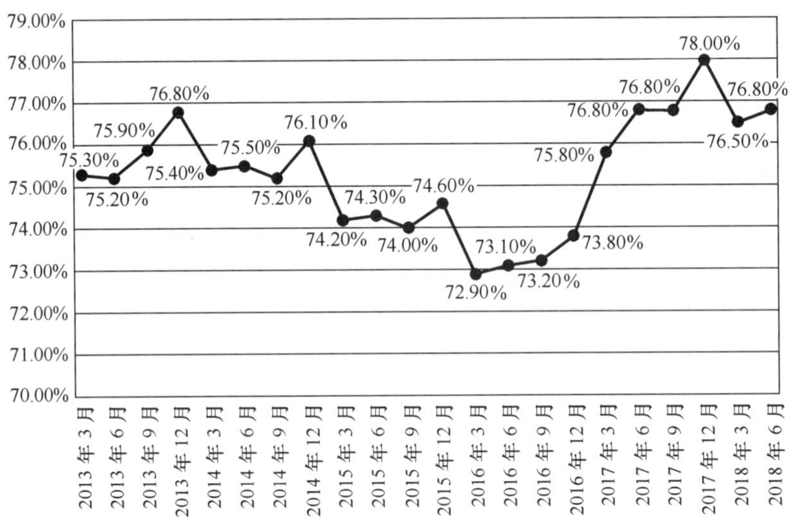

图 67　2013—2018 年工业产能利用率（当季值）（数据来源：国家统计局）

4. 新兴产业发展迅速

新兴产业引领工业增长。近年来代表国家竞争力、技术含量较高的新兴产业对工业的支撑作用不断增强，2017 年高技术制造业、装备制造业增加值占规模以上工业增加值的比重已达 12.7%和 32.7%。新兴产业对工业增长的引领作用也不断提升，2017 年全年规模以上工业战略性新兴产业、高技术产业和装备制造业增加值同比增长 11.0%、13.4%和 11.3%，比 2016 年（10.5%、10.8%和 9.5%）提高了 0.5、2.6 和 1.8 个百分点（如图 69 所示）。

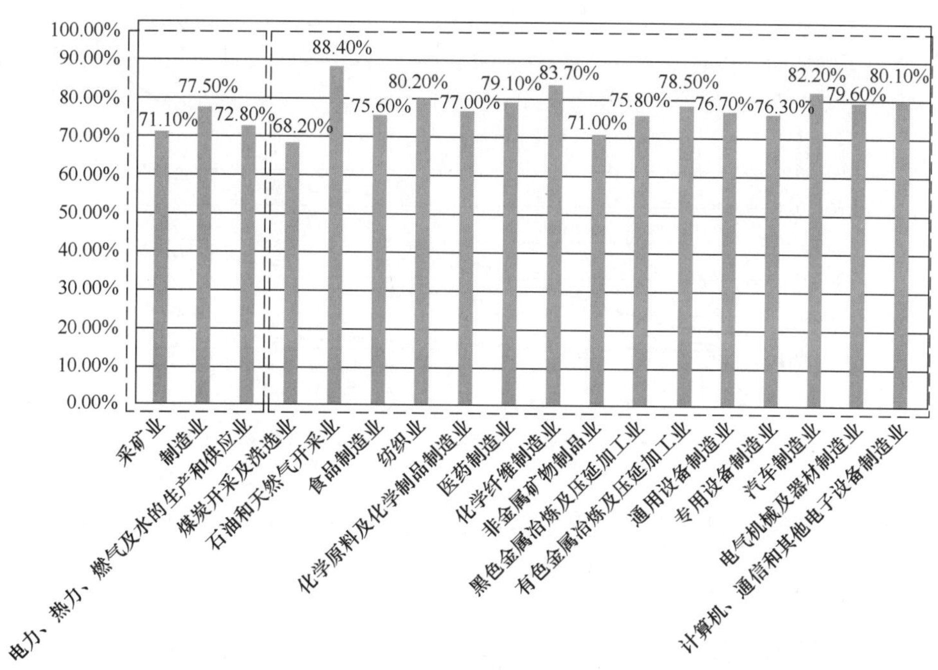

图 68　2017 年主要行业产能利用率（数据来源：国家统计局）

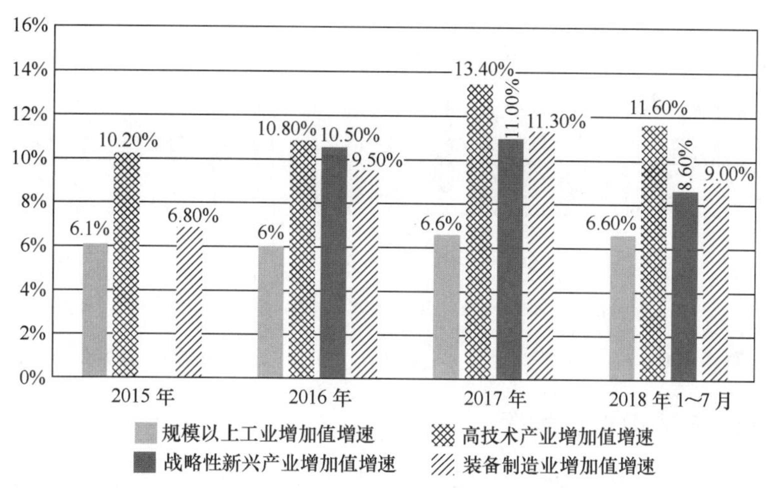

图 69　2015—2018 年高技术产业、战略性新兴产业、装备制造业规模以上工业增加值增速（数据来源：国家统计局）

高技术产业生产经营状况良好。2016 年高技术产业企业数达到 30 798 家，主营业务收入达 153 796.33 亿元，利润总额达到 10 301.80 亿元。2017 年全年高技术产业投资 42 912 亿元，比上年增长 15.9%，占固定资产投资（不含农户）的比重为 6.8%。2016 年高技术产业出口交货值达到 52 444.61 亿元（如图 70 和图 71 所示）。

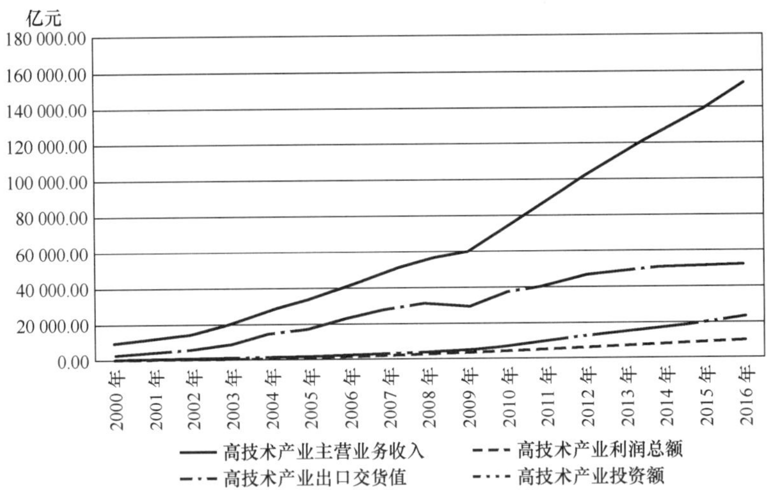

图 70　2000—2016 年高技术产业生产经营情况（数据来源：国家统计局）

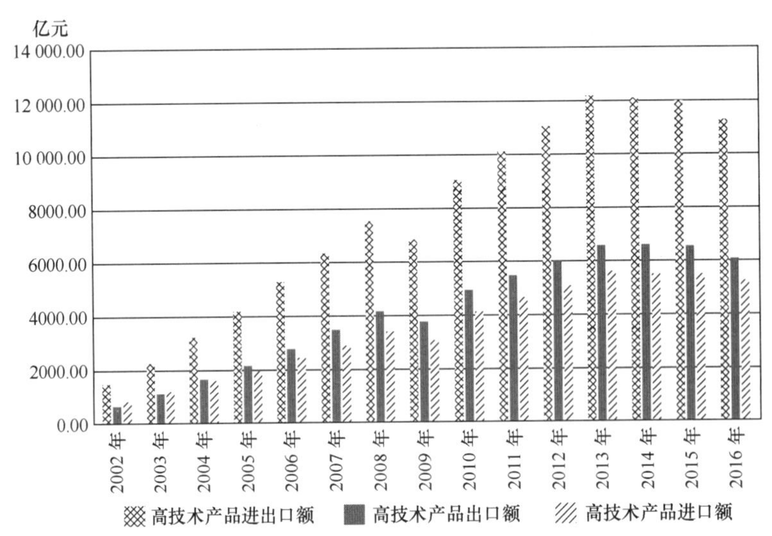

图 71　2002—2016 年高技术产品进出口额（数据来源：国家统计局）

5. 企业增长结构更加均衡

近年来，工业各类性质企业增长更为均衡，2015 年之前，各类性质企业工业增加值均呈现不同程度的下滑，表现为私营企业增速最高，其次为股份制企业，之后为外商及港澳台投资企业和国有及国有控股企业，最后为集体企业。随着 2015 年以来工业增长趋稳，国有及国有控股企业、股份制企业、外商及港澳台投资企业、私营企业总体企稳回升，但私营企业总体仍保持下滑态势，集体企业和股份合作制企业则呈现微增长和负增长。2017 年国有及国有控股企业、集体企业、股份合作制企业、股份制企业、外商及港澳台投资企业、私营企业分别同比增长 6.5%、0.6%、–4.6%、6.6%、6.9%、5.9%（如图 72 所示）。

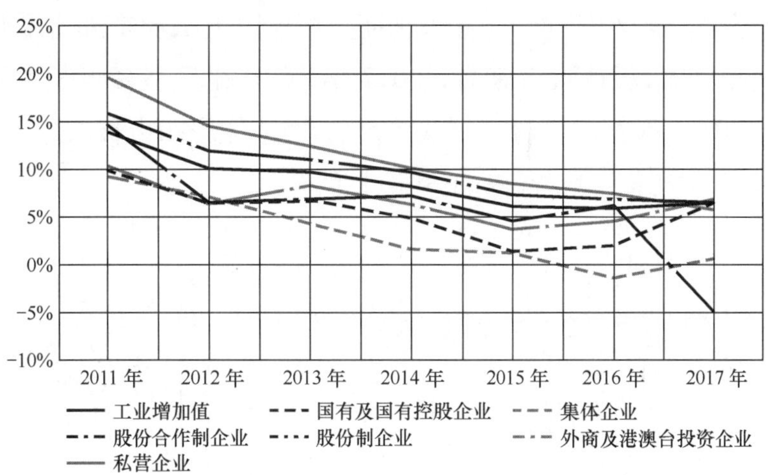

图 72 2011—2017 年各类性质企业工业增加值增速趋势（数据来源：国家统计局）

（五）工业区域协同发展强化

1. 四大板块发展协调趋稳

四大板块发展逐渐均衡。改革开放 40 年来，中国区域发展总体协调平稳。东部、中部、西部、东北区域的 GDP 从 1978 年的 1514 亿元、750 亿元、726 亿元和 486 亿元，分别增加到了 2017 年的 449 681 亿元、179 412 亿元、170 955 亿元和 55 431 亿元。东部、中部、西部、东北区域地区生产总值分别年均增长 11.4%、10.4%、10.4%和 9.0%。从人均 GDP 来看，2017 年，东部、中部、西部、东北地区人均 GDP 分别为 84 595 元、48 747 元、45 522 元和 50 890 元，人均最高的东部和最低的西部之间的相对差值，由 2003 年的 2.5 倍缩小到 1.9 倍，呈现出东部地区领跑、各区域均衡发展的良好态势。

四大板块工业发展协调趋稳。从趋势来看，近年来总体呈现出“中西部增长快于东部，东中西部地区总体稳定，东北地区增长失速”的格局。随着供给侧改革的深入推进，2017 年以来，东北地区总体呈现企稳快速回升的势头，这与前期产能调整、“挤水分”等取得阶段性效果，新一轮东北振兴战略实施有关，西部地区增长波动性则有所加大。从工业增速来看，2017 年东部地区规模以上工业增加值同比增长 6.7%，增速同比加快 0.4 个百分点，实现利润增长 15.1%。

中部地区积极承接产业转移，工业增速领跑四大区域，2017 年中部地区规模以上工业增加值同比增长 7.9%，增速同比加快 0.4 个百分点，受能源原材料行业供需结构改善和价格大幅上涨影响，实现利润同比增长 47.2%。东北地区工业增长有明显好转，至 2017 年 12 月东北地区规模以上工业增加值增长 6.2%（如图 73 所示）。从四大板块投资来看，2017 年，东部地区投资增长 8.3%，中部地区投资增长 6.9%，西部地区投资增长 8.5%，增速位居四大板块之首，东北地区投资增长 2.8%，增速实现由负转正，稳步回升。

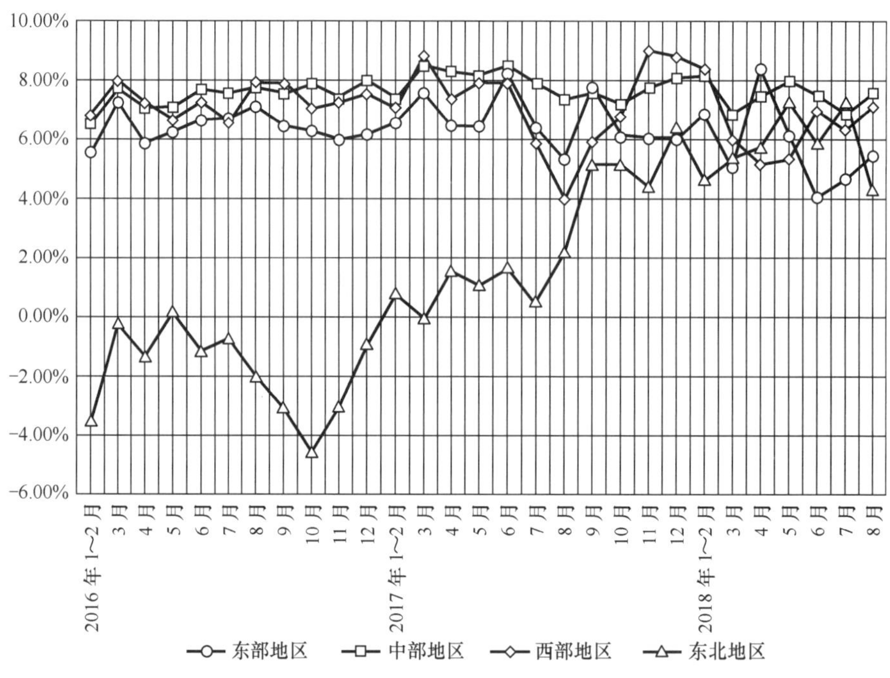

图 73　2016—2018 年东部、中部、西部、东北地区工业增加值增速情况

（数据来源：根据国家统计局发布资料整理）

2. 工业大省发展引领作用强

工业大省稳定工业增长。2017 年全国各省份工业增长总体稳定，多数省份（19 个）2017 年增速高于 2016 年水平或与之持平，19 个省市超过全国工业增长水平或与之持平，增长高于全国水平的省份有宁夏（8.6%）、青海（7%）、陕西（8.2%）、西藏（14.2%）、云南（10.6%）、贵州（9.5%）、四川（8.5%）、广东（7.2%）、湖南（7.3%）、湖北（7.4%）、河南（8%）、山东（6.9%）、江西（9.1%）、福建（8%）、安徽（9%）、浙江（8.3%）、江苏（7.5%）、上海（6.8%）、山西（7%），

如图 74 所示。江苏、山东、广东是我国的主要工业大省，2016 年工业[9]占比分别达到 13.53%、12.92%、11.27%，三大工业大省占比合计达到 37.72%，河南和浙江的工业体量也较大，分别占到全国的 6.89%和 5.78%，前五大工业大省占比合计超过 50%（如图 75 所示）。前五大工业大省的工业增速均高于全国水平，对稳定全国工业起到了“压舱石”的作用。

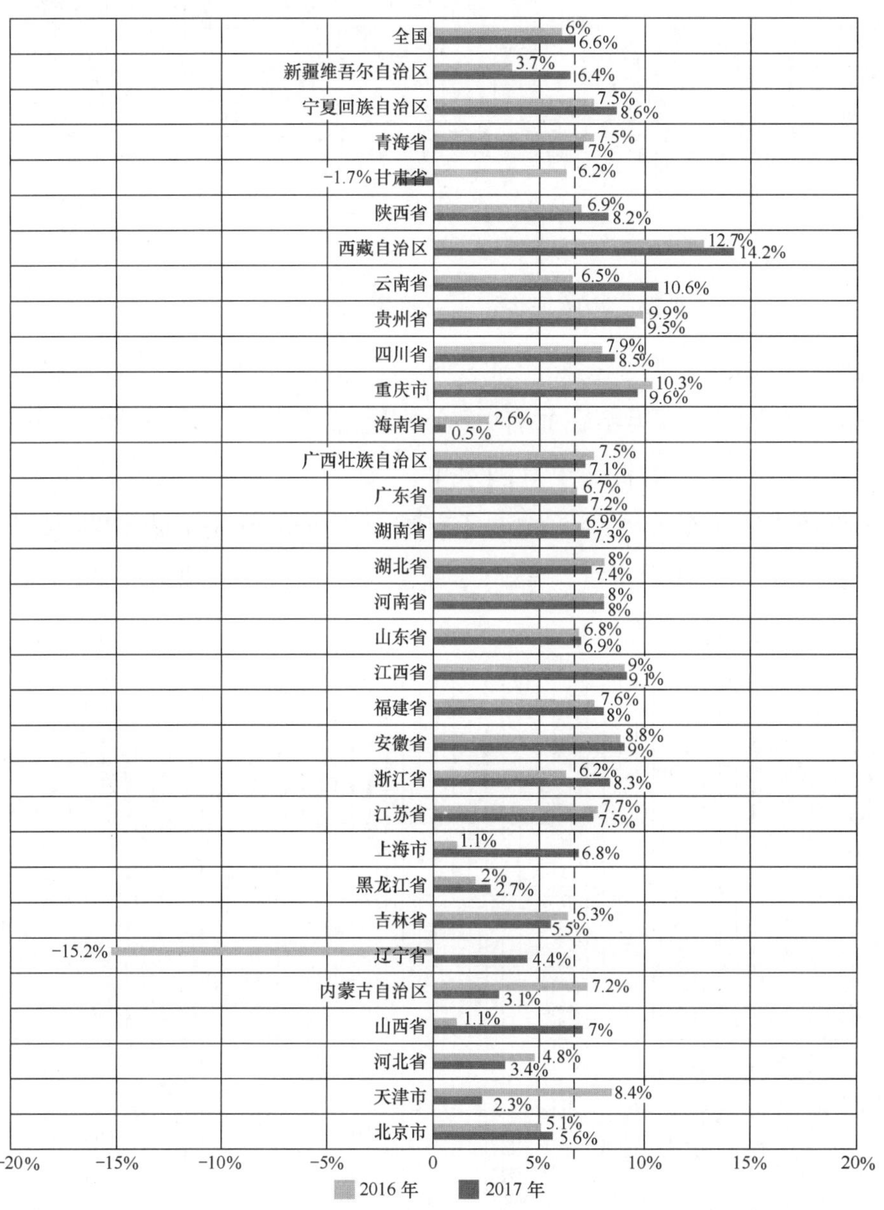

图 74　2016—2017 年各省规模以上工业增加值增速（数据来源：国家统计局）

9 按照规模以上工业销售产值计算。

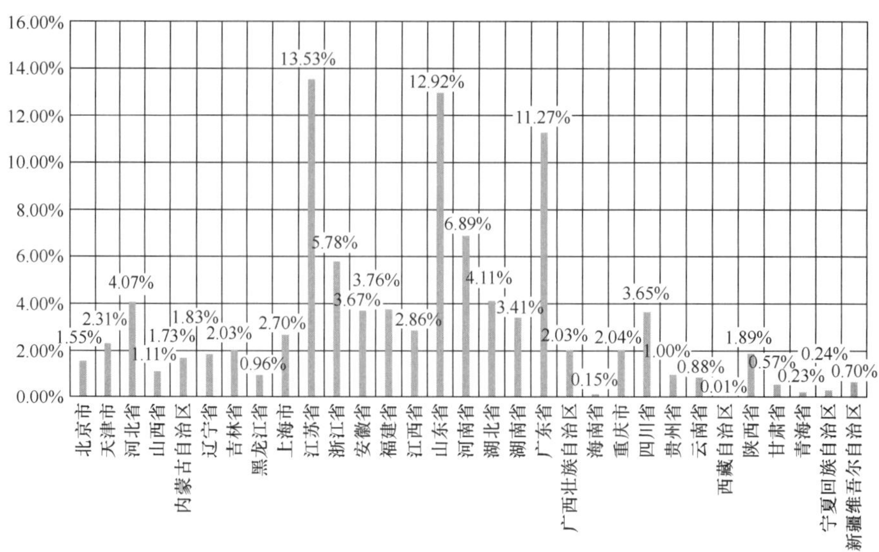

图 75　2016 年各省工业销售产值占比

重点工业城市运行良好。按照工业发展重要指标发展情况，工业和信息化部评选了一批（截至 2017 年年底共有 55 个）重点工业运行联系城市，2017 年多数重点工业城市的工业增长高于全国水平，仅天津、石家庄、唐山等 19 个工业城市的工业增速低于全国水平，约占所有重点工业运行联系城市的 35%，高于全国水平的约 65%，其中遵义、鄂尔多斯等 4 个地区的工业增长超过 10%，达到两位数增长（如图 76 所示）。

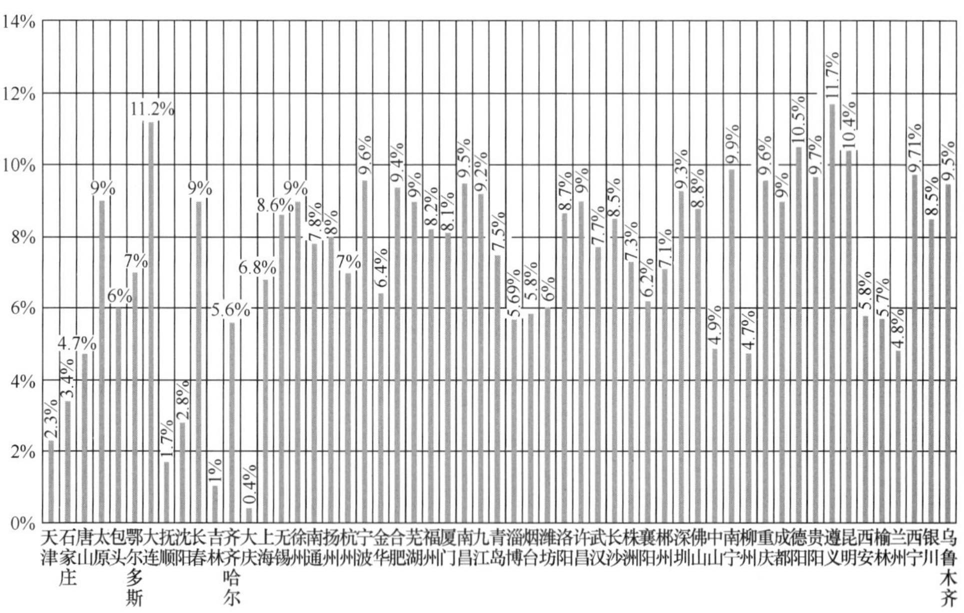

图 76　重点工业城市 2017 年规模以上工业增加值增速（数据来源：各省上报）

中西部省份投资增长快。2017 年有 18 个省（市、自治区）——新疆（20%）、青海（10.5%）、陕西（14.6%）、西藏（23.8%）、云南（18%）、贵州（20.1%）、四川（10.6%）、重庆（9.5%）、广西（12.8%）、安徽（11%）、江西（12.3%）、湖南（13.1%）、湖北（11%）、河南（10.4%）、海南（10.1%）、福建（13.9%）、广东（13.5%）、浙江（8.6%）的固定资产投资增速高于全国平均水平。投资较快的省份集中在中西部地区，这与中西部地区经济发展阶段相对滞后、基础设施建设尚不完善有关（如图 77 所示）。

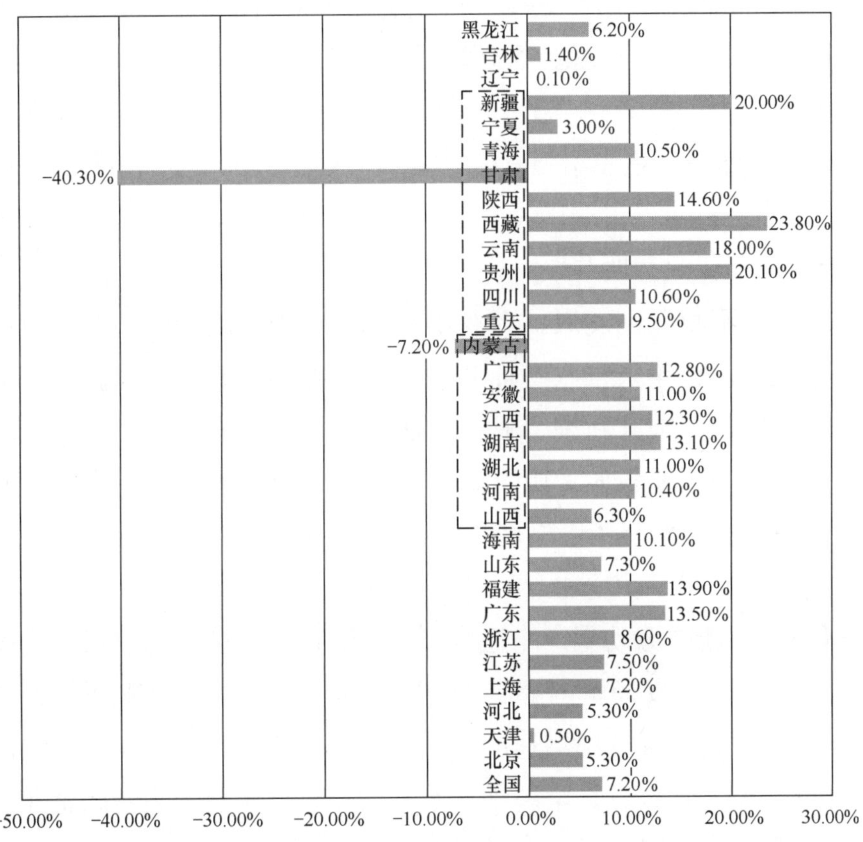

图 77　各省 2017 年固定资产投资（不含农户）增速

3. “三大战略”区域协同稳定

“三大战略”区域工业合理增长。从京津冀来看，2017 年北京、天津、河北规模以上工业增长 5.6%、2.3%、3.4%，在京津冀产业转移有序推进的背景下，实现合理增长。从长江经济带涉及的 11 个省市来看，长江经济带是我国经济的脊梁，汽车、家电、电子、纺织、装备等产业产值占全国的比重超过 50%，涵盖了我国重要的工业区域“长三角”地区，2017年长江经济带沿线云南、贵州、四川、重庆、湖北、湖南、江西、安徽、江苏、上海、浙江分别实现了18%、20.1%、10.6%、9.5%、11%、13.1%、12.3%、11%、7.5%、8.6%、6.8%的增长，均高于全国工业增长水平，成为引领我国工业发展的核心区。“一带一路”倡议所涉及的18个地区的增长也总体高于全国平均水平。

“三大战略”区域投资协调推进。“一带一路”“京津冀协同发展”“长江经济带建设”三大战略的全面推进有效释放了投资潜力。2017年“一带一路”倡议所涉及的18个地区投资增长8.1%，增速高于全国0.9个百分点。在京津冀协同发展进程中，京津冀投资保持合理增长，2017年北京、天津、河北固定资产投资增长分别为5.3%、0.5%、5.3%。秉承“生态优先，绿色发展”的理念，长江经济带辐射带动作用正逐步增强，覆盖的11个省市2017年投资增长11%，增速比全国高3.8个百分点；占全国投资的比重为45.5%，比上年提高1.5个百分点。

4. 产业集群化趋势明显

随着经济的不断深化发展，产业集群发展成为必然趋势，产业集群也成为创新的重要载体。近年来，我国推动建设了各种类型的产业园区、产业基地，包括国家级高新区、国家新型工业化产业示范基地等，这些产业园区、基地成为我国工业发展的重要载体。**国家高新区成为创新的重要驱动力。**据科技部统计，2016年，146家国家高新区园区生产总值达到87 677.3亿元，同比增长8.7%。国家高新区共有91 093家企业纳入统计，实现营业总收入276 559.4亿元，较上年增长9.0%。高新区劳动生产率达到31.7万元/人，是全国全员劳动生产率的3.3倍。高新区企业研发经费内部支出5379.9亿元，占全国企业研发经费支出的44.3%，是全国研发经费支出增速的2倍；国家高新区企业研发经费支出与园区生产总值的比例为6.1%，是全国平均水平的2.9倍。国家高新区企业高新技术产品出口总额为15 884.9亿元，技术服务出口总额1402.2亿元，分别较2015年增长5.7%和17.7%。国家高新区内共有国家级科技企业孵化器450家，占国家级孵化器总数的52.1%。高新区共有1598家众创空间，其中科技部备案的众创空间为541家。国家高新区共有高技术制造业及高技术服务业企业41 851家，占企业总数的46.0%，累计创造营业收入86 955.1亿元[10]。**国家新型工业化产业**

[10] 数据来源：科学技术部。

示范基地对产业转型的引领作用增强。根据 2018 年年初公布的第八批国家新型工业化产业示范基地名单，共有 384 家国家新型工业化产业示范基地，实现的工业产值占比在多数省市均已达到 50%，也是各地主要的产业创新摇篮。产业集群化发展已成为我国推动产业发展的重要方向。

（六）工业企业开放步伐加快

1. 我国对外投资较快增长

2016 年，中国对外直接投资净额（以下简称“流量”）为 1961.5 亿美元，同比增长 34.7%（如图 78 所示）。2016 年流量是 2002 年的 72.6 倍，占全球比重由 2002 年的 0.5%提升至 13.5%，首次突破两位数，在全球外国直接投资中的地位和作用日益凸显，流量在全球排名中蝉联第二（如图 79 所示）。2002—2016 年的年均增长速度高达 35.8%。自 2015 年我国对外直接投资首次超过实际使用外资，成为资本净输出国家，2016 年中国对外直接投资再次超过吸引外资（1340 亿美元），连续两年实现双向直接投资项下的资本净输出（如图 80 所示）。

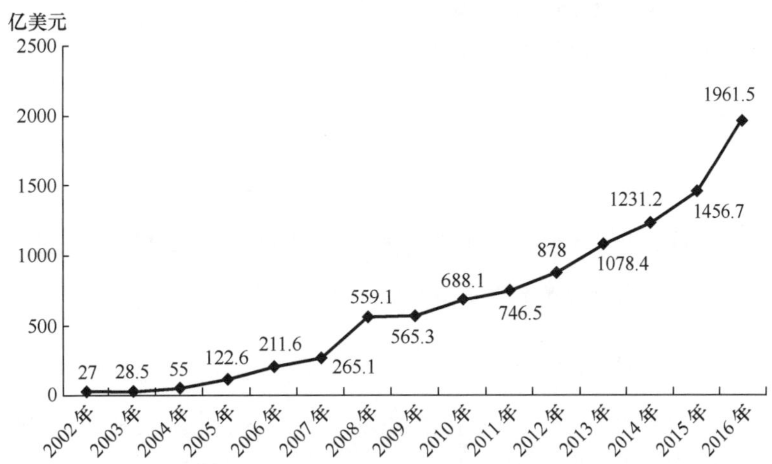

图 78　2002—2016 年我国对外直接投资流量（数据来源：中国对外直接投资统计公报）

2. 制造业对外开放步伐持续加快

装备、电子行业“走出去”步伐快。2016 年制造业对外投资流量为 290.5 亿美元，同比增长 45.3%，占总流量总额的 14.8%；主要流向汽车制造业、计算机/通信和其他电子设备制造业、专用设备制造业、化学原料及化学制品制造业、医药制造业、橡胶和塑料制品业、纺织业、皮革/毛皮/羽毛及其制品和制鞋业、铁路/船舶/航空航天和其他运输设备制造业、食品制造业等。其中流向装备制造业的投资为142.5亿美元，同比增长41.4%，占制造业投资的49.1%（如图81所示）。

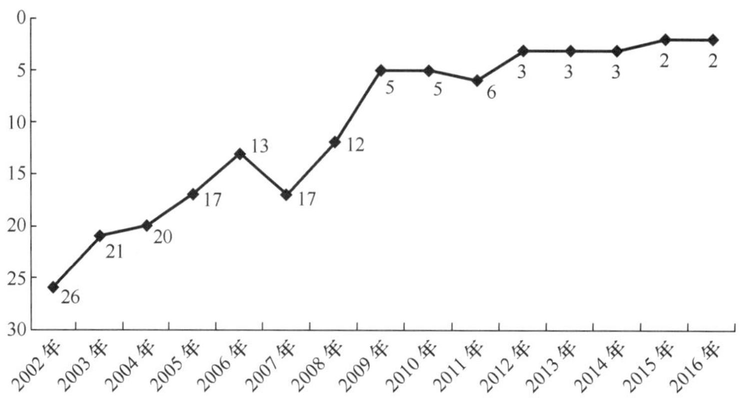

图79　2002—2016年中国对外直接投资流量在全球的名次（数据来源：中国对外直接投资统计公报）

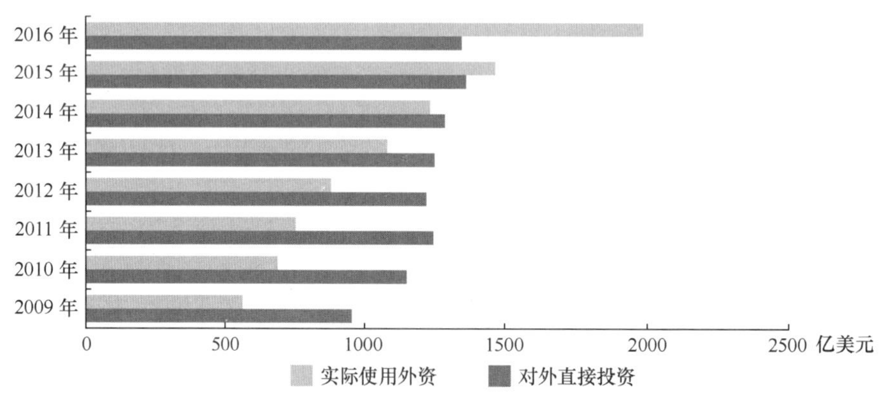

图80　2009—2016年我国实际使用外资和对外直接投资对比

（数据来源：中国对外直接投资统计公报）

制造业对外投资并购活跃。2016年制造业并购涉及金额301.1亿美元，同比增长119.5%，位居所有行业首位，涉及200个项目，其中，青岛海尔股份有限公司55.8亿美元收购美国通用电气公司家电业务项目，涉及金额最大。美国、开曼群岛、巴西、德国是我国主要对外投资并购的目的地。

我国对“一带一路”沿线国家对外投资占比有所提升。2017年，我国企业共对“一带一路”沿线的59个国家非金融类直接投资143.6亿美元，同比下降1.2%，占2017年对外直接投资总额的12%，较上年提升了3.5个百分点，主要投向新加坡、马来西亚、老挝、印度尼西亚、巴基斯坦、越南、俄罗斯、阿联酋和柬埔寨等国家。对“一带一路”沿线国家实施并购62起，投资额88亿美元，同比增长 32.5%，中石油集团和中国华信投资 28 亿美元联合收购阿联酋阿布扎比石油公司 12%股权为其中最大项目。对外承包工程方面，我国企业在“一带一路”沿线的 61 个国家新签对外承包工程项目合同 7217 份，新签合同额 1443.2 亿美元，占同期我国对外承包工程新签合同额的 54.4%，同比增长 14.5%；完成营业额 855.3 亿美元，占同期总额的 50.7%，同比增长 12.6%[11]。

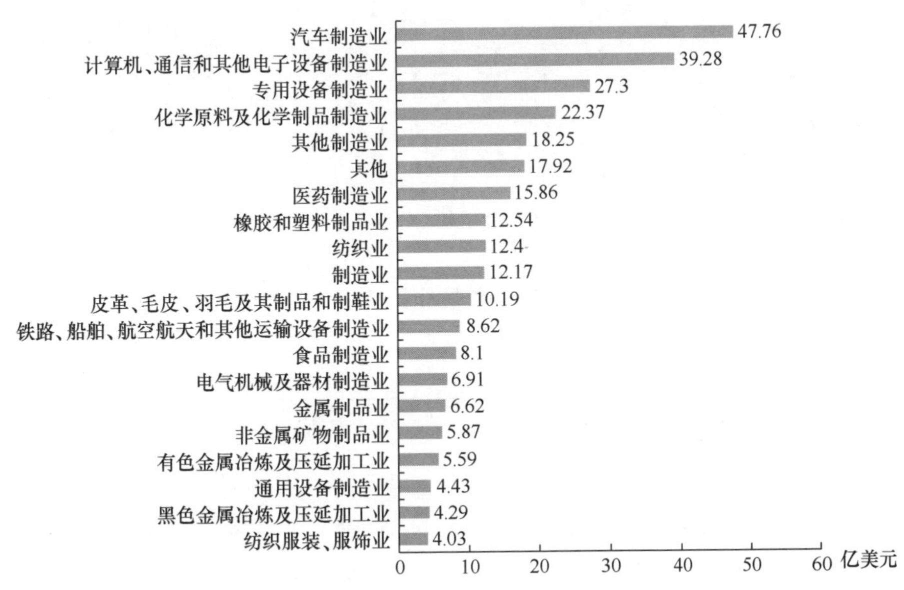

图 81　2016 年我国制造业对外投资主要流向的行业

3. 制造业利用外资结构优化

一是外商投资信心和意愿增强。中国美国商会、中国欧盟商会调查显示，2018 年，74%的美国企业以及 55%的欧盟企业将扩大在华投资，分别比上年提高了 5 个和 4 个百分点。出台的两个 2018 年版外资准入负面清单，大幅放宽市场准入，激发了新一轮外商投资热潮。**二是制造业利用外资结构有所优化。**2017 年我国利用外资增长 7.9%（如图 82 所示），制造业新设立外商投资企业 4986 家，同比增长 24.3%（如图 83 所示），制造业实际使用外资金额 335.1 亿美元，同比下降 5.6%。但利用外资产业结构持续优化，2017 年高技术产业实际吸收外资同比增长 61.7%，占比达 28.6%，较 2016 年年底提高了 9.5 个百分点，高技术制造业实际使用外资 665.9 亿元，同比增长 11.3%。2018 年以来，制造业利用外资企稳回升，上半年我国制造业利用外资 1348.3 亿元人民币，同比增长

[11] 数据来源：商务部。

4.9%，持续下滑趋势有所遏制。

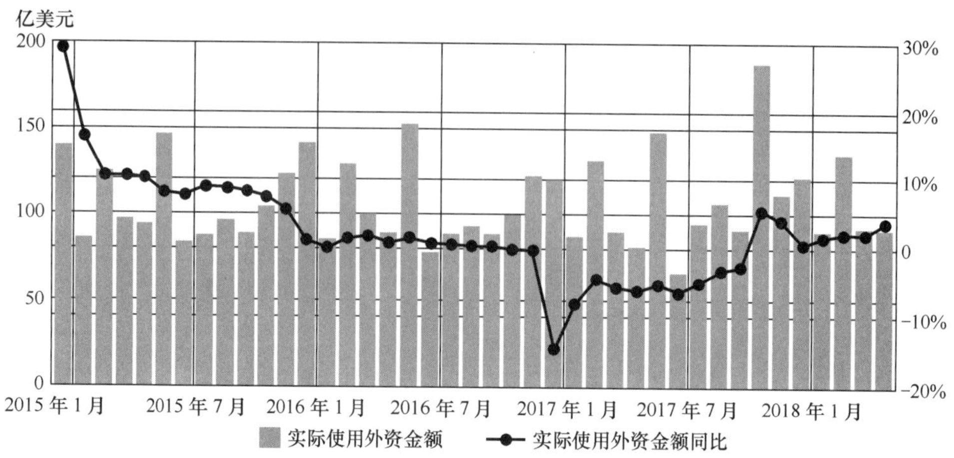

图 82　2015—2018 年我国实际利用外资情况（数据来源：商务部）

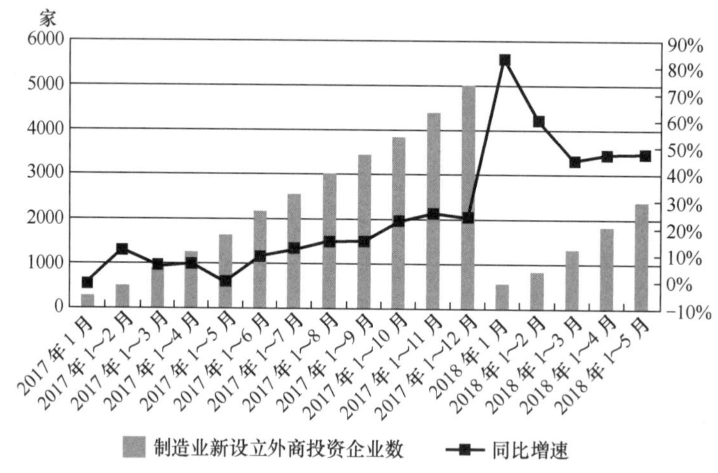

图 83　2017—2018 年制造业新设立外商投资企业情况（数据来源：商务部）

（七）工业融合化、绿色化转型

1. 融合发展纵深推进

在《关于深化“互联网+先进制造业” 发展工业互联网的指导意见》等政策引导和市场智能化转型趋势推动下，制造业加快与互联网融合发展。支持智能化发展的信息和软件产业也得到快速发展，2017 年全年软件业务收入同比增长 13.9%，实现利润总额同比增长 15.8%；信息消费规模不断壮大，2017 年达到 4.5 万亿元，占最终消费支出的比例达到 10%。制造业数字化转型步伐加快，

2017年制造业骨干企业“双创”平台普及率达70%，个性化定制、智能化生产、网络化协同、服务型制造等新模式新业态日益丰富。各地均加快探索，支持企业利用工业互联网新技术、新模式，实施数字化、网络化、智能化升级，进一步降低经营成本、提升生产效率、提高产品质量、降低能耗排放、优化产业协同等。各地积极培育出一批工业互联网平台，企业“上云”行动成效显现，例如，以广东省为例，广东省发布了《广东省工业企业上云上平台 服务券奖补工作方案（试行)》，明确了工作安排，拟到2020年，支持一万家工业企业“上云上平台”；河北省也印发了《河北省企业上云三年行动计划（2018—2020年)》，计划到2020年推动一万家企业上云，贵州也拟到2020年推动3000家工业企业实施数字化、网络化、智能化改造，浙江、山西、宁夏、江西、山东等省也明确了工业互联网改造提升经济的具体方案。进一步推进军民融合，武器装备科研生产体系进一步开放，“民参军”层级由一般配套产品向总体和分系统提升，高技术武器装备研制再创佳绩，首艘国产航母顺利下水，天舟一号货运飞船成功发射。

2. 绿色发展成效明显

随着我国生态资源环境压力和经济转型升级压力不断加大，近年来在政府和市场的双重作用下，经济绿色发展成效不断凸显，据生态环境部数据，2017年全国万元国内生产总值二氧化碳排放同比下降5.1%，超额完成4%的年度目标。工业绿色制造加快推进，在工业和信息化部与国家市场监督管理总局举行的2017年度重点用能行业能效“领跑者”发布会上，工业和信息化部公布，2016年以来，工业和信息化部利用绿色制造专项支持了225个重点项目，发布了720项绿色制造示范名单，持续加大钢铁、水泥、电解铝等重点高耗能行业的节能监察力度。统计显示，2012—2016年，全国规模以上企业单位工业增加值能耗下降29.5%，2017年又下降了4.6%，工业绿色发展成效明显。

二、2017年中国工业政策图谱

2017年，我国工业领域出台了多项重点政策。针对工业新旧动能转换期面临的一些问题和挑战，以工业和信息化部为主，在制造强国、创新驱动、转型升级、两化融合、区域协同、“放管服”改革、降低企业成本、军民融合、绿色发展、化解过剩产能、财税金融、试点示范申报、产业规划与行动计划、行业通知与指导意见、行业规范等领域，国家密集出台了相应的政策措施。通过突出抓好创新驱动、两化融合、转型升级等重点工作，2017 年我国工业经济运行总体平稳、稳中有进、稳中向好，新旧动能转换加快推进，质量和效益同步提升。

（一）从政策的分布来看，集中在试点示范申报等领域

2017 年发布的 100 多项工业领域重点政策分布于制造强国、创新驱动、转型升级等 16 个领域。其中，试点示范申报（22 项）、产业规划与行动计划（16 项）、行业通知与指导意见（15 项）领域数量位列前三。此外，绿色发展（13 项）领域数量也较多，创新驱动（8 项）、制造强国（7 项）、财税金融（7 项）、行业规范（7 项）等领域数量分布较为均匀（如图 84 所示）。

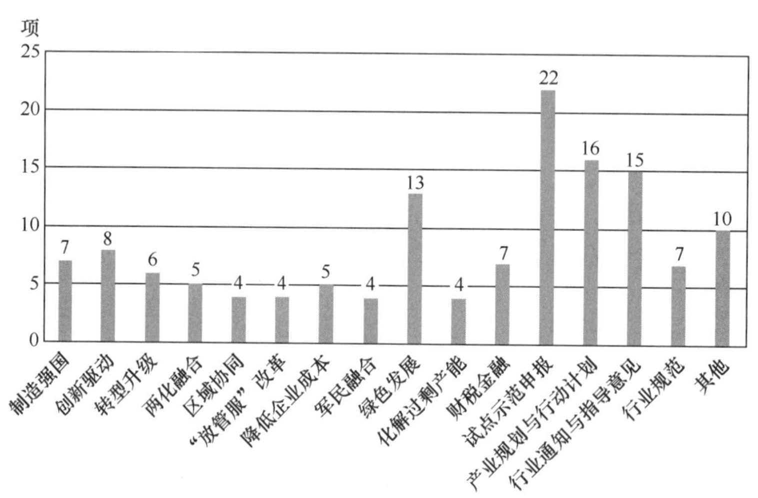

图 84　2017 年工业领域重点政策分布情况（数据来源：中国信息通信研究院整理）

（二）从政策的导向来看，突出强创新、优结构、提质效

通过梳理2017年工业领域重点政策，从导向上可以看出主要聚焦于强创新、优结构和提质效。在强创新方面，国务院、国家发展改革委、工业和信息化部发布了《国务院办公厅关于促进开发区改革和创新发展的若干意见》等多项政策措施，在开发区、“双创平台”、技术转移等方面给予政策引导和支持；在优结构方面，发布了《船舶工业深化结构调整加快转型升级行动计划（2016—2020年）》等一系列转型升级、绿色发展、化解过剩产能、产业规划与行动计划的政

策措施；在提质效方面，发布了《增强制造业核心竞争力三年行动计划（2018—2020 年）》等关于制造强国、试点示范等提高质量的政策措施，同时也发布了《关于做好 2017 年减轻企业负担工作的通知》等一系列降低企业成本、“放管服”改革、财税金融等提高企业效益的政策措施。

（三）从政策的效应来看，促进工业新旧动能转化加速

通过一系列政策的出台和实施，我国工业领域政策（见表 9）的积极效应不断显现，工业新旧动能转换呈加速态势。创新能力明显提升，国家级制造业创新中心建设稳步推进，新产品、新技术、新业态、新模式不断涌现，新经济规模不断壮大。转型升级效果明显，2017 年，高技术制造业增加值同比增长 13.4%，工业机器人增长 68.1%，新能源汽车产量 79.4 万辆，工业产能利用率达到 77%，达到了五年来最好的水平。两化融合深入推进，特别是互联网与制造业加速融合，关键工序数控化率稳步提升，工业互联网平台建设有序推进并成为 2018 年工业和信息化领域的一项重点工作。

表 9　　2017 年工业领域重点政策

政策分类	政策名称	发布时间	签发部委	文件批号
制造强国	五部门关于金融支持制造强国建设的指导意见	2017 年 3 月 29 日	中国人民银行 工业和信息化部 银监会 证监会 保监会	银发〔2017〕58 号
	工业和信息化部办公厅关于印发省级制造业创新中心升级为国家制造业创新中心条件的通知	2017 年 7 月 19 日	工业和信息化部	工信厅科〔2017〕64 号
	两部门关于组织开展 2017 年工业强基工程重点产品、工艺“一条龙”应用计划工作的通知	2017 年 9 月 14 日	工业和信息化部办公厅 国家开发银行办公厅	工信厅联规〔2017〕88 号
	国家发展改革委关于印发《增强制造业核心竞争力三年行动计划（2018—2020 年）》的通知	2017 年 11 月 20 日	国家发展改革委	发改产业〔2017〕2000 号
	十六部门关于印发发挥民间投资作用推进实施制造强国战略指导意见的通知	2017 年 11 月 23 日	工业和信息化部 国家发展和改革委员会 科学技术部 财政部 环境保护部 商务部 中国人民银行 国家工商行政管理总局 国家质量监督检验检疫总局 国家知识产权局 中国工程院 中国银行业监督管理委员会 中国证券监督管理委员会 中国保险监督管理委员会 国家国防科技工业局 中华全国工商业联合会	工信部联规〔2017〕243 号

续表

政策分类	政策名称	发布时间	签发部委	文件批号
制造强国	国务院办公厅关于创建“中国制造 2025”国家级示范区的通知	2017 年 11 月 23 日	国务院办公厅	国办发〔2017〕90 号
	国家发展改革委办公厅关于印发《增强制造业核心竞争力三年行动计划（2018—2020 年）》重点领域关键技术产业化实施方案的通知	2017 年 12 月 13 日	国家发展改革委办公厅	发改办产业〔2017〕2063 号
创新驱动	国务院办公厅关于促进开发区改革和创新发展的若干意见	2017 年 2 月 6 日	国务院办公厅	国办发〔2017〕7 号
	国家发展改革委关于印发 2017 年国家级新区体制机制创新工作要点的通知	2017 年 3 月 28 日	国家发展改革委	发改地区〔2017〕583 号
	国务院办公厅关于建设第二批大众创业万众创新示范基地的实施意见	2017 年 6 月 21 日	国务院办公厅	国办发〔2017〕54 号
	国务院关于强化实施创新驱动发展战略进一步推进大众创业万众创新深入发展的意见	2017 年 7 月 27 日	国务院	国发〔2017〕37 号
	工业和信息化部关于印发《制造业“双创”平台培育三年行动计划》的通知	2017 年 8 月 14 日	工业和信息化部	工信部信软〔2017〕194 号
	国务院办公厅关于推广支持创新相关改革举措的通知	2017 年 9 月 14 日	国务院办公厅	国办发〔2017〕80 号
	国务院关于印发国家技术转移体系建设方案的通知	2017 年 9 月 26 日	国务院	国发〔2017〕44 号
	国家发展改革委办公厅关于推动发展一批共享经济示范平台的通知	2017 年 12 月 8 日	国家发展改革委	发改办高技〔2017〕2020 号
转型升级	六部门关于印发《船舶工业深化结构调整加快转型升级行动计划（2016—2020 年）》的通知	2017 年 1 月 12 日	工业和信息化部、发展改革委、财政部、人民银行、银监会、国防科工局	工信部联装〔2016〕447 号
	工业和信息化部关于推进黄金行业转型升级的指导意见	2017 年 2 月 24 日	工业和信息化部	工信部原〔2017〕10 号
	关于支持首批老工业城市和资源型城市产业转型升级示范区建设的通知	2017 年 4 月 13 日	国家发展改革委 科技部 工业和信息化部 国土资源部 国家开发银行	发改振兴〔2017〕671 号
	两部门关于发布 2017 年工业转型升级（中国制造 2025）资金工作指南的通知	2017 年 5 月 24 日	工业和信息化部 财政部办公厅	工信厅联规〔2017〕53 号

续表

政策分类	政策名称	发布时间	签发部委	文件批号
转型升级	工业和信息化部关于发布2017年工业转型升级（中国制造2025）资金（部门预算）项目指南的通知	2017年8月21日	工业和信息化部	工信部规函〔2017〕351号
	三部门关于加快烧结砖瓦行业转型发展的若干意见	2017年11月23日	工业和信息化部 环境保护部 国家安全监管总局	工信部联原〔2017〕279号
两化融合	工业和信息化部办公厅关于组织开展2017年制造业与互联网融合发展试点示范工作的通知	2017年2月28日	工业和信息化部办公厅	工信厅信软函〔2017〕92号
	工业和信息化部办公厅关于推荐2017年两化融合管理体系贯标试点企业的通知	2017年4月18日	工业和信息化部办公厅	工信厅信软函〔2017〕219号
	工业和信息化部办公厅关于组织开展2017年两化融合管理体系贯标示范工作的通知	2017年5月3日	工业和信息化部	工信厅信软函〔2017〕262号
	三部门关于深入推进信息化和工业化融合管理体系的指导意见	2017年7月7日	工业和信息化部 国务院国有资产监督管理委员会 国家标准化管理委员会	工信部联信软〔2017〕155号
	国务院关于深化“互联网+先进制造业”发展工业互联网的指导意见	2017年11月27日	国务院	
区域协同	国家发展改革委关于印发西部大开发“十三五”规划的通知	2017年1月11日	国家发展改革委	发改西部〔2017〕89号
	国家发展改革委 住房城乡建设部关于印发北部湾城市群发展规划的通知	2017年2月10日	国家发展改革委 住房城乡建设部	发改规划〔2017〕277号
	关于支持“飞地经济”发展的指导意见	2017年5月12日	国家发展改革委 国土资源部 环境保护部 商务部 海关总署 工商总局 质检总局 统计局	发改地区〔2017〕922号
	两部门关于开展支持中小企业参与“一带一路”建设专项行动的通知	2017年8月4日	工业和信息化部 中国国际贸易促进委员会	工信部联企业〔2017〕191号
“放管服”改革	国家发展改革委关于做好贯彻落实《政府核准的投资项目目录（2016年本）》有关外资工作的通知	2017年1月14日	国家发展改革委	发改外资规〔2017〕111号
	国务院办公厅关于印发自由贸易试验区外商投资准入特别管理措施（负面清单）（2017年版）的通知	2017年6月16日	国务院办公厅	国办发〔2017〕51号

续表

政策分类	政策名称	发布时间	签发部委	文件批号
“放管服”改革	国务院关于调整工业产品生产许可证管理目录和试行简化审批程序的决定	2017 年 6 月 29 日	国务院	国发〔2017〕34 号
	国务院关于在更大范围推进“证照分离”改革试点工作的意见	2017 年 9 月 28 日	国务院	国发〔2017〕45 号
降低企业成本	关于做好 2017 年减轻企业负担工作的通知	2017 年 4 月 10 日	国务院减轻企业负担部际联席会议	工信部运行函〔2017〕142 号
	两部门关于实施深入推进提速降费、促进实体经济发展 2017 专项行动的意见	2017 年 5 月 16 日	工业和信息化部、国务院国有资产监督管理委员会	工信部联通信〔2017〕82 号
	关于做好 2017 年降成本重点工作的通知	2017 年 6 月 16 日	国家发展改革委 工业和信息化部 财政部 人民银行	发改运行〔2017〕1139 号
	国务院办公厅关于进一步推进物流降本增效促进实体经济发展的意见	2017 年 8 月 17 日	国务院办公厅	国办发〔2017〕73 号
	国家发展改革委关于降低非居民用天然气基准门站价格的通知	2017 年 8 月 29 日	国家发展改革委	发改价格规〔2017〕1582 号
军民融合	两部门关于推荐《民参军技术与产品推荐目录（2017 年度）》信息的通知	2017 年 4 月 18 日	工业和信息化部办公厅 国防科工局综合司	工信厅联军民函〔2017〕216 号
	2017 年国防科工局军民融合专项行动计划	2017 年 6 月 22 日	国防科工局	
	两部门关于印发《军用技术转民用推广目录（2017 年度）》的通知	2017 年 10 月 18 日	工业和信息化部办公厅 国防科工局综合司	工信厅联军民〔2017〕91 号
	国务院办公厅关于推动国防科技工业军民融合深度发展的意见	2017 年 12 月 4 日	国务院办公厅	国办发〔2017〕91 号
绿色发展	四部门关于印发重点用水企业水效领跑者引领行动实施细则的通知	2017 年 3 月 2 日	工业和信息化部办公厅 水利部办公厅 国家发展和改革委员会办公厅 国家质量监督检验检疫总局办公厅	工信厅联节〔2017〕16 号
	工业和信息化部关于印发《2017 年工业节能监察重点工作计划》的通知	2017 年 3 月 10 日	工业和信息化部	工信部节函〔2017〕95 号
	国家发展改革委办公厅 财政部办公厅关于请组织推荐 2017 年国家园区循环化改造重点支持备选园区的通知	2017 年 3 月 29 日	国家发展改革委办公厅 财政部办公厅	发改办环资〔2017〕565 号

续表

政策分类	政策名称	发布时间	签发部委	文件批号
绿色发展	工业和信息化部关于加强“十三五”信息通信业节能减排工作的指导意见	2017年4月24日	工业和信息化部	工信部节〔2017〕77号
	工业和信息化部办公厅关于深入推进工业产品生态（绿色）设计示范企业创建工作的通知	2017年5月5日	工业和信息化部办公厅	工信厅节函〔2017〕243号
	工业和信息化部关于印发《工业节能与绿色标准化行动计划（2017—2019年）》的通知	2017年5月19日	工业和信息化部	工信部节〔2017〕110号
	三部门关于开展国家绿色数据中心试点单位评价工作的通知	2017年7月6日	工业和信息化部办公厅 国家机关事务管理局办公室 国家能源局综合司	工信厅联节函〔2017〕384号
	五部委关于加强长江经济带工业绿色发展的指导意见	2017年7月27日	工业和信息化部 国家发展和改革委 科学技术部 财政部 环境保护部	工信部联节〔2017〕178号
	工业和信息化部办公厅关于组织申报第二批工业节能与绿色发展评价中心的通知	2017年8月23日	工业和信息化部办公厅	工信厅节函〔2017〕471号
	工业和信息化部办公厅关于推荐2017年第二批绿色制造体系建设示范名单的通知	2017年10月20日	工业和信息化部办公厅	工信厅节函〔2017〕564号
	工业和信息化部关于加快推进环保装备制造业发展的指导意见	2017年10月24日	工业和信息化部	工信部节〔2017〕250号
	三部门关于组织开展2017年度高耗能行业能效“领跑者”遴选工作的通知	2017年11月28日	工业和信息化部办公厅 国家发展和改革委办公厅 国家质量监督检验检疫总局办公厅	工信厅联节函〔2017〕635号
	国家发展改革委 工业和信息化部关于促进石化产业绿色发展的指导意见	2017年12月5日	国家发展改革委 工业和信息化部	发改产业〔2017〕2105号
化解过剩产能	十六部门关于利用综合标准依法依规推动落后产能退出的指导意见	2017年3月9日	工业和信息化部 国家发展和改革委员会 财政部 人力资源和社会保障部 国土资源部 环境保护部 农业部 商务部 中国人民银行 国务院国有资产监督管理委员会 国家税务总局 国家工商行政管理总局 国家质量监督检验检疫总局 国家安全生产监督管理总局 中国银行业监督管理委员会 国家能源局	工信部联产业〔2017〕30号

续表

政策分类	政策名称	发布时间	签发部委	文件批号
化解过剩产能	关于做好2017年钢铁煤炭行业化解过剩产能实现脱困发展工作的意见	2017年4月17日	国家发展改革委 工业和信息化部 财政部 人力资源社会保障部 国土资源部 环境保护部 住房城乡建设部 交通运输部 商务部 中国人民银行 国务院国资委 海关总署 税务总局 工商总局 质检总局 安全监管局 国家统计局 国家知识产权局 银监会 证监会 保监会 国家能源局 国家煤炭安监局	发改运行〔2017〕691号
	印发《关于推进供给侧结构性改革 防范化解煤电产能过剩风险的意见》的通知	2017年7月26日	国家发展改革委 工业和信息化部 财政部 人力资源社会保障部 国土资源部 环境保护部 住房城乡建设部 交通运输部 水利部 人民银行 国资委 质检总局 安全监管总局 统计局 银监会 能源局	发改能源〔2017〕1404号
	关于进一步推进煤炭企业兼并重组转型升级的意见	2017年12月19日	国家发展改革委 财政部 人力资源社会保障部 国土资源部 环境保护部 人民银行 国资委 质检总局 安全监管总局 银监会 能源局 煤矿安监局	发改运行〔2017〕2118号
财税金融	工业和信息化部办公厅关于开展2017年国家中小企业公共服务示范平台（技术类）享受科技创新进口免税政策资格申报工作的通知	2017年3月27日	工业和信息化部办公厅	工信厅企业函〔2017〕164号
	关于提高科技型中小企业研究开发费用税前加计扣除比例的通知	2017年5月2日	财政部 税务总局 科技部	财税〔2017〕34号
	关于扩大小型微利企业所得税优惠政策范围的通知	2017年6月6日	财政部 税务总局	财税〔2017〕43号
	关于取消工业企业结构调整专项资金的通知	2017年6月15日	财政部	财税〔2017〕50号
	关于进一步做好企业研发费用加计扣除政策落实工作的通知	2017年7月21日	科技部 财政部 国家税务总局	国科发政〔2017〕211号
	国家发展改革委办公厅关于印发《社会领域产业专项债券发行指引》的通知	2017年8月1日	国家发展改革委办公厅	发改办财金规〔2017〕1341号
	关于支持小微企业融资有关税收政策的通知	2017年10月26日	财政部 税务总局	财税〔2017〕77号

续表

政策分类	政策名称	发布时间	签发部委	文件批号
试点示范申报	工业和信息化部关于印发《国家新型工业化产业示范基地管理办法》的通知	2017 年 2 月 8 日	工业和信息化部	工信部规〔2017〕1 号
	工业和信息化部办公厅关于推荐第三批国家小型微型企业创业创新示范基地的通知	2017 年 2 月 23 日	工业和信息化部办公厅	工信厅企业函〔2017〕86 号
	工业和信息化部办公厅关于印发《国家新型工业化产业示范基地 2017 年工作要点》的通知	2017 年 3 月 27 日	工业和信息化部办公厅	工信厅规〔2017〕23 号
	工业和信息化部办公厅关于组织开展 2017 年度国家级工业设计中心认定工作的通知	2017 年 4 月 7 日	工业和信息化部办公厅	工信厅产业函〔2017〕186 号
	工业和信息化部关于印发《中国软件名城创建管理办法（试行）》的通知	2017 年 4 月 20 日	工业和信息化部	工信部信软〔2017〕11 号
	工业和信息化部办公厅关于开展 2017 年智能制造试点示范项目推荐的通知	2017 年 4 月 21 日	工业和信息化部办公厅	工信厅装函〔2017〕215 号
	工业和信息化部办公厅关于开展第四批铜冶炼企业规范公告申报工作的通知	2017 年 5 月 2 日	工业和信息化部办公厅	工信厅原函〔2017〕226 号
	两部门关于组织推荐第二批制造业单项冠军企业和单项冠军产品的通知	2017 年 5 月 18 日	工业和信息化部办公厅 中国工业经济联合会	工信厅联产业函〔2017〕251 号
	工业和信息化部办公厅关于组织开展 2017 年中德智能制造合作试点示范工作的通知	2017 年 5 月 25 日	工业和信息化部办公厅	工信厅信软函〔2017〕304 号
	两部门关于组织推荐 2017 年国家技术创新示范企业的通知	2017 年 6 月 2 日	工业和信息化部 财政部办公厅	工信厅联科函〔2017〕323 号
	工业和信息化部办公厅关于组织开展 2017 年制造业“双创”平台试点示范项目申报工作的通知	2017 年 6 月 27 日	工业和信息化部办公厅	工信厅信软函〔2017〕366 号
	工业和信息化部关于印发《国家中小企业公共服务示范平台认定管理办法》的通知	2017 年 7 月 5 日	工业和信息化部	工信部企业〔2017〕156 号
	工业和信息化部办公厅关于推荐 2017 年度国家中小企业公共服务示范平台的通知	2017 年 7 月 10 日	工业和信息化部办公厅	工信厅企业函〔2017〕398 号
	工业和信息化部关于开展 2017 年电信和互联网行业网络安全试点示范工作的通知	2017 年 7 月 26 日	工业和信息化部	工信部网安函〔2017〕310 号

续表

政策分类	政策名称	发布时间	签发部委	文件批号
试点示范申报	工业和信息化部办公厅关于开展 2017 年产业集群区域品牌建设试点申报工作的通知	2017 年 7 月 27 日	工业和信息化部办公厅	工信厅科函〔2017〕433 号
	三部门关于开展智慧健康养老应用试点示范的通知	2017 年 8 月 4 日	工业和信息化部办公厅 民政部办公厅 国家卫生计生委办公厅	工信厅联电子〔2017〕75 号
	工业和信息化部办公厅关于组织申报 2017 年度国家新型工业化产业示范基地的通知	2017 年 8 月 8 日	工业和信息化部办公厅	工信厅规函〔2017〕449 号
	工业和信息化部办公厅关于开展 2017 年纺织服装创意设计园区（平台）试点示范工作的通知	2017 年 8 月 29 日	工业和信息化部办公厅	工信厅消费函〔2017〕496 号
	三部门关于开展重点新材料首批次应用保险补偿机制试点工作的通知	2017 年 9 月 12 日	工业和信息化部 财政部 保监会	工信部联原〔2017〕222 号
	两部门关于开发性金融支持特色产业精准扶贫项目试点和推进矿物功能材料产业示范基地建设的通知	2017 年 9 月 25 日	工业和信息化部办公厅 国家开发银行办公厅	工信厅联原〔2017〕98 号
	工业和信息化部办公厅关于组织推荐 2017 年全国工业领域电力需求侧管理示范企业（园区）的通知	2017 年 9 月 29 日	工业和信息化部办公厅	工信厅运行函〔2017〕540 号
	工业和信息化部办公厅关于组织申报消费品工业“三品”战略示范城市的通知	2017 年 9 月 29 日	工业和信息化部	工信厅消费函〔2017〕554 号
产业规划与行动计划	两部门关于印发《新型墙材推广应用行动方案》的通知	2017 年 2 月 14 日	国家发展改革委办公厅 工业和信息化部办公厅	发改办环资〔2017〕212 号
	三部委关于印发《智慧健康养老产业发展行动计划（2017—2020 年）》的通知	2017 年 2 月 16 日	工业和信息化部 民政部 国家卫生计生委	工信部联电子〔2017〕25 号
	四部委关于印发《促进汽车动力电池产业发展行动方案》的通知	2017 年 3 月 1 日	工业和信息化部 发展改革委 科技部 财政部	工信部联装〔2017〕29 号
	工业和信息化部办公厅关于印发 2017 年消费品工业“三品”专项行动计划的通知	2017 年 3 月 22 日	工业和信息化部办公厅	工信厅消费〔2017〕24 号
	两部委关于印发《现代煤化工产业创新发展布局方案》的通知	2017 年 3 月 27 日	国家发展改革委 工业和信息化部	发改产业〔2017〕553 号
	工业和信息化部关于印发《云计算发展三年行动计划（2017—2019 年）》的通知	2017 年 4 月 10 日	工业和信息化部	工信部信软〔2017〕49 号

续表

政策分类	政策名称	发布时间	签发部委	文件批号
产业规划与行动计划	三部委关于印发《汽车产业中长期发展规划》的通知	2017年4月25日	工业和信息化部 国家发展改革委 科技部	工信部联装〔2017〕53号
	关于印发《半导体照明产业“十三五”发展规划》的通知	2017年7月10日	国家发改委 教育部 科技部 工业和信息化部 财政部 住房城乡建设部 交通运输部 农业部 商务部 卫生计生委 质检总局 国管局 国家能源局	发改环资〔2017〕1363号
	工业和信息化部关于印发《应急产业培育与发展行动计划（2017—2019年）》的通知	2017年7月10日	工业和信息化部	工信部运行〔2017〕153号
	国务院关于印发新一代人工智能发展规划的通知	2017年7月20日	国务院	国发〔2017〕35号
	工业和信息化部关于印发《工业电子商务发展三年行动计划》的通知	2017年9月25日	工业和信息化部	工信部信软〔2017〕227号
	工业和信息化部关于印发《高端智能再制造行动计划（2018—2020年）》的通知	2017年11月9日	工业和信息化部	工信部节〔2017〕265号
	关于印发《铁路“十三五”发展规划》的通知	2017年11月20日	国家发展改革委 交通运输部 国家铁路局 中国铁路总公司	发改基础〔2017〕1996号
	十二部门关于印发《增材制造产业发展行动计划（2017—2020年）》的通知	2017年12月13日	工业和信息化部 发展改革委 教育部 公安部 财政部 商务部 文化部 国家卫生计生委 国资委 海关总署 质检总局 知识产权局	工信部联装〔2017〕311号
	工业和信息化部关于印发《促进新一代人工智能产业发展三年行动计划（2018—2020年）》的通知	2017年12月14日	工业和信息化部	工信部科〔2017〕315号
	工业和信息化部关于印发《工业控制系统信息安全行动计划（2018—2020年）》的通知	2017年12月29日	工业和信息化部	工信部信软〔2017〕316号
行业通知与指导意见	两部委关于促进食品工业健康发展的指导意见	2017年1月12日	国家发展改革委 工业和信息化部	发改产业〔2017〕19号
	工业和信息化部关于建立民爆企业安全生产长效机制的指导意见	2017年2月16日	工业和信息化部	工信部安全〔2017〕18号
	工业和信息化部办公厅关于印发2017年工业通信业标准化工作要点的通知	2017年3月16日	工业和信息化部办公厅	工信厅科函〔2017〕114号
	工业和信息化部关于下达2017年第一批稀土生产总量控制计划的通知	2017年4月13日	工业和信息化部	工信部原〔2017〕55号

续表

政策分类	政策名称	发布时间	签发部委	文件批号
行业通知与指导意见	工业和信息化部办公厅关于开展第六批稀土企业规范公告申报工作的通知	2017年5月27日	工业和信息化部	工信厅原函〔2017〕298号
	国家发展改革委 工业和信息化部关于完善汽车投资项目管理的意见	2017年6月4日	国家发展改革委 工业和信息化部	发改产业〔2017〕1055号
	工业和信息化部办公厅关于全面推进移动物联网（NB-IoT）建设发展的通知	2017年6月16日	工业和信息化部办公厅	工信厅通信函〔2017〕351号
	国务院关于进一步扩大和升级信息消费持续释放内需潜力的指导意见	2017年8月24日	国务院	国发〔2017〕40号
	关于促进储能技术与产业发展的指导意见	2017年9月22日	国家发展改革委 财政部 科学技术部 工业和信息化部 国家能源局	发改能源〔2017〕1701号
	国家发展改革委办公厅关于组织实施2018年新一代信息基础设施建设工程的通知	2017年11月21日	国家发展改革委办公厅	发改办高技〔2017〕1891号
	三部门关于组织申报《智慧健康养老产品及服务推广目录》的通知	2017年12月4日	工业和信息化部办公厅 民政部办公厅 卫生计生委办公厅	工信厅联电子函〔2017〕633号
	国家能源局关于建立市场环境监测评价机制引导光伏产业健康有序发展的通知	2017年12月14日	国家能源局	国能发新能〔2017〕79号
	国家发展改革委关于2018年光伏发电项目价格政策的通知	2017年12月19日	国家发展改革委	发改价格规〔2017〕2196号
	工业和信息化部关于促进和规范民用无人机制造业发展的指导意见	2017年12月22日	工业和信息化部	工信部装〔2017〕310号
	四部门关于免征新能源汽车车辆购置税的公告	2017年12月27日	财政部 国家税务总局 工业和信息化部 科技部	工信部公告
行业规范条件	新能源汽车生产企业及产品准入管理规定	2017年1月17日	工业和信息化部	中华人民共和国工业和信息化部令第39号
	工业和信息化部关于印发《工业机器人行业规范管理实施办法》的通知	2017年7月13日	工业和信息化部	工信部装〔2017〕161号
	粘胶纤维行业规范条件（2017年版）	2017年8月9日	工业和信息化部	工信部公告2017年第34号
	印染行业规范条件（2017版）	2017年9月13日	工业和信息化部	工信部公告2017年第37号

续表

政策分类	政策名称	发布时间	签发部委	文件批号
行业规范条件	工业和信息化部关于印发《建材行业规范公告管理办法》的通知	2017 年 11 月 17 日	工业和信息化部	工信部原〔2017〕278 号
	日用玻璃行业规范条件（2017 年本）	2017 年 12 月 15 日	工业和信息化部	工信部公告 2017 年第 54 号
	《农用薄膜行业规范条件（2017 年本）》	2017 年 12 月 21 日	工业和信息化部	工信部公告 2017 年第 53 号
其他	工业和信息化部办公厅关于请报送“专精特新”中小企业有关信息的通知	2017 年 2 月 16 日	工业和信息化部办公厅	工信厅企业函〔2017〕56 号
	工业和信息化部办公厅关于做好第二批国家工业运行重点联系城市申报有关工作的通知	2017 年 3 月 23 日	工业和信息化部	工信厅运行函〔2017〕89 号
	国家发展改革委办公厅关于组织开展 2017 年（第 24 批）国家企业技术中心认定及国家企业技术中心评价工作的通知	2017 年 7 月 24 日	国家发展改革委办公厅	发改办高技〔2017〕1283 号
	国务院关于促进外资增长若干措施的通知	2017 年 8 月 16 日	国务院	国发〔2017〕39 号
	工业和信息化部办公厅关于组织实施 2017 年智能制造综合标准化与新模式应用项目的通知	2017 年 8 月 23 日	工业和信息化部办公厅	工信厅装函〔2017〕468 号
	国务院办公厅关于进一步激发民间有效投资活力促进经济持续健康发展的指导意见	2017 年 9 月 15 日	国务院办公厅	国办发〔2017〕79 号
	国家发展改革委办公厅关于组织实施 2018 年“互联网+”、人工智能创新发展和数字经济试点重大工程的通知	2017 年 10 月 11 日	国家发展改革委办公厅	发改办高技〔2017〕1668 号
	工业和信息化部办公厅关于组织申报第一批智能制造系统解决方案供应商的通知	2017 年 10 月 23 日	工业和信息化部办公厅	工厅装〔2017〕946 号
	国家发展改革委关于鼓励民间资本参与政府和社会资本合作（PPP）项目的指导意见	2017 年 11 月 28 日	国家发展改革委	发改投资〔2017〕2059 号
	国务院办公厅关于深化产教融合的若干意见	2017 年 12 月 19 日	国务院办公厅	国办发〔2017〕95 号

资料来源：根据各部委发布的文件整理。

第三章 当前中国工业发展存在的突出问题

改革开放40年以来，我国工业发展取得了重大成就，目前油料、原煤、水泥、粗钢、钢材和发电量等主要工业品都居世界首位，已成了名副其实的世界第一工业大国，2013年我国也成为世界第一货物贸易大国，是一个基于出口导向而工业化战略崛起的工业大国[12]，是世界上唯一拥有所有工业门类制造能力的国家。但与此同时，工业“大而不强”仍是我国当今甚至较长一段时间内的基本国情，产业发展存在诸多发展“不平衡”“不充分”的问题，具体表现在：产业结构不平衡，高端价值链、优质企业、优质产品发展不充分，工业创新、核心技术研发、关键零部件生产能力不充分，区域发展不平衡，绿色发展不充分，市场化改革、开放协同发展不充分等。这些仍是制约我国工业“由大变强”的关键问题。

一、产业结构不均衡，新动能支撑不足

改革开放40年以来，我国在“后发优势”“人口红利”“市场红利”“改革动力”“全球产业转移”和“技术变革”等多重因素驱动下，工业得到迅速发展，同时我国工业也在全球工业发展中形成了特有产业结构。由于工业化起步晚，基建、耐用消费品市场需求巨大，我国形成了以传统重工业和日用消费品工业为主的产业结构，虽然近年来产业结构有所调整，表现为煤炭、石油等原材料工业在全部工业中的占比有所下降，但我国产业结构仍然以纺织、食品、化工、煤炭、水泥、汽车、电子为主（如图85所示），这几大行业占全部工业的比重超过60%。自我国经济进入“新常态”、工业化进入新阶段、全球经济发展进入新周期以来，这些传统支撑我国经济增长的产业或我国占据的产业环节（例如，电子信息产业我国总体处于产业链的中低端）进入成熟期甚至衰退期，部分行业面临严重的产能过剩问题，增长率连年下降，甚至出现负增长，严重影响我国经济增长。

[12] 黄群慧，《改革开放40年中国的产业发展与工业化进程》，中国工业经济，P7。

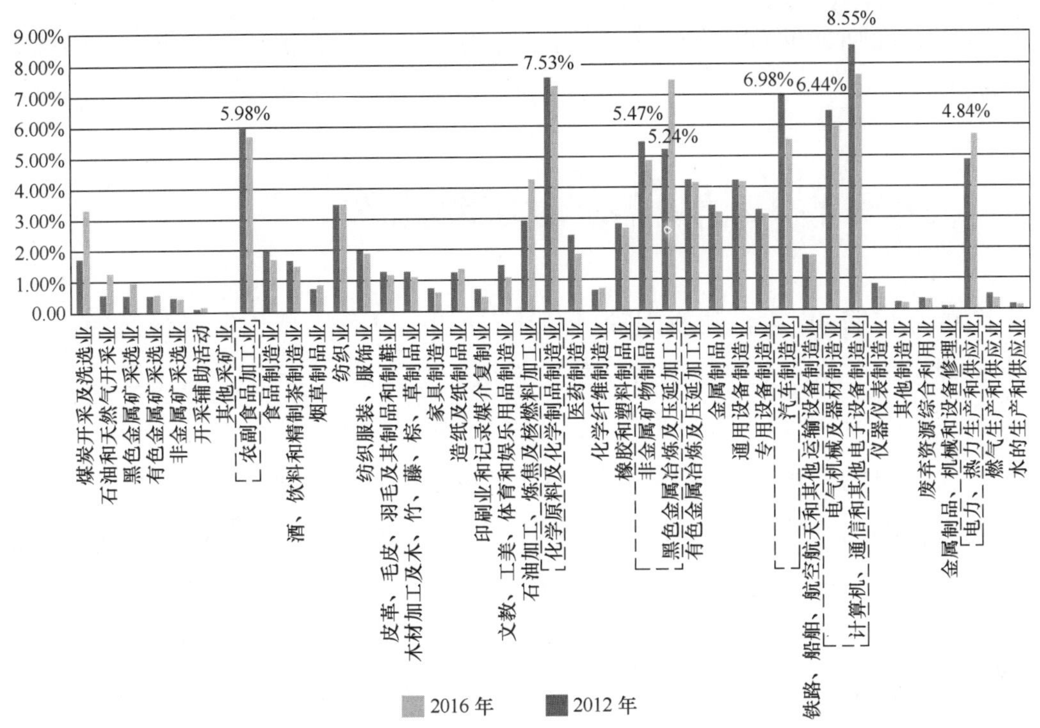

图 85 我国 41 大门类行业占比情况（以规模以上工业销售产值为基础数据计算得到）

另外，近年来我国不断鼓励和发展代表当前与未来领先技术趋势的战略性新兴产业，包括新一代信息技术、高端装备、生物医药、新能源汽车等，这些产业表现出了较强的增长动力，一直保持两位数的增长速度，但总量仍然较小，例如铁路、船舶、航空航天和其他运输业占工业的比重仍不到 2%，医药制造业占比不到 3%，不足以支撑整个经济的发展。同时也要看到，目前这些增长较快的新兴产业并不是由我国内生创新动力形成的，仍是发达国家已经发展多年、主导核心技术并逐渐向我国转移带动发展的，我国新兴产业的发展仍是以加工组装为主，处在价值链的低端，关键环节和零部件受制于人，这些都成为制约未来新兴产业发展的“卡脖子问题”，其发展壮大的基础很不牢固。

复旦大学芮明杰教授将一个国家的产业体系处在传统产业主导但增长不断下滑，新兴产业虽然在成长但缺乏技术、缺乏人才、发展阻力巨大的状态，称为产业体系发展的“结构性陷阱”[13]。我国工业发展正处于“爬坡过坎”的

[13] 芮明杰，《构建现代产业体系的战略思路、目标与路径》，中国工业经济，P26。

关键时期，面临如何跳出产业体系的“结构性陷阱”的挑战，产业结构调整压力不断加大。

二、“三驾马车”乏力，需求动力亟待激发

改革开放的 40 年，是我国经济高速发展的 40 年。我国经济虽然经历了几个下行周期，但总体上保持了较快稳定发展，尤其是 1993 年中共十四届三中全会以来（如图 86 所示）。2000 年前，消费是我国经济增长的第一驱动力，但之后随着我国居民消费重点从日用消费品转向汽车、住房等耐用消费品，2000 年后重化工业占比持续提升，投资对经济的贡献率不断上升，其中，从 2001 年我国加入世界贸易组织到 2008 年之前，出口对经济的拉动性达到 10%以上，2005 年达到 15%，2014 年后，随着我国经济由资本密集型向技术密集型转型，消费对经济的贡献率不断提升（如图 87 所示）。

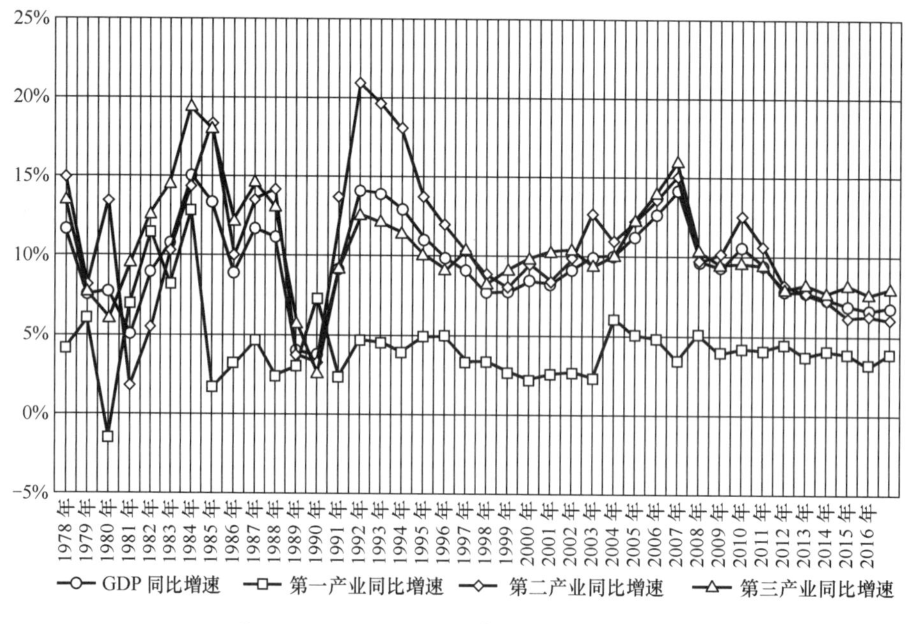

图 86　1978—2017 年我国经济增长趋势

2008 年后，随着我国经济增速的下行，投资对工业增长起到了核心支撑作用，2014 年后，随着 2015 年以“三去一降一补”为核心的供给侧改革的深入实施，消费对工业增长的支撑作用增长。但 2017 年以来，消费、投

资和净出口都表现出明显的增长乏力，成为影响未来工业增长的制约因素，亟待关注。

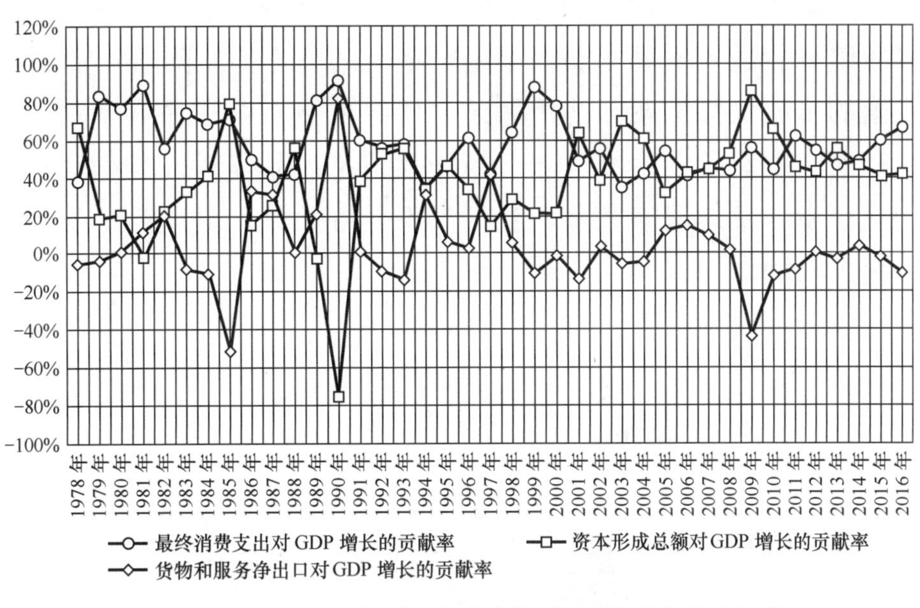

图 87　1978—2017 年“三驾马车”对 GDP 增长的贡献率

第一表现在投资增速的下滑，2013 年工业投资增长 17.8%，到 2017 年降至 3.6%，比 2013 年下降 14.2 个百分点，且随着我国产业进一步由资本密集型向技术密集型转型，而我国企业在高技术投资领域尚不具备优势，工业投资即使回升也较难回到高速增长时代。

第二表现在消费的增长乏力，当前消费对经济、工业的支撑作用不断加大，尤其是随着前几年生活水平的大幅提高，人们对耐用品、住房等的消费带动了工业的增长，但近年来消费也出现增长乏力的趋势，2012 年以来，中国社会消费品零售总额增速呈趋势性下降，从 2011 年的 18.5%逐步降至 2018 年的不足 10%。一方面在于随着居民消费进入以智能化、个性化、服务化为特征的消费时代，传统的优势工业产品尚不能适应居民的消费升级需求；另一方面，我国居民国内消费持续增长的基础薄弱，2018 年第二季度居民收入增速低于消费支出增速，且上半年居民人均可支配收入平均数增速低于去年同期水平；高房价等也挤压了实物消费，第二季度居民按揭贷款还款额占可支配收入的比重已达 70.8%，高于去年水平（如图 88 所示）。

第三，我国工业经济增长的另一大重要驱动力——出口，其增速也逐年下滑，2012—2014 年分别为 7.9%、7.8%和 6%，2015 年曾一度陷入负增长，2016 年、2017 年稍有复苏。但从总体趋势来看，一方面有国际形势影响，国际贸易环境复杂，全球化格局发生变迁，贸易争端增多，未来一段时间全球贸易环境可能进入格局变动再平衡时期；另一方面，随着产业结构的升级，我国的传统优势工业如纺织服装、传统机械、电子加工等面临成本优势丧失，而高端装备、生物医药、新一代信息产品等新兴产业发源于发达国家，进一步与发达国家竞争，我国尚不具备优势，出口对工业增长的拉动也受到了限制。

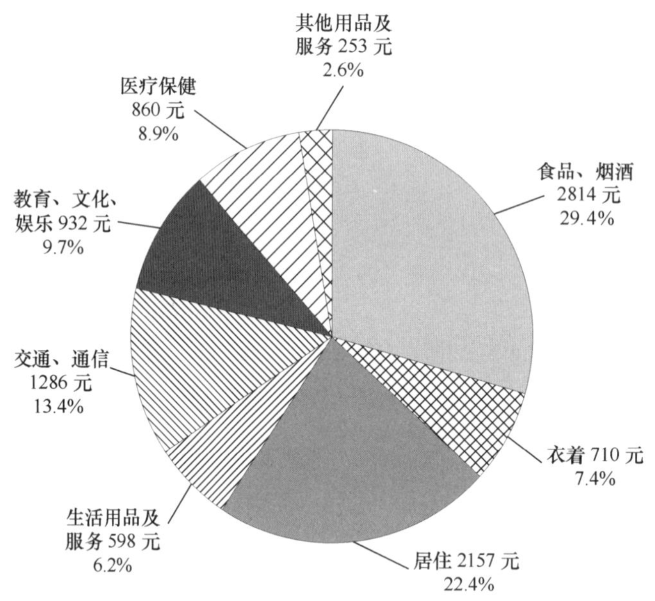

图 88　2018 年上半年居民人均消费支出构成（数据来源：国家统计局）

三、制造名企较少，国际竞争力有待提升

从 2018 年公布的《财富》世界 500 强企业榜单来看，我国上榜企业 120 家，数量基本与美国相当，远高于日本，但从企业行业分布上看，我国上榜企业主要集中在能源、房地产、金融、互联网、汽车制造业和电子信息制造业，制造企业占比较小。而美国大公司中没有房地产、工程建筑和金属冶炼企业，却在 IT、生命健康和食品相关等领域存在众多大公司，我国则在健康医疗、食品加

工等与人的生活和健康密切的产业中无企业上榜。且我国制造企业中多为国企或合资企业，民企上榜的仅有鸿海精密制造（台湾省台北市）、华为、吉利等少数企业[14]。世界500强企业榜单从一个侧面反映了当前我国制造业缺乏具备国际竞争力的企业，虽然我国制造企业数量不断上升，但存在着相当数量的“僵尸企业”；具备不断创新能力的优质企业，尤其是优质民营企业不多，几乎还没有世界一流制造企业。

企业产品国际竞争力不高。由于我国之前长期处于物质匮乏时期，对企业产品的需求主要为满足基本功能需求，产品性能、可靠性等方面与国际企业产品仍有较大差距，对高品质、个性化、高复杂性、高附加值、高端品牌的产品的供给能力不足，无法满足居民对产品质量和产品性能不断升级的要求，主要表现为：一是产品稳定性差，据现国家市场监督管理总局数据，美国、欧洲一些发达国家和地区的产品平均合格率一般为4.5sigma，而我国总体为2.5sigma，2017年产品合格率为91.5%；二是现有海外代购网站、业务快速增长。

从我国制造企业近几年“走出去”情况来看，我国企业不断探索开展全球化布局，“走出去”步伐不断加快，但大部分“走出去”的企业仍主要依靠资金和劳动力优势，自主知识产权和品牌影响力较弱。同时，国际化运营的经验和能力缺乏，多数产业“走出去”仍以“单打独斗”为主，行业规范引导和监管缺失，影响了我国制造企业的形象。

四、创新能力不强，可持续发展动力不足

创新是建设现代产业体系、推动我国结构调整产业升级、提升国际竞争力的唯一路径，是可持续发展的最大动力，但我国总体创新能力仍然不强。**一是总体处于价值链低端**。我国现有产业体系基本都处于全球产品生产分工、产业价值链分工的低端环节，属于初级低端产品生产、产业链与价值链配合型的产业体系。发达国家则生产高附加值的高技术产品，并充当了产业链、价值链分工后的系统“整合者”。在自身利益主导下，发达国家通过对产业核心技术的

[14] 依据2018年7月发布的《财富》世界500强企业榜单整理。

垄断，掌握产业链、价值链的控制权，限制发展中国家的传统产业和新兴产业开展技术升级、价值链升级[15]。**二是核心技术、关键技术发展不充分。**我国基础科学研究短板依然突出，企业对基础研究重视不够，重大原创性成果缺乏，底层基础技术、基础工艺能力不足，工业母机、高端芯片、基础软硬件、开发平台、基本算法、基础元器件、基础材料等瓶颈仍然突出[16]。目前核心技术、关键技术发展滞后对产业发展的制约性不断加大，以当前发展较快的新一代互联网技术为例，发达国家在互联网技术与工业融合发展领域占绝对优势，而我国前期互联网技术的高速发展主要局限于消费服务领域，以替代效应为主，与工业的融合发展效应不足，作为工业互联网不可缺少的工业机器人、大量自动化生产设备和软件研发领域仍是我国的短板，从自动化设计、精密设备制造，再到工控芯片、精密电机、高端轴承，以及耐磨耐腐蚀的高端材料等核心部件，还有软件的设计研发，我国目前依然严重依赖进口。此类情况几乎在各大战略性新兴产业中都不同程度地存在，极大地限制了我国新兴产业的发展。**三是创新环境有待完善。**我国基础研究投入不够，2017年我国基础研究投入仍只占全部科研投入的5.3%；人才发展体制机制还不完善，激发人才创新创造活力的激励机制还不健全，顶尖人才和团队比较缺乏。我国的科技管理体制还不能完全适应建设世界科技强国的需要，科技体制改革的许多重大决策落实还没有形成合力，科技创新政策与经济、产业政策的统筹衔接还不够，全社会鼓励创新、包容创新的机制和环境有待优化。

五、融资难、融资贵问题加剧，局部产业资金风险大

金融服务实体经济是金融发展的本质，但近年来随着金融市场的繁荣和实体经济投资收益率的降低，出现了一定脱实向虚的情况，资金在金融领域空转，制造业融资难、融资贵的问题却较难解决。**一是制造业收益率降低，贷款占比下滑。**2012—2016年，我国制造业贷款占比从19.01%下降到2016年的13.26%，下降了5.75个百分点（如图89所示）。新常态（2012年）之前，我国制造业发展较快，增速保持在10%以上，大部分产业、企业都能取得利润，但随着新

[15] 芮明杰，《构建现代产业体系的战略思路、目标与路径》，中国工业经济，P32。

[16] 习近平总书记在2018年两院院士大会上的讲话。

常态以来制造业增长放缓、价格低迷，企业效益开始持续下滑。有统计表明，我国A股非金融类上市公司的净资产收益率均值从2010年的12.9%一路下滑至2015年的6.8%[17]。**二是制造业融资仍以贷款为主，表现出顺周期性，经济下行期融资难度更大**。从金融结构来看，我国制造企业主要仍以银行贷款为主，当前银行贷款、发行债券和股票占到实体经济融资额的八成以上。而这三种融资方式都具有典型的顺周期特征，当经济形势好的时候，企业效益也好，银行乐于贷款，发行债券和股票也比较容易；反之，银行出于风险防控考虑会惜贷、压贷甚至断贷、抽贷，发行债券和股票也变得困难，下行周期企业融资难程度会加剧。**三是中小微制造企业融资难问题并未缓解**。为了缓解中小微制造企业融资难的问题，从中央到地方配套出台了众多支持中小企业发展的相关政策，但从目前的大中小微型制造企业近年的贷款额趋势来看，2014年以来小微型企业贷款额微幅上升，中型制造企业贷款额出现连续下滑（如图90所示）。**四是中小微企业融资成本高企**。清华大学等共同编制的《中国社会融资环境报告》显示，2016年我国社会平均融资成本为7.6%[18]（见表10），但这仅是企业利率成本，加上各种手续费、评估费等，平均融资成本超过8%。而这只是平均融资成本，平均融资成本更多地是被国有企业、大型企业低融资成本所拉低，中小企业融资成本大部分均高于10%。

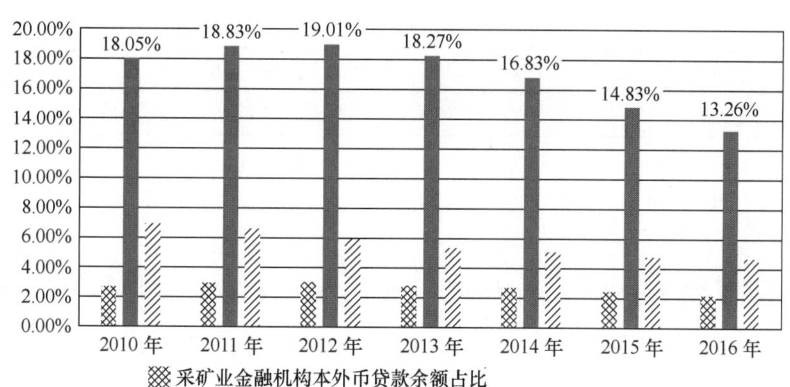

图89 工业金融机构本外币贷款余额占比（数据来源：根据Wind数据计算获得）

[17] 王新哲，制造业遭遇融资难融资贵根源何在。

[18] 数据来源：《中国社会融资环境报告》。

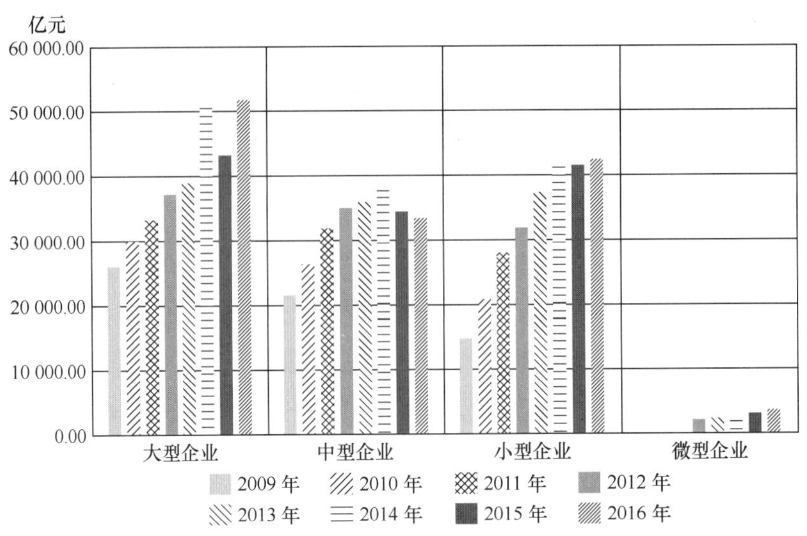

图 90　大中小微型制造企业境内人民币

表 10　中国社会融资成本统计

融资方式	平均融资成本	融资余额	占比权重
银行贷款	6.60%	69.16 万亿元	57.19%
承兑汇票	5.19%	12.54 万亿元	10.37%
公开发债	6.68%	18.37 万亿元	15.19%
融资性信托	9.25%	8.53 万亿元	7.05%
融资租赁	10.70%	5.87 万亿元	4.85%
保理	12.10%	4900 亿元	0.41%
小贷公司	21.90%	9704 亿元	0.80%
互联网金融（网贷）	21%	1.22 万亿元	1.00%
上市公司股权质押	7.24%	3.77 万亿元	3.12%
企业平均融资成本：7.60%			

资料来源：《中国社会融资环境报告》。

另外，随着经济进入深度调整期，部分制造企业资金风险有所加大。从总体趋势来看，在“去杠杆”政策实施下，我国工业企业资产负债率连年降低，2017 年已降至 55.50%（如图 91 所示），但经济繁荣期投资过度、杠杆较高的一些企业（尤其是近年来很多工业企业也通过股权质押等多种金融手段，快速扩张公司规模），风险严重的企业，随着进入集中偿债期，自 2017 年以来不断爆发资金链问题。据部分券商不完全调查，2018 年上半年国内已经有 20 只实体债券出现违约，涉及公司包括四川煤炭、大连机床、丹东港、亿阳集团、中城建、神雾环保、富贵鸟、春和集团、中安消、凯迪生态等10余家，涉及金额合计超过 130 亿元，主要集中在产能过剩行业和一些杠杆过高的新兴领域（如节能环保等）。这些产能过剩行业，尤其是杠杆过高的新兴领域行业的资金链风险亟需警惕。

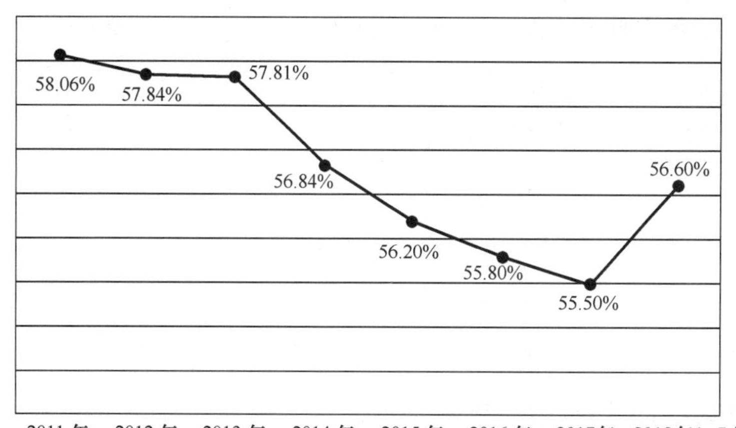

图 91　2011—2018 年我国工业企业资产负债率（数据来源：国家统计局）

六、环境资源约束，绿色发展要求高

自从进入工业时代，人类的生产活动给自然生态环境造成了严重损害，西方发达国家的工业化进程中也出现了不同程度的环境问题。我国在近几十年的快速工业化过程中，粗放式的发展方式也使得一些地方面临较严重的环境问题，同时依赖资源能源的发展方式也使得我国资源能源约束强化。自 2002 年以来，我国就强调走环境友好型的新型工业化道路，“十三五”提出了创新、协调、绿色、开放、共享的发展理念，近两年我国绿色发展取得了一定的成效，2018 年上半年全国单位 GDP 能耗同比下降约 3.2%，与第一季度持平，高于全年下降 3%以上的目标任务。近年来我国能源消费结构也持续优化，经初步核算，2018 年上半年全国能源消费总量同比增长约 3.4%。天然气、水电、核电、风电等清洁能源消费占能源消费总量的比重比上年同期提高约 1.5 个百分点，煤炭消费所占比重下降约 1.3 个百分点。

但在新常态、新形势下，对我国工业绿色发展的要求越来越高。**一是高质**

量发展对工业转型升级提出新任务。绿色发展“短板”是工业发展“不平衡”“不充分”的突出体现，环境友好产品、高质量绿色产品的供给能力更是亟待提升。**二是生态文明建设对工业发展提出新要求。**目前我国能源消费结构仍以煤炭为主，相关绿色发展的理念、标准、体制机制等尚不完善，须加快构建工业绿色循环低碳发展的产业体系，推动形成工业绿色制造模式。**三是国际竞争要求我国工业走绿色发展之路。**在世界经济新一轮大调整、大变革中，绿色已经成为全球制造业发展的核心理念，我国正加快制造业绿色转型、培育绿色品牌，抢占制造业绿色发展的国际竞争优势。

七、区域不均衡，产业集群化水平低

改革开放初期（1978—1993年），我国实施了东部率先发展的区域非均衡发展战略，借势全球范围内的资金、劳动力、技术等要素向东部地区转移，促使东部地区工业化、市场化发展都走在了中西部的前面。之后随着我国经济发展，自十四届五中全会（1995年）开始，我国的区域发展战略向协调发展战略转变，党的十六届三中全会首次提出区域协调发展战略，逐渐构成了东部率先发展、中部崛起、西部大开发、东北老工业基地振兴的均衡发展战略，中西部地区的发展也逐步加快，近十年来中西部地区的发展主要与东部地区向中西部产业转移有关。十八大以来，中央又先后推出了“一带一路”建设、京津冀协同发展、长江经济带发展三大区域战略，促进区域协调发展、协同发展、共同发展。但总体上看，目前我国区域发展仍不均衡。**一是经济发展速度不均衡。**1978—2017年期间，东部、中部、西部、东北区域的地区生产总值按不变价格计算分别增长了66.9倍、46.0倍、46.6倍和28.2倍，东部、中部、西部、东北区域的地区生产总值分别年均增长11.4%、10.4%、10.4%和9.0%，呈现东部地区领跑趋势。**二是工业发展阶段不均衡。**总体上，中国的工业化进程呈现区域发展不平衡的特征，上海、北京、广东、江苏、浙江、天津等东部地区已进入工业化后期，中西部地区仍处于工业化中期阶段[19]。东部地区第二产业占比近年来不断下降，2017年已下降至42%，而中西部地区第二产业占比相比1978年

---

[19] 中国社会科学研究院《工业化蓝皮书》。

基本保持稳定，分别为 45.4%和 41.8%。从人均水平看，2017 年东部地区人均地区生产总值约为 84 595 元，已经接近世界银行定义的高收入国家的人均地区生产总值，而中西部地区人均地区生产总值仍只有东部地区的不到 60%（如图 92 所示）。**三是产业发展水平不均衡。**按照 2016 年我国各省各行业工业销售产值分析，我国工业尤其是制造业仍然主要布局在东部地区，中西部地区体量较小，尤其是先进制造业、纺织服装、电子信息等领域主要集中在东部地区，相关研发中心、创新资源、创新型企业也多在东部地区布局，中、西部地区产业水平相对较低，多为原材料行业或者加工制造环节。

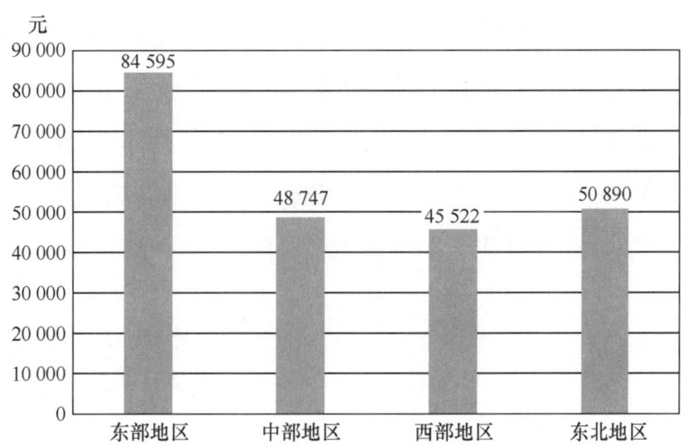

图 92　2017 年东、中、西、东北地区人均 GDP（数据来源：国家统计局）

我国产业集群竞争力不强。产业集群是代表一个国家产业竞争力的重要载体，我国多年来不断推动建设经济开发区、高新区、产业园区、新型工业化产业示范基地等推动产业集聚发展，取得了一定成就，产业园区或基地承载了我国大多数的产业。但与此同时，我国也面临着产业物理集聚化程度提升，但产业集群化、协同化、网络化发展水平低，园区间同类企业竞争力量强，协作力量弱等问题，亟需在原有产业集聚地的基础上，推动产业集群向更高级别提升。

第四章　2018—2019 年工业发展趋势及重点

一、当前全球工业发展形势

（一）全球经济贸易增长总体稳定

全球经济贸易增长总体保持强劲。目前，全球经济仍处于回暖周期，经过近两年的上行，全球经济扩张速度趋于稳定，总体经济增长形势仍然向好。近半年来全球贸易局势紧张、各国政治和政策不确定性等风险因素频出，但由于发达经济体消费和投资需求持续增长，新兴经济体总体金融环境稳定，因而全球经济增长总体稳定。IMF 于 2018 年 7 月预测 2018 年和 2019 年两年全球经济增长均为 3.9%，与 4 月《世界经济展望》的预测水平基本保持一致（见表 11）。

表 11　　IMF 全球经济增长预测（2018 年 7 月）

区域或经济体	GDP 增长		预测		与 2018 年 4 月《世界经济展望》预测的差异	
	2016 年	2017 年	2018 年	2019 年	2018 年	2019 年
世界产出	3.2%	3.7%	3.9%	3.9%	0	0
发达经济体	1.7%	2.4%	2.4%	2.2%	–0.1%	0
美国	1.5%	2.3%	2.9%	2.7%	0	0
欧元区	1.8%	2.4%	2.2%	1.9%	–0.2%	–0.1%
日本	1%	1.7%	1%	0.9%	–0.2%	0
新兴市场和发展中经济体	4.4%	4.7%	4.9%	5.1%	0	0
中国	6.7%	6.9%	6.6%	6.4%	0	0

数据来源：IMF。

分经济体来看，预测下行调整主要集中在欧元区和日本。受消费和投资需求疲软、金融状况收紧、国内外政治不稳定等影响，预计 2018 年欧元区经济增长不如 2017 年，日本 2018 年经济增长将面临明显的放缓，重回 1%的增长水平。美国的增长势头仍然较强，国内需求上升促使产出增加，预计 2018 年、2019 年分别增长 2.9%和 2.7%。新兴经济体虽然面临复杂的全球局势，但综合来看，各国市场和基本面基本稳定，预计 2018 年和 2019 年经济增长分别为 4.9%和

5.1%，可维持 4 月预测的水平。

全球制造业增长总体处于稳定增长区间。2018 年，受关税、政治波动等影响，全球制造业增长面临一定的下行风险，但自 2016 年以来发达经济体的积极增长因素仍然持续，预计 2018 年全球制造业增加值将增长 3.9%，与 2017 年持平。受贸易摩擦等因素影响，中国制造业增长受到了一些影响，但仍保持在 6% 以上（如图 93 所示）。

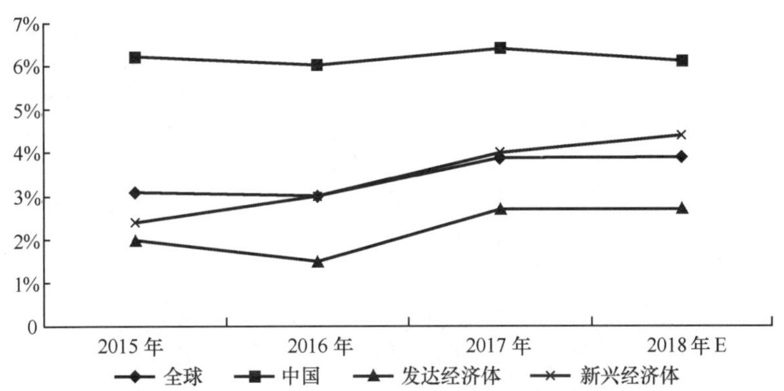

图 93　全球及主要国家和经济体制造业增加值增长情况（数据来源：联合国工业发展组织）

各国制造业景气指数虽有波动，但仍处于回升区间。2015 年以来，全球制造业景气指数始终处于平稳向好态势，2018 年制造业 PMI 虽有下调趋势，但处于与 2017 年相当的水平。美国制造业景气指数持续攀升；欧元区经过两年多的复苏，2018 年制造业景气指数持续下滑，但仍在景气区间；中国制造业景气指数基本保持平稳（如图 94 所示）。

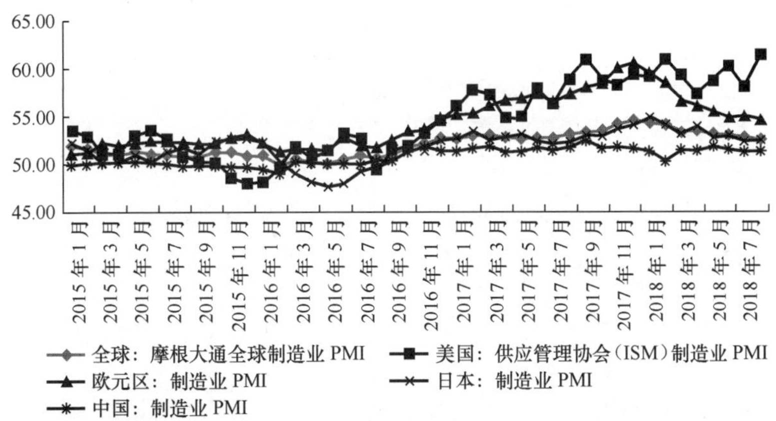

图 94　全球及主要国家和经济体制造业景气指数（数据来源：Wind 数据库）

全球商品贸易仍处于回暖阶段。在经历了 2015 年的负增长之后，全球区域之间的商品进出口贸易显著回升，其中，欧盟和中国进出口增长回升最为显著。近期受国际贸易争端影响，欧盟、中国和日本商品出口均呈现略微下滑趋势，美国商品出口增速继续加快（如图 95 所示）。从进口来看，中国第二季度加快进口，美国、欧盟和日本等地区的进口均有所放缓（如图 96 所示）。

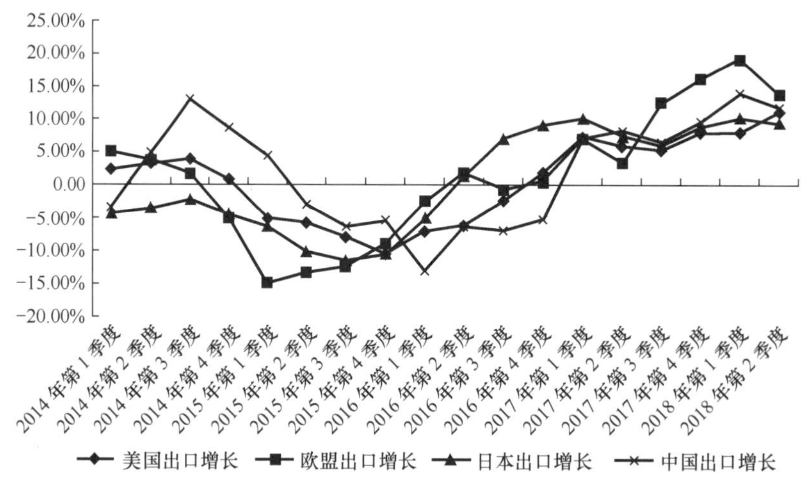

图 95　全球及主要国家和经济体商品出口情况（数据来源：Wind 数据库）

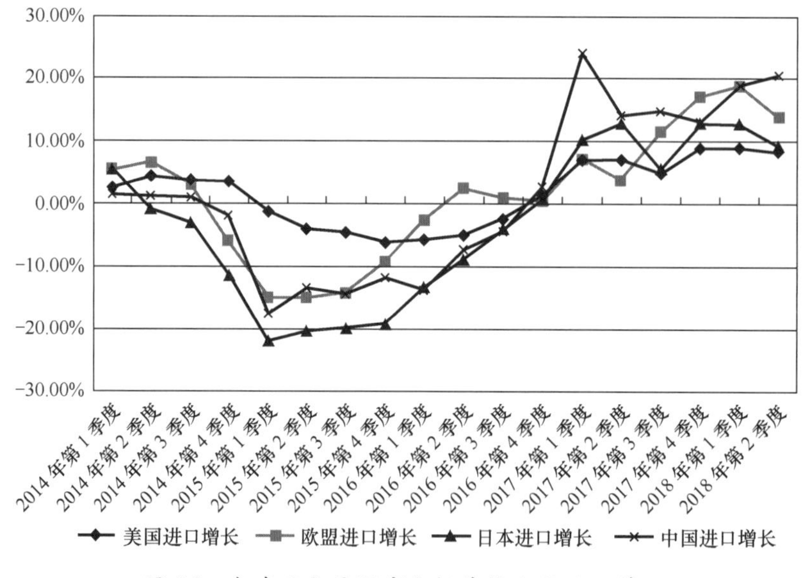

图 96　全球及主要国家和经济体商品进口情况

（数据来源：根据 Wind 数据库、国家统计局数据整理）

（二）“制造业+互联网”推动新工业革命

“互联网+”的发展模式催生产业生态不断融合扩大。在制造业生产、流通、销售等环节模式不断创新的推动下，制造业带动各个主体协同创新发展，资源整合优势凸显，产业生态不断扩大。随着制造业与互联网的加速融合，涌现出了多形式的共享设备、共享资源等共享经济发展形式，进一步提升了资源利用效率。数据资源及其分析成为制造业企业转型的核心软实力。“制造业+互联网”发展催生出了海量工业数据，数字化、智能化发展使得制造企业生产数据资产化、产品化、服务化成为可能。企业纷纷建立工业大数据平台，以构建产品智能化发展的基础，并将企业的竞争力逐步由产品生产转化为产品数字化服务。技术变革可能引发产业分工和收入分配。若技术变革为劳动节约型变革，则该技术变革将促进形成更加资本密集型的经济部门并影响就业人数和就业结构[20]。“互联网+制造业”的发展模式最直接的改变就是节约了劳动力，这将进一步加大技术型人才与非技术型人才间的收入差距。此外，生产效率的提升将极大地改变产业现有的分工模式，加速模块化、精细化产业分工。

一是智能装备和产品大量涌现。一方面，自动化成套生产线、智能控制系统、工业机器人、智能仪器仪表等具有感知、分析、推理、决策和控制功能的智能制造装备正在各行各业得到深度应用。比如，汽车车身生产过程中的大量冲压、焊接、检测等工序，目前都是由工业机器人参与完成的，大幅提高了生产安全和工作效率。另一方面，智能家居、大健康等领域的智能产品方兴未艾并已经融入人们的日常生活中。比如，智能冰箱、智能空调可以远程设定温度；智能门、窗可以与手机相连，随时监控门窗的入侵状态；手表、手环、眼镜、鞋袜等智能穿戴设备可记录运动轨迹，实时检查身体状态，等等。另外一些智能产品则预示着未来的发展方向。比如，谷歌的无人驾驶汽车集成了红外摄像机、雷达传感器、激光测距仪、惯性导航系统等设备，配合专用软件系统，可以同时对包括行人、其他车辆在内的数百个目标保持监测，并迅速有效地做出反应，极大地丰富了消费者的用户体验。

二是生产过程智能化正在从概念走向现实。计算机、互联网、云计算、大数据、物联网等技术在制造业领域加速创新应用，工业机器人、高档数控机床

[20] 联合国工业发展组织，2016 年工业发展报告。

等智能装备迅速普及，智造单元、智能车间、智能工厂加快涌现，特别是随着 5G 时代的到来，工业物联网发展步入快车道，“万物智能互联”即将成为现实。被很多企业视为标杆的西门子安贝格工厂，在材料、设备、产品以及用户之间建立在线联接和实时交互，收集并处理大量数据信息，超过 3 亿个元器件都有自己的“身份证”信息，这些信息包括在哪条生产线生产、用的什么材质、当时设置的扭矩是多少，等等。当一个元器件进入烘箱时，机器会自动判断该设定什么温度以及时间长短，并可判断下一个进入烘箱的元器件是哪一种，适时调节生产参数。安贝格工厂可以混线生产超过 1000 种产品，生产线可靠性超过 99%，可追溯性达到 100%。

三是新型制造模式层出不穷。在互联网应用快速推进的背景下，制造企业可以利用互联网采集并对接用户个性化需求，开展个性化产品的研发、生产、服务和商业模式创新，促进供给与需求的精准匹配；还可以运用互联网拓展在线增值服务，开展面向智能产品和智能装备的产品全生命周期管理和服务，实现从制造向“制造+服务”的转型升级。个性化定制、云制造等新模式已经不再是遥远的梦想，正在为企业带来实实在在的效益。这些新的制造模式，极大地优化了劳动力、资本、信息、知识等生产要素的配置，在改造提升传统产业的同时，培育出了一大批新的经济增长点。比如，在熟悉的传统服装行业，以我国青岛红领集团为代表的一批企业已经可以提供服装个性化定制服务。红领集团依靠数据库精确匹配用户订单的个性化需求，通过自动排单、自动计算、整合版型，只需要一组客户量体的数据就可完成定制设计。在这种模式下，原本手工制作、动辄上万元的定制西服，价格下降到了一两千元，制作周期也从半年左右变成了 7 个工作日，既满足了个性化的需求，又实现了大批量流水线作业。

四是各种新应用新业态蓬勃发展。新型的企业和产业组织形态不断出现，可谓“千帆竞发、百舸争流”，对经济发展的影响也越来越大。以阿里巴巴的淘工厂为例，通过互联网实现了工厂生产能力和客户需求的对接，工厂把生产能力、交付时间、报价费用等信息放到网上，客户只要登录淘工厂网站，就可以看到这些企业的详细信息，同时还有第三方机构对工厂规模、技术、资质等方面的评价。如果今天你要订制一批小五金产品，你可以在淘工厂上寻找谁符合你的生产要求，如果他的机器和产能是空闲的，你就可以把这些生产任务打包给他们。淘工厂模式能够大大提升制造企业的产能，特别是闲置产能的利用率，从而提升资源配置效率。再比如，亚马逊公司计划将来采用无人机配送快递。目前亚马逊公司的配送成本平均每单为2～8美元，如果大规模采用无人机送货，配送成本将降至每件 1 美元左右，不仅能大幅降低配送成本，还可提高效率，解决偏远地区的配送难题。也许在不远的将来，我们可以坐在家中，一键下单，即可接到无人机给我们送来购买的五金产品。

（三）世界经济格局处于再平衡阶段

面对新工业革命带来的深刻变革，世界各国高度重视，加快战略领域布局。美国提出了“工业互联网”的概念，以一批全球领先的大型互联网企业为先锋，充分发挥信息技术优势，加快信息技术向传统制造业的渗透应用，探索“互联网+制造业”的发展道路。而德国则提出了“工业 4.0”战略，充分发挥其制造业传统优势，通过打造信息物理系统，实现生产方式和商业模式的变革，走的是“制造业+互联网”的路子。这两条路殊途同归，都是推动互联网和制造业深度融合发展、抢占全球科技和产业竞争的制高点。新兴国家也加快布局，我国发布了《中国制造 2025》，印度提出了“印度制造”，俄罗斯、巴西、越南等国家也相继提出了本国的新工业发展政策。

除了加速对制高点的竞争，各国之间也积极寻求合作。比如 2016 年 3 月，美国工业互联网联盟与德国“工业 4.0”平台的代表在瑞士苏伊士会面，制定了三年合作路线图，建立了常态化的合作机制，形成了广度与深度上的“T”型互补。2018 年 5 月，印度总理莫迪出访欧洲多国，旨在增强印度与欧洲国家之间在贸易、军事、科技等领域的合作关系。各国之间的经济交往更加紧密，双边、多边合作不断加强，经济全球化进入新阶段。在这个过程中，大家普遍认识到：经济全球化是社会生产力发展的客观要求和科技进步的必然结果，有利于发挥市场潜力，有利于在全球范围内优化资源配置，促进商品和资本流动，加快科技创新步伐，实现多方受惠。近几十年来新兴市场国家的兴起、世界经济和贸易的快速增长、科技进步的日新月异，很大程度上都得益于经济全球化。

同时，也要看到，经济全球化是一把“双刃剑”。在全球经济下行的时候，经济增长动力不足、分配不公、环境污染、地缘冲突等矛盾和问题容易凸显。特别是 2008 年国际金融危机爆发，经过八年多时间的调整，全球经济并没有迎来理想的复苏。这种情况下，个别国家的移民政策、投资政策、监管政策“内倾化”上升，贸易保护主义等“逆全球化”思潮涌动，全球多边机制不振，各类区域性的贸易投资协定碎片化等，这些都对技术、资本、人才等生产要素的全球流动产生了深远影响。

（四）全球货币金融环境复杂

全球货币总体趋紧。金融危机之后，美国执行多轮量化宽松政策，率先进行货币紧缩，尤其是自 2017 年以来，加息幅度增大、步伐加快，并于下半年开始推动缩表。日、欧等发达经济体也酝酿货币正常化，尤其是自 2018 年以来，加息信号更加强烈，人民币也逐渐进入贬值通道（如图 97 所示）。与此同时，新兴市场国家金融市场波动加剧，资本外流严重，意大利、阿根廷、土耳其、委内瑞拉四国的金融市场甚至崩盘，我国也呈现出一定程度的资本外流现象，外汇储备随之有所减少（如图 98 所示）。同时，我国在美、欧等国的带动下，已从 2016 年以来陆续采取多种手段回收流动性、陆续加息，我国货币当局总资产自 2015 年美国回收流动性以来资产扩张放缓，并适度收缩（如图 99 所示）。由此可见，美国作为世界上第一大经济体，其货币政策对各国的影响较大，我国的货币政策历来总体与美国节奏较为一致，在美国加息缩表的背景下，我国已被动进入收缩期。但另一方面，我国仍处于转型升级的关键时期，经济活力

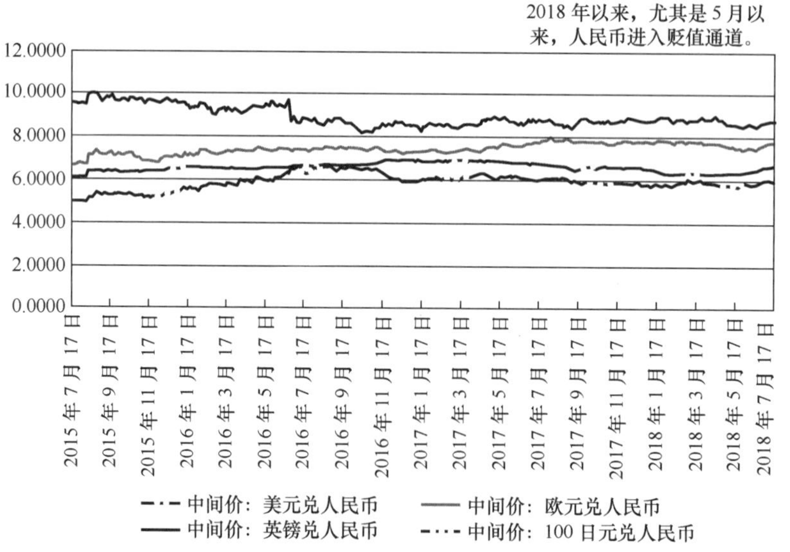

图 97　人民币与主要货币汇率变化（数据来源：中国人民银行）

尚未充分恢复，尤其是制造业仍需适度宽松的货币政策予以支撑输血，两方挤压对我国货币政策形成两难局面。但相对意大利、土耳其等金融脆弱的国家，我国实体经济体量大，且对美属于正资产，短期内这些新兴经济体国家的“崩盘”现象不会向我国蔓延，我国总体金融环境稳定。

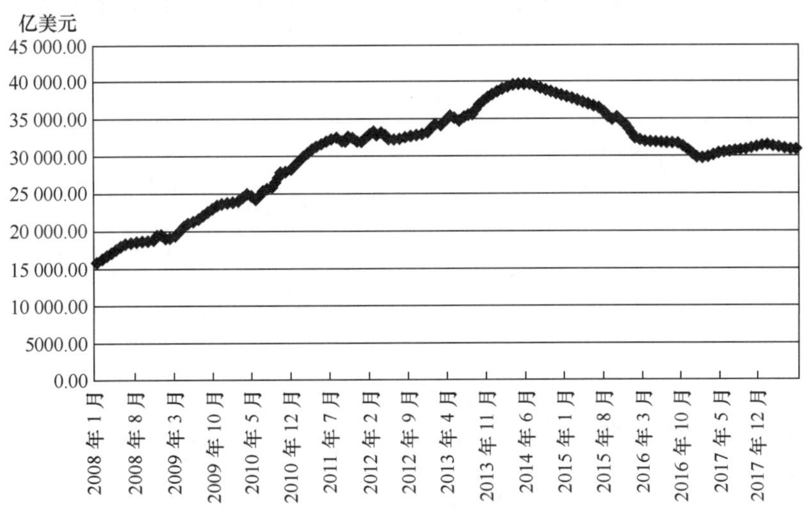

图 98　官方外汇储备情况（数据来源：中国人民银行）

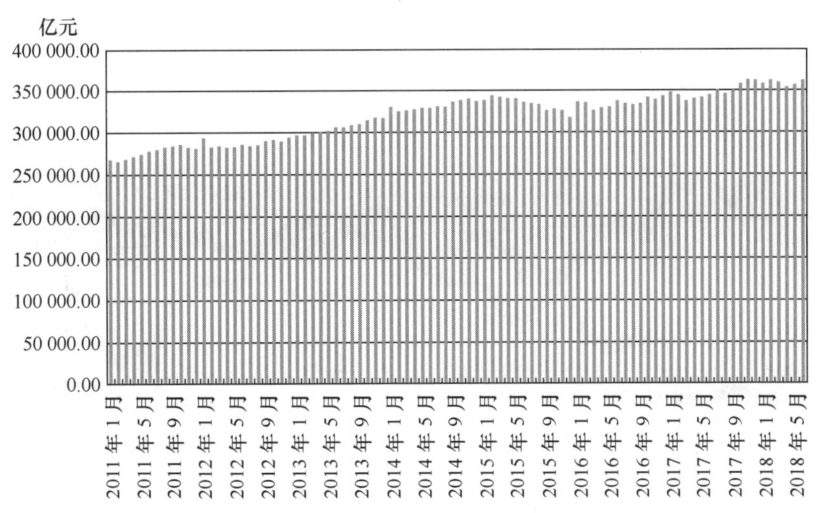

图 99　我国货币当局总资产变动（数据来源：中国人民银行）

大宗商品价格波动加剧。国际大宗商品价格受经济增长需求（我国是大宗商品的重要需求国）、美元汇率、地缘政治等多重因素影响，自 2015 年 12 月美国宣布加息以来，美元总体走强，国际大宗商品价格（以 CRB 价格指数代表）则总体呈波动下行的趋势，2018 年 5 月以来下行趋势更加明显（如图 100 和图 101 所示）。我国对海外的原油、铁矿石等原材料的依赖性越来越大，大宗商品价格波动对经济影响较大。尤其是 2018 年以来，钢铁、有色、橡胶等大宗商品价格下行，但能源类受需求和我国“去产能”影响，在 2017 年价格不断攀高的惯性趋势下，仍然保持高位攀升态势（如图 102 和表 12 所示）。

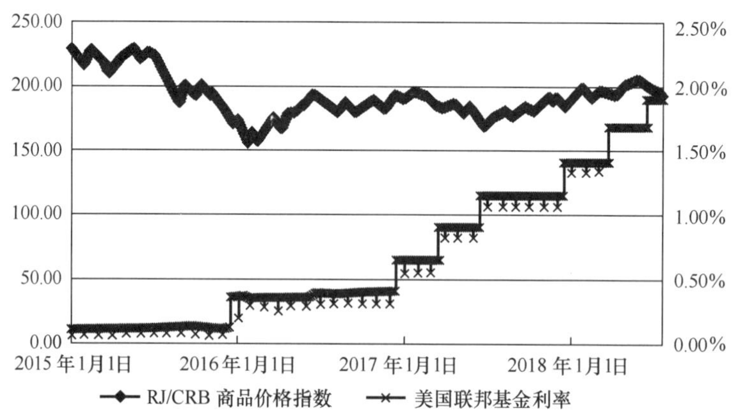

图 100　美国利率与 CRB 商品价格指数的关系（数据来源：Wind）

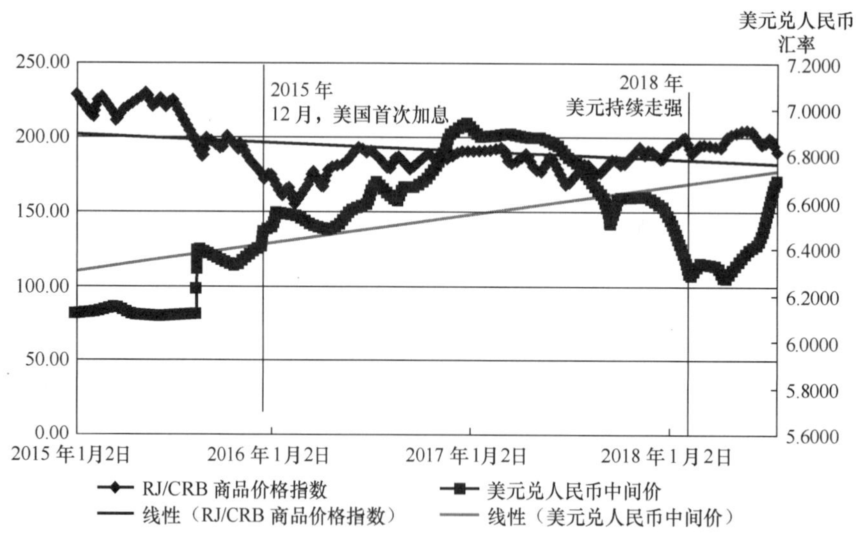

图 101　美元汇率与 CRB 商品价格指数的趋势关系（数据来源：Wind）

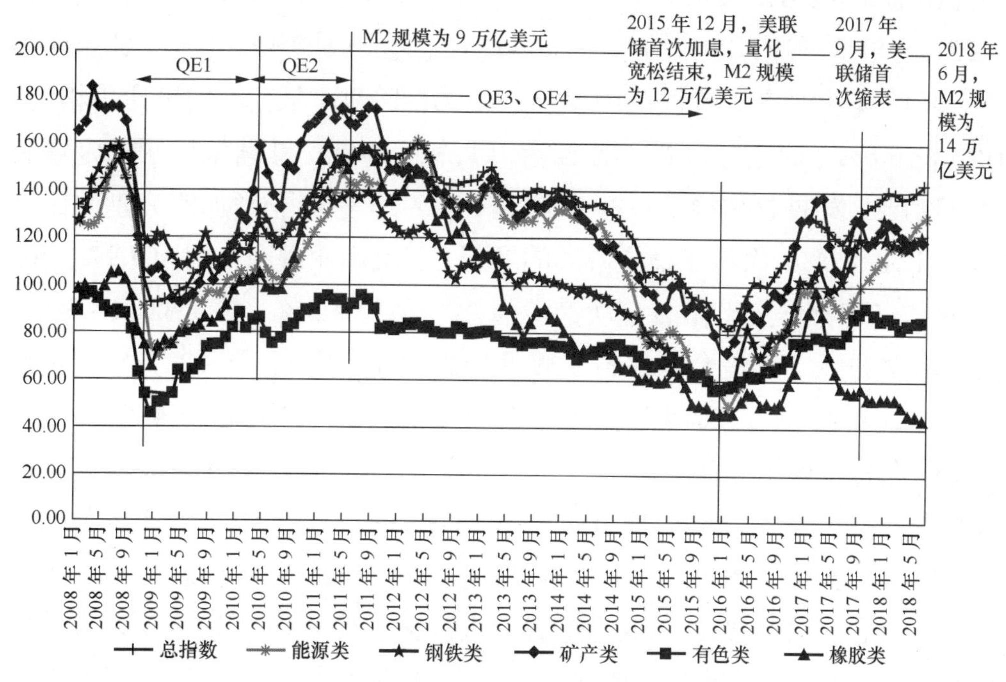

图 102　我国大宗商品价格指数变化（数据来源：Wind）

表 12　2018 年以来主要采矿业及原材料加工业利润情况

行业	2018 年 5 月	2018 年 4 月	2018 年 3 月	2018 年 2 月
采矿业利润总额累计增速	41.6%	39%	36.1%	42.1%
煤炭开采及洗选业利润总额_累计增长	14.8%	15.5%	18.1%	19.6%
石油和天然气开采业利润总额_累计增长	263.9%	207.7%	115.1%	138.1%
黑色金属矿采选业利润总额_累计增长	–45.3%	–46.1%	–39.8%	–20.8%
有色金属矿采选业利润总额_累计增长	20.7%	22.6%	28.8%	22.4%
非金属矿采选业利润总额_累计增长	1.2%	–3.1%	13%	12.8%
制造业				
石油、煤炭及其他燃料加工业利润总额_累计增长	27.9%	19.6%	14.8%	17.6%
非金属矿物制品业利润总额_累计增长	44.6%	45.2%	42.7%	56.8%
黑色金属冶炼及压延加工业利润总额_累计增长	114.7%	95.4%	64.1%	97.7%
有色金属冶炼及压延加工业利润总额_累计增长	–11.5%	–15.8%	–17.9%	–11.9%

（五）国内宏观经济环境总体稳定

国内宏观经济环境总体稳定，能够保障工业的稳定发展。一是国民经济保

持中高速增长。2012—2017 年 GDP 增速总体呈现小幅下滑趋势，但基本保持了 7.25%的平均增速，2017 年全年国内生产总值为 827 122 亿元，比上年增长 6.9%，2018 年上半年，我国国内生产总值为 418 961 亿元，按可比价格计算，同比增长 6.8%，比上年同期小幅回落 0.1 个百分点，继续保持了稳定增长。**二是三次产业发展总体稳定**。2017 年第一、二、三产业增加值分别同比增长 3.9%、6.1%、8.0%，保持了稳定协同的增长，三次产业占比分别为 7.9%、40.5%和 51.6%，2018 年上半年，三次产业占比分别为 5.3%、40.4%和 54.3%，产业结构稳定升级。**三是全国保持了较低的失业率**。2017 年 12 月末全国城镇调查失业率为 4.98%，2018 年上半年全国城镇调查失业率处于 4.8%～5.1%区间，总体保持在较低水平，各月均低于上年同期水平。2018 年 6 月，全国城镇调查失业率为 4.8%，为 2016 年全国月度劳动力调查开展以来的最低值。**四是物价保持温和上涨**。2017 年全年居民消费价格比上年上涨 1.6%，工业生产者出厂价格上涨 6.3%，工业生产者购进价格上涨 8.1%。固定资产投资价格上涨 5.8%，农产品生产者价格下降 3.5%；2018 年上半年，全国 CPI 上涨 2.0%，涨幅比 2017 年同期扩大了 0.6 个百分点，总体上我国物价保持温和上涨趋势（如图 103 所示）。

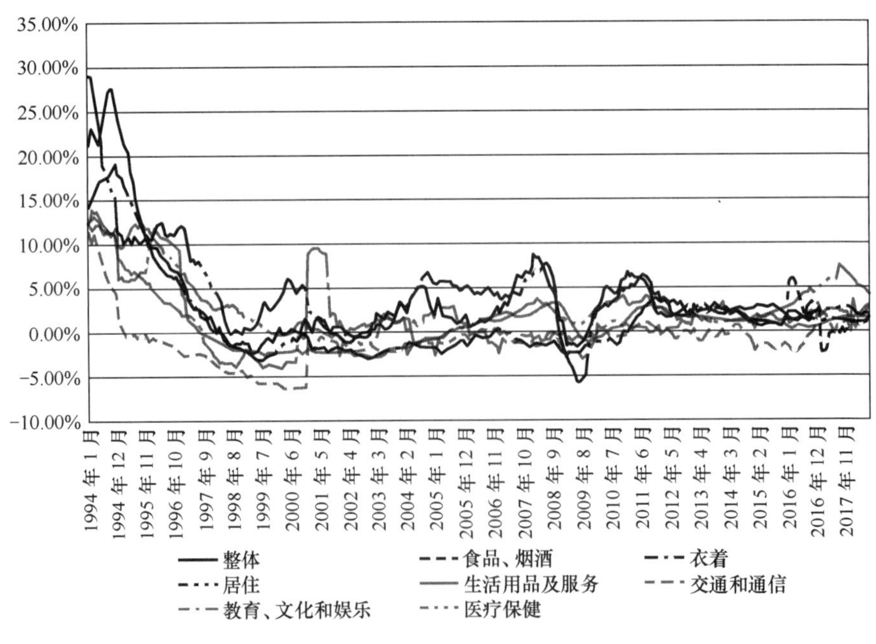

图 103　我国 CPI 当月同比变化趋势（数据来源：Wind）

（六）国内金融财政环境总体收紧

金融监管力度不断加强。2018 年以来，国内不断加强金融监管，继续加大金融去杠杆，密集出台了多项防范金融风险的政策（见表 13）。国务院金融稳定发展委员会自成立以来，已经召开了三次会议，明确金融风险，有序防范化解导向。

表 13　　2018 年上半年金融监管重点政策

时间	政策名称
2018 年 1 月	《关于进一步深化整治银行业市场乱象的通知》（银监发〔2018〕4 号）
	《关于加强保险资金运用管理　支持防范化解地方政府债务风险的指导意见》（保监发〔2018〕6 号）
2018 年 2 月	《中国银监会关于修改〈中国银监会外资银行行政许可事项实施办法〉的决定》
	《关于调整商业银行贷款损失准备监管要求的通知》（银监发〔2018〕7 号）
2018 年 3 月	《关于进一步支持商业银行资本工具创新的意见》（银监发〔2018〕5 号）
	《关于做好 2018 年地方政府债务管理工作的通知》（财预〔2018〕34 号）
2018 年 4 月	《国务院办公厅关于全面推进金融业综合统计工作的意见》（国办发〔2018〕18 号）
	《关于规范金融机构资产管理业务的指导意见》（银发〔2018〕106 号）
	《关于进一步加强 PPP 示范项目规范管理的通知》（54 号文）
2018 年 5 月	《商业银行大额风险暴露管理办法》（银保监会 2018 年第 1 号）
	《关于规范银行业金融机构跨省票据业务的通知》（银保监办发〔2018〕21 号）
2018 年 6 月	《关于建立企业职工基本养老保险基金中央调剂制度的通知》

货币发行量增速持续下滑，社会融资规模略有下降。国内去杠杆和金融监管加强取得一定成效，自 2017 年以来，货币发行量增速持续下降，尤其是 M1 增速下降速度加快，但增速放缓的货币供应仍可支持经济实现平稳较快增长（如图 104 所示）。社会融资规模增长自进入 2018 年以来有明显放缓趋势，近期贷款情况有所回升，随着金融风险防范取得了一定的进展，未来融资情况将趋于稳定（如图 105 所示）。

财政收支均有所放缓。自 2018 年以来，全国财政收支增速逐步同步放缓，且财政支出增速低于财政收入增速。政府基金收入仍处于稳定增长态势，基金支出在经历了年初的高增长后逐步放缓（如图 106 所示）。

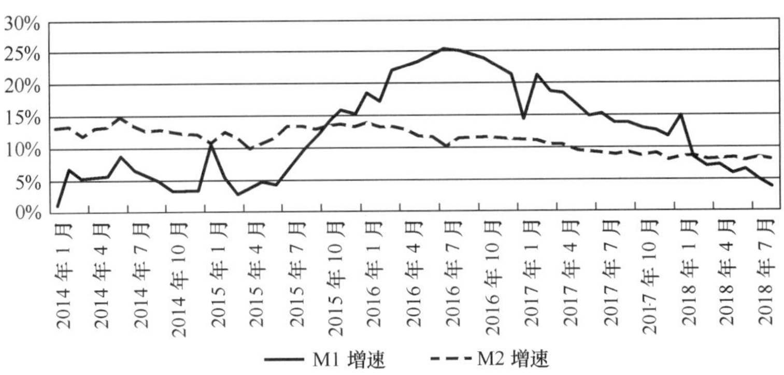

图 104　2014—2018 年国内货币供应量增长情况（数据来源：国家统计局）

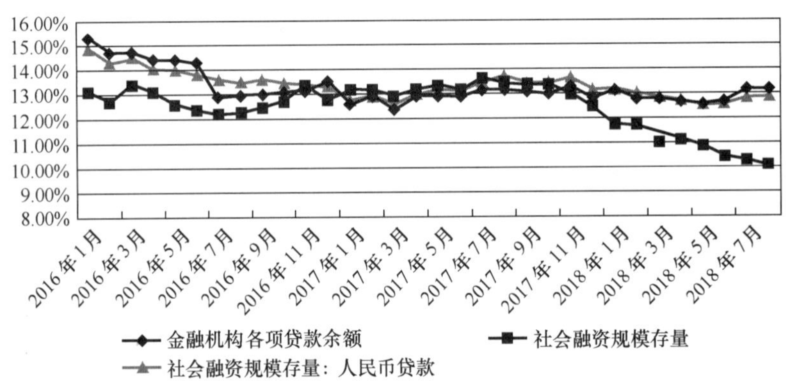

图 105　国内社会融资和人民币贷款情况（数据来源：根据 Wind 数据库、国家统计局数据整理）

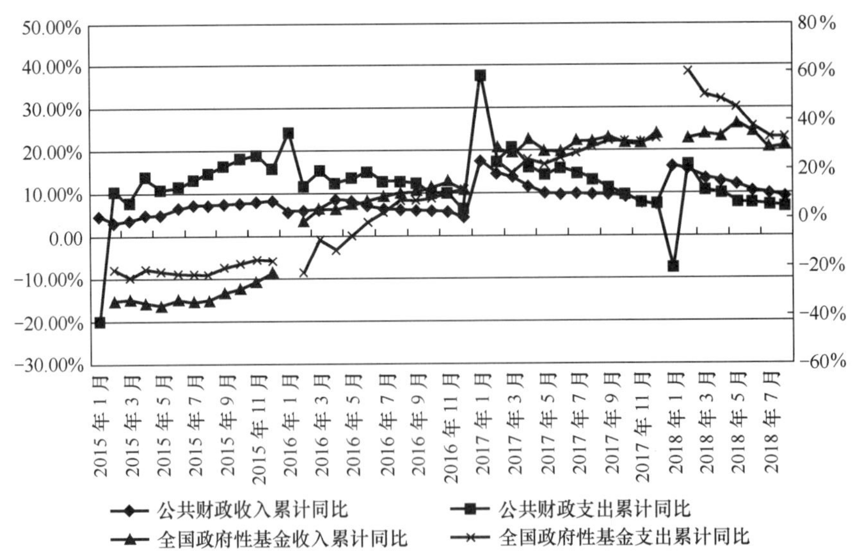

图 106　2015—2018 年财政收支情况（数据来源：根据 Wind 数据库、国家统计局数据整理）

二、中国工业发展趋势及预测

综合内外部环境和支撑因素，2018—2019 年中国工业增加值增速仍将保持在 6%左右的水平，符合总体预期增长目标。从外部来看，未来一段时间，全球经济仍将处于复苏增长阶段，国际需求仍处于温和上涨态势，国际贸易增长形势仍然稳定。从国内来看，支持工业经济增长的主要因素基本稳定，贸易摩擦对出口的影响短期内不显著，长期内可通过各种政策手段逐步消化；消费增长在很长的一段时间内仍是拉动经济增长的主要力量，稳定增长的基础仍然牢固；工业投资在连续几年下行之后温和回暖，而且制造强国带来的转型红利仍会进一步刺激投资。综合国内外环境来看，未来一两年支撑工业经济增长的主要因素均能保持稳定，企业家对宏观经济的预期仍然处于上升区间（如图 107 所示）。但国际贸易摩擦、消费增长乏力、国内投资活力不足、产能过剩仍然严峻、企业融资难度仍然较大等因素将是未来一段时间需要关注的风险点。

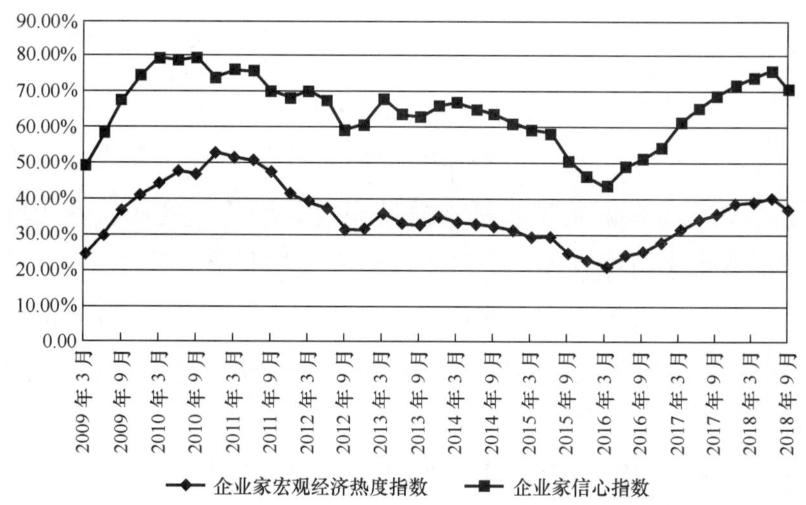

图 107　2009—2018 年企业家信心指数（数据来源：中国人民银行网站）

对外出口不确定性增强。在经历了 2016 年的出口负增长以来，随着发达国家经济增长和市场需求逐步回暖，2017 年开始，国内出口增长持续回升，2018 年，虽然面临中美贸易纷争带来的下行风险，1～8 月国内出口形势仍然较好，增长水平高于 2017 年同期。一方面，贸易纷争带来的影响是缓慢的，对出口的影响短期内不会很快凸显；另一方面，国内出口产品结构持续优化，出口产品的国际竞争力逐步增强，抵御国际市场风险的能力有所加大。预计在“一带一路”和欧洲等区域支撑下，我国出口不会有大幅下降，但考虑到当前深入调整的国际贸易形势，2019 年出口仍将面临较大压力（如图 108 所示）。

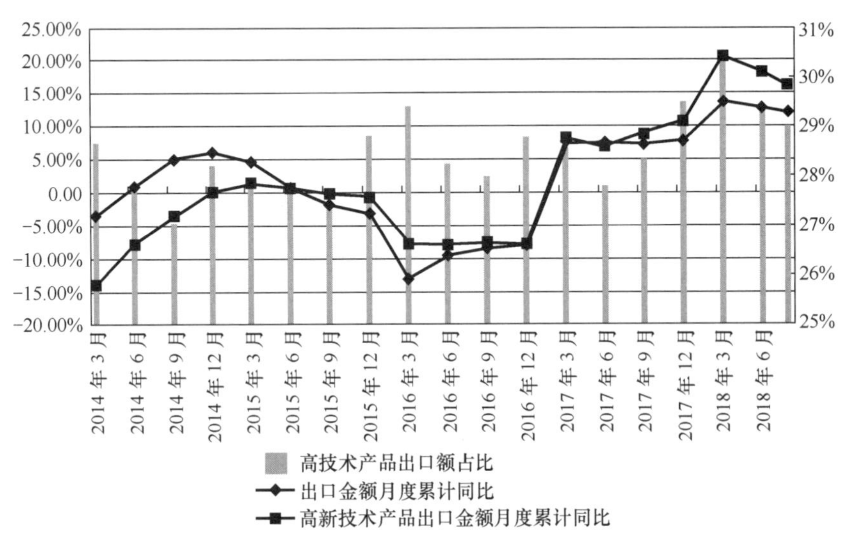

图 108　2014—2018 年出口增长情况（数据来源：根据 Wind 数据库、国家统计局数据整理）

消费增长处于缓慢下行阶段，但对经济增长的贡献作用仍然不变。自 2011 年以来，伴随着居民可支配收入增速的放缓，社会消费品零售总额增长处于缓慢下行阶段，2015 年，消费增长基本保持稳定，增长速度保持在 10%以上，进入 2018 年，消费增速持续在 10%以下，持续高速增长显现乏力（如图 109 所示）。但消费对经济增长的贡献率进一步提升。长期以来，消费对 GDP 的贡献率始终保持在 60%以上，远高于投资贡献率，2018—2019 年，消费贡献率接近 80%（如图 110 所示）。

以房地产和汽车为代表的周期性行业销售增速继续放缓。自 2008 年以来，汽车和房地产消费增长经历了三个周期，2016 年进入了第三个周期的下行阶段，2018 年这一下降趋势继续，房地产销售低速增长同时也带动装潢类产品销售下降。受居民收入增速放缓、房地产限购政策持续等因素影响，未来一段时间，汽车和房地产等耐用性消费品的需求增长仍将处于低位（如图 111 所示）。

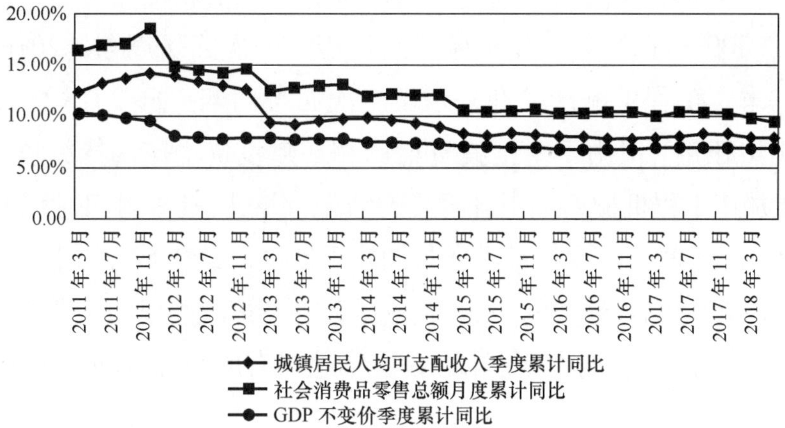

图 109　2011—2018 年消费及收入增长情况（数据来源：根据 Wind 数据库、国家统计局数据整理）

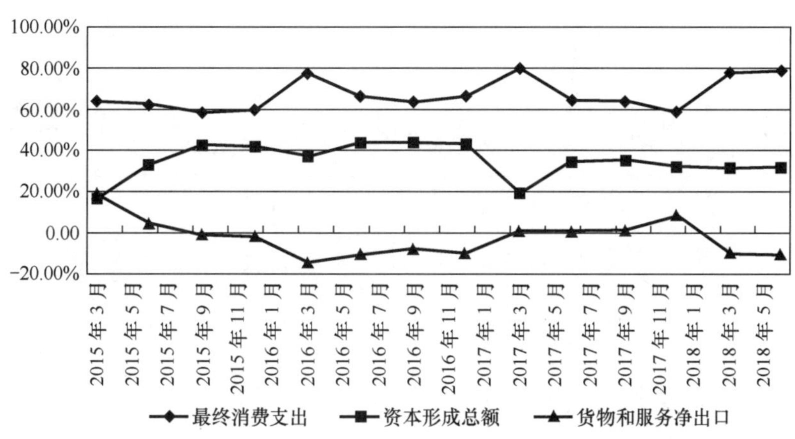

图 110　2015—2018 年三大需求对 GDP 增长的贡献情况

（数据来源：根据 Wind 数据库、国家统计局数据整理）

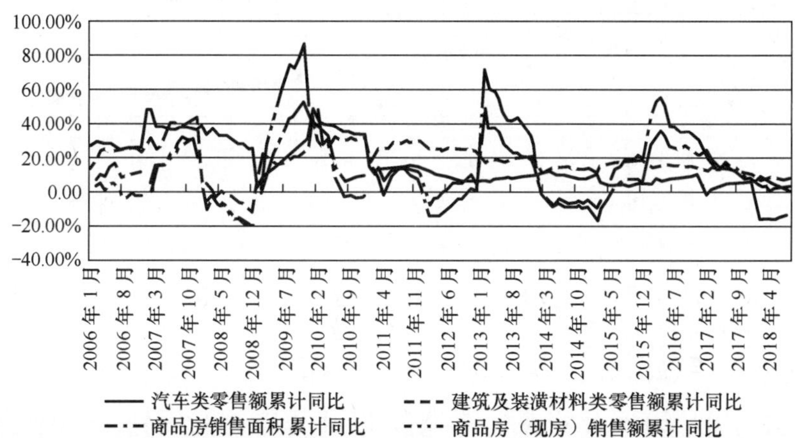

图 111　2006—2018 年汽车及房地产销售情况（数据来源：根据 Wind 数据库、国家统计局数据整理）

工程机械产品需求回暖周期进入尾声可能影响工业投资回升，但总体下降空间不大。2009—2011 年工程机械产品经历了一次回暖周期，2016 年，由于设备更换需求，工程机械产品迎来了又一次回暖周期。自 2018 年以来，主要产品需求仍然旺盛，但由于全国投资增速和基建投资增速均持续放缓，需求拉动不足可能加速工程机械产品上升阶段的结束，并进一步影响工业投资回升（如图 112 所示）。但由于工业投资已经长期处于低位，继续下行的空间不大；另一方面，在供给侧改革的推动下，工业企业经营的持续改善成为工业投资稳定的基础，2018 年以来，制造业融资需求和投资增速均有所回升（如图 113 所示）。

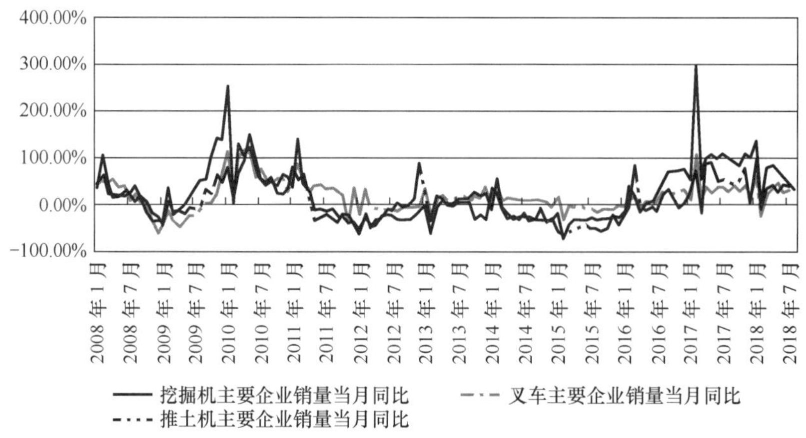

图 112　2008—2018 年主要工程机械产品销售情况（数据来源：Wind 数据库）

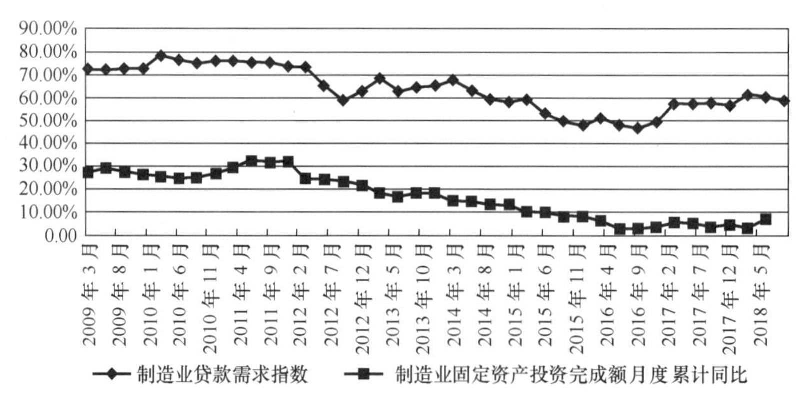

图 113　2009—2018 年制造业贷款需求与投资增长情况（数据来源：Wind 数据库）

制造业景气平稳向好趋势不变，企业的利润增长基础仍在，工业投资增长活力基础良好。自 2016 年以来，制造业 PMI 大部分时间处于 50%的分水岭以上（如图 114 所示）。其中，新订单指数总体表现良好；新出口订单在 2017 年持续处于50%以上，2018年以来，新出口订单指数受贸易摩擦影响开始显现，但下降幅度仍处于可控范围内；从价格来看，2016年以来的出厂价格回升的趋势仍然持续，2018年8月，PMI出厂价格指数达到了54.3。从国内出厂价格指数变动趋势来看，当前PPI下降趋势逐步平缓，PPI水平仍显著高于历史水平，工业企业利润增长仍然处于高位。在工业企业生产经营持续改善的基础上，企业投资的动力将逐步增强（如图115所示）。

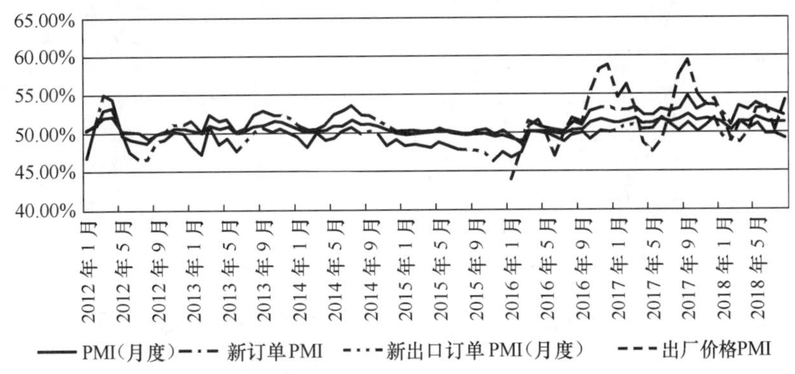

图114　2012—2018年PMI增长情况（数据来源：Wind数据库）

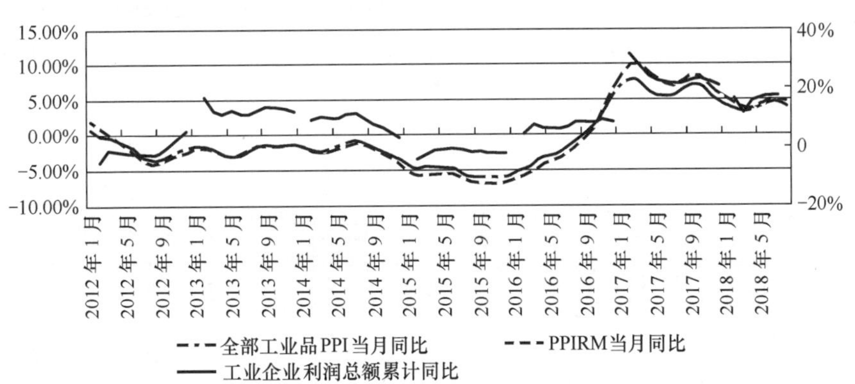

图115　2012—2018年PMI增长情况（数据来源：Wind数据库）

制造强国推进顺利，推动产业结构趋于优化。自我国进入经济新常态以来，工业转型步伐逐步加快，制造强国战略顺利推进。《2017年中国制造强国发展指数报告》显示，2012—2016年间，相比于各主要国家，中国是强国指数值增长最多的国家。近几年来，工业产业在中高速增长的基础上，产业结构不断优化。自2015年以来，高技术产业增加值增速与规模以上工业增加值增速差不断扩大，2018年8月，高技术产业增加值增长13.8%，高于规模以上工业增加值增速7.4

个百分点，占规模以上工业增加值的比重为 13.6%（如图 116 所示）。随着制造强国战略的顺利实施，制造业竞争力将不断提高。当然，我国工业经济向高质量发展的转型仍处于起步阶段，质量和产业结构实质性的提升仍需要较长的时间。

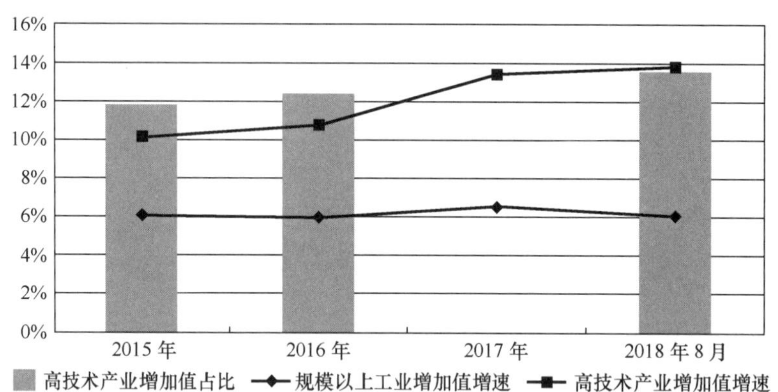

图 116　2015—2018 年规模以上工业及高技术产业增长情况（数据来源：国家统计局）

（作者：中国信息通信研究院　董温彦　文彩霞
成都市工业经济发展研究中心　瞿伟）

行　业　篇

第一章　石油和化学工业2017年发展回顾与形势展望

一、2017年石油和化学工业发展回顾

2017年是石油和化学工业（简称“石化行业”）经济运行转折之年。全行业坚持深化供给侧结构性改革，大力推进创新驱动和转型升级，行业经济运行稳中向好、稳中提质，主营业务收入、利润、对外贸易等主要经济指标均达到了近年来的最高增速，行业经济正稳步向高质量发展阶段迈进。

（一）石油和化学工业运行特点

截至2017年年末，石化行业规模以上企业29 307家，累计实现主营业务收入137 829亿元，比上年增长15.7%，占全国规模工业主营业务收入的11.8%；利润总额8462.0亿元，同比增长51.9%，占全国规模工业利润总额的11.3%；完成固定资产投资20 576亿元，同比下降2.8%，占全国工业投资总额的8.8%；资产总计13.03万亿元，增加5.4%，占全国规模工业总资产的11.6%。2017年全行业进出口贸易总额5833.7亿美元，比上年增长22.1%，占全国进出口贸易总额的14.2%，其中出口额1929.8亿美元，增幅12.9%，占全国出口贸易总额的8.5%；进口额3903.9亿美元，增幅27.2%，占全国进口贸易总额的21.2%。具体数据见表1。

表1　2017年石化行业主要经济指标完成情况

指标名称	石油和化工全行业		油气开采业		炼油业		化学工业	
	金额	同比	金额	同比	金额	同比	金额	同比
主营业务收入（亿元）	137 829	15.7%	9201	17.6%	34 205	21.5%	91 042	13.8%
利润总额（亿元）	8462	51.9%	330	—	1911	14.4%	6051	40.2%
完成投资（亿元）	20 576	–2.8%	2649	13.9%	2228	5.6%	14 997	–5.2%
进出口总额（亿美元）	5833.7	22.1%	1873	39.8%	561	36.8%	3289	12.3%
其中：进口额（亿美元）	3903.9	27.2%	1841	39.6%	286	43.8%	1737	14.6%
其中：出口额（亿美元）	1929.8	12.9%	32	50.5%	275	30.3%	1552	9.8%

数据来源：国家统计局。

1. 行业经济重现增长势头

主营业务收入重拾增长，又创近年新高。2017 年，石化行业主营业务收入比上年增长 15.7%，增幅为 6 年来最大，高出同期全国规模工业增幅 4.6 个百分点。从增长走势来看，全年波动不大，缓中趋稳。其中，油气开采业同比增长 17.6%，炼油业增速达 21.5%，化学工业增长 13.8%。

利润快速回升，接近历史最好水平。2017 年，石化行业利润总额在连续 3 年下降之后，再现增长势头，重上 8000 亿元关口，超过 8400 亿元，增速逾 51%，大幅高于全国规模工业 21.0%的平均增幅，利润总额和增幅几乎追平历史最高水平。其中，油气开采业扭亏（上年亏损 550.8 亿元）为盈，炼油业利润增长 14.4%，化学工业利润增幅高达 40.2%。

资产稳步上升，保持扩张势头。我国石化行业资产总计在 12 万亿元关口徘徊两年后，2017 年扩张加快，一举突破 13 万亿元，达到 13.03 万亿元，再上新台阶。

2. 经济增长内生动力增强

增长结构优化。在化学工业中，合成材料、基础化学原料和专用化学品制造等收入增长较快，贡献率较高。2017 年，合成材料制造主营业务收入增幅达到 23.5%，位居化工各行业之首，基础化学原料和专用化学品制造增速分别为 16.1%和 12.4%，位列第二、第三位。从贡献率来看，合成材料、基础化学原料和专用化学品制造对化工行业收入增长的贡献率分别达到 26.9%、32.0%和 21.7%，合计贡献率超过 80%。化工行业收入增长部分主要来自这三大领域。

盈利能力增强。2017 年，石化行业主营业务收入利润率达 6.14%，创 4 年来新高。其中，油气开采业由上年负值转正；炼油业虽较上年有所回落，但仍保持了 5.59%的历史较高水平；化学工业主营业务收入利润率同比大幅提高 1.25 个百分点，自 2012 年以来首次超越 6.0%。

负债率有所下降。2017 年石化行业资产负债率为 54.03%，为 2010 年以来最低，比上年回落 0.58 个百分点，比全国工业 55.5%的负债率低 1.47 个百分点。其中，油气开采业为 46.95%，同比上升 0.31 点；炼油业为 58.45%，下降了 1.07 点；化学工业为 54.70%，下降了 1.09 点。

3. 生产消费总体保持平稳

主要产品生产基本稳定。据统计，2017 年全国原油天然气总产量为 3.24 亿吨（油当量），同比增长 0.8%；主要化学品总量增长约 2.7%，而上年为下降 2.2%。其中，全年原油产量 19 150.6 万吨，同比下降 4.0%；天然气产量 1474.2 亿立方米（含煤层气），增速 8.5%。全年原油加工量 56 777.3 万吨，同比增长 5.0%；成品油产量（汽、煤、柴油合计）35 825.1 万吨，增长 3.0%，其中汽油和柴油产量分别增长 3.0%和 2.4%。重点化学品生产总体平稳。全年乙烯产量 1821.8 万吨，同比增长 2.4%，甲醇产量增长 7.1%；烧碱产量增长 5.4%，纯碱产量增长 5.0%；合成树脂产量增长 4.5%，合成纤维单体产量增长 9.9%；轮胎外胎产量增长 5.4%。农用化学品生产下降。全年化肥产量（折纯）6065.2 万吨，同比下降 2.6%，其中氮肥产量下降 4.4%；农药产量（折 100%）同比下降 8.7%。

主要产品消费增长加快，消费结构有所改善。2017 年，我国石油天然气表观消费量 7.99 亿吨（油当量），同比增长 7.4%，增速比上年加快 3.1 个百分点；主要化学品表观消费总量增幅约为 4.6%，比上年加快了 0.9 个百分点。全年原油表观消费量 60 660.9 万吨，增长 5.0%；天然气表观消费量 2393.9 亿立方米，增幅 15.3%，占石油天然气的比重为 27.0%，同比提高 1.8 个百分点。在主要化学品消费中，基础化学原料增速有所回落，合成材料增长明显加快，化肥继续下降。全年基础化学原料表观消费总量增长约 4%，比上年回落 1.1 个百分点；合成材料消费总量增幅 7.0%，提高了 3.5 个百分点，其中合成橡胶和合成纤维单体增速分别达到 30.0%和 11.1%。2017 年化肥表观消费同比下降约 1.1%，已经连续第二年下降，其中尿素降幅为 3.1%。2017 年石化行业主要产品供需情况见表 2。

表 2　2017 年石化行业主要产品供需情况　单位：万吨

石化行业主要产品	累计产量	同比	累计表观消费量	同比
原油	19 150.6	–4.0%	60 660.9	5.0%
天然气（亿立方米）	1474.2	8.5%	2393.9	15.3%
成品油（汽、煤、柴油合计）	35 825.1	3.0%	32 177.4	2.4%
汽油	13 276.2	3.0%	12 222.4	2.3%
煤油	4230.9	6.2%	3287.7	8.7%
柴油	18 318.0	2.4%	16 667.3	1.3%
硫酸（折 100%）	8694.2	1.7%	8746.2	0.7%
烧碱（折 100%）	3365.2	5.4%	3214.3	7.0%
纯碱	2677.1	5.0%	2539.3	7.3%
乙烯	1821.8	2.4%	2036.9	4.8%
甲醇	4528.8	7.1%	5330.6	4.4%

续表

石化行业主要产品	累计产量	同比	累计表观消费量	同比
合成树脂	8377.8	4.5%	10 955.7	3.1%
合成橡胶	578.7	4.0%	1132.7	30.0%
合成纤维单体	4272.8	9.9%	5199.9	11.1%
合成纤维聚合物	1764.7	10.5%	1586.5	8.1%
化肥合计（折纯）	6065.2	–2.6%	5527.1	0.7%
氮肥（折含 N 100%）	3834.9	–4.4%	3304.4	0.0%
磷肥（折含 P_2O_5 100%）	1627.4	0.7%	1186.4	–0.7%
钾肥（折含 K_2O 100%）	599.7	0.3%	1033.1	4.6%

4. 进出口贸易恢复增势

2017 年，石化行业进出口贸易快速增长，外需市场有所改善，出口贸易在连续两年下降后重现增长势头。海关数据显示，全年进出口总额同比增长 22.1%，为 2012 年以来最大增幅。其中，进口增幅达 27.2%，出口增长 12.9%，进出口增速均呈加快趋势。全年累计贸易逆差 1974.2 亿美元，同比扩大 48.9%。其中，原油进口是主要的逆差来源，逆差 1589.3 亿美元，占全行业贸易逆差的 80.5%；全年进口原油 4.2 亿吨，对外依存度达到 68.4%。

出口结构优化。成品油、有机化学原料、合成材料等在出口中的比重持续上升。2017 年，在全行业出口总额中，成品油占比达 11.1%，同比提高了 1.3 个百分点；有机化学原料占比为 21.2%，提高了 1.0 个百分点；合成材料占比为 8.3%，提高了 0.6 个百分点。一些传统优势出口产品占比继续下降。橡胶制品出口占比 24.1%，仍保持行业第一大出口地位，但比重同比下降了 1.9 个百分点；化肥出口占比滑落至 3.2%，下降了 0.7 个百分点；农药和涂颜料出口分别占比 2.4%和 3.7%，与上年基本持平。

（二）行业结构调整、转型升级成效

自 2016 年全行业贯彻落实国务院《石化产业调结构促转型增效益指导意见》以来，以“去产能、补短板”为核心，以“调结构、促升级”为主线，着力推进供给侧结构性改革，大力实施创新驱动和绿色可持续发展战略，积极培育战略性新兴产业，推动产业结构、产品结构、组织结构、布局结构不断优化。一大批占据行业制高点、引导行业高质量发展的战略性新兴产业正在加快壮大，

一大批独具发展特色、技术优势明显的一流企业正在加速成长，一大批规模优势和集聚优势突出、绿色环保水平较高的专业化园区正在逐步形成，行业经济发展呈现出增长与质量、结构、效益相得益彰的良好局面。

1. 传统产业的产能过剩局面得到有效遏制

推进供给侧结构性改革两年来，不断探索淘汰落后产能的新途径和新机制，许多企业裁冗减负、轻装上阵，行业发展的基础更牢，发展的动力更足，发展的潜力更大。2017 年，炼油行业累计淘汰落后装置 119 套，合计淘汰落后产能 8980 万吨；全年合成氨产能减少 165 万吨，尿素退出 280 万吨，还有 2000 多万吨产能处于停产状态；磷肥退出产能 7.5 万吨，约有十几家企业合计 100 多万吨产能处于停产状态；电石转产、淘汰的产能达到 350 万吨，长期停产的产能还有 900 万吨；聚氯乙烯退出产能 28 万吨，烧碱退出 27 万吨；涂料退出小企业约 3000 家。

2. 战略性新兴产业的培育加快

2017 年，合成材料、有机化学原料和专用化学品制造对化工行业收入增长的贡献率分别达到 26.9%、21.8%和 21.7%，合计贡献率超过 70%，即化工行业收入增长的七成来自上述三大领域。从生产企业来看，涌现出了一批以万华化学、鲁西化工为代表的战略性新兴产业的领军企业。万华化学自主研发的第六代 MDI 生产工艺，使万华化学成为全球技术领先、产能最大、质量最好、能耗最低、最具综合竞争力的 MDI 制造商，产能达到 230 万吨/年，建成了世界上品种最齐全、产业链条最完善的 ADI 特色产业链。鲁西化工在消化吸收国内外先进技术的基础上，开发了具有自主知识产权的聚碳酸酯这一国家重点发展的高端化工新材料生产技术，建设了 6.5 万吨聚碳酸酯产业化装置，产品质量达到国际先进水平，为培育战略性新兴产业做出了贡献。

3. 一批有技术含量、规模效应和高端化水平的新的经济增长点正在形成

“十三五”以来，不少传统的石化领域企业通过技术改造、智能化升级，通过延伸产业链或向高端化、差异化方向发展，开拓出新的市场，焕发出新的活力。炼化、化肥、农药、氯碱、纯碱、通用合成材料等传统产业转型升级的步伐进一步加快，在新工艺、新技术、智能工厂建设、新产品研发等方面取得了良好效果，行业运行质量和效益有了较大幅度的提升。化工新材料、专用化学品、现代煤化工、节能环保等新兴产业的培育正在加快，一大批新建、续建的大型、高端、差异化项目陆续投产。惠州大亚湾、上海华谊、湛江东海岛、珠海开发区、张家港、茂名石化、浙江华峰、浙江新和成、无锡确成硅化、连云港中复神鹰等一批对调整产业结构有重大带动作用的战略性高端项目正在建设或陆续投产。中石化、中石油、延长石油等也都高度重视产品结构调整，在清洁油品、茂金属聚烯烃、树脂专用料、专用化学品等领域高端化有了新进展。以宁波石化经济技术开发区、海南洋浦经济开发区等为代表的“国家新型工业化产业示范基地”，中国化工新材料（聊城）产业园、中国化工新材料（嘉兴）园区为代表的“国家智慧化工园区试点”等新型园区发展迅速，一批新的经济增长点正在形成。

4. 行业绿色发展水平进一步提升

2017 年我国石化行业发布了废水治理、废气治理、固体废弃物处理处置、节能低碳、安全管理提升和化工园区绿色发展六大行动计划，正研究起草《石化产业绿色发展指导意见》，已引起全行业高度重视。一大批节能减排和清洁生产技术被广泛应用，一大批防污治污的有效措施正在贯彻执行。单位产品能耗以及化学需氧量、氨氮、二氧化硫、氮氧化物等行业主要污染物排放量持续下降。2017 年，全行业能耗总量同比增长 1.6%，为历史最低增幅之一。全行业万元收入耗标煤下降 12.1%，为 2013 年以来首次下降，其中油气开采业万元收入耗标煤下降 14.5%，炼油业下降 13.2%，化学工业降幅 11.9%。单位产品能耗也继续降低，其中纯碱生产综合能耗下降 1.0%，烧碱下降 0.3%，合成氨下降 1.5%，乙烯下降 0.2%，炼油综合能耗下降 0.4%。行业能效“领跑者”发布已涵盖 17 种化工产品、29 个品种，绿色工厂、绿色产品的认定工作有了新的进展。石化行业责任关怀年度报告及三年行动计划的正式发布，对推进行业的供给侧结构性改革，引导行业健康、可持续发展具有重要意义。中国石化行业责任关怀工作也受到了国际组织 ICCA（国际化工协会联合会）的高度评价。同时，以上海化学工业经济技术开发区、惠州大亚湾经济技术开发区等为代表的园区绿色发展水平有了新的跨越，全行业绿色、可持续发展水平进一步提升。

总的来看，2017 年石化行业经济运行总体表现良好，究其原因，一方面与国内外宏观经济环境总体向好有关；另一方面，行业经过几年的持续调整，供需结构有所改善，整体的发展能力和水平有所增强，为转折性增长奠定了基础。当然，价格反弹仍是行业效益增长的主要推手，2016 年同期的低基数也是增速回升较快的一个重要原因。

二、当前石化行业发展面临的新形势和新问题

与此同时，石化行业发展不平衡不充分的矛盾依然突出，如产业结构不平衡，传统产业占比过大，低端供给、产能过剩矛盾仍突出，战略性新兴产业发展很不充分；科技创新不平衡，创新资源集中在高校和科研院所，企业（特别是中小企业）创新能力薄弱，以企业为主体的行业创新体系建设很不充分；绿色发展不平衡，政府重点监控的行业和企业节能减排效果较好，有机废水、固体废盐等环保治理短板突出，绿色制造体系发展不充分。这些不平衡不充分矛盾已成为行业由大向强跨越的瓶颈和障碍。总体来说，当前行业发展面临的问题依然严峻，形势依然复杂，贸易摩擦、不断提高的环保要求和高质量发展要求给行业带来一系列影响。

（一）经济贸易摩擦给行业发展带来的新变化

近期，全球经济贸易摩擦增多，2018 年以来与美国的贸易纠纷也有升级趋势，这些都成为影响未来石化行业经济运行的重大不确定性因素。从我国和美国石化贸易的主要特点分析：**一是贸易规模相对较小。**2017 年，中美石油和化工产品进出口贸易额为 476.5 亿美元，占整个进出口贸易总额（5834 亿美元）的 8.2%。其中，对美出口额 251.3 亿美元，占整个出口总额（1930 亿美元）的 13.0%；自美国进口额 225.2 亿美元，占整个进口总额（3904 亿美元）的 5.8%。**二是双方贸易具有较强的互补性。**我国出口到美国的最大宗产品是轮胎，此外涤纶长丝、MDI、制冷剂等也有一定的数量；而我国从美国进口的主要是上游油气资源、乙烯衍生物和技术含量较高的新材料，这些是对国内产业链条的补充。从美国公布的 500 亿清单来看，涉及石化产品共 95 个税号，对应我国海关出口统计税号为 85 个。2017 年对美出口额 18.2 亿美元，占出口美国石油化工总额（251 亿美元）的 7.3%，占国内全部石油化工出口总额的不到 1%，短期内对行业影响有限，长期来看，贸易摩擦升级对全球经济和中美经济都将产生影响，最终会影响下游产业和终端消费者的利益。

（二）环保风暴给行业发展带来的新影响

2018 年以来，有关省市围绕化工产业或化工园区相继出台了一系列政策措施。山东省 1 月印发了《专业化工园区认定管理办法》，计划裁撤 50%的化工园区，关停 1500 家企业；江西省 5 月印发了《鄱阳湖生态环境综合整治三年行动计划（2018—2020 年）》，提出长江周边 1 公里范围内禁止新建重化工项目，周边 5 公里范围内不再新设化工园区；湖北省 6 月印发了《沿江化工企业关改搬转工作方案》，提出“凡不符合规划区划或安全环保条件、存在环境污染风险的现有沿江化工企业，一律实施关停或迁入合规园区、改造升级，沿江 1 公里内禁止新建化工项目和重化工园区，沿江 15 公里范围内一律禁止在园区外新建化工项目”；江苏省 6 月印发了《全省沿海化工园区（集中区）整治工作方案》，要求对南通、连云港、盐城三市辖区内的所有化工园区及园区内的化工企业进行整治，并同时发布了园区和企业的整治标准，对达不到整治要求的化工园区坚决落实退出机制，对达不到整治要求的化工企业坚决予以关停取缔。随着环保风暴愈刮愈烈，各地化工整治、企业关停的行动也越来越迅猛。以化工第一大省——山东省为例，自 2017 年下半年开始，不到 9 个月的时间，山东省关闭转产化工生产企业约 600 家、停产整顿 2000 余家；另一个化工大省——江苏省，2017 年开启了化工行业“四个一批”专项行动，预计到 2018 年年底将关停超过 2000 家企业。石化行业的环保问题已成为媒体、公众、各级政府普遍关注的焦点，须正确处理环保和发展的关系。

一是充分认识行业存在的资源能源和环境问题。一方面，行业能源资源消耗总量巨大，可持续发展面临严峻挑战。2017 年，全行业能源消费总量为 5.65 亿吨标准煤，位居工业部门第二。同时，资源利用率依然较低，合成氨、甲醇、乙烯等重点产品平均能效水平与国际先进水平相比，普遍存在 10%～30%的差距。原油、天然气、天然橡胶、硫磺、钾肥等长期依赖进口，对外依存度持续增长。另一方面，“三废”排放量居高难下，治理难度显著增加。从现有统计数据来看，2015 年，全行业排放废水 40.4 亿吨、废气 6 万亿立方米、工业固体废弃物 3.2 亿吨，均位居工业部门前列。全行业 VOCs 排放量约 500 万吨，占工业 VOCs 排放量的 40%。行业危险废物处置难度大、成本高的问题十分普遍。还有就是环境违法案件频发，“谈化色变”心理加剧。尤其是企业主体责任不落实，由于利益驱动多次发生违法排污、非法填埋、私设暗管以及非法转移或排放引发的污染环境事件，在社会上造成了恶劣影响。近期，媒体接连曝光了山东金诚重油等企业倾倒危废被追偿2.3亿元，连云港“两灌”园区企业暗管偷排、倾倒危废被全面停产整治，泰兴污泥处置整改不力被生态环境部两次通报等事件，加剧了社会和公众对石化行业的负面认识，再加上社会上流行的一些错误说法，进一步加深了人们对石化行业的误解。如何加快推进污染治理，协调好行业发展与环境保护两者之间的关系，是企业生存发展和全行业面临的严峻挑战。

二是正确认识环保与效益之间的关系。过去一些违法排污的企业，大幅压缩环保成本，甚至根本不投入环保，劣币驱逐良币，严重破坏了市场竞争秩序，阻碍了产业结构优化升级。目前，“环保风暴”带来了正向激励，通过环保倒逼，将劣币驱逐出去，净化了市场环境，促进了经济结构调整，提高了发展质量。过去不重视环保、靠偷排偷放、低价恶性竞争抢占市场的企业，正在品尝违法违规带来的苦果；那些勇于承担社会责任、坚持将环保作为发展先决条件的企业，则开始收获“绿色红利”。行业经济运行也印证了这一点，2018年上半年，全行业主营业务收入同比增长13.2%，利润总额同比增长46.6%，这既有价格因素带来的效益，更有全行业结构调整和落后企业限产停产带来的变化。从大型企业来看，企业得益于“环保风暴”下“散乱污”企业的关停取缔，效益普遍较好，如2018年上半年，神马股份净利润同比增长655%，华鲁恒升同比增长200%以上，鲁西化工、新安化工、扬农化工等龙头企业预计净利润增幅均达到或超过100%。为此，严格环境督查执法，促进了经济结构调整，加快了新旧动能转换，为营造“良币驱逐劣币”的健康市场环境创造了条件。

三是抓住做大做强环保产业的机遇。石化行业有着从分子结构上改变物质性质的本领，具有先天的技术优势和治理能力，在经济社会转型时期，环保市场需求巨大，我国石化行业面临着难得的机遇，发展潜力很大，可以形成许多新的经济增长点。石化行业诸多产品、技术及装备与环保产业发展密切相关，是向社会提供废水治理、废气治理、固体废弃物治理、土壤修复等环境污染问题治理方案的主要贡献者。尤其在膜材料、高性能防渗材料、高端纤维滤料、离子交换树脂、生物滤料及填料、高效活性炭、有机合成高分子絮凝剂、微生物絮凝剂、脱硝催化剂、高性能脱硫剂、循环冷却水处理药剂、杀菌灭藻剂、水处理消毒剂、固体废弃物处理固化剂和稳定剂等环境治理产品方面，发挥着举足轻重的作用。此外，企业利用化工装置协同处置废物已成为新的经济增长点，水煤浆气化装置协同处置高浓度废液、石膏煅烧窑协同处理烷基化废酸、烧碱装置处理含盐废水等，也为行业加快推进废物治理、实现转型升级摸索了新路子。

（三）高质量发展对行业经济运行提出的新要求

党的十九大提出，中国特色社会主义进入新时代，我国经济发展进入新阶段，新阶段的基本特征是由高速增长转向高质量发展。高质量发展对石化行业也提出了更高的要求，但也仍然面临着不少问题。

一是我国石化行业的产业结构还是低端的、同质化的。一个国家的竞争优势，主要体现在产业结构的优势上。高端的产业结构、高端的技术层次，是一个国家产业结构的根本竞争力。同发达国家相比，我国石化行业的产业结构基本上都是低端的、同质化的，这是我国石化行业向强国跨越、实现转型升级，最艰巨，也是最核心的任务。

二是我国石化行业的创新能力基本上还处于“跟跑”和“并跑”阶段，距离“领跑”还有很大的差距。产业结构的高低主要取决于行业创新能力。目前，全行业每年的进出口贸易总额大约在6000亿美元左右，贸易逆差接近2000亿美元。这个差距充分反映了我们的供给满足不了需求、创新能力不足的现状。同跨国公司相比，我们在生命科学、化工新材料、高端精细化学品等高端创新领域的差距还是相当大的。加快提升全行业创新能力，是我们全行业高质量发展向强国跨越的当务之急。

三是我国石油和化工企业的核心竞争力还需提升。实现高质量发展需要企业作为支撑，企业的活力、企业的创新能力和企业的竞争力，对于推动行业高质量发展、实现向强国跨越具有重要的战略意义。在2018年发布的《财富》世界500强排名中，我国有20多家石化企业上榜。在榜单前100名中，石化企业有5家。其中，中石化名列第三，中石油名列第四，另外三家分别是中海油、中国中化和中国化工。另外，国家能源集团、山东能源集团、恒力集团、陕西延长集团、陕西煤化集团的榜单名次都有大幅提升。但值得注意的是，上榜石化企业的销售收入利润率和净资产收益率这两个指标都处于下降态势。2015年，这两个指标分别是5.6%和10.7%，2017年则分别只有5.1%和8.9%。因此，我们的企业同跨国公司相比，核心竞争力还存在着不小的差距。

总之，当前国际、国内形势复杂严峻，不稳定不确定因素增多。我国经济仍处于爬坡过坎阶段，结构性矛盾依然十分突出，掣肘经济平稳运行的一些风险和深层次矛盾问题已逐步暴露，抵御外部冲击、实现经济稳定增长的基础还需要进一步夯实；同时，行业发展面临的变化更多，困难更大，不确定性因素更加复杂。全行业一定要进一步增强危机感、紧迫感和责任感，不断推动行业经济向高层次转型、向高质量发展。

三、2018 年石化行业发展展望

2018 年是全面贯彻落实党的十九大精神的开局之年，是实施“十三五”规划承上启下的关键一年。石化行业要牢牢把握高质量发展这一根本要求，坚持稳中求进的总基调，坚持新发展理念，紧扣供给侧结构性改革这条主线，持续加大淘汰落后产能的力度，持续推进创新驱动和绿色发展两大战略，持续拓宽国际交流与合作的领域与视野，加快石化行业发展质量变革、效率变革、动力变革，促进行业向高质量发展迈进，引领石化大国向石化强国转变。

2018 年以来，石化行业经济运行保持总体平稳、稳中提质的发展态势。但同时也要看到，目前行业发展面临的国内外形势依然严峻复杂，外部环境发生了明显变化。虽然中美经济贸易摩擦的影响还存在着很大的不确定性，但是对全球经济的负面影响已经有所显现。同时，石化行业也面临资源环境约束加大、结构性矛盾困扰、创新能力不足、绿色发展不平衡等挑战，2018 年行业保持平稳良好态势仍需付出很大努力。根据当前的宏观经济运行趋势，行业生产、价格走势，以及结构调整变化等综合因素分析判断，预计 2018 年石化行业主营业务收入将比 2017 年增长约 10%；利润总额将突破 9000 亿元，同比增长约 35%。其中，化学工业主营业务收入增长约 7%；利润总额 5300 亿元左右，增幅 15%左右。

四、下一步石化行业的发展重点

（一）加快推进全行业的结构调整和转型升级

产业结构低下和转型升级缓慢是全行业高质量发展的一个重要短板。经过两年的持续发力，淘汰落后产能和优化产业结构取得了明显的成效，但是大宗石化产品过剩、高端石化产品短缺的矛盾仍然突出，结构性过剩的问题还没有从根本上得到解决。2018 年是国务院要求石化行业实施结构调整三年行动计划的关键一年，也是最后一年，面向行业高质量发展的新要求，要全面落实国务院《关于石化产业调结构促转型增效益的指导意见》，对照去产能的要求和各项目标，认真进行盘点，再利用这一年的时间，力争全面完成国务院确定的石化行业尤其是产能严重过剩的 12 个领域去产能的任务目标。同时，市场化和法制化措施齐发力，通过严格执行环保、能耗、技术、质量和安全等标准和准入门槛，不仅加大落后产能的退出力度，而且严格控制新增低端产能，确保去产能三年任务目标的圆满完成。

（二）加快提升全行业的自主创新能力

创新能力不足，是制约我国产业结构升级的“卡脖子”环节。创新是引领发展的第一动力，更是石化行业高质量发展的关键支撑，我们要紧紧抓住全球新一轮科技革命的历史性机遇，在新能源、化工新材料、专用化学品、节能环保、现代煤化工五大领域，建设一批高水平的创新平台，突破一批制约行业发展的重大关键技术，攻克一批关键共性技术。特别是针对突出的资源能源和环境问题，突破和推广一批清洁生产技术、节能低碳技术、废水处理技术和综合利用及末端治理技术。在组织实施“联合会科技指导计划”、科技成果评奖、创新示范企业等工作的同时，继续办好重点高校科技创新交流对接会，开展“专家下基层、成果进企业”活动，培育和筹建 1～2 个国家技术创新中心，继续组织开展“重点实验室”“工程实验室”“工程研究中心”及“产业技术创新中心”的认定和评估工作。引导创新资源合理配置与集聚，使创新成为石化行业高质量发展的关键因素和重要支撑。

（三）加快推动全行业绿色发展方式的变革

“十三五”以来，石化行业认定了首批 16 家行业环境保护工程中心，培育了一批绿色发展典型，积极引导行业绿色、可持续发展，全行业绿色发展有了新的跨越。但目前行业绿色发展的任务依然十分艰巨：石化行业仍然是资源能源消耗和“三废”排放大户；石化行业还是长江生态治理的重点行业；全行业还有一批亟待解决的污染防治难题（如高盐废水、含汞催化剂、磷石膏治理等），以及标准体系不完善等制约行业绿色发展的问题依然突出。我们必须认识到，以高消耗、高投入、高排放为主要特征的传统生产方式已完全不适应建设现代化强国的需要，推进绿色发展方式已成为新时代发展方式转变的重要目标和重点任务。2018 年，石化行业一定要深入贯彻和实施《促进石化产业绿色发展指导意见》和《石化产业绿色发展行动计划》及其“六大专项行动计划”，以“布局合理化、产品高端化、资源节约化、生产清洁化”为目标，优化产业布局，调整产业结构，加强科技创新，完善行业绿色标准，建立绿色发展长效机制，推进从产品设计、生产工艺、产品分销到回收处置利用的全产业链绿色化，实现源头减排、过程控制、末端治理、综合利用全过程绿色发展理念的转变。下一步，将继续加快研制发布一批重点领域的绿色产品、绿色工厂以及绿色园区的评价标准，在推动绿色制造领域的标准制修订工作的基础上，大力推广一批绿色产品，创建一批绿色工厂，认定一批环境工程中心，培育一批绿色园区，树立一批行业绿色发展的标杆。石化企业要结合自身实际，在减量化、资源化、无害化上下功夫，抓好重点危险废物的治理，力争实现“三废”全面达标排放。

（四）加快提高全行业经济运行的质量和效益

尽管自 2017 年以来石化行业总体效益保持了快速增长，但从根本上分析，很大部分是由于原油价格以及由此推动的石化产品价格上涨等外在因素形成的，从管理方面，提质增效还有很大的空间和很多的文章可以做。国内的石化产业，除了要从布局结构、产业结构、产品结构方面进行调整外，企业内部的组织结构、人员结构、技术结构也需要加快调整，只有结构优化了，运营质量和效益才能从根本上得到改善。2018 年上半年全行业销售利润率超过了 7%，这是近年来的新高，可是与全球主要跨国企业相比仍有不小的差距。下一步，做好行业景气指数、经济运行监测，引导行业良好运行；打通企业与政府沟通渠道，为企业争取更有利于运营质量和效益改善与提升的政策环境做好服务。

（五）全面推进全行业改革开放的不断深化

一是深化行业管理体制改革。目前规范有序的行业管理体制还远远没有建立起来。**二是深化企业改革。**企业改革始终是全面深化改革的主体。全面深化改革的中心任务，就是要把企业搞活，让企业充满生机活力，加快培养一批有国际竞争优势的企业和企业集团。**三是加大对外开放**。加快推进石化行业“四大集群”和“四大基地”的建设，即加快组织资源合作类、产能合作类、节能环保类和生产性服务业类的四大产业集群；积极构建以国内石油化工园区为首，中东欧石油化工园区为尾，中东、东南亚和南亚、中亚俄罗斯化工园区为中间节点，辐射非洲、北美、南美、澳大利亚的“一带一路”国际产能合作的四大基地，即中东石化产能合作基地、东南亚石化产能合作基地、中亚俄罗斯产能合作基地、中东欧产能合作基地。

（作者：中国石油和化学工业联合会　傅向升　祝昉　贺静　范德君　范敏）

第二章　钢铁行业 2017 年发展回顾与形势展望

一、2017 年钢铁行业发展回顾

（一）钢铁行业运行特点

2017 年，我国经济增长总体平稳，经济结构不断优化，供给侧结构性改革深入推进，效果逐步显现。钢铁行业作为供给侧结构性改革的先行者，按照党中央、国务院的决策部署，积极化解钢铁过剩产能，彻底取缔“地条钢”取得了突出成效。市场环境明显改善，产能严重过剩矛盾有效缓解，优质产能得到发挥，产能利用率基本恢复到合理区间，企业效益明显好转，钢铁行业转型升级的基础更加牢固，条件更加有利，全行业努力实现脱困发展的信心和决心更加坚定。

1. 粗钢产量保持增长

2017 年，全国共生产生铁、粗钢和钢材（含重复材）分别为 7.1 亿吨、8.3 亿吨和 10.5 亿吨，同比分别增长 1.8%、5.7%和 0.8%；平均日产粗钢 227.87 万吨（见表 3）。

表 3　2017 年全国主要钢铁产品产量

品种	本年累计（万吨）	2016 年同期累计（万吨）	累计同比增减	累计日产水平（万吨）
粗钢	83 172.80	80 836.60	5.70%	227.87
生铁	71 075.90	70 073.60	1.80%	194.73
钢材	104 818.30	113 801.20	0.80%	287.17

数据来源：国家统计局。

2017 年，全世界 66 个主要产钢国家和地区共生产粗钢 167 472.4 万吨，同比增长 5.51%；扣除中国内地后的世界粗钢产量为 84 299.6 万吨，同比增长 5.36%。2017 年，我国粗钢产量占世界钢产量的 49.66%，同比提高了 0.07 个百分点。

2. 钢材出口大幅下降，出口均价同比上升

2016 年，全年出口钢材 7543 万吨，同比下降 30.5%；全年进口钢材 1330 万吨，同比增长 0.6%。全年净出口钢材 6213 万吨，折合粗钢净出口约 6444 万吨，同比下降3447万吨（如图1所示）。

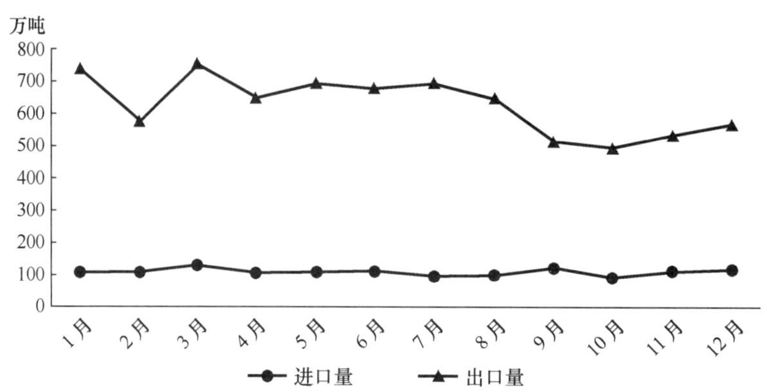

图1　2017年1～12月各月钢材进出口量情况（数据来源：海关总署）

全年钢材进口均价为1141美元/吨，同比上涨146美元/吨；全年钢材出口均价为723美元/吨，同比上涨221美元/吨。

3. 钢材社会库存总量同比下降

2017年年末，20个城市五大品种钢材社会库存总量为744万吨，环比下降99万吨，同比下降1.20%。12月五大品种钢材社会库存较上月均有所下降，其中热轧卷板154万吨，环比下降10万吨；冷轧板卷156万吨，环比下降7万吨；中厚板98万吨，环比下降2万吨；线材95万吨，环比下降19万吨；螺纹钢241万吨，环比下降62万吨。

4. 铁矿石供大于求形势未变，矿价不存在大幅上涨的基础

2017年国内铁矿石产量为122 937万吨，同比增加8150万吨，增长7.1%。全年全国进口铁矿石10.75亿吨，同比增长5%；全年进口平均价格为70.97美元/吨，同比上涨14.3美元/吨。

2017年铁矿石价格大幅波动，3月曾超过90美元/吨，最低时则跌至55美元/吨，从全年来看，国际市场铁矿石供大于求的基本面没有改变，铁矿石价格控制在了钢铁行业可以基本接受的水平。

进口铁矿石库存方面，截至2017年年末，铁矿石港口库存14 655万吨，连续4个月增长。

5. 钢铁行业固定资产投资持续下降

2017年，黑色金属冶炼及压延加工业完成投资3804亿元，同比下降7.1%。

其中民间投资 3015 亿元，同比下降 10.03%，降幅高出全行业 2.93 个百分点，民间投资占总投资额的 79.25%，同比下降 2.85 个百分点。黑色金属矿采选业完成投资 751 亿元，同比下降 22.8%。其中民间投资 561 亿元，同比下降 26.06%，降幅高出全行业 3.26 个百分点；民间投资占总投资额的 74.63%，同比下降 3.39 个百分点。

6. 钢材价格波动回升

2017 年中国钢材综合价格指数（CSPI）为 107.61 点，较 2016 年上涨 32.50 点，涨幅为 43.27%（如图 2 所示）。其中，长材指数累计平均为 112.77 点，同比上升 38.20 点，升幅为 51.23%；板材指数累计平均为 105.00 点，同比上升 27.34 点，升幅为 35.20%。

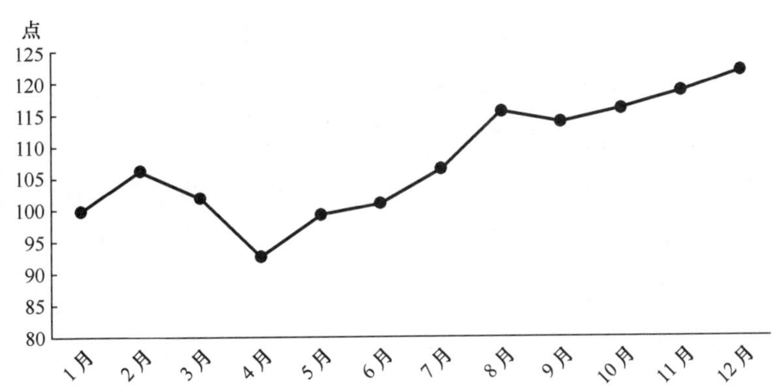

图 2　2017 年 1～12 月各月中国钢材综合价格指数（CSPI）情况（数据来源：中国钢铁工业协会）

2017 年年末，八大钢材品种价格均同比上涨，涨幅在 27%以上，其中长材价格涨幅在 50%左右；板材方面，无缝管价格涨幅为 49.40%以上，冷板和镀锌板价格涨幅约为 30%，中厚板和热卷价格涨幅约为 40%。从全年累计涨跌额情况来看，长材方面，高线、螺纹钢和角钢月平均价格同比上涨 1300 元/吨左右；板材中，无缝管月平均价格同比上涨约 1600 元/吨，中厚板、热卷、冷板和镀锌板月平均价格同比上涨 1000 元/吨以上。

7. 全行业经济效益明显好转

2017 年，黑色金属冶炼及压延加工业实现营业收入 70 243.3 亿元，同比增长 22.0%，其中主营业务收入 67 429.6 亿元，同比增长 22.4%；利润总额 3419.4 亿元，同比增长 177.8%。大中型钢铁企业实现销售收入 3.65 万亿元，同比增长

35.27%；实现利税 3120.95 亿元，同比增长 2116.75 亿元；销售利润率为 5.26%，比 2016 年提高了 4.19 个百分点，一些长期亏损的企业也实现了扭亏为盈。钢铁企业积极去杠杆，2017 年年末，大中型钢铁企业的平均资产负债率为 67.23%，同比下降 2.59 个百分点。

（二）钢铁行业结构调整初见成效

1. 产能严重过剩矛盾有效缓解，产能利用率基本恢复到合理区间

2017 年，钢铁行业全年化解过剩产能 5000 万吨的目标任务提前完成，彻底取缔“地条钢”工作落实到位。广大企业努力解决资产债务处置难、涉及职工数量多等问题，继续扎实推进钢铁去产能工作。宝武、河钢、酒钢等很多企业都提前完成了去产能任务。在去产能过程中始终把职工安置放在突出位置，许多企业做出“不把职工推向社会”“转岗不下岗”的承诺并坚决履行，保证了去产能过程中的安全、稳定。通过两年来去产能工作的持续推进，有效缓解了产能严重过剩的矛盾。在彻底取缔“地条钢”工作中，一批会员企业积极参与摸底、督查工作，做出了突出贡献。化解过剩产能和清除“地条钢”行动，不仅使我国合规企业的产能利用率基本恢复到合理区间，同时也为全球化解过剩产能提供了很好的中国方案，贡献了中国经验，成果惠及全球钢铁产业，受到了全球钢铁业界的众多好评。

2. 先行先试去杠杆，着力优化负债结构

2017 年，钢铁企业的盈利能力增强，行业效益明显好转，钢铁企业将“去杠杆”作为防范经营风险和债务风险、提高经济运行质量和效益水平的基本条件，进一步加强风险管理，主动降低有息负债，提高控制风险的能力。宝武净有息负债较年初下降 251 亿元，太钢带息负债较年初下降 89 亿元，南钢通过各种措施使资产负债率下降了 23 个百分点，华菱资产负债率较年初下降了 13.8 个百分点，新钢资产负债率比最高时下降了 13 个百分点，方大钢铁通过主动降低有息负债，资产负债率下降了 11 个百分点，中信泰富特钢集团资产负债率长期保持在先进水平，三钢通过改善经营状况，使资产负债率降至 50%以下，财务费用同比下降 25%。

3. 优质产能得到发挥

钢铁行业供给侧结构性改革淘汰了过剩、违规与落后产能，使合规优质产

能得到有效发挥，全年生铁、粗钢、钢材产量均较上年有所增长。同时，合规产能的有效发挥促使废钢铁资源流向合规钢铁企业。

4. 市场环境明显改善，钢材价格合理回升

通过两年时间化解过剩产能总量超过 1.2 亿吨，彻底清除了“地条钢”，以及通过加强行业、企业自律，基本改变了恶性竞争的市场环境，使公平的市场定价体系得以恢复，钢材价格呈现了合理回升的发展态势。

5. 钢材出口数量减少，出口结构有所优化

2017 年钢材出口量大幅下降，出口金额和出口均价均呈现同比增长态势。从出口品种来看，棒线材占比大幅下降，板材产品占比大幅增长，冷轧等高端产品出口占比明显上升，钢材出口的产品结构有所优化。

6. 环保投入持续加大，节能环保水平进一步提升

钢铁行业持续加大环保投入，提升环保水平，保证了节能减排指标持续改善。2017 年全年，大中型钢铁企业在粗钢产量增长 5.7%的情况下，总能耗仅增长 3.97%，吨钢综合能耗和可比能耗分别下降 2.16%和 3.99%，吨钢耗新水同比下降 5.27%，外排二氧化硫下降 3.69%，外排废水中化学需氧量下降 2.96%，悬浮物下降 9.66%，挥发酚下降 9.43%。

（三）钢铁行业转型升级成效

1. 深化内部改革，提高运行效率

鞍钢深化“放管服”改革，把市场化经营决策权放归于各级市场主体；首钢加快新的组织架构体系全面运行，总部战略管控、战略支撑和职能定位更加准确和完善；河钢在钢铁子公司全面建立起以产线为中心的扁平化管理体制，16 个产销研一体化的独立市场单元（BU）正式运行；酒钢充分发挥经营主体责任，逐步下放采购、销售及部分计划管理权限，进一步激发经营活力；太钢建立了跨境资金池，利用境内境外两个市场和资源，优化财务管理；南钢大力推进智能制造新模式，率先实施大规模个性化定制配送，开启钢铁行业“私人订制”新时代；山钢进行了颠覆式、重生式全员重新竞争上岗，有效激活全体员工的内生动力和干事创业激情；马钢实施卓越绩效管理，以高炉“体检、预警、应对”为核心的铁前系统管控模式愈趋完善，已实现连续 45 个月的高炉长周期稳定顺行；安钢在频繁受到停产、限产影响的情况下，始终保持了高炉等大型设备的安全、稳定运行；华菱、包钢、攀钢持续推进人力资源优化和内部机构改革，显著提升管理效率和劳动生产率。很多企业通过清理外委、外包、外雇项目节约了上亿元甚至几亿元的成本。

2. 坚持降本增效，增强盈利能力

2017年企业效益的明显改善，得益于广大企业在市场回暖、钢材价格合理回升情况下，仍坚持不懈开展降本增效工作。宝武以“一切成本皆可降”的理念为指导，逐级细化降本增效攻关项目，前10个月完成降本增效近84亿元；首钢仍坚持在最困难时期提出的“跑赢市场、跑赢同行、跑赢自己”的要求，取得了良好的效果；河钢依托自有金融平台推行产业链金融服务模式，全年通过资金集中统一运作实现降本增效35亿元；沙钢大力实施全方位、全过程、全员参与的降本节支、创新挖潜增效的“系统降本”管理新模式；建龙围绕“降低工序成本、优化品种结构、能源综合利用”开展降本增效，前10个月实现创效20亿元。三钢持续挖掘全流程降本潜力，前11个月实现同口径降本增效5亿元。石横、德龙、津西、立恒等一大批民营钢铁企业降本增效措施做得更有特色，吨钢盈利能力一直名列前茅。

3. 加强科技创新，促进产业结构调整

围绕高质量发展，钢铁行业继续加大科技创新力度，并取得了丰硕的成果。包括智能化钢铁制造流程、高性能交通与建筑用钢等在内的一批关键技术和重点品种研发列入研发计划，获得了国家重点专项支持。一批关键产品取得突破，为国家重大工程建设和重要装备的提升提供了保障，习总书记在2018年新年贺词中提到的首艘国产航母、C919大型客机、复兴号高铁、首次海域可燃冰试采、洋山四期自动化码头、港珠澳大桥等成就都有国产高端钢材的有力支撑。值得庆贺的是，在2018年的国家科学技术奖励大会上，由钢研、东大、宝武、鞍钢、首钢、太钢、华菱、包钢、中钢、中冶、南钢、三钢、新钢等企业与科研院所主导或参与的三个项目获得国家科技进步二等奖。

与此同时，一批企业通过不断完善创新体系建设，加大科技创新投入，创新能力不断提升。河钢不断深化与下游用钢行业战略客户、国际国内科研机构及一流企业的交流合作，已建立了23个协同创新平台；宝武、鞍钢自主研发的最大厚度90毫米极限规格超大型集装箱船用止裂钢，成功打破技术壁垒替代进口，实现了我国两万箱超大型集装箱船用止裂钢的整船供货；太钢

千吨级高碳纤维二期工程顺利建成投产，关键设备实现百分百国产化；兴澄特钢的高性能弹簧圆钢研发取得重大突破，产品已得到市场的充分认可；包钢稀土钢新材料技术攻关取得重要成果，成功开发了稀土钢轨、稀土风电用钢等稀土钢新产品；沙钢研发的抗震钢筋（HRB600E）属国内首创，部分品种规格已应用于港珠澳大桥；华菱 1500MPa 的高强超轻汽车钢板已形成批量供货。

4. 践行绿色发展，提升环保水平

近年来，广大企业坚持绿色发展理念，不断提升环保水平，为建设美丽中国做出积极贡献。一方面，企业积极主动加大环保投入，安钢 2017 年启动了 30 亿元的环保建设项目，当年完成投资超过 15 亿元，实现了“近零”排放；河钢投资 36 亿元加快推进烟气脱硫脱硝等先进工艺技术改造，世界首条“亚熔盐法高效提钒清洁生产线”投入运营，并入选国家 2017 年绿色制造系统集成项目；首钢投入近 12 亿元实施环保治理。另一方面，企业积极探索并成功实践与城市和谐共融发展之路，宝钢股份利用钢铁企业的固废消纳功能，缓解城市废弃油漆、涂料桶等危险废物处置难的困境；沙钢对周边企业集中供热，每年减少社会锅炉燃煤消耗 5.6 万吨，减排二氧化硫 900 多吨。另外，钢铁企业切实履行社会责任，积极主动适应越来越严格的环保措施，特别是“2+26”地区的钢铁企业努力克服环保限产给生产运行带来的影响，无怨无悔地坚决落实各项要求，为打赢蓝天保卫战做出了巨大努力。

5. 积极参与“一带一路”建设，提升国际运营能力

2017 年，由钢协、宝武、中钢、中冶等六家单位发起筹建了钢铁行业国际产能合作企业联盟，着力推动国际产能合作项目开展；中国五矿联合多家企业启动亿吨级铁矿石交易中心项目，将对进口矿石的渠道、贸易方式以及国际铁矿石竞争格局产生积极影响；河钢塞尔维亚公司 2017 年预计实现利润 2 亿元人民币，成为中塞务实合作，以及中国和中东欧国家国际产能合作的样板；首钢在捷克投资设立的工厂实现了沃尔沃 SPA 项目被动式减震器产品首批供货；酒钢牙买加氧化铝厂顺利产出第一批氧化铝产品；德龙与印尼工业园发展公司签署合作谅解备忘录，投资 16.3 亿美元合作开发工业园，投资 9.8 亿美元建设年产 350 万吨的碳钢厂；中冶赛迪总承包的越南河静钢厂 1 号高炉点火并顺利出铁。

（四）钢铁行业区域布局特点

我国钢铁工业实际上自然划分为津冀北、晋冀南、长三角三大产业集群和山东、辽宁两大板块，这些产业集群中的钢铁企业粗钢产能合计占全国的接近 80%。我国各经济带、各产业集群以及按行政区域划分之间的钢材消耗量和钢铁产能很不匹配。近年来，我国钢铁产业布局调整已呈现从资源依托型向消费主导型方向转变，随着宝武湛江、鞍钢鲅鱼圈、首钢京唐等沿海钢厂布局基本形成，宝武、沙钢、马钢等原有的沿江钢厂布局影响力逐步增强，我国钢铁工业消费主导型与资源主导型相结合的布局雏形已初步形成。

与此同时，城市功能调整及功能区转换、产业转型升级、环境制约等因素将加速布局结构调整。京津冀及周边地区及其“2+26”城市大气污染治理任务严峻，受影响的钢铁企业超过 100 家，这些企业中已有一些企业全线关停，有的正在进行整体或部分搬迁，还有一大部分以太钢、河钢、唐钢为代表的企业通过下大力气进行环保治理和改造升级，走出了一条与城市和谐共生的道路，钢铁企业作为环境治理体系主体，应借鉴行业内的成功经验，大力推进绿色制造，降低污染物排放强度和碳排放强度，实现清洁生产、绿色制造。城市钢厂可以发挥钢铁社会资源消纳功能作用，走出一条为城市积极提供社会化服务、与城市和谐共融发展的道路。

近年来，钢铁行业的国际化意识不断增强，一方面积极实施“走出去”发展战略，河钢收购塞尔维亚斯梅代雷沃钢厂，仅用不到半年时间，就使一个濒临破产的企业扭亏，并实现持续盈利，焕发出生机，成为“一带一路”和中东欧产能合作的样板工程；成功收购德高，首开我国钢铁企业收购国际成熟商业网络先河，实现了全球拥有客户、全球拥有市场、全球配置资源。马钢收购瓦顿，打破了国外企业对车轮、车轴及轮对核心技术的长期封锁和垄断。另一方面，钢铁企业也不断加强“请进来”工作，在国内市场加大了与国外投资者的合作。宝武、首钢、华菱、沙钢等一批企业已经在澳洲、巴西、秘鲁等国家投资开采铁矿资源。宝武、鞍钢等企业还参与了国外钢厂合资，以及建设加工配送中心等项目，使国际化向更深层次发展。

二、当前钢铁行业发展需要关注的问题

2018年上半年，宏观经济稳中向好，在国家持续推进供给侧结构性改革，严禁新增产能和防范“地条钢”死灰复燃等政策措施强有力的推动下，在全行业的奋力拼搏和辛勤努力下，行业运行取得了稳中向好的发展态势，但仍面临着一些亟待解决的突出矛盾和问题。

受结构调整和利益驱动，新增产能冲动、“地条钢”死灰复燃冲动仍然存在，亟待建立严禁新增产能和防范“地条钢”死灰复燃的长效机制；钢铁生产仍然保持较高水平，6月粗钢日产水平达到267万吨，再创历史新高，下半年如果仍然保持如此高的产量，会进一步加大钢材市场的压力和风险；国际贸易环境持续恶化，国际市场的不确定性和风险不断增加，钢材直接出口下降的同时，贸易战对钢铁制品及机电产品出口的间接影响将会逐步显现，势必增加国内市场的压力；环保工作与党中央、国务院的要求，与打赢蓝天保卫战的要求仍有一定的差距，尤其是不能达到国家超低排放标准的环保短板需要全行业努力尽快补齐，排放总量控制对一些区域的压力加大；钢铁行业虽然盈利好转，但是各项费用均呈上升态势，上半年大中型钢铁企业期间费用同比增长11.7%，而多数企业的折旧率仍然处于很低的水平；企业授信受限，融资难、融资贵问题依然十分突出，必须的环保投资也受到制约，同时全行业资产负债率仍然较高，部分企业仍然面临资金风险；产品自主创新能力、部分关键核心技术突破方面与国外仍然存在着一定的差距，部分高端产品的质量稳定性、一致性仍亟待提高，一些共性技术急需解决。

三、2018年钢铁行业发展展望

（一）钢铁行业发展面临的形势

国际方面，2018年4月国际货币基金组织预测，2018年全球经济将增长3.9%，高于2017年10月的预测，其中发达经济体增长2.5%，比2017年提高0.2个百分点；新兴市场和发展中经济体增长4.9%，比2017年提高0.1个百分

点。同时，“一带一路”倡议受到了越来越多国家的欢迎，“一带一路”建设正在加快推进，深化经济贸易、投资、金融、互联互通等领域合作正在进行，也将为全球经济发展增加新动力。但是，随着美国挑起的贸易战不断升级，现行世贸规则不断被破坏，并且贸易战将持续多长时间，打到什么程度都不确定，这些都给正在复苏的全球经济带来了挑战。

国内方面，2018 年上半年国民经济延续总体平稳、稳中向好的发展态势，结构调整深入推进，新旧动能接续转换，质量效益稳步提升，经济迈向高质量发展起步良好。上半年国内生产总值同比增长 6.8%。分季度来看，第一季度同比增长 6.8%，第二季度增长 6.7%，连续 12 个季度保持在 6.7%～6.9%的区间。总体而言，国民经济对钢铁的需求整体将保持稳定。随着经济结构不断调整，投资拉动由“铁公基”转向战略性新兴产业及高科技产业，传统用钢行业对钢铁产品的需求有增有减，对钢铁的需求由品种、数量的增长转向质量和品质的提升，这些都对钢铁行业提出了更高要求。

（二）钢铁行业的发展总体思路

钢铁行业发展的总体思路是认真贯彻落实党的十九大精神，以习近平新时代中国特色社会主义思想为指导，深入推进供给侧结构性改革，坚定不移化解过剩产能，坚持绿色发展，紧紧围绕“去产能、去杠杆、稳运行、提质量、降成本、增效益”开展工作，努力促进钢铁工业高质量发展，全力支撑建设富强、民主、文明、和谐、美丽的社会主义现代化强国目标的实现。

（三）钢铁行业的发展趋势及目标

中国早已是世界钢铁第一大国，拥有全球最大的制造基地和内需市场、最完整的产业体系和最先进的生产工艺，钢铁产业发展依然存在较大的机遇，但产业运行还存在不确定性因素，产业发展仍面临着突出的矛盾和问题，动力转换势在必行，需由规模扩张带动向创新驱动转变；由消费需求拉动向品种优化、质量升级推动转变；由引进技术、市场换技术，向国际化建设、技术引领方向转变；由不公平、无序竞争的钢铁制造向公平规范发展的钢铁服务转变；由单一依靠规模扩张向绿色可持续发展方向转变。在推动钢铁行业新旧动能转换过程中要坚持问题导向，坚持市场导向，坚持创新驱动，加快国际化建设，拓展发展空间，实现低碳绿色发展和可持续运营，达到持续支撑经济和社会发展的目标。

四、下一步钢铁行业的发展重点

下一步，钢铁行业应紧紧抓住供给侧结构性改革取得积极成果、行业运行环境持续改善、效益持续好转的难得机遇，着力解决长期以来影响行业、企业发展的突出矛盾和问题，提高钢铁行业运行的质量和效益。

一是，坚定不移配合做好化解钢铁过剩产能、严禁新增产能和防范“地条钢”死灰复燃工作，努力巩固去产能成果。钢铁行业要按照供给侧结构性改革要求，在前两年去产能工作取得突出成效的基础上，继续做好去产能工作，要把巩固去产能成果放在突出位置，要充分认识严禁新增产能和防范“地条钢”死灰复燃的重要性、艰巨性、复杂性。要继续发挥“地条钢”违法违规产能举报平台的作用，广大企业应积极举报“地条钢”和违规新增产能的线索。同时，要探索建立严禁新增产能和防范“地条钢”死灰复燃的长效机制，切实做到早发现、严处理。钢铁企业要坚决防止产能扩张的冲动，投资要理性，尽量避免在数量上的扩张投资，把有限的资金投入节能环保、产业链延伸等高质量发展上来。要按照中央“紧紧抓住处置‘僵尸企业’这个牛鼻子”的要求，积极做好相关工作，促进钢铁行业“僵尸企业”加快退出。

二是，努力维护行业平稳运行，促进运行质量持续改善。2018 年下半年不确定性因素增多，特别是中美贸易战的直接、间接影响，供暖季的停产限产，原燃料价格波动等，都将带来新的挑战。钢铁行业要把握整体供需形势没有发生方向性改变的大局，坚定信心，努力维护行业平稳运行。要重视中美贸易摩擦不断升级，积极做好应对准备，特别是要深入研究贸易摩擦对我国钢铁产品的间接影响范围。要继续坚持以销定产、按合同组织生产的原则，防止供大于求重演；要保持战略定力，共同维护市场稳定，切勿追涨杀跌，特别是大企业要继续发挥区域市场稳定器的作用；要加强行业自律，保障行业利益，对严重违反行业自律承诺公约的企业进行必要的惩戒。要密切关注市场动态，控制好钢材、原辅料库存，保障企业正常生产经营。进口铁矿石价格直接关联钢厂效益，要按照互利共赢、长期合作的理念，相互支持，加强产业链协同，共同维护公平、公正的原燃料市场秩序，形成一个能够客观反映供求关系、符合各方基本利益的铁矿石供给体系。要加强与重点用户的战略合作，强化产业链嵌入式延伸，与下游用钢行业实现融合式发展。要加强市场形势调研分析，加强信息引导，促进市场稳定。

三是，坚持绿色发展理念，继续抓好环保工作。习近平总书记在全国生态环境保护大会上强调，生态文明建设是关系中华民族永续发展的根本大计。要自觉把经济社会发展同生态文明建设统筹起来，加大力度推进生态文明建设、解决生态环境问题，坚决打好污染防治攻坚战，推动我国生态文明建设迈上新台阶。近期国务院印发的《打赢蓝天保卫战三年行动计划》，对钢铁行业提出了更高的要求。全行业要以习近平生态文明建设思想为指导，认真贯彻落实有关要求，切实提高思想认识，将绿色发展放在首位，牢固树立“环保红线是底线、是生命线”的意识，认真抓好工作落实。全行业必须高度重视，加快转变思想观念，重新审视环保与生产、环保与效益、环保与生存的关系，坚决落实环保主体责任。要加快完善企业环保管理体系，完善环保管理制度，细化环保岗位责任，将每一项环保指标落实到岗、到人。要加快推进先进适用以及成熟可靠的节能环保工程技术改造，确保能耗全面符合国家限额标准，确保按期达到超低排放标准要求。要继续组织开展节能环保关键共性技术攻关，打破技术瓶颈，提升节能减排技术水平。随着环保税等新政正式实施、超低排放改造工作方案的制定实施以及持续的环保督查，钢铁企业将面临集中提标升级改造，任务艰巨，同时存在诸多困难，要及时反映企业对环保节能新政策新标准的合理诉求。要大力宣传钢铁行业在绿色发展方面取得的突出成绩，进一步增进社会公众对钢铁行业发展的了解。

四是，准确把握转型升级战略与路径，努力促进钢铁工业迈向中高端。2018年上半年，由钢铁协会组织并集企业之力共同完成的《中国钢铁工业转型升级战略和路径》研究报告已经印发。这份报告以党的十九大精神为指导，准确把握新时代对钢铁工业的战略定位、目标和发展的新要求，提出了我国钢铁工业转型升级战略以及实现的主要路径，对全行业认真学习贯彻习近平新时代中国特色社会主义思想、努力提高企业的运行质量和效益具有重要的指导意义。广大企业要结合自身特点研究自身转型升级的战略和路径，指引企业向高质量发展转变。

五是，多措并举去杠杆，努力防范资金风险。协会提出钢铁行业用 3～5 年的时间将资产负债率降到 60%以下是一项重要的任务。资产负债率比较高的企业要充分利用当前市场形势好转、效益改善的有利时机，调整投资策略，通过加大直接融资比重等各种方式去杠杆。钢铁协会将继续就企业面临的融资难、融资贵和去产能过程中的债务处置等方面的问题与有关部门、金融机构进行沟通。改善企业融资环境，尽快摘掉“两高一剩”的帽子。及时反映企业去杠杆中的诉求，继续加强去杠杆工作经验总结和宣传推广，为企业去杠杆营造良好的舆论环境。近期国家降准释放的 5000 亿元用于债转股企业，要积极主动与地方政府和金融机构进行沟通、协商，争取相关政策落地。

六是，继续苦练内功，大力推进降本增效。2018 年上半年，钢铁行业成本的上升主要来自燃料、辅料和期间费用的增长。要继续深入推进企业对标，增进企业间的交流学习，取长补短，共同进步。企业要统筹推进系统降本、技术降本和管理降本，提高系统运行效率，研究低成本工艺技术，提高管理水平和效率。要根据自身实际情况进一步优化原料结构，密切关注市场动态，改进采购决策模式，切实降低采购成本。要全流程控制、全员参与降本增效，确保全年效益不降低。

七是，以更加开放的姿态积极参与“一带一路”建设，提升国际化发展水平。继续发挥中国钢铁行业国际产能合作企业联盟的作用，做好与政府、金融机构、国外有关机构的对接工作，建立畅通、高效的工作机制；对钢铁国际产能合作项目进行梳理和分析，建立并不断完善“钢铁国际产能合作”数据库，为企业“走出去”提供咨询和指导；积极组织、协调钢铁企业参与“一带一路”建设，鼓励和支持优势企业优质产能“走出去”；深入开展钢铁行业参与“一带一路”建设情况的调研，了解企业参与“一带一路”所面临的实际困难，积极反映企业在纳税等方面的诉求；加强同有关部委的联系，切实帮助企业解决实际问题。

（作者：中国钢铁工业协会　谢聪敏　王贺彬　王德春　李拥军）

第三章　有色金属工业 2017 年发展回顾与形势展望

当前，随着世界经济进入复苏和繁荣阶段，有色金属工业等周期性行业发展的宏观环境得到明显改善，运行态势总体表现良好。

一、2017 年有色金属行业发展回顾

2017 年，我国有色金属工业认真落实供给侧结构性改革，加强行业自律，营造良好的市场环境。2017 年有色金属工业总体呈现出生产平稳、价格上涨、效益向好的态势，但产业持续向好的基础有待进一步巩固。

当年，我国十种有色金属产量 5501 万吨，比上年增长 2.9%（如图 3 所示）；国内市场铜年均价比上年上涨 29.2%，结束了自 2012 年以来连续 5 年下降的局面；铝价比上年上涨 15.9%，涨幅比上年上升 12.9 个百分点；完成固定资产投资额 5770 亿元，比上年下降 7.4%；规模以上有色金属企业年末资产总额 43 979 亿元，比上年增长 7.0%，实现利润总额 2298.3 亿元，比上年增长 33.2%；有色金属进出口贸易总额 1348 亿美元，同比增长 15.1%。其中，进口额 973.7 亿美元，同比增长 26.3%；出口额 374.6 亿美元，同比下降 6.4%。

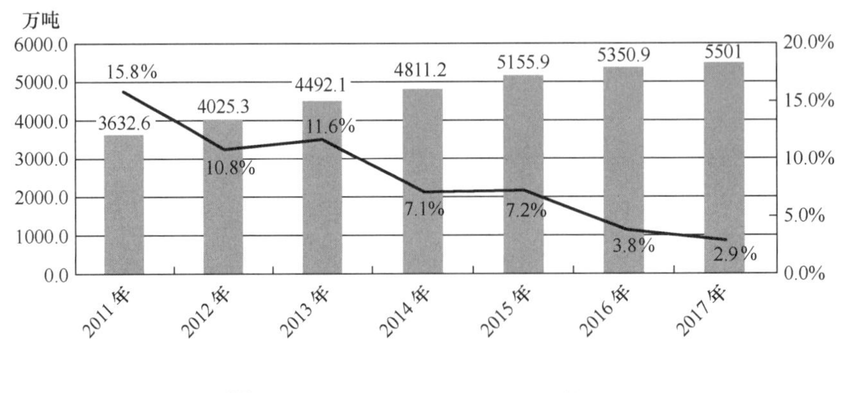

图 3　2011 年以来我国十种有色金属产量发展趋势

（一）有色金属行业年度运行特点

一是生产平稳运行。2017 年，我国精炼铜产量 897 万吨，同比增长 6.3%（如图 4 所示）；原铝产量 3329 万吨，同比增长 2.0%（如图 5 所示）；精铅产量 472 万吨，同比增长 9.7%；锌产量 622 万吨，同比下降 0.7%。另外，六种有色金属精矿金属产量 670 万吨，同比下降 1.9%。其中，铜精矿金属产量同比增长 7.7%；铅精矿金属产量同比增长 3.9%；锌精矿金属产量同比下降 8.6%。当年，我国氧化铝产量 6902 万吨，同比增长 7.9%。铜材产量（铜、铝材产量尚未扣除企业间重复统计数，下同）1862 万吨，同比增长 6.9%；铝材产量 5832 万吨，同比增长 9.5%。

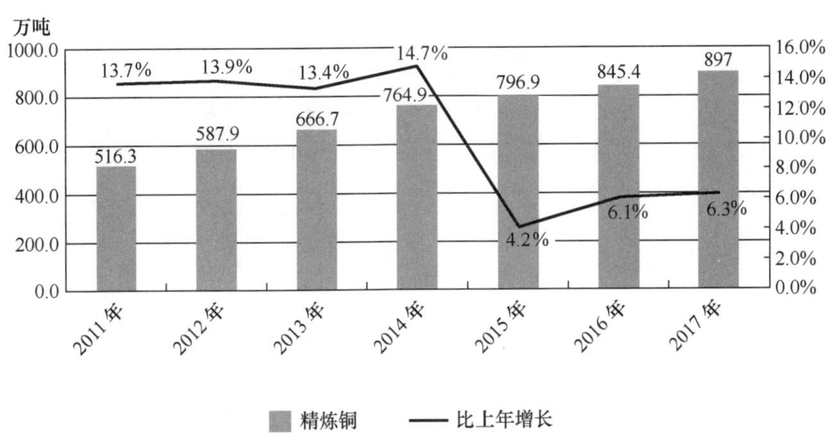

图 4　2011 年以来我国精炼铜产量发展趋势

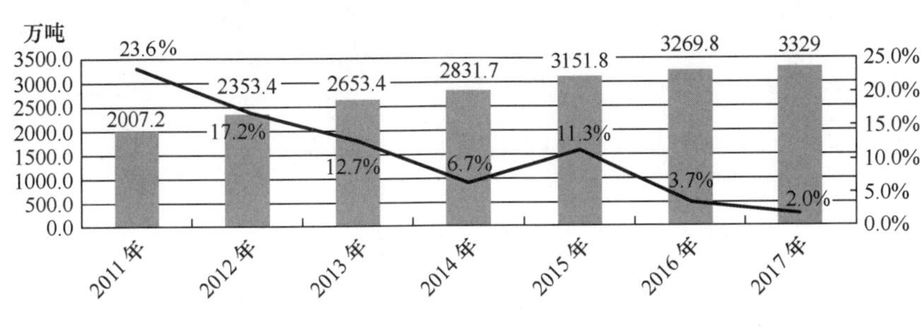

图 5　2011 年以来我国原铝产量发展趋势

2017 年，通过清理整顿电解铝违法违规项目，以及京津冀周边地区“2+26”城市的采暖季实施错峰生产，我国铝产量增速明显下降，初步扭转了依靠产能扩张寻求发展的局面。

二是市场全面回暖。2017 年，中国精炼铜消费量达到 1120 万吨，比上年增长 6.7%（如图 6 所示）；全铜人均年消费量 9.17 千克，比上年增长 6.1%（如图 7 所示），远高于全球人均消费 3.1 千克的水平。当年，中国原铝消费量达到 3450 万吨，比上年增长 6.2%（如图 8 所示）；全铝人均年消费量达到 26.5 千克，比上年增长 5.6%（如图 9 所示），也远高于全球人均消费 9.3 千克的水平。

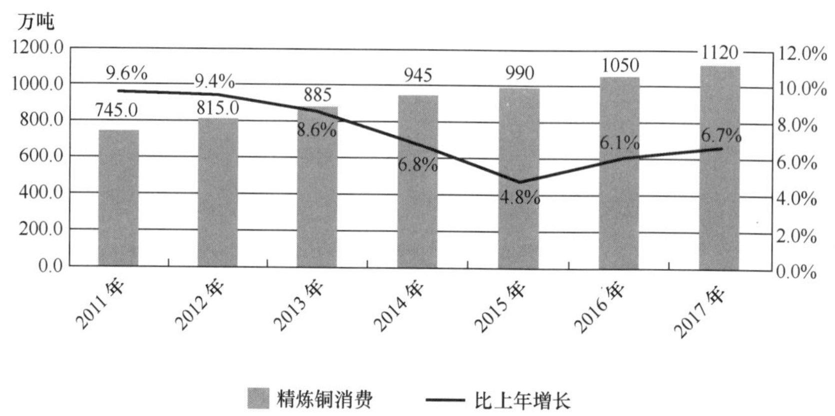

图 6　2011 年以来我国精炼铜消费趋势

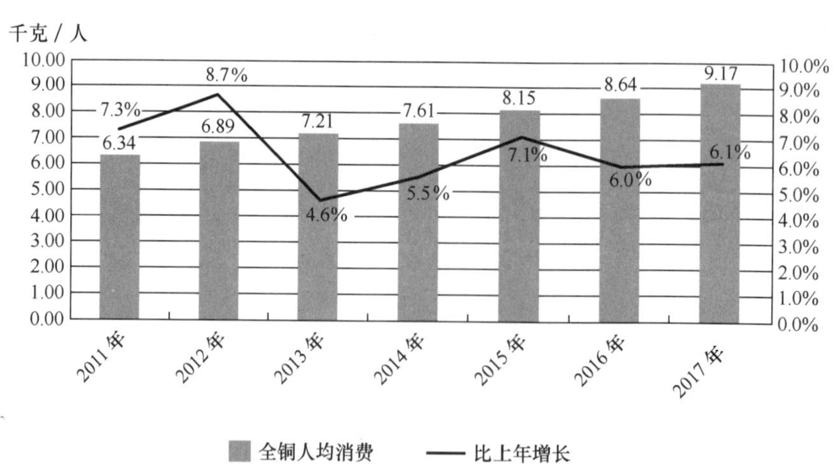

图 7　2011 年以来我国全铜人均消费趋势

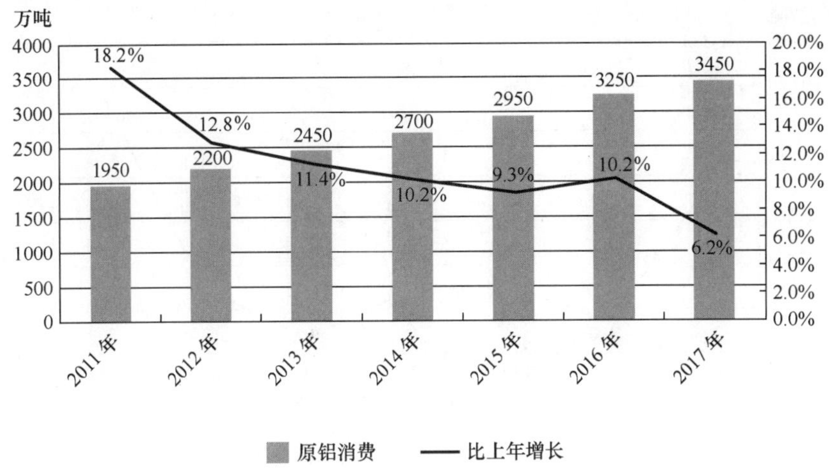

图 8 2011 年以来我国原铝消费趋势

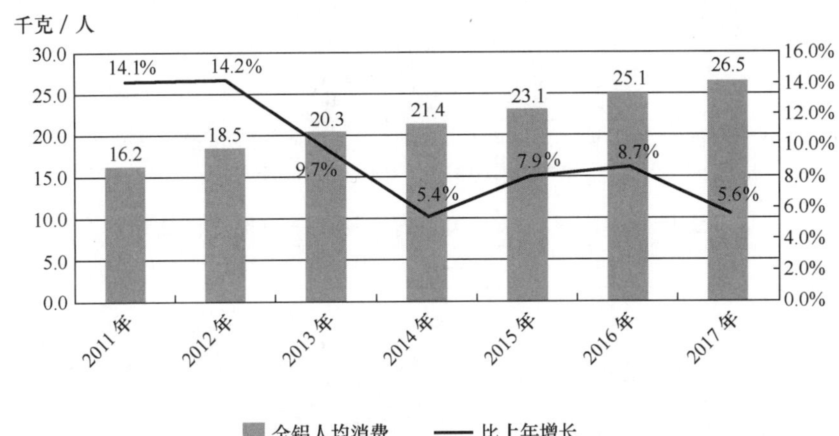

图 9 2011 年以来我国全铝人均消费趋势

在市场全面回暖的带动下，有色金属价格进一步回升。国际市场 3 个月期铜年均价为 6198 美元/吨，同比上涨 27.4%；铝年均价为 1979 美元/吨，同比上涨 23.0%；铅年均价为 2327 美元/吨，同比上涨 24.0%；锌年均价为 2890 美元/吨，同比上涨 37.9%；镍年均价为 10 458 美元/吨，同比上涨 8.5%；锡年均价为 19 984 美元/吨，同比上涨 11.7%。

2017 年，国内市场铜现货年均价为 49 256 元/吨，同比上涨 29.2%（如图 10 所示）；铝现货年均价为 14 521 元/吨，同比上涨 15.9%（如图 11 所示）；铅现货年均价为 18 366 元/吨，同比上涨 26.0%（如图 12 所示）；锌现货年均价为 24 089 元/吨，同比上涨 42.8%（如图 13 所示）。

图 10　2011 年以来我国国内市场铜年均价变化趋势

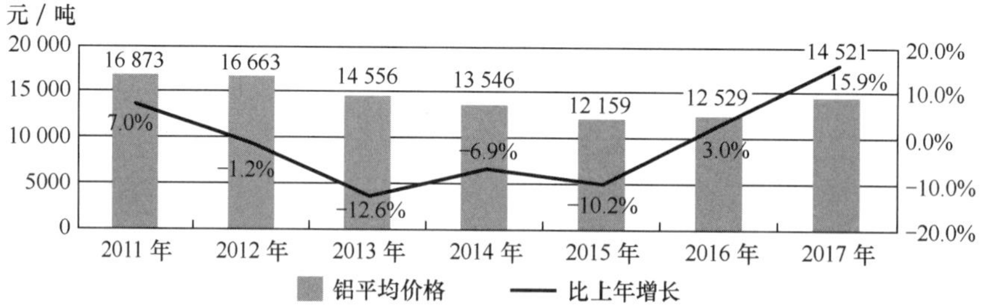

图 11　2011 年以来我国国内市场铝年均价变化趋势

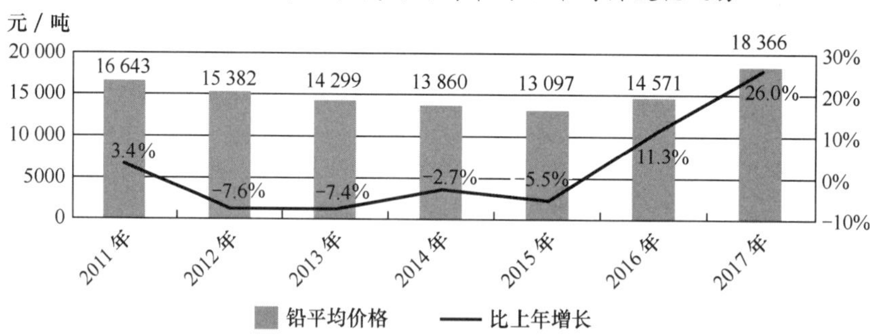

图 12　2011 年以来我国国内市场铅年均价变化趋势

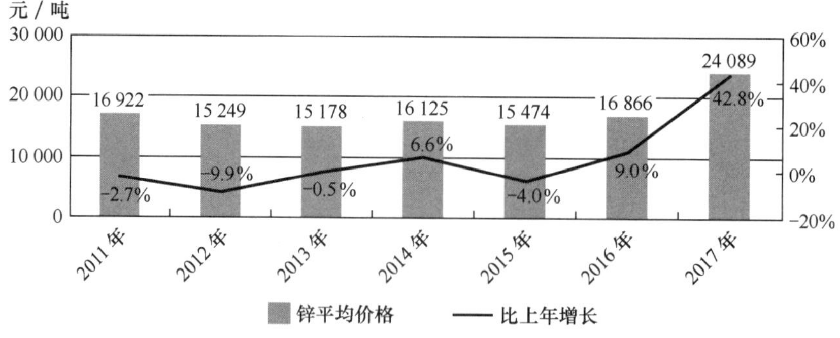

图 13　2011 年以来我国国内市场锌年均价变化趋势

三是效益全面提升。2017 年，8324 家规模以上有色金属企业实现主营业务收入 56 005.4 亿元，同比增长 16.1%（如图 14 所示）。实现利润总额 2298.3 亿元，同比增长 33.2%（如图 15 所示），增幅比主营业务收入增幅高 17.1 个百分点。其中，独立矿山企业实现利润 360 亿元，同比增长 81.1%；冶炼企业实现利润 867 亿元，同比增长 49.5%；加工企业实现利润 1071 亿元，增长 13.2%。规模以上有色金属企业经济效益已经连续两年呈现增长态势。

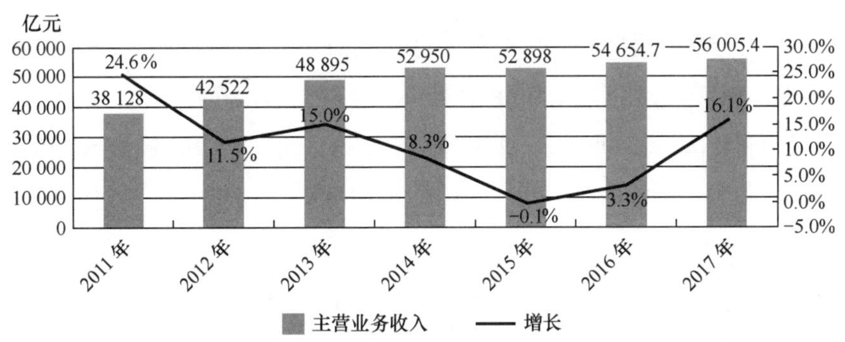

图 14 2011 年以来规模以上有色金属企业收入增长趋势

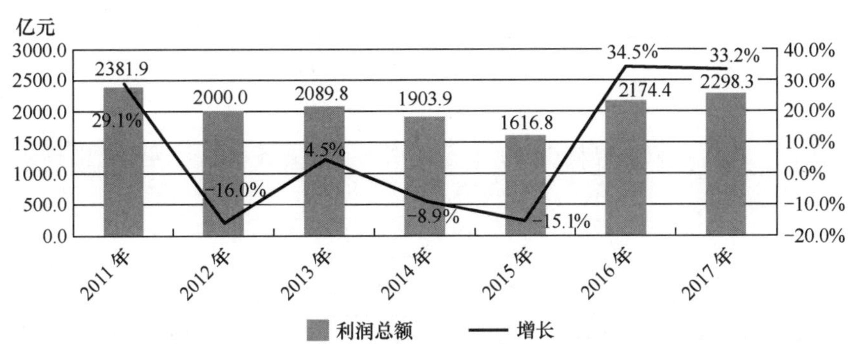

图 15 2011 年以来规模以上有色金属企业利润总额变化趋势

随着效益的全面改善，规模以上有色金属企业亏损面收窄，亏损额下降。2017 年，规模以上有色金属工业企业中亏损企业有 1332 家，比上年减少 99 家，亏损面为 16.0%，亏损面收窄 1.2 个百分点；亏损企业亏损额 254.6 亿元，同比减亏 12.1%（如图 16 所示）。

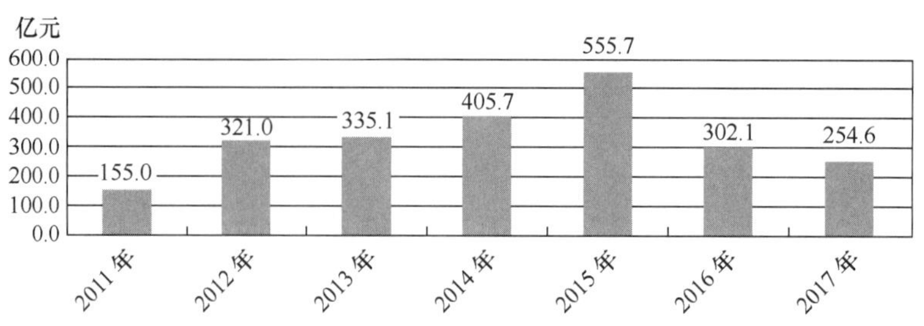

图 16　2011 年以来规模以上有色金属企业亏损额变化情况

行业主营业务收入利润率、资产利润率有所回升。2017 年，8324 家规模以上有色金属企业主营业务收入利润率为 4.10%（如图 17 所示），比上年回升 0.53 个百分点，仍比全国平均水平低 2.36 个百分点；资产利润率为 5.35%（如图 18 所示），比上年回升 1.05 个百分点，仍比 2017 年 12 月银行一般贷款加权平均利率低 0.45 个百分点。

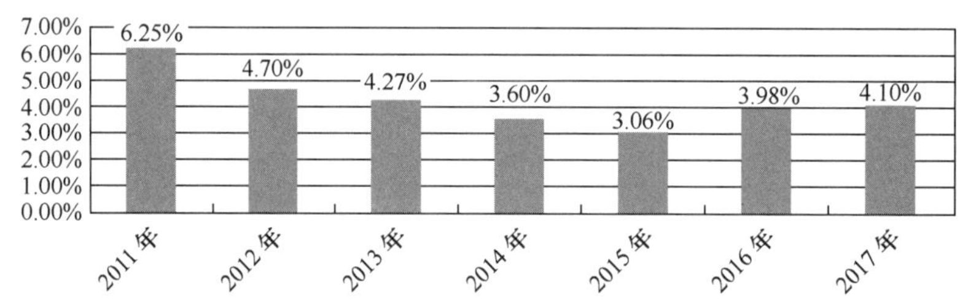

图 17　2011 年以来规模以上有色金属企业主营业务收入利润率变化趋势

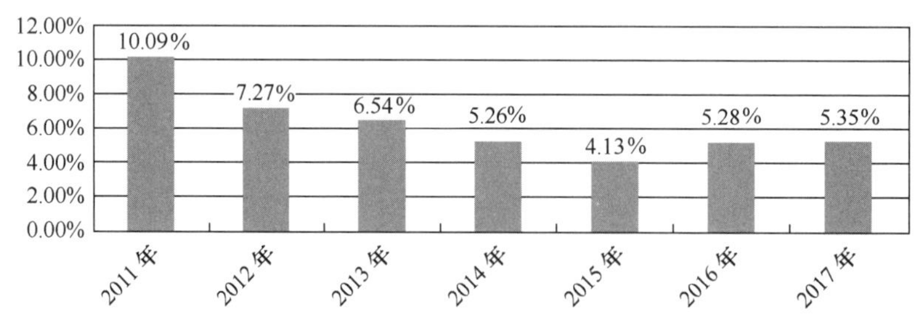

图 18　2011 年以来规模以上有色金属企业资产利润率变化情况

2017 年有色金属工业企业运营的主要特点：一是降低成本初见成效。规模以上有色金属企业百元主营业务收入中的成本及百元主营业务收入中的三项费用均有所下降。二是规模以上有色金属企业产成品库存周转加快，资产负债率下降，“三去一降一补”取得进展。三是价格上涨仍是效益回升的重要支撑因素，企业效益回升的基础有待巩固。

四是进出口贸易活跃。2017 年，中国有色金属产品进出口贸易总额（不含黄金首饰及零件贸易额）1243 亿美元，同比增长 18.9%。其中：进口额 973.7 亿美元，同比增长 26.3%（如图 19 所示）；出口额 374.6 亿美元，同比下降 6.4%（如图 20 所示）。贸易逆差为 599.1 亿美元，同比增长 61.6%。

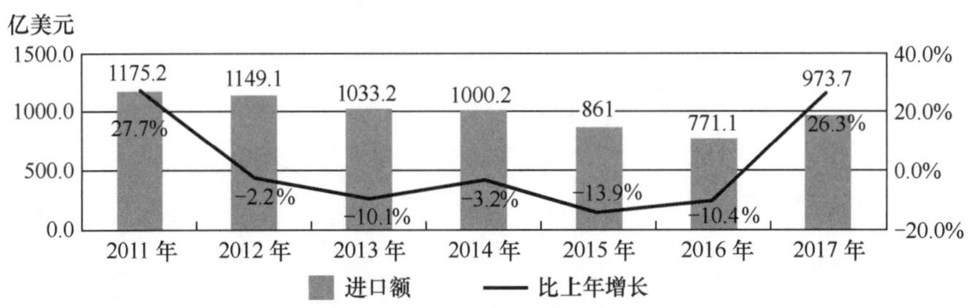

图 19　2011 年以来有色金属进口额变化趋势

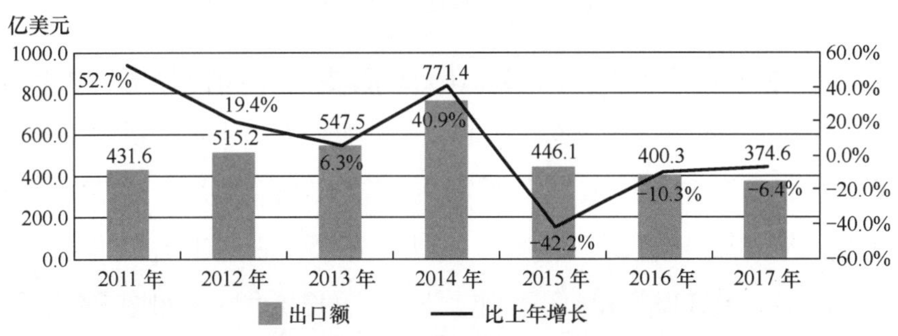

图 20　2011 年以来有色金属出口额变化趋势

2017 年，中国铜产品进口额为 663.5 亿美元，同比增长 24.9%，占有色金属产品进口额的比重为 68.2%；出口额为 57.6 亿美元，同比增长 11.3%。铜产品贸易逆差 605.9 亿美元，同比增长 26.4%。

铜产品进口量基本平稳，其中未锻轧铜进口量 330.8 万吨，同比下降 10.1%（如图 21 所示）；铜精矿进口实物量 1733.3 万吨，同比增长 1.6%（如图 22 所示）；粗铜进口量 80 万吨，同比增长 13.1%；铜材进口量 58 万吨，同比增长 3.5%；铜废碎料进口实物量 356 万吨，同比增长 6.3%。在出口方面，未锻轧铜出口实物量 34 万吨，同比下降 20.6%；铜材出口实物量 48 万吨，同比增长 5.0%。中

国净进口未锻轧铜 297.0 万吨，同比下降 8.6%。

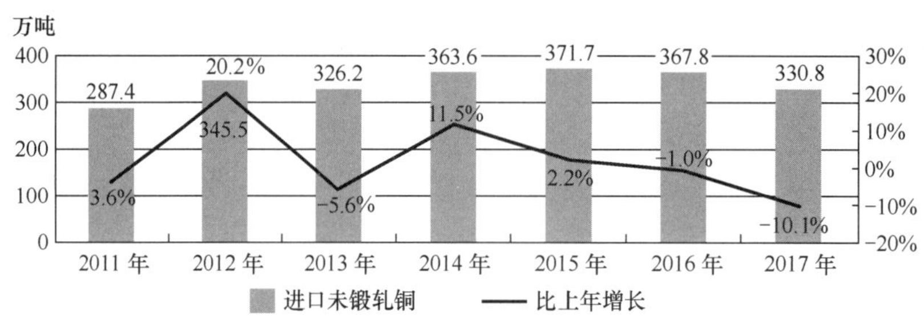

图 21　2011 年以来进口未锻轧铜变化趋势

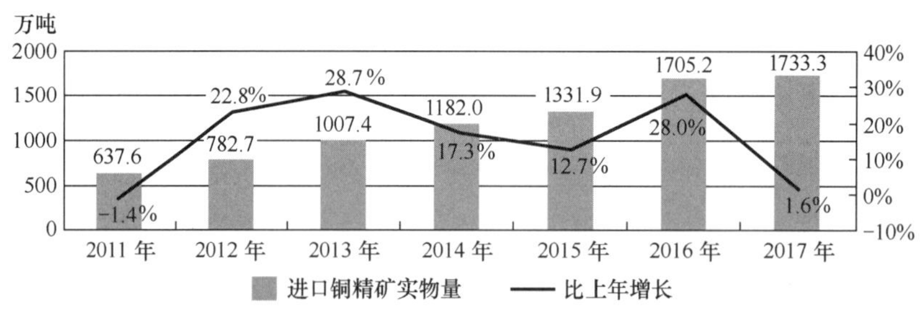

图 22　2011 年以来进口铜精矿变化趋势

2017 年，中国铝产品进口额为 103.3 亿美元，同比增长 20.4%；出口额为 133.0 亿美元，同比增长 5.5%。进口产品主要是铝土矿，进口量达到 6876.8 万吨，同比增长 32.1%（如图 23 所示）；进口铝废料实物量 217 万吨，同比增长 13.3%；进口氧化铝 287 万吨，同比下降 5.3%。在出口方面，铝材依然是主要出口产品，出口量 424.3 万吨，同比增长 4.0%（如图 24 所示）；出口未锻轧铝 55.1 万吨，同比增长 7.7%。中国净出口铝材 384.6 万吨，同比增长 4.3%。

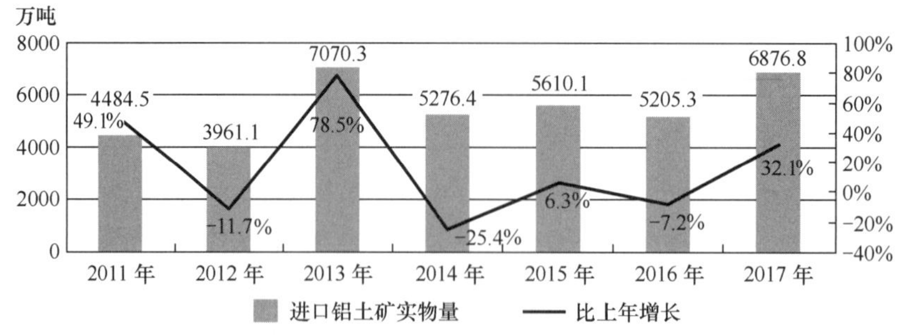

图 23　2011 年以来进口铝土矿变化趋势

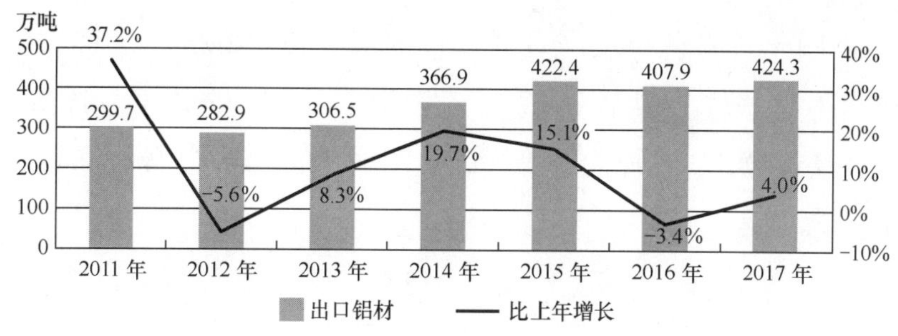

图 24　2011 年以来出口铝材变化趋势

2017 年，中国其他主要进口产品还有：进口铅精矿实物量 129 万吨，同比下降 8.9%；进口未锻轧锌 78 万吨，同比增长 49.2%；进口锌精矿实物量 244 万吨，同比增长 21.7%；进口未锻轧镍 24 万吨，同比下降 35.4%；进口镍矿实物量 3505 万吨，同比增长 9.8%。

2017 年，中国稀土产品出口额持续增长，为 18.4 亿美元，同比增长 14.3%。其中，稀土金属出口 3807 吨，同比增长 14.4%；稀土合金 1708 吨，同比下降 7.1%；稀土氧化物 34 655 吨，同比增长 6.0%；出口稀土永磁体 29 907 吨，同比增长 11.0%。

2017 年，中国有色金属进口额增长，价格上涨是主要原因之一。出口的环境不容乐观，但铝材出口仍略有增加；稀土产品出口额呈现出增长态势。

五是投资继续下降。2017 年，有色金属工业完成固定资产投资 5770.1 亿元，同比回落 7.4%（如图 25 所示），降幅比上年扩大 0.1 个百分点。其中，有色金属矿山项目完成固定资产投资 777.2 亿元，比上年下降 25.43%，降幅比上年扩大 13.6 个百分点，占有色金属工业完成固定资产投资的比重为 13.5%；有色金属冶炼项目完成固定资产投资 1521.6 亿元，比上年下降 12.75%，降幅比上年扩大 9.4 个百分点，占有色金属工业完成固定资产投资的比重为 26.4%；有色金属加工项目完成固定资产投资 3471.2 亿元，比上年增长 0.86%，增幅比上年扩大 8.7 个百分点，占有色金属工业完成固定资产投资的比重为 60.2%（如图 26 所示）。

2017 年有色金属工业固定资产投资的主要特点：首先是有色金属工业完成固定资产投资继续下降，矿山、冶炼降幅均呈扩大趋势；其次是民营投资项目降幅明显高于有色金属工业投资降幅；再次是有色金属工业深加工项目投资出现小幅回升。

2002 年中国十种有色金属产量跃居世界第一位，2003 年十种有色金属产量消费量跃居世界第一位。截至 2017 年，中国十种有色金属产量连续 16 年居世界第一，消费量连续 15 年居世界第一，中国成为世界有色金属产量和消费量增长的主要推动力。

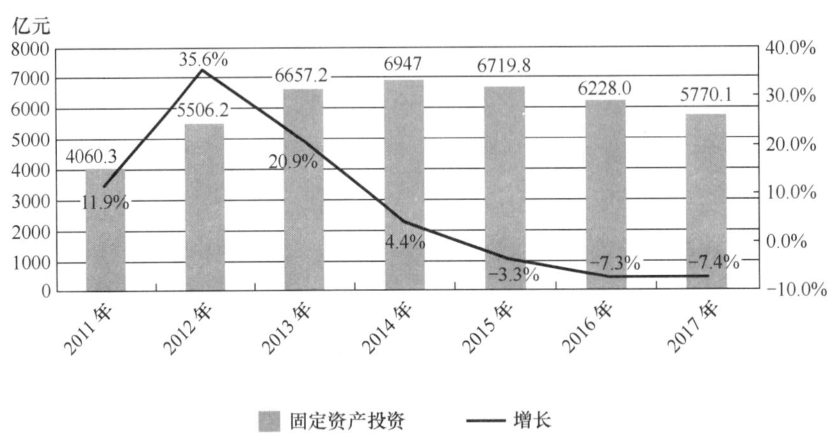

图 25　2011 年以来有色金属工业完成投资情况

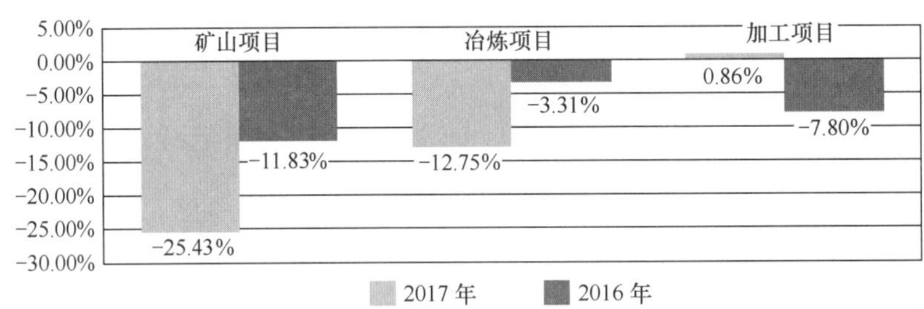

图 26　有色金属矿山、冶炼、加工项目固定资产投资增幅变化情况

（二）有色金属行业结构调整成效

2017 年，中国有色金属工业结构调整取得重要进展。在“去产能”方面，通过清理整顿电解铝违法违规项目，关停违规电解铝产能 500 万吨以上，停建违规产能超过 500 万吨，电解铝产能盲目扩张的势头得到有效遏制。

在“去杠杆”方面，2017 年年末，规模以上有色金属工业企业资产负债率为 62.31%（如图 27 所示），与上年同比收窄 1.4 个百分点。

在“去库存”方面，2017 年年底，8324 家规模以上有色金属工业企业产成品库存额为 1828 亿元，同比增长 8.7%，比主营业务收入增幅低 7.4 个百分点。

2017 年规模以上有色金属工业企业产成品库存周转天数为 12.6 天（如图 28 所示），比上年加快了 1.2 天。

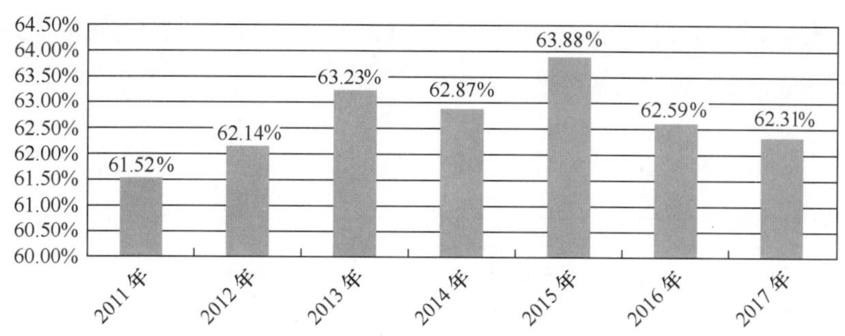

图 27　2011 年以来规模以上有色金属企业资产负债率变化趋势

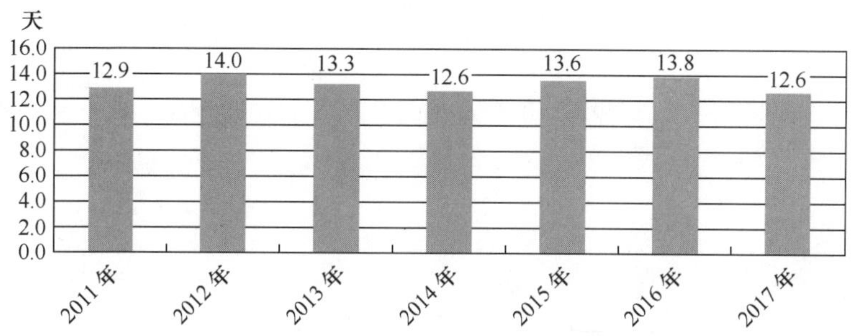

图 28　2011 年以来规模以上有色金属企业产成品库存周转天数

在“降成本”方面，2017 年，8324 家规模以上有色金属工业企业每百元主营业务收入中的成本为 91.66 元（如图 29 所示），比上年减少 0.41 元；每百元主营业务收入中三项费用为 4.03 元（如图 30 所示），比上年减少 0.27 元。2017 年,规模以上有色金属工业企业营业总成本增幅比主营业务收入增幅低 0.8 个百分点。

在“补短板”方面，新材料、新工艺、新装备不断涌现，飞机板、汽车板、铝—空电池、纳米陶瓷铝、电解铜箔、钴锂新材料等为国防军工和新兴产业发展做出了重要贡献；电解铝综合交流电耗、铜铅锌冶炼综合能耗进一步降低，排放进一步减少。骨干企业聚焦主业，瘦身健体，兼并重组，集中度进一步提升。2017 年，江西铜业集团公司、铜陵有色金属集团控股有限公司等前十家铜生产企业精炼铜产量占全国精炼铜产量的比重为 72.0%（如图 31 所示）；山东魏桥集团、中国铝业公司、山东信发集团等前十家铝生产企业原（电解）铝产量占全国原铝产量的比重为 67%（如图 32 所示）；河南豫光金铅集团有限责任公司等前十家铅生产企业精铅产量占全国精铅产量的比重为 55%（如图 33 所示）；陕西有色金属控股集团有限责任公司、株洲冶炼集团有限责任公司等前十家锌生产企业锌产量占全国锌产量的比重为 49%（如图 34 所示）。

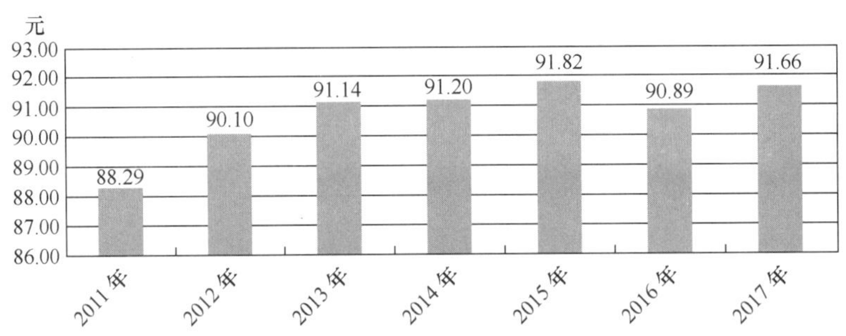

图 29　2011 年以来规模以上有色金属企业百元主营业务收入成本变化趋势

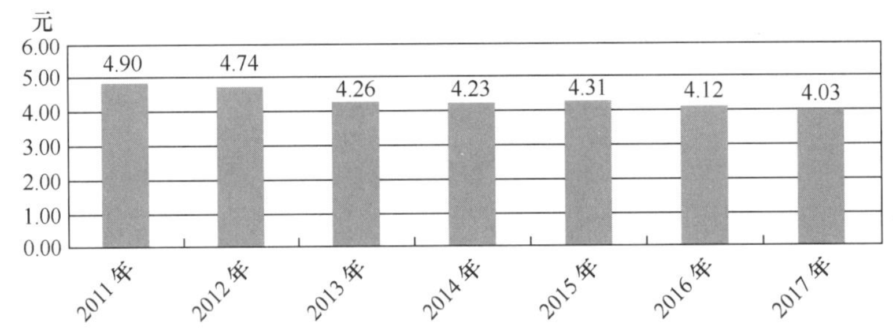

图 30　2011 年以来规模以上有色金属企业百元主营业务收入中的三项费用

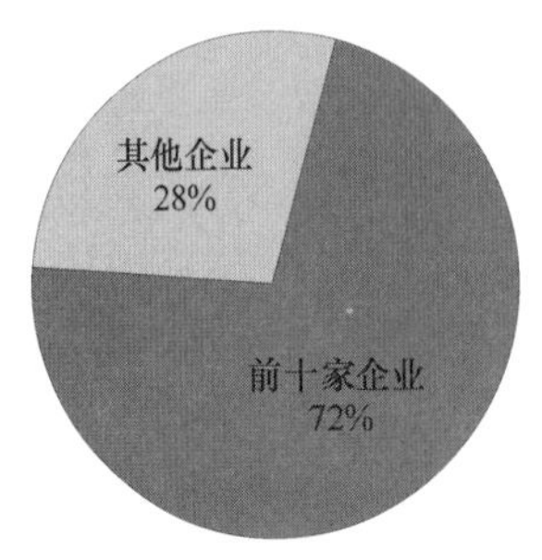

图 31　2017 年前十家铜生产企业占全国精炼铜产量的比重

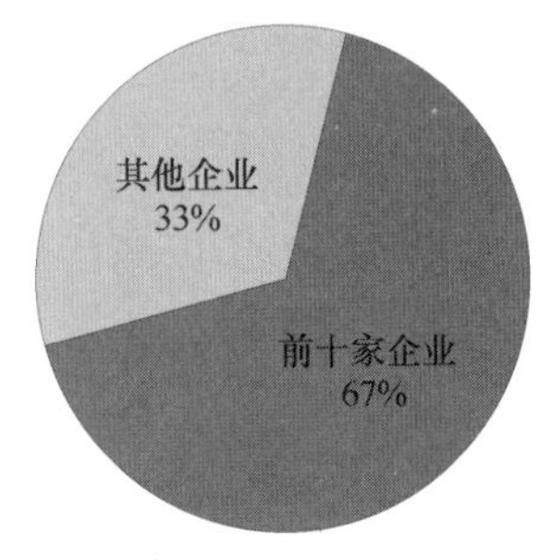

图 32　2017 年前十家铝生产企业占全国原铝产量的比重

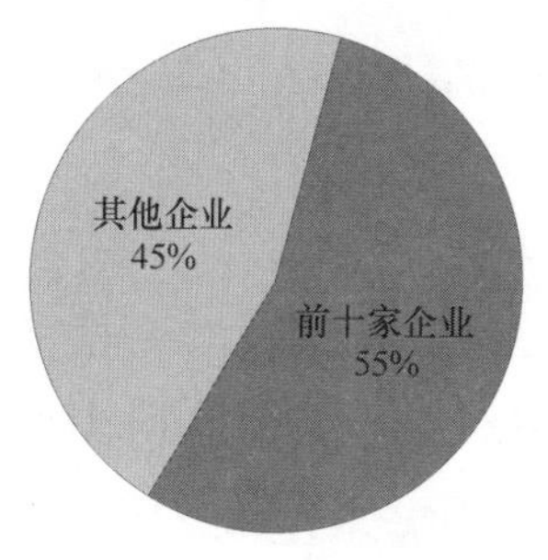

图 33　2017 年前十家铅生产企业占全国精铅产量的比重

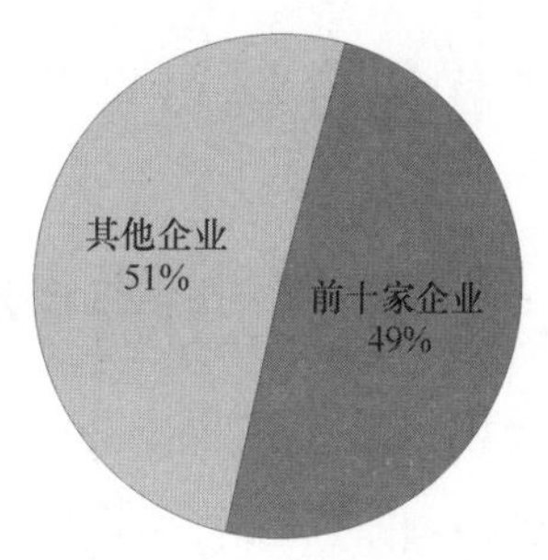

图 34　2017 年前十家锌生产企业占全国锌产量的比重

（三）有色金属行业转型升级取得成效

质量变革、效率变革、动力变革，是促进我国有色金属工业向先进制造业迈进的途径。为此，2017 年，行业主要在以下几个方面着力。

在发展质量上实现变革，主要在高端发展方面着力。2017 年，我国企业生产的中厚航空铝板得到美国波音公司认证，并获得批量订货。这标志我国铝板带生产已经进入世界第一方阵。

在发展效率上实现变革，主要在要素效率配置方面着力。通过持续努力，2017 年我国企业的要素全球配置取得重要成果，获得了秘鲁邦巴斯铜矿、刚果（金）腾克丰谷鲁梅铜钴矿、澳大利亚泰利森锂矿、几内亚博凯铝土矿等一批世界顶级有色金属矿山权益，海外投资权益成为一些国有企业和民营企业利润的重要来源。

在发展动力上实现变革，主要在发展创新驱动方面着力。2017 年，我国有色金属企业的生态化、智能化改造取得成效。国内再生铜供应量明显提升，2017 年再生铜供应量为 320 万吨（其中，再生精炼铜为 235 万吨，直接使用的再生铜为 85 万吨），比上年增长 6.7%，所占铜供应量的比重为 25.2%，比上年扩大 1.4 个百分点。其中，国内回收再生铜约为 210 万吨，比上年增长 14.8%，占再生铜供应量的约 61%。再生铝供应量为 690 万吨，比上年增长 9.6%，占铝供应量的比重为 17.6%，所占比重比上年提高了 1.4 个百分点。其中，国内再生铝资源为 517 万吨，比上年增长 8.4%，占再生铝供应量的 75%左右。智能制造稳步推进，新疆有色金属集团等企业的智能制造项目获得国家专项支持。

二、当前有色金属行业发展需要关注的问题

（一）贸易摩擦对行业发展产生影响

有色金属工业是高度国际化的产业，中国铜、铝、镍等原料需要大量进口，铝加工材等深加工产品，在国际市场上具有良好的需求空间。但美国等国家出于自身利益，针对中国有色金属产品的国际贸易摩擦愈演愈烈，2018 年中国有色金属出口的外部环境不容乐观。

目前我国铝产品出口的数量相当大，2017 年约为 600 万吨，其中对美国的出口额为 37 亿美元（包括铝材、铝制品、汽车轮毂等）。目前美国针对我国有色金属产品的国际贸易摩擦愈演愈烈，不能不对我国铝行业的发展产生影响。但是，也要看到，美国有很大的消费市场，市场信誉度比较高，产品结构多样、自我转型较快，多重因素导致其对于国外铝产品需求较大。限制中国产品进口，美国国内需要的铝箔等产品短时间里没有人能够提供。为了弥补缺口，预计美国也会通过其他途径从我国进口。

（二）低端环节的盲目扩张难以占据未来竞争的制高点

有色金属工业要顺应从依靠要素扩张向依靠创新驱动、从依靠物质资本向依靠人力资本转变，紧紧把握科技创新这一重要突破口与高质量发展短板，让创新链、产业链、资金链和政策链融合衔接，努力打造系统创新链，建立以企业为主体、以市场为导向、产学研深度融合的技术创新体系，在优势领域、共性技术、关键技术上不断取得新突破，把科技创新真正落实到产业发展上，使创新成果成为推动行业高质量有效益增长的新动力。

中国是全球最大的工业硅生产国和最大的多晶硅生产国，2017 年，工业硅和多晶硅年产量分别达到全球的 67.1%和 54.5%。但它们都属于上游产品，全球的市场规模不过四五十亿美元和百十亿美元。而多晶硅的高端延伸加工产品——半导体硅材料，2017 年全球产量不过三万吨，市场规模却超过 120 亿美元。目前我国在半导体硅材料主流产品 12 英寸（200mm）硅片生产方面几乎还是空白。半导体硅片还是一种原材料，进一步延伸加工就成为集成电路芯片，2017 年，世

界集成电路芯片代工的市场规模超过 900 亿美元，中国大约仅占有 15%的市场份额。2017 年，全球的集成电路芯片市场规模超过 3700 亿美元，而我国的进口额超过 2000 亿美元，集成电路芯片是我国的第一大进口商品。

（三）国际化的生产性服务几乎完全空白

尽管有色金属工业是我国贯彻“走出去”发展方针，开展国际产能合作的先行行业之一，但至今为止，海外合作项目的选择评估、尽职调查、法律咨询、风险分析、人才保障等基础性服务几乎完全依赖国外机构。不仅费用高，而且可能导致企业自身商业秘密泄露。也就是说，近年来我们行业的硬实力有所增强，但软实力依然十分薄弱，难以适应高质量发展的要求。

（四）打通产业链衔接的应用性技术仍然是突出短板

当前我国有色金属行业的科技创新主要集中在自身环节的工艺完善方面，连接产业链上下游，打通上下游衔接瓶颈的技术开发处于相当薄弱的状态，已经成为制约产业发展新动能的关键所在。譬如，我们的硬质合金刀具生产企业，基本不去研究下游机械制造企业如何最有效使用刀具的工艺。而国外企业在销售硬质合金刀具的同时，还提供各种最佳的使用工艺，还在售后服务中包括不断改进使用工艺的内容。如此，国外企业在竞争中就处于明显的优势。同样，要扩大铝在汽车结构中的应用，就不能依赖汽车制造企业去开发相关的制造工艺，只有提供成熟的使用工艺，下游才会接受使用铝材料。所以，打通产业链衔接的应用性科技创新，是当前行业需要弥补的突出短板。

（五）把防控风险提到更加突出的位置

稳中求进，稳是前提，必须把防控风险放在更加突出的位置，才能保持行业稳定运行。2017 年行业平均资产负债率为 62.3%，较全国工业平均 55.5%的水平高出不少。有色金属市场价格波动频繁，价格大起大落不仅影响行业自身经营，也波及下游产业发展。因此，要增强风险意识，加强风险管控，筑牢风险底线。

（六）绿色发展任重道远

有色金属工业是践行绿色发展的重点领域。2017 年的环保督查反馈意见中，有不少涉及有色金属企业，一些污染举报事件也与有色企业多年污染治理不到位相关。打好污染治理攻坚战，打赢蓝天保卫战，有色金属企业必须履行好社会责任，在为经济社会发展做贡献的同时，做好环境保护，促进绿色发展，让“绿水青山”真正成为造福子孙后辈的“金山银山”。

三、2018 年有色金属行业发展展望

当前，在发达国家制造业回归、国际贸易回升，以及新兴经济体稳定发展的推动下，全球经济出现全面复苏，原材料、能源等基础性行业的发展环境明显向好。但是，通胀压力上升、地区冲突不断、逆国际化抬头，也对全球经济的稳定运行带来了不确定性风险。在这种形势下，2018 年有色金属行业发展依然是机遇与挑战并存，困难与希望同在。

（一）发展形势

2018 年是贯彻党的十九大精神的开局之年，是改革开放 40 周年，也是决胜全面建成小康社会，实施“十三五”规划承上启下的关键一年。因此，我国有色金属行业的发展要以习近平新时代中国特色社会主义经济思想为引领，坚持新的发展理念不动摇，以供给侧结构性改革为抓手，努力推动行业发展质量变革、效率变革、动力变革，加快实现从高速增长阶段向高质量发展阶段的转变。

从世界经济发展的轨迹看，从 2016 年开始，世界经济出现了强劲的复苏势头。2017 年，世界货币基金组织、世界银行、联合国经济合作组织三大权威机构普遍上调世界经济增长预期，认为 75%的国家和地区经济体出现了恢复性增长，预期 2017 年全球经济增速达到 3.6%，2018 年将达到 3.7%。2017 年新兴经济体和发展中国家的增速达到 4.6%，2018 年将达到 4.9%。

受经济增长拉动，世界有色金属矿产勘查投入在经历了 4 年连续下降之后出现回升。2017 年 10 月初，标普全球市场情报机构发布全球勘查预算数据，经过对 1535 家矿业公司的调查，2017 年有色金属勘查预算为 79.5 亿美元，估计全球有色金属矿产勘查总预算为 84 亿美元，较 2016 年增长 14%，这是 2012 年以来有色金属勘查预算首次出现回升。尤其是在硬岩型锂矿勘查方面，一大批

世界级矿床被发现，如民主刚果的曼诺诺锂矿，不但规模大（矿石资源量 10 亿～12 亿吨），而且品位高（1.25%～1.5%），被誉为锂矿中的“埃斯康迪达”。

世界主要有色金属企业的利润和市值全面改善，投资信心增强。据普华永道公司统计，2017 年全球矿业公司利润继续飙升，前十大矿业公司上半年合计实现净利润 165 亿美元，是 2016 年同期的两倍，接近 2016 年全年的 60%。利润的回升，增强了投资者的信心，矿业公司市值也出现大幅上涨。与两年前相比，必和必拓公司市值增长了一倍，巴西淡水河谷公司增长了 4 倍，力拓集团增长了 2 倍，英美资源集团增长了 477%，嘉能可公司增长了 355%。

全球矿业公司并购活跃。据安永公司统计，2017 年上半年，全球矿业并购额为 280 亿美元，较 2016 年同期的 146 亿美元增长 92%；并购案件增长 3.3%（达到 222 个）。12 月，安永公司对矿业和金属公司的一项调查表明，2018 年，接近 2/3 的矿业公司计划进行并购；53%的被调查者认为，未来一年矿业公司并购将持续增长。

矿业公司融资也出现了回升势头。安永公司的统计数据显示，2017 年上半年矿业公司融资累计约 1220 亿美元，较 2016 年增长 21%。其中第二季度融资为 710 亿美元，同比增幅为 15%；与一季度相比，增长了 200 亿美元。

但是，世界经济发展不平衡的问题依然十分突出。一方面，还有 25%的国家经济处于低增长甚至负增长状态；另一方面，发达国家持续多年的“宽松”货币政策造成的资产泡沫、高负债、高物价等风险逐渐显现。尤其是美国宽松货币政策的渐次退出，给世界经济发展带来的负面影响不可轻视。

从运行态势来看，当前我国经济整体正处于从高速增长转向高质量发展的动能转换阶段，依然保持较强活力。尤其是制造业等实体经济受到高度重视，党的十九大明确提出“国家强大要靠实体经济”，强调“供给侧结构性改革要向实体经济发力、聚力”。2018 年中央经济工作会议提出“促进多层次资本市场健康发展，更好为实体经济服务”“强化实体经济吸引力和竞争力”。在政策支持下，我国能源、原材料等行业仍然是支撑经济发展的重要基础；电子通信装备、航空装备、新能源等高端制造行业则成为引领发展的最活跃力量。2017 年，我国经济增长好于年初预期，这些行业为拉动经济发展提供了重要支撑。

2018 年，我国经济发展仍将坚持稳中求进的总基调，积极的财政政策取向不变，稳健的货币政策保持中性，这必然有利于促进有色金属工业的发展。从国家政策看：“放管服”改革深入实施、减税降费继续深化、首批次应用保险补偿机制试点启动、金融脱虚向实大力推进、深化电力铁路改革等一系列措施，将有效降低企业成本，减轻企业负担。制造强国建设、新材料产业“折子工程”、智能制造工程、国家科技重大专项等扎实推进，将支持企业科技创新，大力提升高端发展能力。工业强基工程持续实施、绿色制造工程大力推进、传统产业升级改造加力、技改专项稳步实施等，将夯实产业转型基础，提高传统产业发展水平。“一带一路”深入人心，我国与 70 多个国家和国际组织签署了“一带一路”协议，“丝路基金”扩容千亿，“一带一路”产业园区建设推进，以开放、包容的国际合作思维，支持利用国内外两个市场、两种资源，突出技术、品牌、市场，更深更广地融入全球供给体系，将增添有色金属国际产能合作新动能。

但是，也必须看到，在新旧动能转换进程中，传统增长动能有所削弱，新的动能尚在培育，短期内难以弥补有色金属等传统产业速度降档的衰减。尤其是在经济由高速增长阶段向高质量发展阶段转型时期，国内对有色金属等原材料的需求增速必然出现回落，拓展有色金属应用、打开新的消费领域难度增加。因此，转变惯性思维、开拓增长动能、找准投资方向、激发民间投资、开辟高质量有效益的增长，需要经验的积累与艰难的探索。

（二）发展预判

展望 2018—2019 年，我国有色金属行业将继续保持平稳运行走势。

一是产量低速增长。我国是世界上最大的有色金属生产、消费和进出口贸易国，行业的持续、稳定发展，对全球大宗商品市场走势具有重要影响。2018 年，在全球经济复苏，需求稳定增长的支撑下，国内铜、铝、锌、镍等主要有色金属产量将继续保持增长，但产量增幅将继续回落。而锂、钴等稀有金属，由于市场异常活跃，产量将大幅度增加。预计 2018 年我国十种有色金属产量增幅在 2%左右。即使如此，增产的绝对量也超过 100 万吨，我国仍然是全球有色金属产量增加最多的国家。

二是需求增速下降。随着发展动能的转换以及价格的上涨，近年来国内市场主要有色金属需求增速回落趋势明显。预计 2018 年铜、铝等需求增速将回落到 5%以下；铅、锌需求增速大体趋向于零。不过，有色金属是战略性新兴产业和国防科技发展的重要支撑材料的地位没有改变，新技术革命和产业变革对有色金属市场的支撑作用不可忽视。今后一个时期，有色金属新材料需求增速，将会明显高于一般常用金属的需求增速。

三是价格高位运行。当前伴随世界经济的复苏，包括有色金属在内的大宗商品价格也进入上升通道，未来一个时期仍将会维持这种态势。预计 2018 年，全球铜、铝等主要有色金属价格总体呈高位震荡态势，年平均价格将高于上年。另外，在成本上升、通胀预期、资产泡沫等一系列因素的作用下，有色金属价格大幅度下跌的可能性不大。

四是出口难度加大。当前国际贸易摩擦加剧，扩大有色金属产品出口的难度很大。有色金属工业是高度国际化的产业，我国铜、铝、镍等原料需要大量从国际市场进口，铝加工材、铜加工材等具有优良的性价比，在国际市场具有良好的需求空间。但是，随着逆国际化思潮的抬头，不仅是发达国家，就是新兴经济体国家也出于自身利益，加强了对我国铝材等产品出口的限制，2018 年我国有色金属产品出口的外部环境不容乐观。

五是投资回升乏力。有色金属行业总体处于传统产业范畴，在实现由高速增长向高质量发展转变的过程中需要有一个探索过程，在这个阶段出现投资规模下降是正常的。预计 2018 年，我国有色金属行业固定资产投资规模仍难有明显起色。但是，为了增强发展后劲，产业必须要保持一定的投资规模。尤其是要围绕解决发展不平衡、不充分的问题，加大扶贫攻坚（即向贫困地区转移产能）、环保攻坚（即建设环境友好产业）等方面的投资力度，争取使行业投资保持在合理水平。

六是效益继续改善。由于国内外宏观经济形势总体向好，所以只要把握好风险防控，我国有色金属企业实现利润，有望继续维持增长局面。但是，由于能源、原材料价格全面上涨，行业的利润受到挤压，难以保持大幅度增长。特别是在铜等主要有色金属矿山原料供应偏紧，环保要求日益严格的背景下，传统冶炼企业经济效益的增长面临很大挑战。

四、下一步有色金属行业的发展重点

（一）适应发展阶段转变，加快发展方式的转变

要遵循高速发展向高质量发展阶段转变的大逻辑，改变追求规模扩张、

产量增长的理念，把提升质量和效益放在各项发展工作的首位，切实解决发展不平衡、不充分的问题。特别是要在优化存量资源配置，扩大优质增量供给，加快产业转型升级方面花工夫。针对行业发展的实际，就是要围绕满足人民衣、食、住、行的需要，努力扩大有色金属的应用，推进“增品种、提品质、创品牌”，形成有色金属材料的有效供给能力，满足全社会高端、个性、多元化需求。

（二）继续推进供给侧结构性改革

我国经济发展阶段的重大转变，使产业的结构性矛盾更加突出，特别是有色金属冶炼和一般加工环节的产能过剩问题尤为严重，成为阻碍行业发展质量和效益提升的主要障碍，因此，要以“去产能”“去杠杆”为重点，努力在化解产能过剩方面下力气，争取不断取得进展。近两年，电解铝行业的供给侧结构性改革取得了阶段性成果，实现违规产能关停 500 多万吨。要维护好这几年行业自律与政策支持下来之不易的成果，建议实施电解铝新增产能置换专项督查时，严格按照国发 41 号文、国办发 42 号文的精神要求，继续落实关于《清理整顿电解铝行业违法违规项目专项行动工作方案》，严厉惩处违规新建产能。借鉴电解铝供给侧结构性改革的经验，在全行业大力破除低端无效产能，利用综合标准依法依规倒逼无竞争力产能退出，是实现有色金属市场供需动态平衡的基本保障。建立无竞争力产能退出通道，予以政策性资金奖补。

（三）依靠科技创新，培育发展新动能

当前，创新能力不足是行业发展面临的突出短板，也是导致行业固定资产投资持续下降的根本原因。所以，顺应从依靠要素扩张向依靠创新驱动、从依靠物质资本向更多依靠人力资本转变的大趋势，紧紧把握科技创新这个突破口，实现创新链、产业链、资金链和政策链融合衔接，努力打造系统创新链，是培育发展新动能的关键所在。特别是要围绕电子信息、高端装备、新能源、节能减排等战略性新兴产业发展需要，按照“专、特、精、新”的模式，大力开发有色金属新材料，建立起以企业为主体、市场为导向、产学研深度融合的生产力促进体系，才能在优势领域、共性技术、关键技术上不断取得新突破，形成实实在在的生产力。

（四）坚持绿色发展理念不动摇

环保压力持续加大，是行业发展面临的一个突出问题。2017 年国家环保督查反馈的意见中，有不少涉及有色金属企业；一些影响很大的污染事件也与企业过去多年污染治理不到位相关。因此，打好污染治理攻坚战，打赢蓝天保卫战，是全行业必须履行好的政治责任、经济责任和社会责任，在为经济社会发展做贡献的同时，也要做好环境保护，促进绿色发展，让“绿水青山”真正成为造福子孙后辈的“金山银山”。

（五）践行国家战略，推进开放发展

有色金属行业是国际化产业，“走出去”“引进来”是实现产业链由中低端向高端迈进的不可缺少的举措。近年来，我国有色金属行业的国家化经营取得重要进展，不少企业的海外投资收益成为利润的主要来源，一些企业的海外公司成为支撑技术创新的重要保障。然而，我国有色金属企业“走出去”发展面临的挑战越来越大。但是，世界很大，“东方不亮，西方亮”，只要坚持践行国家“一带一路”发展，我国有色金属企业就可以登上开放发展的新台阶。

（六）把防控风险提到更加突出的位置

稳中求进，稳是前提，必须把防控风险放在更加突出的位置，才能保持行业稳定运行。当前行业平均资产负债率为 62.3%，部分企业的资产负债率甚至在 90%以上，较全国工业平均 55.5%的水平高出不少，债务违约的风险很大。特别是有色金属价格波动频繁，价格的大起大落不仅影响企业自身经营，甚至会波及金融领域，造成局部金融风险。因此，全行业要增强风险意识，加强风险管控，筑牢风险底线。建议根据企业发展实际与成长空间，进一步落实好“黑白名单”制度，强化有色金属企业与金融企业的深度对接，实施好差别化的金融政策，避免对有色金属行业融资“一刀切”，有效地缓解高新有色金属企业融资难问题。

（作者：中国有色金属工业协会　赵武壮　李明怡　刘世佳　宋超）

第四章　建材工业2017年发展回顾与形势展望

一、2017年建材行业发展回顾

（一）2017年建材行业运行特点

1. 生产继续保持增长

2017年，建材生产保持增长态势，行业增加值同比增长3.6%。水泥产量23.2亿吨，同比微降0.2%（如图35所示）；平板玻璃产量7.9亿重量箱，同比增长3.5%；夹层玻璃、陶瓷砖、商品混凝土等实现较快增长。

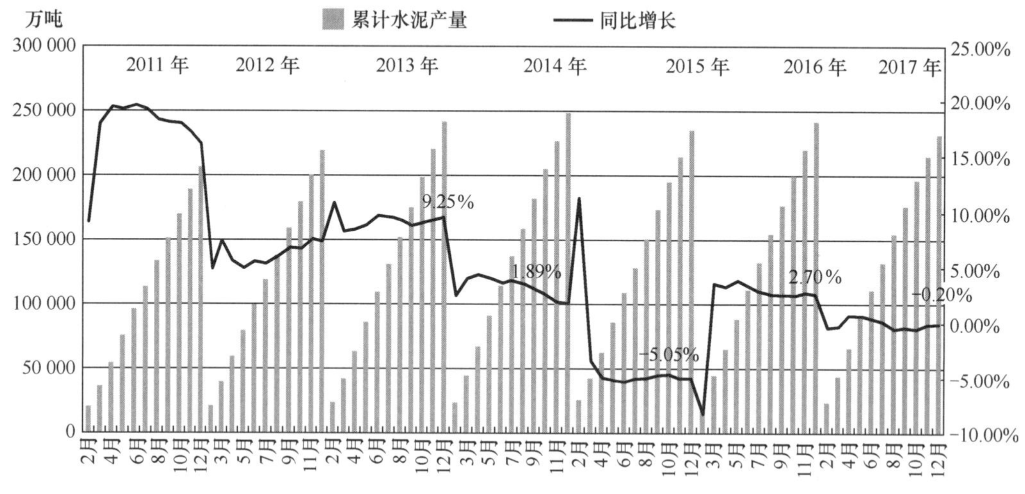

图35　2011—2017年我国水泥行业产量情况

水泥行业的区域特点是：南部略强，北部偏弱。全国31个省（市、自治区），有18个省（市、自治区）是同比负增长，其中，有11省位于北方地区。华北、东北大幅度下滑，西部的陕甘地区和川渝地区也表现较弱，华东和中南略有增长。宁夏、安徽、西藏、广东需求表现最好。

2017年各地区及主要省份水泥及熟料产量及增速排名情况见表4至表9。

表 4 2017 年水泥产量

区域	水泥产量（万吨）	同比增速	占比
全国	231 625	−0.20%	100%
华北	16 308	−11.85%	7.04%
东北	9042	−10.50%	3.90%
华东	75 050	1.57%	32.40%
中南	68 145	1.64%	29.42%
西南	43 472	1.56%	18.77%
西北	19 609	−0.72%	8.47%

来源：国家统计局，中国水泥协会。

表 5 2017 年水泥熟料产量

区域	熟料产量（万吨）	同比增速	占比
全国	139 966	1.24%	100.00%
华北	10 859	−4.43%	7.76%
东北	5837	−11.14%	4.17%
华东	42 965	0.63%	30.70%
中南	38 134	4.28%	27.25%
西南	29 358	4.42%	20.98%
西北	12 814	−1.02%	9.15%

来源：国家统计局，中国水泥协会。

表 6 2017 年水泥产量及增速

排名	地区	产量（万吨）	增速
	全国	231 625	−0.20%
1	江苏省	17 330	−0.57%
2	广东省	15 786	7.69%
3	山东省	15 300	−2.64%
4	河南省	14 939	−2.59%
5	四川省	13 810	−4.03%
6	安徽省	13 394	7.27%
7	广西区	12 179	2.01%
8	湖南省	11 920	0.57%
9	贵州省	11 357	8.21%
10	云南省	11 293	2.67%

来源：国家统计局，中国水泥协会 · 数字水泥。

表 7　　2017 年水泥产量增速排名

排名	增速排名（前十）			增速排名（后十）		
	地区	产量（万吨）	增速	地区	产量（万吨）	增速
1	宁夏区	2178	11.75%	北京市	374	−26.63%
2	新疆区	4496	10.41%	内蒙古	3045	−25.70%
3	贵州省	11 357	8.21%	黑龙江	2361	−20.04%
4	广东省	15 786	7.69%	天津市	419	−18.01%
5	安徽省	13 394	7.27%	青海省	1450	−11.16%
6	西藏区	642	5.87%	甘肃省	4009	−10.71%
7	浙江省	11 231	4.60%	吉林省	2992	−9.61%
8	福建省	8444	3.54%	河北省	8963	−8.48%
9	云南省	11 293	2.67%	四川省	13 810	−4.03%
10	广西区	12 179	2.01%	辽宁省	3688	−3.94%

来源：国家统计局，中国水泥协会 · 数字水泥。

表 8　　2017 年水泥熟料产量及增速

排名	地区	产量（万吨）	增速
	全国	139 966	1.24%
1	安徽省	13 817	1.46%
2	广东省	10 080	7.83%
3	四川省	8560	0.26%
4	山东省	7891	−9.27%
5	云南省	7884	4.84%
6	贵州省	7459	8.23%
7	广西区	7290	−0.02%
8	湖南省	6999	3.83%
9	河南省	6674	−0.12%
10	江西省	6120	5.67%

来源：国家统计局，中国水泥协会 · 数字水泥。

表 9　　2017 年水泥熟料产量增速排名

排名	增速排名（前十）			增速排名（后十）		
	地区	产量（万吨）	增速	地区	产量（万吨）	增速
1	宁夏区	1585	14.58%	天津市	55	−51.18%
2	湖北省	5660	11.19%	北京市	282	−27.04%
3	福建省	5032	9.38%	黑龙江	1028	−18.78%

续表

排名	增速排名（前十）			增速排名（后十）		
	地区	产量（万吨）	增速	地区	产量（万吨）	增速
4	贵州省	7459	8.23%	青海省	1064	−13.95%
5	广东省	10 080	7.83%	吉林省	2159	−13.68%
6	西藏区	508	7.25%	山东省	7891	−9.27%
7	新疆区	3140	6.01%	陕西省	4057	−5.73%
8	江西省	6120	5.67%	辽宁省	2650	−5.42%
9	重庆市	4948	5.43%	内蒙古	2694	−4.31%
10	云南省	7884	4.84%	河北省	5234	−3.10%

来源：国家统计局，中国水泥协会 · 数字水泥。

2. 价格水平大幅回升

全年建材产品均价同比上涨 8.2%，扭转连续两年下降的趋势。其中水泥价格涨幅明显，全国水泥平均市场价格从 2 月的 327 元/吨上涨至 12 月的 415 元/吨（不含西藏），年末比年初上涨 27%。平板玻璃价格稳中有升，9 月以来连续上涨，12 月当月出厂均价同比上涨 8.5%。

2017 年水泥市场价格持续上涨的主要原因：一是受环保治理、错峰生产、节能减排等限产因素影响，供需形势发生改变，库存呈低位运行。环保督察对地方政府的压力也是前所未有，督查期间，企业几乎全面停产，地方政府为控制全年排放总量指标，也要求企业停产，致使库存下降，供货紧张，价格上涨，尤其是华东等局部地区阶段性的供不应求，使价格出现大幅度的上涨。二是今年煤炭（2017 年动力煤价格连续回升，10 月价格创年内新高）、石灰石开采（加大矿山治理力度）以及运输成本（多地区为保障空气质量限制运输）继续提升，也促使企业必须保持水泥价格稳定在相对高位，才能获取合理利润。

2017 年全国水泥价格月度走势如图 36 所示。

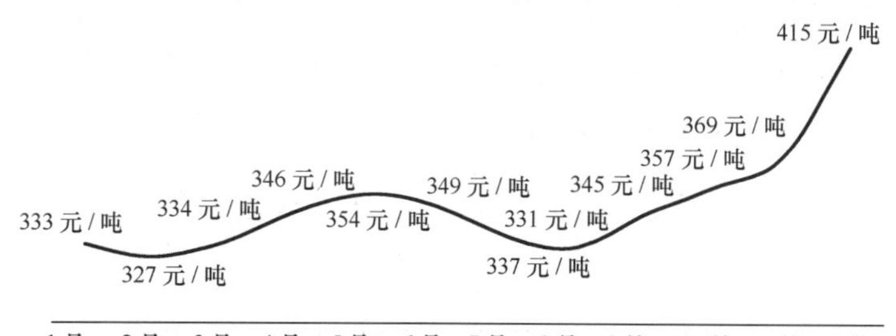

图 36　2017 年全国水泥价格月度走势（到位散装，含税价）

分区域来看，六大区域中，华东地区在水泥需求略增和供给收缩共同作用下，价格一路上涨，价位快速升到全国首位，现货平均成交价达到 504 元/吨（PO42.5 散）；中南地区价格同样上升明显，成交价格为 433 元/吨，位居全国第二位。其余地区也均有一定上涨，但与其他地区相比，幅度相对较小，企业盈利状态也得到改善。

2017 年 1～12 月分地区水泥市场价格如图 37 所示。

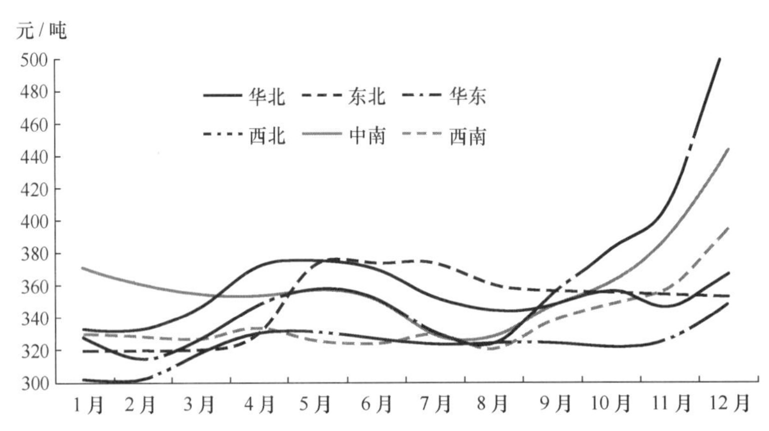

图 37　2017 年 1～12 月分地区水泥市场价格（PO42.5 散，含税运费）

3. 经济效益明显好转

全年建材行业完成主营业务收入 7.5 万亿元，同比增长 8%；实现利润 5173 亿元，同比增长 17%；销售利润率 6.9%，高于整个工业 0.4 个百分点。建材行业资产负债率 50.6%，同比降低 1.2 个百分点；亏损企业亏损总额 271 亿元，同比减亏 24%。水泥行业营收达 9150 亿元，同比增长 18%；利润 876.62 亿元，同比增长 94%。平板玻璃行业营收 759 亿元，同比增长 20%；利润 93 亿元，同比增长 81%。混凝土与水泥制品、卫生陶瓷制品、技术玻璃、玻璃纤维及制品、非金属矿制品等行业效益也均表现良好。

2011—2017 年水泥行业利润如图 38 所示。

4. 建材行业固定资产投资下降

2015 年以后建材限额以上固定资产投资增速急速下滑，2015 年仅增长 6%，2016 年一度负增长，全年增速不足 1%。而 2017 年建材工业固定资产投资首次出现负增长，全年限额以上固定资产投资 1.55 万亿元，同比下降 1.7%。按照产业链划分，建材各产业中投资保持增长的行业仅剩混凝土与水泥制品、矿物纤

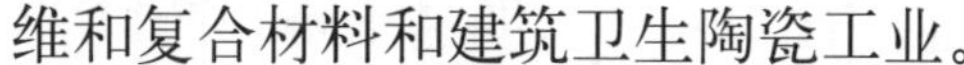
维和复合材料和建筑卫生陶瓷工业。

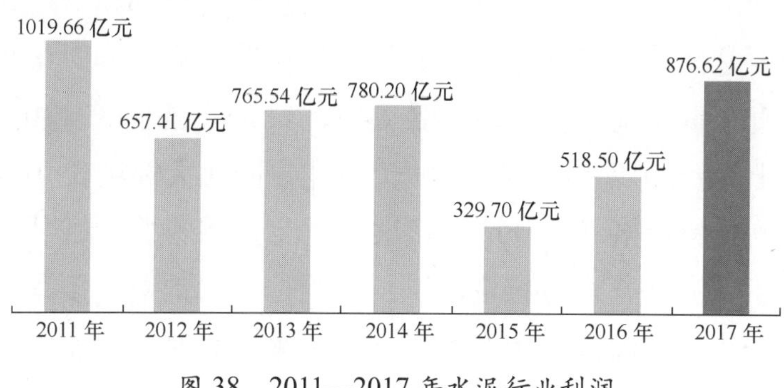

图 38　2011—2017 年水泥行业利润

2014—2017 年全国月度累计固定资产投资、房地产投资和基建投资增速对比如图 39 所示。

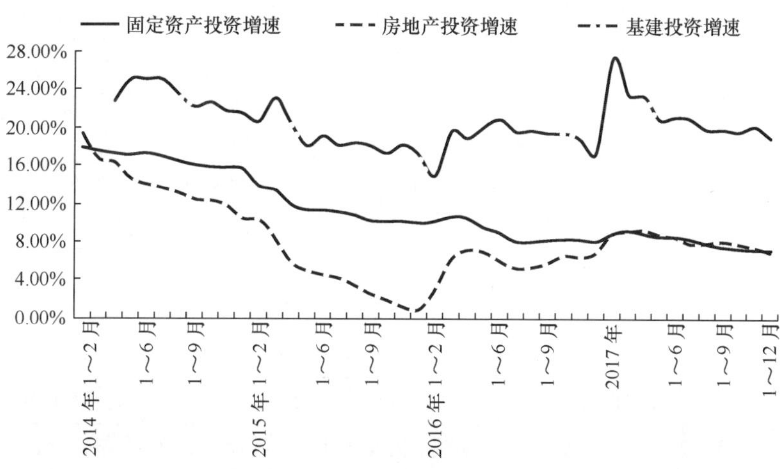

图 39　2014—2017 年全国月度累计固定资产投资、房地产投资和基建投资增速对比

5. 出口同比有所下降，进口保持稳定

全年建材商品出口额 306 亿美元，同比下降 1.3%，降幅比前三季度继续收窄。全年出口离岸均价同比下降 52%。主要出口商品中，建筑卫生陶瓷出口量同比下降 3.1%，金额增长 1.8%；建筑与技术玻璃出口量同比增长 2.9%，金额下降 1.5%；建筑用石出口量同比基本持平，金额下降 17%；玻璃纤维及制品出口情况较好，出口量和金额同比分别增长 10%和 9.2%。全年建材及非金属矿商品进口金额 205 亿美元，下降 0.4%；平板玻璃、大理石和花岗石荒料、玻璃纤维及制品、石英玻璃、碳纤维及制品、密封制品等主要商品进口金额均保持同比增长。

随着国内水泥和熟料价格的上涨，水泥企业出口意愿有明显下降，2017 年水泥和熟料分别出口 876 万吨和 410 万吨，同比增长 7.6%和下降 57.44%，熟料下降明显，主要是因为自年初以来，熟料价格快速上升，同时多种限产因素导致熟料库存一直很低，惜售情况也导致熟料出口量明显下降。相反，水泥熟料进口量却明显上升，2017 年熟料进口 87 万吨，同比大幅增长 1869%。主要原因是国内较高的熟料价格（部分地区超过 500 元/吨且熟料企业惜售）导致部分粉磨企业不得不到海外寻求熟料资源进行补给，从目前看主要是来自越南的熟料，进口的省份集中在海南、山东和浙江。未来一段时间，水泥熟料的进口量预计将持续增长。2017 年水泥及熟料进出口情况分别见表 10 和表 11。

表 10　2017 年水泥及熟料进口情况

品种	累计进口量		累计进口额		平均到岸价格（美元/吨）	
	数值（万吨）	增速	金额（万美元）	增速	2017 年 12 月	2016 年 12 月
水泥	3.73	79.78%	1697.52	26.45%	454.74	646.56
硅酸盐水泥	1.94	1796.37%	183.91	147.80%	94.99	726.96
白水泥	0.19	−68.51%	88.71	−52.85%	455.15	304.00
水凝水泥	0.23	25.30%	532.67	84.99%	2287.58	1549.42
矾土水泥	1.37	17.07%	892.23	12.63%	651.66	677.36
水泥熟料	87.09	1869.01%	3531.63	2381.44%	40.55	32.18

表 11　2017 年水泥及熟料出口情况

品种	累计出口量		累计出口额		平均离岸价格（美元/吨）	
	数值（万吨）	增速	金额（万美元）	增速	2017 年 12 月	2016 年 12 月
水泥	876.52	7.60%	44 742.19	11.53%	51.05	49.25
硅酸盐水泥	855.79	8.72%	40 091.31	13.92%	46.85	44.71
白水泥	8.84	−2.29%	921.99	−22.85%	104.29	132.07
水凝水泥	3.64	−66.17%	333.79	−48.59%	91.68	60.33
矾土水泥	8.25	7.22%	3395.11	10.17%	411.50	400.47
水泥熟料	409.88	−57.44%	13 050.96	−54.02%	31.84	29.47

（二）建材行业结构调整成效

1. 产业结构变动情况

目前，我国水泥行业技术结构调整基本完成，新型干法水泥占比接近 100%；

产品结构调整正有序推进，已取消 PC32.5 水泥标准，正加快取消 PC32.5R 水泥标准；组织结构调整取得初步成效，在中国建材、海螺、金隅、华润等代表企业的积极努力下，行业集中度从 2006 年的 12%增至 2016 年的 57%，但与国际成熟市场相比，仍有较大差距。下一步，在技术结构方面要彻底淘汰立窑、中空窑等剩余的极少数落后生产工艺；在产品结构方面要全面取消 32.5 等级通用水泥，彻底解决我国水泥行业低标号水泥产品泛滥问题，推动提高建筑标准，满足人民日益增长的美好生活需要；在组织结构方面要继续提高产业集中度，加大兼并重组力度，力争至 2020 年，前十大水泥集团熟料产能集中度达到 70%，水泥产能集中度达到 60%。

我国 Low-E 节能玻璃生产线已有 100 多条，年产能超过 3 亿平方米，成为全球最大的 Low-E 镀膜玻璃生产加工中心和应用市场，规模位居世界第一。从产品结构看，一般建筑用浮法玻璃严重过剩，优质浮法玻璃比例偏低（不足 40%），不能满足高档加工需要，而一些电子玻璃、特种玻璃还需进口。此外，全国非标产品约占总产能的 5%，主要有 4mm、5mm、6mm 几个规格，非标产品是严重制约整体质量水平提升的重要因素，也是产品质量环节长期存在的一个毒瘤。在组织结构方面，我国玻璃企业数量仍然偏多，平板玻璃前十家玻璃企业产能集中度仅为 59%，集中度偏低造成我国玻璃企业的国际影响力和在产业链中的行业地位难以提高。

创新提升标准是去产能、补短板、调结构，促进行业转型升级的关键手段。中国建筑材料联合会印发了《创新提升标准，促进去产能补短板调结构的实施意见》，旨在通过着力制修订有利于淘汰传统落后产能，提升优化传统产业、促进新兴产业、绿色建材等发展的缺失标准，推动行业供给侧改革和结构调整，满足行业新的发展需要。有关专业协会与联合会联手提出了水泥、平板玻璃、建筑卫生陶瓷行业单位产品碳排放限额国家标准的制定计划，完成并发布了 6 项绿色建材产品评价国家标准。

在行业政策、标准、错峰生产、行业自律、遏制新增、淘汰落后产能多种举措的组合作用下，水泥、平板玻璃、商品混凝土、玻璃纤维、石膏等行业顶住了产能严重过剩和市场无序竞争带来的经济效益严重下滑的危机，行业效益都有了较大幅度的上升。

2. 新产业新业态发展情况

新的发展业态日新月异，带来了新的经济增长点。一是其新业态的主要标志是上下游的产业链、纵横结合的产业群的发展，提升了资源效能和利用价值，增加了附加值，也改变了产品功能单一不利于集成、组合、配套的弊端。二是以新型的、现代化的手段与经济融合，利用信息、网络、数据、电商、中介、咨询等开展新型的服务业，既节省了传统产业的成本，增加了附加值，又提升了产品的性价比和功能效果，以能耗少、污染少、投资成本低、轻资产等特征占据新的市场空间，展示出新的活力和新的需求，成为新的发展亮点和经济增长点。三是加快“走出去”发展，改变了过去对外发展中单打独斗、不扎根、不占有市场的发展方式，以上下游合作型，集成技术、装备、投资、产能合作、中介服务、信息数据、标准、硬件软件一并走出去，在国外经营，有市场份额。水泥、平板玻璃、玻璃纤维、砖瓦等一批产业已经在国外投资建厂，这些都是这几年出现的新的发展业态，既体现了市场新需求，又拓展了发展的空间，还改变了单一的传统制造业的发展方式。

纵观建材工业新的发展业态，可以看到有四大新发展动力贯穿其中：一是信息融入经济手段新颖，快速多功能推动着新的发展业态；二是智能化推动着建材行业全方位的功能提升、效能提升，提升了经营管理水平，节省大量劳动力；三是资源组织方式的创新推动着发展方式的改变，产业连接、组合功能拓展成为提升品质、提高发展质量、增加附加值的新功能；四是绿色生态环境文明建设推动着建材发展空间的拓展和发展质量的提升，带动着新的经济的萌生。

3. 产能变动情况

2017年我国现有新型干法水泥生产线1763条，实际年熟料产能超过22亿吨，实际年水泥产能36亿吨，产能利用率仅65%，部分地区不足50%，离熟料产能利用率80%的合理区间还有较大差距，随着中国经济进入“新常态”，水泥需求也进入平台期，未来还会不可避免地进入下行通道，如果不下决心去产能，产能严重过剩矛盾会更加突出与激化。

当前，在产能严重过剩的背景下解决水泥、平板玻璃行业的发展问题必须坚持以下原则：一是致力于推进“两个二代”技术装备研发并达到世界领先水平，实现中国制造和中国创造并举，之后全方位改造提升中国水泥、平板玻璃行业的装备水平，将现在发展严重不平衡的中国水泥、玻璃工业在淘汰落后产能后整个产业总体达到世界领先水平；二是坚决淘汰32.5硅酸盐水泥标准与坚决停止生产32.5硅酸盐水泥的生产，淘汰能耗、环保、质量不达标的所有水泥与平板玻璃生产线；三是用兼并重组的办法，用补贴关闭企业用于人员安置的办法，用劝其小企业退出市场的办法，用大企业之间相互置换产能和大企业收购小企业的办法，努力将水泥、平板玻璃行业企业的数量减少1/4。

（三）建材行业转型升级成效

在大企业和科研院所的带动下，行业转向高端发展的趋势日益明显，中国建材集团旗下的中复集团建成了高端的单线1000吨SYT55（T800级）碳纤维生产线，标志着我国在碳纤维领域迈出了战略性的关键一步；中国建材凯盛集团在光电材料领域建成了触摸屏用超薄高铝盖板玻璃生产线、年产1.5GW铜铟镓硒薄膜太阳能模组工厂，开始建设8.5代TFT-LCD超薄浮法玻璃基板生产线；中材科技建成了年产2.4亿平方米的锂电池隔膜建设项目；中材高新在特种陶瓷领域启动了年产100吨高性能氮化硅陶瓷生产线的建设。与此同时，行业内一批高端产品随着工艺改进、性能功能改进与提升，由国内先进水平跃上了国际领先水平，非线性光学晶体、闪烁晶体等制备技术大部分达到国际领先水平。

在多数指标实现了中国制造的基础上，新型干法水泥、浮法玻璃“两个二代”的技术装备研发有30%～40%的技术与经济指标可以实现中国创造。玻璃行业的世界最薄触控玻璃、超薄超透光玻璃、光电玻璃、光电设备；玻璃纤维行业大多数的制造技术、装备及产品，尤其是高强、高模用纱、无硼无氟用纱，复合材料中部分尖端军工复合材料、部分海洋工程用复合材料；非金属矿行业的石墨负极材料、石油催化用高岭土、硅灰石矿物纤维及部分石墨、萤石、高岭土等选矿工艺技术；建筑卫生陶瓷行业的抛光砖、微晶陶瓷复合砖；新型建材行业的石膏板、绿色装配式房屋；石材行业的花岗石框架锯装备制造；管桩行业的管桩防腐技术、超高强管桩生产技术、免蒸压免蒸养技术等，已达到高端水平并与世界领先企业并跑，成为行业发展的亮点和新的经济增长点。

在“一带一路”走出去发展战略指引下，建材行业对外投资力度不断加大，境外收购企业、投资建厂、产能合作和贸易经营步伐明显加快，水泥、玻璃、玻璃纤维、建筑卫生陶瓷、砖瓦等多个产业都实现了在境外投资与经营。统计数据显示：水泥行业，在海外投资的水泥生产企业共有97家，涉及国内77家企业，熟料产能约2500万吨；玻璃行业，中国玻璃控股有限公司、旗滨玻璃集团、信义玻璃、福耀玻璃集团分别在德国、美国、俄罗斯以及尼日利亚、哈萨克斯坦等国建厂；玻璃纤维行业，巨石集团在美国和埃及已经开展布局。这些都标志着一批领头的企业已经进入国际市场，意味着转型升级有了国际市场的支撑。

二、当前建材行业发展需要关注的问题

（一）市场需求出现趋紧迹象，建材行业增速明显下降

2017 年全国固定资产投资（不含农户）同比增长 7.2%，其中建筑安装工程固定资产投资完成额同比增长 7.7%，比上年回落 1.6 个百分点，重点市场领域中，房地产业、水利、环境和公共设施管理业、电力、热力、燃气及水的生产和供应业等行业固定资产投资增速比上年均有明显回落；当前建材及水泥、混凝土水泥制品市场需求相对平稳，总体仍表现为弱需求状态，投资对建材行业的拉动作用急剧弱化。而目前建材行业增长中投资驱动因素仍占 75%左右，消费驱动还处于转型发展或培育阶段，因此建材行业在一段时间内仍将面临需求不足的市场环境，建材产业总体上将不可逆转地进入中低速增长区间，行业将更多地转向消费拉动及存量市场。

（二）资源、环保约束因素影响进一步增强

随着我国社会经济发展，资源环境容量已经形成限制，极端污染天气、生态破坏等问题层出不穷，当前环境容量已经难以满足产业当前规模下的发展。严重污染时水泥窑停（限）产成为经常性现象，在“2+26”城市尤其明显，从每年 11 月北方十五省市陆续进入错峰生产开始，全国水泥熟料环比连续大幅下降；2014 年以来，平板玻璃行业 193 家在产企业中，因环保问题受到环保部门处罚、要求整改的就有 123 家，涉及平板玻璃生产能力 7.7 亿重量箱，同时，还有 36 家企业被关闭。此外，因节能减排标准持续提升，企业环保投入持续加大，矿山整治导致生产原料成本大幅上涨，生产要素也在发生重大变化。

（三）自主创新能力和制造水平与发达国家相比仍有不小差距

虽然水泥、平板玻璃等产业的技术装备与生产制造水平在引进消化吸收

之后已进入世界前列，但是建材行业整体自主创新能力和自主知识产权仍显得比较薄弱，一些核心技术装备还处于追赶或并行的阶段；多数建材产业制造水平与主要发达国家相比尚存在较大差距，尤其是在基础理论研究、软硬件开发、精加工、智能化、两化融合、高端制造等方面存在明显短板，具体表现在：基础理论研究相对薄弱，装备的研发、制造很大程度上还在跟随和模仿，原始性的创新太少；研发与应用脱节，包括一些骨干的建材制造企业缺乏研发及应用研究，缺乏发展提升的顶层设计，研发投入不足，高素质、高水平的领军人物匮缺；软硬件开发相对滞后且相互不匹配，影响了已有的硬件使用效率；精密加工尤其是超精密加工的装备和操作水准都比较低，一些产业的部分装备的核心技术、关键部件和关键材料仍依赖他国，缺乏自立；智能化则处于起步阶段，两化融合集成协同效能低，产业链上下游之间的衔接融合程度低；复合型功能装备和装备配套能力弱，一些重大装备、核心装备长期使用性能不稳定等。

（四）产能过剩问题没有得到根本性改观

近十年来，全国水泥产能由 2008 年的 20.3 亿吨增加至 2017 年的 36 亿吨，年平均增长率为 5.9%。2014 年及以前，全国水泥产能利用率均在 70%以上，但 2015 年以来明显下降，2016 年为 68.7%，2017 年同时受环保、错峰生产等因素影响，产能利用率进一步降至 65%。我国平板玻璃的规模占全球的 60%，远远超出了市场的需求，由此导致玻璃产能利用率长期处于低水平（目前仅为 70%左右），距离合理的范围（85%～90%）有较大差距；从产品结构看，一般建筑用浮法玻璃严重过剩，优质浮法玻璃比例偏低（不足 40%），不能满足高档加工需要，而一些电子玻璃、特种玻璃还需进口。

（五）建材行业效益回升的基础还很不牢固

2017 年建材效益增长相对明显，价格上涨是主要因素。2017 年规模以上建材行业主营业务收入增量中，价格回升因素贡献了近 70%的份额。2017 年建材行业出厂价格的回升主要依赖于行业自律和原燃材料价格上涨，价格传导机制一旦不畅或自律基础动摇，将会对行业经济运行质量带来较大影响。在价格推动作用削弱后，建材行业增长速度将出现较为明显的回落。

（六）出口对行业的拉动作用持续减弱

2013 年以来建材及非金属矿商品出口金额增速持续下滑，2016 年大幅下降了 19%，2017 年仍然下降。2017 年建筑卫生陶瓷、建筑用石、水泥和水泥熟料、石膏制品和保温材料出口数量下降，建筑技术玻璃出口数量在年底也出现下降。2017 年建材及非矿出口的下降，对建材行业，特别是建筑卫生陶瓷、建筑用石和建筑技术玻璃行业的增长呈负面影响。

三、2018 年建材行业发展展望

（一）建材行业发展面临的形势

1．全球产业竞争格局的重大调整对建材行业带来了新的挑战。国际金融危机发生后，发达国家纷纷实施“再工业化”战略，重塑制造业竞争新优势；一些发展中国家也在加快参与全球产业再分工，承接产业及资本转移，拓展国际市场空间；个别国家贸易保护主义抬头、逆全球化思潮暗流涌动，经济全球化遇到波折。在这种国际竞争新格局下，我国建材工业的发展面临着发达国家高端封锁及其他新兴经济体和发展中国家追赶比拼的“双向挤压”的严峻挑战。

2.“一带一路”“走出去”战略的推进以及国内“新四化”建设为我国建材行业开拓了巨大的市场空间。随着“一带一路”战略和新型工业化、信息化、城镇化、农业现代化等“新四化”的不断推进，亚洲公路网、泛亚铁路网建设、高铁及配套设施建设、港口建设、油气管道、跨界桥梁、跨境电力与输电通道建设、光缆传输系统等国际重点基础设施建设，以及国内城镇基础设施、地下管网、保障性安居工程建设和一大批水利、高铁、公路、港口、机场等重大工程项目的实施，为建材产品、建材装备、建材制品业、建材服务业发展提供了较大的市场空间。

3．我国经济已由高速增长阶段转向高质量发展阶段。党的十九大作出明确判断，我国经济已由高速增长阶段转向高质量发展阶段，正处在转变发展方式、优化经济结构、转换增长动力的攻关期，这意味着我国经济已经从主要依靠增加物质资源消耗实现的粗放型高速增长转变为主要依靠技术进步、改善管理和提高劳动者素质实现的集约型增长。这就要求建材行业也要适应新时代高质量发展的新要求，加快实现从高速增长向高质量发展的转变，着力构建现代化的建材工业体系。从以原材料生产为主向深加工、精加工制品以及建筑部品生产为主的方向转变，着力推进传统产业的改造提升，积极培育和发展建材新兴产业，全面推动建材产业发展水平、质量和效益的提升。

4．我国建材行业存在着四大主要矛盾，亟待解决。一是我国建材行业发展存在严重的不平衡，一部分骨干企业和一部分产品已经进入由中低端向高端发展的阶段甚至已经达到了世界领先水平，但多数企业和产品仍以中低端为主体，甚至有的产业低端占半数以上，规模小、数量多、效益低的企业不是少数，多数产业有 30%以上的企业长期处于亏损状态，产业尾巴长拖住了产业转型升级的步伐。二是产能严重过剩在绝大多数产业中普遍存在，半数以上产业产能过剩达到 30%甚至 50%左右，但淘汰落后产能的决心和措施都还没有着落，行业内无序竞争时起时伏，经济效益增长不稳。三是新兴产业、高端技术、高端产品和市场新的需求开发慢，补短板乏力，既缺创新动力，又缺科技提升，还缺发展路径，给行业转型升级带来严重挑战。四是行业从整体上跟不上国家生态文明建设的步伐，虽然一些先进产业和水玻陶（水泥、玻璃、陶瓷）的产业节能减排已经达标或接近达标，但从企业数量来看，半数以上的企业短时间内仍不能达标，甚至还有手工、半机械化操作的，一些没有先进装置和设备的落后企业还没有退出市场。

5．环保风暴的不断升级对行业绿色发展提出了新要求。中央全面深化改革领导小组第十四次会议审议通过了《环境保护督查方案（试行）》，把环境问题突出、重大环境事件频发、环境保护责任落实不力的地方作为先期督查对象，重点督查贯彻党中央决策部署、解决突出环境问题、落实环境保护主体责任的情况。在资源环境压力不断加大和环境质量控制日益加强的背景下，加快提升建材行业绿色发展、循环发展和低碳发展能力迫在眉睫，加大先进节能环保技术、工艺和装备的研发力度，加快推进建材产品全生命周期绿色管理，努力构建高效、清洁、低碳、循环的绿色制造体系，已成为新常态下建材工业发展的重要任务。

（二）建材行业发展总体思路

深入贯彻党的十九大精神，牢固树立“创新、协调、绿色、开放、共享”

五大发展理念，严格落实《国务院办公厅关于促进建材工业稳增长调结构增效益的指导意见》（国办发〔2016〕34 号）文件要求，坚决淘汰落后产能、遏制新增产能、压缩无效产能，加快推进建材制造业和建材服务业并举发展，大力发展绿色建材和新兴产业，促进企业兼并重组，强化行业自律和区域协调，加快建材企业“走出去”的步伐，推动建材行业供给侧结构性改革和高质量发展。

（三）建材行业发展趋势

一是向高端发展。围绕建材工业“四基”，加快攻坚一批制约产业发展的核心技术、关键共性技术和核心零部件、少数软件，形成高端自主知识产权；着力开发高档数控机床、3D 增材打印机、智能工业机器人等一批建材高端技术装备，实现一批重大装备的工程化、产业化应用。

二是向绿色发展。全面推进传统建材制造业绿色改造，大力研发推广能效提升、清洁生产、减排治污、循环利用等新一代绿色先进工艺技术装备，积极开展示范应用，努力构建高效、清洁、低碳、生态、环保、循环的绿色制造体系。

三是向功能型与智能结合体发展。依托优势企业，与科研院所、高等院校相结合，大力推行建材自动化成套装备、数字化车间、智能传感器、嵌入式系统、计算机仿真系统、能源管控系统、智能仪器仪表、在线检测设备的研发、融合及示范应用，搭建建材智能制造标准体系、网络系统平台、技术生产数据标准化数据库和信息安全保障系统，推动互联网、大数据、人工智能与建材制造业间的深度融合，促进建材装备数字化、网络化、智能化发展。

四是向中国创造发展。瞄准国际领先水平，在引进、消化、国产化、再创新的基础上，以“两个二代”研发攻关为模板，实现从追赶、并跑到超越、引领，进而带动整个建材行业在“创新提升、超越引领”的战略实施中，全面推进中国制造和中国创造并举。

五是向新领域新需求扩展。围绕对建材制品需求越来越大的汽车、石化、机电等领域，特别是提供特种材料的航空航天、军工、电子、高新产业等领域，积极研发和提升配套技术和装备，加快推进新需求领域的试点示范工作，深入开拓和挖掘新需求。

六是向跨界扩展。深化建材制造业与“互联网+”深度融合发展，加强产业链协作，发展基于互联网的个性化定制、众包设计、云制造等新型制造模式，推行众包设计研发和网络化制造；鼓励建材企业开发与推行处置城市生活垃圾、污泥、固体废弃物、危险废物等技术装备，积极向节能环保行业扩展。

七是向国外扩展。以实施“一带一路”合作倡议为契机，紧抓国际化发展业态，在加强建材装备品质、品种、品牌建设的同时，加快我国具有优势的玻璃纤维、玻璃、水泥、建筑卫生陶瓷、石膏板等技术装备的产能合作和“走出去”发展，提升国际影响力。

八是向建材服务业扩展。延伸建材制造业服务链条，重点发展研发设计、工程总承包、现代物流、电子商务、产业咨询、检验检测认证、节能环保、业务外包等高端生产性服务业，构建并形成涵盖建材生产、经贸合作、商品流通、工程建设、节能减排、“走出去”、新兴建材的多领域服务组织与服务体系。

四、下一步建材行业的发展重点

（一）发展重点

站在新的历史起点，建材行业要深入学习贯彻党的十九大精神，以习近平新时代中国特色社会主义思想为指引，践行新发展理念，坚持稳中求进总基调，深化供给侧结构性改革，加快实现从高速增长向高质量发展的转变，着力构建现代化的建材工业体系。下一步建材行业要重点做好以下工作。

一是依规倒逼去产能。严禁以任何理由任何名义新上扩大产能的水泥、玻璃项目，确有必要的建设项目要严格执行产能置换实施办法，确保产能总量只降不增；对水泥玻璃行业全面实施排污许可，利用市场化手段压减水泥玻璃过剩产能；进一步研究修订标准和调整政策，限制 32.5 等级低标号水泥生产和使用；继续推进吉林省和河北省沙河市通过联合重组推动市场主体主动去产能试点，探索设立行业结构调整资金；监督查处违法违规建设扩能项目，严厉打击取缔无证非法生产、假冒伪劣产品；指导行业精准实施错峰生产。

二是需求牵引补短板。研究提出扩大绿色建材生产和消费的激励政策，完善全国统一的绿色建材标准、认证和标识制度，引导发展绿色建材、部品化建材和标准化原料；以实现新材料商业化应用为牵引，加快玻璃基材料、先进陶瓷、人工晶体、矿物功能材料、高性能纤维及复合材料、石墨烯等新材料示范应用，培育新的增长点；继续组织开展非金属矿特色产业精准扶贫，推进矿物功能材料特色产业基地建设。

三是创新驱动增效益。修订《建材工业鼓励推广应用的技术和产品目录》，为实施差别化信贷提供支持；推广先进适用的智能制造技术，试点示范“机器代人”，打造智能工厂；继续实施协同处置推广工程，利用水泥窑无害化处置生活垃圾和产业固体废弃物；在陶瓷、耐火材料等行业研究推广治污减排、节能降耗新技术。引导推进清洁生产改造；完善水泥企业“走出去”国别指引和项目库，推动国际产能合作。

四是提升能力强服务。夯实行业管理基础工作，加强运行监测分析，针对倾向性、苗头性问题研究提出应对措施建议，推动部门统筹协调，促进产业政策生根落地；发挥强制性标准的引导规范作用，推动制定单位水泥熟料污染物排放限额标准、装饰装修材料有害物质限量标准；继续推进“放管服”改革，试点建材行业规范公告自我声明，加强事中事后监管；加强对地方行业主管部门、行业协会的指导和交流，规范竞争秩序，营造良好环境，促进建材行业稳健增长、调结构、增效益。

（二）发展建议

1．确保全国固定资产投资稳定持续，为建材市场需求稳定发挥托底作用。当前市场需求总体仍保持低位，导致传统产业转型和下游产业发展缺乏动力，而建材行业主要产业的产能过剩问题还没有得到根本性扭转，整体供需关系处于脆弱波动态势，建材稳增长尚不稳定，经济下滑风险还随时存在。要充分发挥投资对宏观市场的托底作用，保证全国固定资产投资增速稳定，以保证受投资直接影响的基础材料产业稳定增长，从而加强行业的发展信心。

2．坚决遏制新增产能释放，确保行业产能总量不增长。在政府、行业、企业的共同努力下，我国水泥新建项目已得到较好遏制，遏制新增产能工作应转向清理水泥违规项目，特别是对水泥在建及部分已建成项目中存在的“批小建大”“重复使用置换指标”“无证生产”问题，应按照项目所在地区原有熟料产能不增加或减量的原则，督促地方政府严格按照项目批复内容，严格按照产能置换及生产许可证管理有关规定，进行重新核准或责令停产。建立行政问责制，严肃查处违规项目，警示企业避免重蹈覆辙，切实管住新增产能入口，为行业实现供给侧改革总体目标提供缓冲期。加强各地对水泥、平板玻璃违规新增产能项目的监督、核实、举报，对违规生产线进行调查与查处，对查实的违规项目和扰乱市场秩序的行为予以曝光。

3．进一步制定并出台操作性强的具体政策，着力推进建材供给侧改革。国办发〔2016〕34号文件涉及面广，部分工作难度较大，因此需要进一步细化、实化：一是研究出台更多操作性强的兼并重组政策，特别是资金补贴、税收、贷款等优惠政策；二是加大对水泥、玻璃行业“两个二代”技术装备示范项目在立项、补贴等方面的政策支持力度，并在项目立项、补贴等方面给予政策支持；三是设立水泥、平板玻璃行业结构调整专项资金，支持和鼓励省一级出台相关政策，再向区域扩展，继而在全国推广；四是制定强制政策，提高Low-E玻璃在建筑中的应用比例。

4．要充分发挥标准引领作用。对各建材产业、各企业现有的环保、能耗、质量、安全、技术等标准达标情况摸底调查，坚决淘汰一切不达标的落后产能。做好各大产业“去产能”标准目录的创新与提升，水泥行业要做好向高端、特种水泥领域发展的相关标准；平板玻璃行业要做好国家标准的提升与修订，取缔非标产品；建筑卫生陶瓷行业要瞄准国际领先水平向新需求、高端发展的相关标准。

5．加大金融政策对建材企业对外投资的扶持力度，强化对“走出去”建材企业非经营性风险提供更多保障。扩大中央财政现有专项资金规模，加大力度鼓励银行等金融机构在境外设立分支机构和服务网络，为建材企业境外投资提供更多低成本融资。完善非经营性风险国家保障体系和境外投资应急救援机制，对建材企业跨境运营的合法权益给予更多保障。

（作者：中国建筑材料联合会　朱吉乔）

第五章　机械工业 2017 年发展回顾与形势展望

2017 年，面对错综复杂的国内外形势，机械工业认真贯彻落实党中央、国务院的战略部署，主动适应发展新常态，深入推进供给侧结构性改革、扩大有效供给，推进行业转型升级、提质增效。全年实现效益改善、出口回升，行业运行稳中向好，市场信心逐步提升，发展形势好于预期。与此同时，高端产品供应不足、低端产品供应过剩的不平衡状态仍未根本改变，专用装备等短板发展不充分的问题依然突出。

展望 2018 年，机械工业要以习近平新时代中国特色社会主义思想为指导，全面贯彻落实党的十九大精神，按照中央经济工作会议的部署，坚持稳中求进工作总基调，紧扣机械工业发展不平衡、不充分的主要矛盾，坚持创新发展理念，坚持以供给侧结构性改革为主线，全面开启机械工业高质量发展的新征程。

一、2017 年机械行业发展回顾

（一）2017 年机械行业运行特点

1. 规模以上企业数量

国家统计局快报数据显示，2017 年机械工业规模以上企业（年主营业务收入 2000 万元以上）有 86 968 家，占全国工业规模以上企业总数的 22.57%，占比较上年同期下降 0.12 个百分点。

2. 资产总额

2017 年机械工业规模以上企业资产总额达 22.33 万亿元，同比增长 9.05%，占全国工业资产总额的 19.88%，占比较上年同期提升 0.13 个百分点。

3. 增加值保持较高增速

2017 年机械工业增加值增速延续了上年持续高于全国工业和制造业的态势，增速始终保持在 10%以上。全年机械工业增加值同比增长 10.7%，分别高于同期全国工业和制造业 4.1 和 3.5 个百分点，高于机械工业上年同期 1.1 个百分点。

4. 经济效益明显改善

2017 年机械工业实现主营业务收入 24.5 万亿元，同比增长 9.5%，高于上年同期 2.0 个百分点。实现利润总额 1.71 万亿元，同比增长 10.8%，高于上年同期 5.2 个百分点。机械工业主要效益指标实现较快增长，但与全国工业相比，主营业务收入及利润增速分别低于同期全国工业 1.6 和 10.3 个百分点。

2015 年以来全国工业、制造业和机械工业增加值的增速情况如图 40 所示。

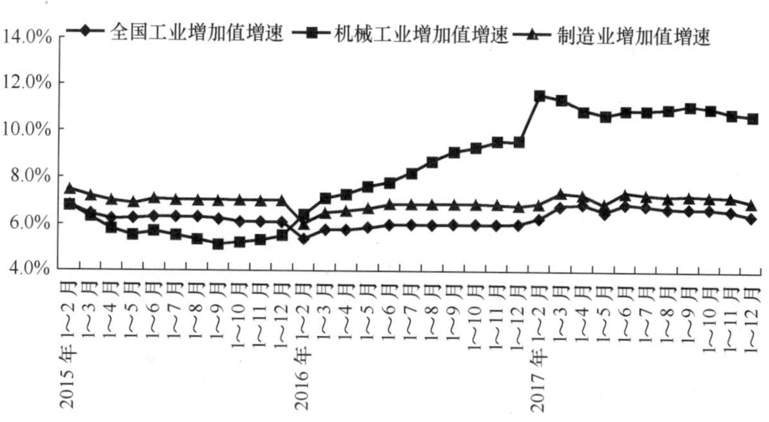

图 40 2015 年以来全国工业、制造业和机械工业增加值增速情况

2015 年以来全国工业和机械工业主营业务收入的增速情况如图 41 所示。

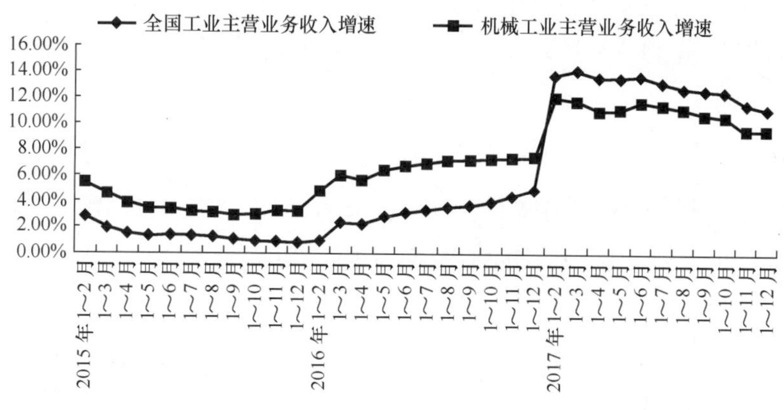

图 41 2015 年以来全国工业和机械工业主营业务收入增速情况

2015 年以来全国工业和机械工业利润总额的增速情况如图 42 所示。

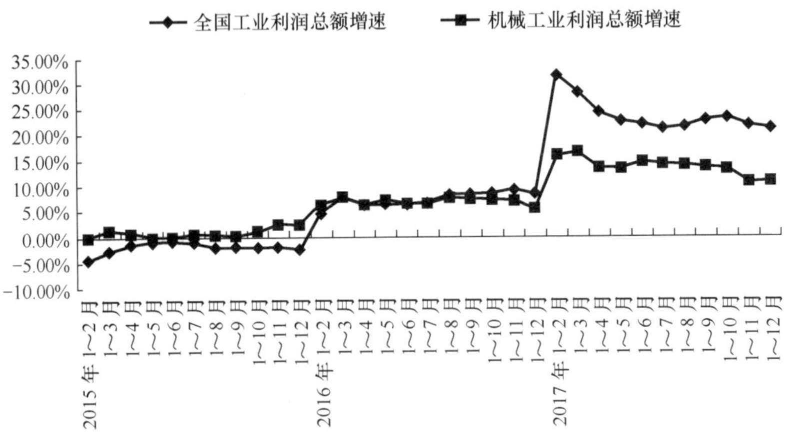

图 42　2015 年以来全国工业和机械工业利润总额增速情况

从盈利能力来看，2017 年机械工业主营业务收入利润率为 6.98%，比上年提高了 0.08 个百分点，高于同期全国工业 0.52 个百分点；每百元资产实现的主营业务收入为 109.9 元，比上年提高了 0.4 元，高于同期全国工业 1.5 元，机械企业的盈利能力在增强。

5. 产品产量增长面扩大

机械工业重点监测的 64 种主要产品中，产量实现同比增长的产品有 47 种，占比 73.4%，产品产量增长面较上年扩大 9.3 个点；产量同比下降的产品有 17 种，占比 26.6%。全年汽车产销分别完成 2901.5 万辆和 2887.9 万辆，同比分别增长 3.2%和 3%。其中，中国品牌乘用车共销售 1084.7 万辆，同比增长 3%，占乘用车销售总量的 43.9%。商用车产销分别完成 420.9 万辆和 416.1 万辆，同比分别增长 13.8%和 14%。摩托车整车产量为 2267.7 万辆，同比增长 8.2%；汽车用发动机同比增长 17.9%、汽车仪表同比增长 11.5%。与消费产品加工相关的塑料加工专用设备同比增长 11.1%，棉花加工机械同比增长 4.8%，农产品初加工机械同比增长 10.5%，饲料生产专用设备同比增长 5.7%。与民生消费相关的通信及电子网络用电缆同比增长 3.5%，光缆同比增长 5.2%，电动手提工具同比增长 11.6%。与物流运输产业相关度较大的载货汽车、集装箱、叉车、输送机械等产量明显增长。产量下降的产品主要是拖拉机、收割机等农机产品和发电设备等。

2015 年以来机械工业重点监测产品增减变化情况如图 43 所示。

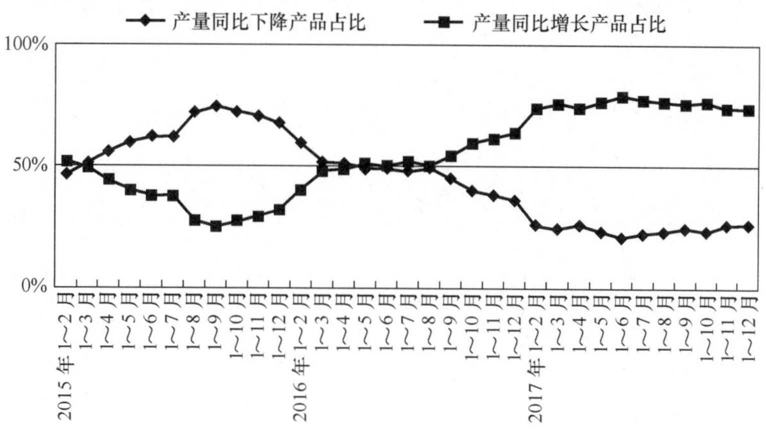

图 43　2015 年以来机械工业重点监测产品产量增减变化情况

2013 年以来大、中、小型拖拉机产量同比增减变化情况如图 44 所示。

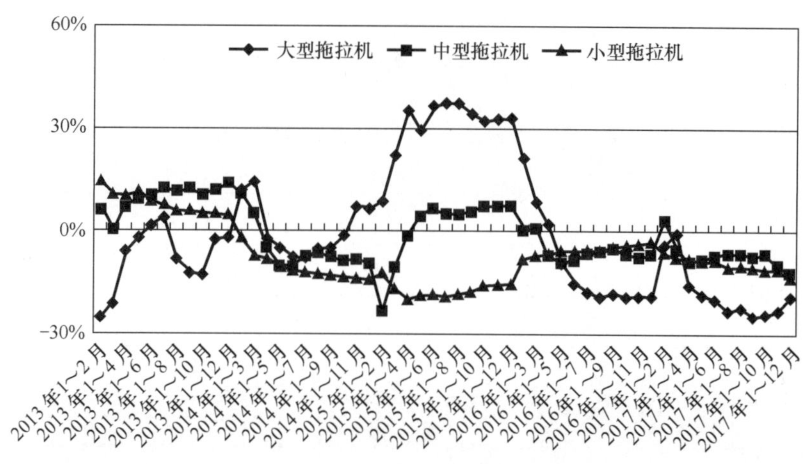

图 44　2013 年以来大、中、小型拖拉机产量同比增减变化情况

值得重视的是农用机械中的大、中、小型拖拉机产品产量均出现较大幅度下滑，大型拖拉机产量同比下降 18.9%、中型拖拉机产量同比下降 11.9%、小型拖拉机产量同比下降 13.2%；谷物收获机械产量同比下降 12.6%，玉米收获机械产量同比下降 11.4%。

6. 分行业发展全面向好

与上年仅汽车、电工电器两大行业为主拉动机械工业增长不同，2017 年以来机械工业各分行业均表现出向好的发展态势。通用设备制造业、专用设备制造业、电气机械和器材制造业，以及汽车制造业全年工业增加值增速均超过

10.5%,其中通用设备制造业和专用设备制造业的增速较上年大幅提升 4.6 和 5.1 个百分点。

2017 年年末机械工业 13 个分行业主营业务收入增速情况如图 45 所示。

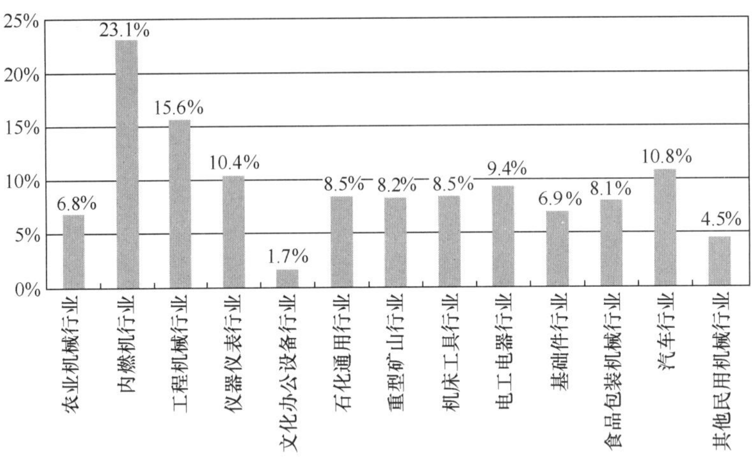

图 45　2017 年年末机械工业 13 个分行业主营业务收入增速情况

2017 年年末机械工业 13 个分行业利润总额增速情况如图 46 所示。

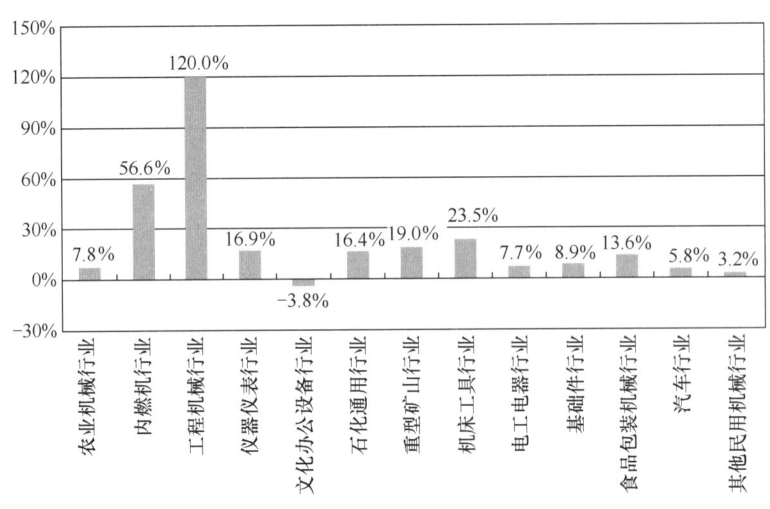

图 46　2017 年年末机械工业 13 个分行业利润总额增速情况

主营业务收入方面，2017 年汽车、内燃机、工程机械、仪器仪表 4 个分行业增速实现两位数增长。在全行业新增主营业务收入中，汽车和电工电器行业分别占 40.6%和 23.0%;其他行业合计占 36.5%,比重较上年提高 14.2 个百分点。利润总额方面，在全行业新增利润中，汽车和电工电器行业分别占 23.0%和

14.7%；其他行业合计占 62.3%，比上年大幅提升 56.5 个百分点。

7. 固定资产投资增速低位企稳

2017 年机械工业固定资产投资同比增长 2.6%，较上年同期提高 0.9 个百分点，但仍低于同期全社会和制造业投资增速 4.6 和 2.2 个百分点。从绝对量看，2017 年比 2016 年增加 1285.2 亿元，增长规模较上年继续扩大 446.6 亿元。从占比看，2017 年机械工业固定资产投资额占全国固定资产投资总额的 8.1%，比 2016 年下降 0.3 个百分点；占制造业固定资产投资总额的 26.6%，比 2016 年下降 0.1 个百分点。从趋势看，全年投资增速波动趋缓，但总体处于低位。

2016 年以来机械工业 13 个分行业利润总额增速情况如图 47 所示。

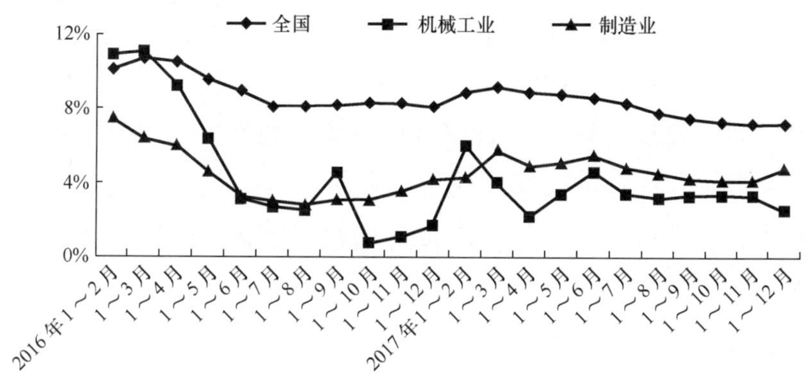

图 47　2016 年以来机械工业 13 个分行业利润总额增速情况

从分行业看，2017 年在机械工业涉及的 10 个国民经济大行业中，通用设备和汽车制造业两个行业投资额均超过 10 000 亿元，合计占机械工业总投资的 51.2%；专用设备、电气机械和器材制造业均超过 8000 亿元，合计占比 35.4%。这 4 个行业合计占比 86.7%，其他 6 个大行业合计仅占 13.4%。与 2016 年比较，汽车制造、仪器仪表和通用设备制造业 3 个行业增加额位居前三，分别增加 1063.0 亿元、191.2 亿元和 186.1 亿元。从同比增速看，与 2016 年比仅仪器仪表制造业（11.3%）和汽车制造业（8.8%）连续两年保持增长，铁路船舶航空航天和其他运输设备制造业、通用设备制造业增速由负转正，非金属矿物制品业、电气机械和器材制造业增速回落。49 个中类行业升降各半，其中表现良好、增速超过两位数的中类行业是：钟表与计时仪器制造（86.2%）、铁路运输设备制造（66.6%）、光学仪器及眼镜制造（28.5%）、其他机械和设备修理（26.9%）、其他仪器仪表制造（26.9%）、其他通用设备制造业（22.3%）、环保、社会公共服务及其他专用设备制造（15.0%）、汽车零部件及配件制造（14.1%）和通用仪器仪表制造（10.7%）。

从投资流向看，设备工器具购置投资持续增长。从增速看，建筑工程和设备工器具购置投资同比分别增长 3.0%和 5.6%；安装工程和其他费用投资同比分别下降 7.0%和 6.6%。设备工器具购置增速全年始终保持正增长，是带动机械工业投资的主要力量，而其中用于购置旧设备的投资已连续 14 个月同比下降。表明当前机械企业保持了对技术改造特别是设备升级的投资意愿。

8. 对外贸易增速回升明显

2017 年机械工业对外贸易增速持续回升，全年累计实现进出口总额 7123 亿美元，同比增长 10.0%。其中进口 3063 亿美元，同比增长 12.3%；出口 4060 亿美元，同比增长 8.3%；实现贸易顺差 997 亿美元。13 个主要分行业全部实现对外贸易出口同比正增长，其中农业机械、工程机械、机床工具和汽车行业出口实现两位数增长。特别是收获及场上作业机械、推土机、装载机、数控机床、汽车整车等产品，出口形势良好，出口量增幅分别为 51.5%、70.4%、48.6%、44.1%和 31.2%。

2016 年以来机械工业进出口增速情况如图 48 所示。

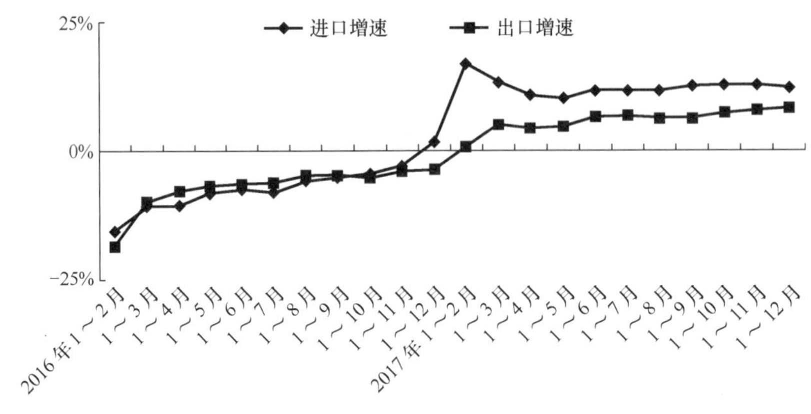

图 48　2016 年以来机械工业进出口增速情况

分行业来看，2017 年机械工业的进口主要集中在汽车、电工电气、仪器仪表 3 个分行业，进口额分别为 781.4 亿美元、529.1 亿美元、512.3 亿美元，占机械工业进口总额的比重分别为 25.5%、17.3%、16.7%；3 个行业合计占机械工业进口总额的 59.5%。出口主要集中在电工电器、石化通用机械、汽车 3 个分行业，出口额分别为 1074.9 亿美元、688.3 亿美元、574.3 亿美元，占机械工业出口总额的比重分别为 26.5%、17.0%和 14.2%；3 个行业合计占出口总额的 57.6%。

9. 产品价格指数由降转升，但涨幅远低于上游水平

2017 年机械工业生产者出厂价格指数摆脱了前些年持续的下行态势，各月指数在 100.1 和 100.9 之间。但与原材料、燃料价格增势相比，机械工业价格上涨仍然乏力。12 月机械工业生产者出厂价格指数为 100.5，涨幅低于同期工业生产者购进价格指数 7.6 个百分点，表明机械行业生产运营过程中原材料、燃料等要素成本价格的上涨难以向下游行业传导。近期中国机械工业联合会专项调查的结果进一步反映了这一现状，仅 34%的被调查企业产成品价格有所上浮，但上浮幅度均小于原材料价格上涨的幅度。

近年来工业、机械工业出厂价格与原材料购进价格指数如图 49 所示。

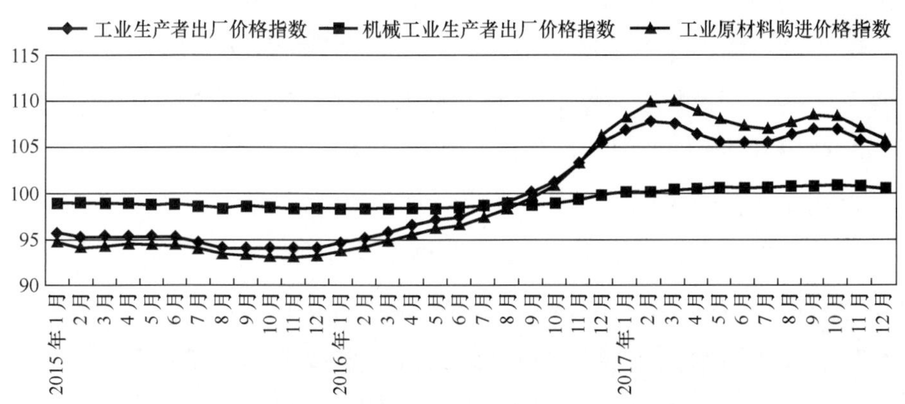

图 49 近年来工业、机械工业出厂价格与原材料购进价格指数

（二）发展活力有所增强

在国家相关政策措施的引导与支持下，机械企业主动适应新环境、谋求新机遇。积极探索和培育新的发展动力，成为越来越多机械企业的自主选择，行业发展的活力有所增强。

1. 产品结构调整升级

2017 年，机械工业主要产品的结构改善持续推进，符合国家政策导向的产品稳定增长，自主研发成果亮点频现。

（1）消费类产品保持增长、投资类产品出现起色。在机械工业重点监测的64种主要产品中，产量实现同比增长的产品有47种，占比73.4%，产品产量增长面较上年扩大9.3个百分点。产量实现增长的产品有以下特点：一是与基础设施建设及城镇化建设密切相关的挖掘机、装载机、压实机械等工程机械类产品实现大幅增长，其中挖掘机产量增速超过70%；二是前两年需求疲软的投资类产品出现恢复性增长，如矿山设备、冶金设备、金属轧制设备、机床等产品增速在5%～10%区间；三是与消费市场密切相关的产品（如汽车、摩托车等产品）保持增长态势；四是与物流运输产业相关度较大的载货汽车、集装箱、叉车、输送机械等产量明显增长。产量下降的主要是拖拉机、收割机等农机产品和发电设备等。

（2）汽车。受1.6升及以下小排量乘用车购置税优惠政策退坡的影响，2017年汽车产销增速持续放缓。具体看，乘用车产销增速明显放缓，1.6升及以下小排量乘用车占比有所下降。2017年乘用车产销同比仅增长1.58%和1.4%，增速较上年放缓13.92和13.53个百分点；占汽车产销总量的85.49%和85.59%，较上年下降了1.36和1.38个百分点。从产品类别看，运动型多用途乘用车（SUV）产销唯一保持增长，但增速比上年有较大幅度的回落；多功能乘用车（MPV）和交叉型乘用车产销均呈明显下降态势；基本型乘用车（轿车）产销呈小幅下降态势。从排量看，在购置税优惠政策退坡的影响下，1.6升及以下小排量乘用车产销同比有所下降，市场占有率也呈下降趋势，2017年销售1719万辆，同比下降1.08%，占乘用车销售总量的69.55%，比重较上年下降1.75个百分点。

新能源乘用车尽管在上半年受政策性因素影响销售遇冷，但进入下半年再次呈现较快增长态势，全年销售57.85万台，同比增长72.04%。其中纯电动乘用车销售46.78万辆，同比增长82.11%；插电式混合动力乘用车销售11.07万辆，同比增长39.43%。

2017年，在货车市场快速增长的拉动下，商用车产销继2010年后再次超过400万辆，分别达到420.87万辆和416.06万辆，同比增长13.81%和13.95%，增速分别高于上年5.8和8.15个百分点。从燃料类型分，天然气车尽管在年底遭受供应短缺、价格上涨的不利影响，但全年总体表现仍明显好于同期，同比增长2.7倍；柴油车增速比上年有所提升，同比增长15.1%，继续保持最大比重；汽油车结束上年下降态势，呈小幅增长，同比增长2.39%；新能源商用车市场表现依然呈现较大分化，其中纯电动商用车同比增长 21.48%，增速比上年明显减弱，插电式混合动力商用车同比下降 26.61%，继续呈现萎缩态势。

从产业集中度看，2017 年汽车销量排名前十位的企业集团销量合计为 2556.24 万辆，占汽车销售总量的 88.52%。

（3）发电设备。2017 年受到相关产业政策的影响，全国发电设备特别是火电设备的生产出现了下滑。据机械工业发电设备中心统计，2017 年全国发电设备产量为 10 994 万千瓦，同比下降 4%。

从产品结构看，火电产量为 8001.52 万千瓦，同比下降 4.6%，增速较上年放缓近 20 个百分点，火电产量下降是发电设备产量下降的主要拉动因素；风电生产延续了上年回落的态势，产量为 1545.14 万千瓦，同比又下降了 17%；核电机组产量延续增长态势，同比增长 69.4%，完成 576 万千瓦；水电机组产量基本持平，完成 871.34 万千瓦，同比增长 0.4%。

从占比看，火电机组占比较上年下滑了 0.42 个百分点，核电机组占比较上年提升了 2.34 个百分点，风电占比较上年下滑了 2.25 个百分点，而水电占比上升了 0.33 个百分点。与上年相比，变化的幅度明显减小。

（4）机床。2017 年，在市场需求逐步回升的支撑下机床工具市场和行业运行呈现回暖和趋稳的局面。金属切削机床产量同比增长 6.78%，为近六年来的高点，其中数控金属切削机床产量同比增长 4.57%，延续了上年的增长态势。金属成形机床产量同比增长 1.66%，而其中的数控金属成形机床产量同比大幅增长 16.17%。金属切削工具产量同比增长 12.31%，铸造机械增长 8.88%，机床数控装置同比大幅增长了 25.56%。数据显示，金属切削机床的产量数控化率延续了上升的态势，由 2016 年的 31.9%提升至 2017 年的 34.7%。

2. 重大项目带动自主创新

国家重大项目对机械行业创新发展的带动作用进一步显现。“华龙一号”是我国拥有自主知识产权的三代核电技术、国家核电“走出去”的主推机型，在首台“华龙一号”——福清 5 号核反应堆的建设过程中，国内众多机械企业积极参与，实现了产品与制造技术的升级。仅 2017 年下半年就有哈电集团哈尔滨锅炉厂成功研制主蒸汽联箱，东方电气（广州）重型机器公司研制的 ZH-65 型蒸汽发生器安装就位，东方电气集团东方电机公司研制的核能发电机通过型式试验，中国第一重型机械集团公司承制的核反应堆压力容器完工交付等好消息传出。

3. 研发能力持续提升

通过近些年的积累，机械企业的研发与创新已不仅仅局限于对国外先进技术的引进、消化、吸收，而是更加关注原创设计、极限制造等能力的提升。广西柳工机械股份有限公司成功研制全球首创垂直举升装载机，可实现 360° 视野无死角操作，较之传统产品倾翻载荷提升 30%、提升能力增加 30%，已获得国内发明专利 35 项、国际发明专利 7 项。徐工集团研制的全球首台八轴 XCA1200 全地面起重机，采用独特的千吨级八轴底盘设计，自重比传统产品减轻 30 多吨，并可通过模块组合实现通用机型与风电机型的灵活转变，拓宽了产品的应用领域。中铁电建公司自主研制的国内最大直径敞开式硬岩掘进机，填补了国内 9 米以上大直径硬岩掘进机的空白。上海昌强重工机械有限公司研制的世界首台 36 000 吨超大六向模锻液压机，具有自由锻和六向模锻两种工作模式，可在地面移动工作台上实现自由锻，在地面以下六向模锻区实现六向模锻，锻件金属流线分布更合理，节约原材料 30%以上。

4. 开拓新领域新市场

在传统市场需求疲软、竞争加剧的背景下，越来越多的机械企业基于自身优势延伸服务、拓宽市场。和利时公司积极开拓轨道交通控制系统，研发的 CTCS-2+ATO 列车运行控制系统成功应用于佛肇城际铁路。杭氧集团实施由生产型制造企业向服务型制造企业转型的战略，形成了由工程总承包、空分设备制造与工业气体运营构成的完整产业链。苏州苏试集团在试验设备制造与试验技术服务领域并行发展，目前集团的服务业销售额已接近制造业销售额，而服务业利润已经与制造业利润持平。

5. “走出去”步伐加快

近年来，机械行业借助“一带一路”建设契机，积极探索开展国际产能与装备制造合作新路径。据统计，目前我国机械工业领域对应国际标准的转化率达到 80%，并在国际标准化组织中，承担了 253 个组织的相关工作，承接了 14 个秘书处工作，20 多位同志在其中担任主席等职务。汽车、铸造、模具、印机、表面工程等专业协会，机械工程、汽车工程、仪器仪表等学会或组织，都在相应的国际组织中承担了领导工作。

企业全球化运营成效明显。在习近平总书记的亲自关怀下，由中国机械工业集团作为主要开发者的中国—白俄罗斯工业园，已有 21 家企业进驻并签订了意向协议。目前，该工业园正在全心“打造具有国际竞争力产业”，预计将有 200 家高科技企业入驻，累计创造 10 万个以上就业岗位，将成为丝绸之路经济带的桥头堡和支撑点。潍柴集团通过实施“出口贸易突破、国际并购提速、当地制造落地”三大方略，建立海外营销平台及子公司 30 多家，产品销往 110 多个国家和地区，其中“一带一路”重点区域连续 3 年保持大幅增长，出口额已经占到集团出口总量的 90%以上。特变电工现已进入美国、印度、俄罗斯、巴西等 60 余个国家和地区市场，为塔吉克斯坦等 31 个国家和地区提供成套项目总承包服务，使中国特高压输电成为继高铁、核电之后的第三张国家名片。上汽通用五菱借力“一带一路”建设，投资 7 亿美元、年产 12 万辆整车的印尼子公司首款产品成功下线，成为国内中外合资汽车企业首次进入海外市场的先行者。

另有太原重型、吉利汽车、金风科技、天津长荣集团等一批企业，在加快“走出去”实现国际化发展中积累了经验，并在企业走出国门的同时，带动了大批机械产品、成套设备和优质产能进入国际市场。

6. 重大专项成果丰硕

实施国家重大科技专项取得丰硕成果。如在“高档数控机床与基础制造装备”科技重大专项的支持下，北京北一机床公司联合北京工业大学等单位，以可适应模块设计、超跨距功能部件精准制造和超大组合件高刚度装配等技术创新为主线，成功研制出国际先进水平的超重型车铣复合数控机床，填补了国内空白，并实现了系列化生产，创新成果应用于重型复合立车、重型落地镗等高端制造装备的研发，为我国核电、风电、船舶、航空航天等行业发展提供了有力的支撑。武汉重型机床公司联合华工制造装备数字化国家工程中心公司、武汉华中数控公司等单位，研发了具有自主知识产权的 28 米超重型数控单柱移动立式铣车床，这是目前世界上加工规格最大的立式铣车床，具有大承载、高效率、高精度、加工范围广、高可靠性等特点，具备车、铣、钻、镗、磨复合加工功能，能够实现零件一次装卡完成所有或大部分加工工序。解决了我国核电、水电领域关键超大型构件制造难题，为我国重大项目、重点工程的顺利实施提供了有力的支撑。

7. 提供智能制造产品的能力逐步增强

在相关产业政策的引领和科技进步的带动下，机械工业为国民经济各行业提供智能制造产品的能力逐步增强。如青岛软控股份公司研制的 PS2A 乘用车子午线轮胎一次法智能成型装备，实现了整套装备的智能化控制、胶料的循环供给和自动贴合，只需一人即可完成整套系统操作，轮胎日产量达 1400 套，产能提升 20%，为我国轮胎行业智能转型提供了重要的技术支撑。共享集团成功研发铸造 3D 打印等智能装备，在铸造 3D 打印技术产业化应用上取得重大突破，攻克了铸造 3D 打印材料、工艺、软件、设备等技术难题，获得专利 49 件。

8. 质量品牌实力大幅提升

适应产业变革大趋势，机械企业在实施转型升级进程中，更加重视自身软实力提升。据统计，“十二五”以来，已有 70 家企业荣获机械工业质量管理奖，300 多家企业被评为机械工业 AAA 级诚信企业。58 家企业获得“全国工业品牌培育示范企业”称号，50 多个企业产品被评为单项冠军，188 家企业优质产品获“中国机械工业优质品牌”，40 家企业的先进质量管理方法被评选为“全国质量标杆”。已认定 40 个产业集聚区域品牌，其中 3 个成为全国首批示范区。

目前，机械产品质量平均抽样合格率基本保持在 90%以上，比“十二五”末期提升了近 4 个百分点。重点领域电力装备技术水平和产品产量已进入世界前列，有效系数保持在 95%以上。基础机械自主研发的数控系统平均无故障时间已达到 2.5 万小时以上，整机平均无故障工作时间达到 1200 小时以上，与世界先进国家的水平不断接近，正开始批量进入市场。

此外，企业管理、企业文化，以及人才建设等软实力，都得到了明显增强。截至目前，共有 602 家企业获得现代化管理优秀企业奖，412 项现代化管理创新成果受到表彰。72 家企业荣获“企业文化建设先进单位”称号，各类企业文化建设奖近 160 项。绝大多数企业都制订了人才建设发展规划，并结合自身实际付诸实施，为企业创新发展提供了有力支撑。

二、当前机械行业发展需要关注的问题

（一）经营成本持续上升

2017 年机械工业主营业务成本同比增长 9.5%，比上年同期提高了 2.0 个百分点，低于同期全国工业主营业务 1.4 个百分点。每百元主营业务收入的成本为

84.6 元，比上年增加 0.05 元。中国机械工业联合会对部分重点企业就税负成本、行政性收费、融资成本、能源成本和人工成本问题开展问卷调查。结果显示，政府减税降费已初见成效，近 30%的被调查企业感受到了行政性收费下降；但人工贵、融资贵、用能贵依然是企业生产经营过程中普遍存在的问题；被调查企业中，76%的企业反映人工成本上升、60%的企业反映融资成本上升、44%的企业反映用能成本上升。此外物流成本上涨、原材料价格快速增长也是机械企业近期成本上升的因素。

2015 年以来全国工业、机械工业主营业务成本增速变化如图 50 所示。

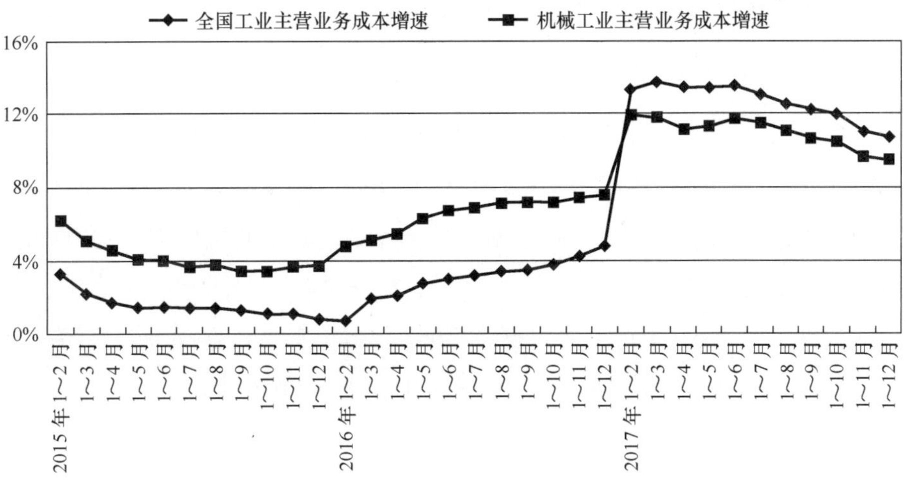

图 50　2015 年以来全国工业、机械工业主营业务成本增速变化

（二）行业发展运行环境依然趋紧

2017 年机械工业稳中向好的趋势有所巩固，稳的基础在积累，进的积极因素在增强，好的势头在延续。但行业发展运行环境仍存在 3 个“没有改变”。

一是供大于求的市场环境没有改变。机械工业主要产品以投资类为主，上下游产业的投资增速直接影响到机械工业的发展。由于传统能源、原材料行业仍处于去产能状态，相关的石油天然气装备、冶炼设备、发电设备、重型矿山机械等行业新建项目投资订货明显不足。据对机械工业 70 多家重点企业的问卷调查，51%的被调查企业产能利用率不足 80%，其中有近 20%的企业产能利用率不足 60%，主要集中在电工电器行业和石化通用设备等能源装备制造行业。在分析影响产能正常发挥的原因时，62%的企业认为是国内订单不足；

25.4%的企业认为是缺少岗位工人或技师；23.9%的企业认为是多种原因导致的排产调整。

二是工业自身长期积累的结构性矛盾没有改变。部分行业产能过剩处于胶着状态，工业基础薄弱，自主创新不足，盈利能力弱，供给侧结构性改革不适应新的变化。

三是工业投资、特别是技改投资、民间投资增速缓慢没有改变，仍在低位徘徊。工业没有新的投资，发展后劲不足，没有根本改变。

三、2018 年机械行业发展展望

2018 年是全面贯彻党的十九大精神的开局之年，中央经济工作会议指出，要坚持稳中求进总基调，以供给侧结构性改革为主线，强化实体经济吸引力和竞争力，优化存量资源配置，强化创新驱动，发挥好消费的基础性作用，促进有效投资特别是民间投资合理增长。同时，随着制造强国战略的提出，“强基工程”“智能制造”“重大短板装备工程”“增强制造业核心竞争力”等专项以及技术改造升级相继推进，这些利好对机械工业的发展和经济运行的带动作用将进一步释放。

但也应该看到，机械工业产能总体上严重供过于求、市场过度竞争的局面没有改变；固定资产投资增幅在低位徘徊的状况没有改变；机械工业传统用户钢铁、电力、煤炭、化工、石油等领域处于产能调整阶段的市场需求环境没有改变；出口仍存在很大的不确定性。同时，机械行业内部发展不平衡不充分的问题依然普遍存在。全行业实现由高速度向高质量发展转变的任务依然艰巨。

此外，2018 年世界经济虽然有望继续复苏，但不确定性因素始终存在，发达国家“再工业化”和发展中国家工业化进程加快对我国外贸出口市场的双重挤压始终存在。在此形势下，机械工业对外贸易与合作都面临着更为复杂多变的形势。全行业要更加注重提升出口质量和附加值，要抓住“一带一路”建设的契机，创新对外合作方式，注重投资对贸易发展、产业发展的拉动作用。

综合分析，预计 2018 年机械工业将延续上年平稳的增长态势，主要经济指标增速保持或略低于上年水平。具体而言，预计全年机械工业增加值、主营业

务收入和利润总额增速均在 7%左右，对外贸易出口将保持适度增长，增速将低于上年。

2018 年要继续围绕制造强国建设和机械工业调结构促转型增效益的要求，坚持质量第一、效益优先，以改善供给侧结构为主线，以推进质量变革、效率变革、动力变革为抓手，以实施“十三五”行业发展总体任务、实现高质量发展为目标，坚持创新驱动、质量提升，坚持两化融合、智能转型，坚持开放升级、协调发展，着力稳增长、调结构、转方式、补短板、提品质、增效益，推进行业转型升级，为实现由大变强奠定基础。

（作者：中国机械工业联合会　李晓佳　赵新敏）

第六章　汽车工业2017年发展回顾与形势展望

一、2017年汽车行业发展回顾

2017年，汽车行业深入贯彻国家决策部署，坚持稳中求进的工作总基调，不断深化供给侧结构性改革，积极推进产业转型升级，强化科技创新，行业效益由快速增长转为高质量平稳增长。随着产业规模的稳步增长，中国汽车产业的国际地位有了新的提升，在全球汽车制造业的市场份额达到31.2%。

（一）汽车产销情况

2017年汽车产销情况见表12，2017年12月新能源汽车生产情况见表13，2017年汽车行业主要经济指标见表14。

表12　2017年汽车产销情况

分类	产量（万辆）	同比增长	销量（万辆）	同比增长
汽车总计	2901.5	3.2%	2887.9	3.0%
乘用车总计	2480.7	1.6%	2471.8	1.4%
轿车	1193.8	–1.4%	1184.8	–2.5%
SUV	1028.7	12.4%	1025.3	13.3%
MPV	205.2	–17.6%	207.1	–17.1%
商用车总计	420.9	13.8%	416.1	14.0%
货车	368.3	16.9%	363.3	16.9%
客车	52.6	–3.8%	52.7	–3.0%

数据来源：中国汽车工业协会。

表13　2017年12月新能源汽车生产情况

分类	12月（万辆）	1～12月累计（万辆）	环比增长	同比增长	同比累计增长
新能源汽车	14.9	79.4	17.9%	68.5%	53.8%
新能源乘用车	9.2	59.3	5.1%	123.5%	71.9%
纯电动	7.5	47.8	2.9%	122.2%	81.7%

续表

分类	12 月（万辆）	1 ~ 12 月累计（万辆）	环比增长	同比增长	同比累计增长
插电式混合动力	1.8	11.4	15.8%	129.1%	40.3%
新能源商用车	5.7	20.2	46.9%	20.5%	17.4%
纯电动	5.4	18.8	47.4%	25.4%	22.2%
插电式混合动力	0.3	1.4	31.3%	–35.8%	–24.9%

数据来源：中国汽车工业协会。

表 14　　2017 年汽车行业主要经济指标

指标名称	本期累计	增长率
企业单位数	16 041 家	—
亏损企业	1984 家	11.21%
主营业务收入	879 320 758 万元	10.82%
主营业务成本	738 050 220 万元	11.40%
营业费用	24 820 921 万元	9.46%
管理费用	42 252 295 万元	10.27%
财务费用	3 457 513 万元	–1.08%
利息支出	4 129 773 万元	12.20%
利润总额	69 954 652 万元	5.74%
亏损额	4 262 576 万元	24.64%
资产总计	772 252 700 万元	12.49%
流动资产	463 557 385 万元	15.00%
应收账款	134 498 163 万元	17.16%
存货	73 282 403 万元	16.68%
产成品	33 732 649 万元	13.02%
负债总计	453 061 677 万元	14.13%
销售利润率	7.96%	—
成本费用利润率	8.65%	—
存货周转率	10.07 次/年	—
流动资金周转率	1.90 次/年	—
资产负债率	58.67%	—
净资产收益率	21.92%	—

数据来源：中国汽车工业协会。

（二）汽车行业运行特点

1. 汽车产销再创新高，但增速有所下降

2017 年，汽车产销分别完成 2901.5 万辆和 2887.9 万辆，同比分别增长 3.2% 和 3%，分别低于上年同期 11.3 和 10.6 个百分点。全年产销累计增速呈波动下行态势。全年较低速增长的主要原因是购置税优惠政策调整带来去年市场透支，根据分析可知，2016 年乘用车提前消费在 100 万辆左右，随着年底政策彻底退出，全年依然会出现一定程度的透支明年市场的情况（如图 51 所示）。

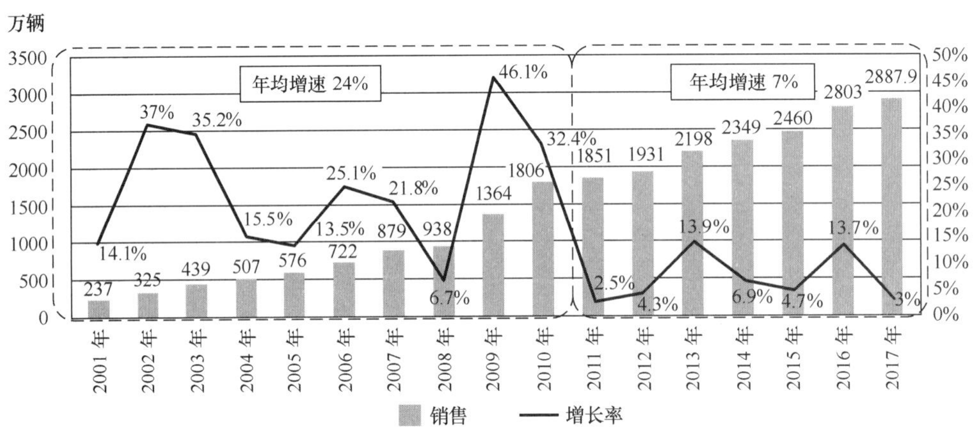

图 51　2001—2017 年汽车销量及增长率（数据来源：中国汽车工业协会）

2. 行业运行质量得到改善，但生产成本上升

（1）全行业主要经济指标保持增长

2017 年，全国汽车行业 16 041 家规模以上企业主营业务收入和利润总额均保持较快增长。全行业实现主营业务收入 8.79 万亿元，同比增长 10.8%，实现利润总额 6995.47 亿元，同比增长 5.7%，均高于产销增速。销售利润率和净资产收益率同比略有下降，主要原因为原材料成本快速增加，造成各项费用支出提高，同时，主营业务收入的增速快于利润总额的增速。

（2）汽车行业固定资产投资正常推进

2017 年，汽车行业完成固定资产投资 13 476.03 亿元，同比增长 9.22%。其中企业主要投资方向包括整车产品和动力总成，其中，整车产品围绕产品升级换代、质量提升并结合智能化进行发展，动力总成则囊括插电式混合动力汽车（PHEV）以及电池、电机的开发；投资的另一板块则围绕智能制造生产线的搭

建和改造开展，主要以产品升级带动产能升级的方式推进，同时满足更加严格的环保要求，如挥发性有机化合物（VOC）污染防治等。

（3）企业库存在合理区间

2017 年年末汽车企业库存为 129.6 万辆，比年初增长 7.7%。其中，乘用车库存为 98.0 万辆，比年初增长 4.7%；商用车库存为 31.6 万辆，比年初增长 18.6%。

（4）企业运行成本较快增长

2017 年，汽车行业主营业务成本同比增长 11.4%，营业费用同比增长 9.5%，由此看出汽车行业的生产成本正不断提高。另外，从资金成本来看，2017 年，汽车行业利息支出同比增长 12.2%，增速比上一年提高逾 15 个百分点。

原材料价格不断走高。2017 年板材价格在 4 月有了一个短暂下滑以后又出现了新一轮的持续升高，进一步导致整车材料采购成本上升。此外新能源专用部件的成本呈下降趋势，但下降幅度达不到国补退坡幅度。

整车生产企业产品准入成本依然偏高。我国汽车行业实行多头管理，导致重复认证、重复检测问题突出，如公告与 3C（强制性产品认证）、排放检测、交通部门的道路运输车辆燃油消耗量检测等，企业产品准入和认证相关费用没有得到合理控制，近十年时间增长了 3 倍以上。

商品车物流成本高。铁路、海运运输效率低导致这部分运输比例偏低，我国商品车 80%以上依靠公路运输，但吨公里成本及单车运输成本均高于日、德，有超过美国的趋势，物流成本居高不下。其中，商用车的商品车运输至今没有合法有效的低成本方式，乘用车的商品车运输需求在公路治超、GB 1589—2016 法规限制下也快速上升，进一步加快了运价的提高。

人工成本继续上升。当前，社会平均工资在上涨，另一方面物价上涨，为稳定员工队伍，企业需要不断提高员工工资水平。同时，伴随人才市场激烈的竞争，有的企业近 3 年内人工成本增速超过 30%。

融资贵、融资难问题依然严重。从整车企业提供的每百元主营业务收入承担的融资成本情况来看，企业承担的融资成本逐年增加。此外，我国本土零部件企业规模小，利润率低，因此银行信贷、订单质押等对其门槛过高；部分企业不得已选择民间融资方式，而民间融资利息远高于银行信贷。

3. 行业集中度高，但企业分化明显

(1) 前十家企业集团销量增速略高于行业

2017 年，汽车销量排名前十位的企业集团销量合计为 2556.2 万辆，同比增长 3.2%，高于行业增速 0.2 个百分点。占汽车销售总量的 88.5%，高于上年同期 0.2 个百分点（如图 52 所示）。

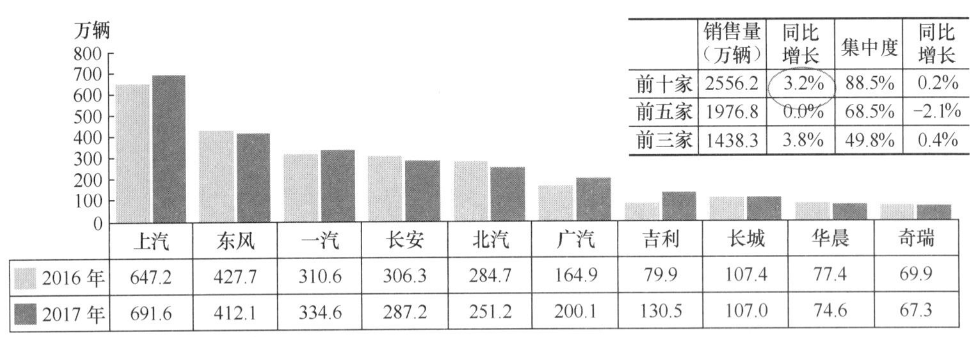

	销售量（万辆）	同比增长	集中度	同比增长
前十家	2556.2	3.2%	88.5%	0.2%
前五家	1976.8	0.0%	68.5%	-2.1%
前三家	1438.3	3.8%	49.8%	0.4%

	上汽	东风	一汽	长安	北汽	广汽	吉利	长城	华晨	奇瑞
2016 年	647.2	427.7	310.6	306.3	284.7	164.9	79.9	107.4	77.4	69.9
2017 年	691.6	412.1	334.6	287.2	251.2	200.1	130.5	107.0	74.6	67.3

图 52 2016—2017 年前十家企业销量（数据来源：中国汽车工业协会）

(2) 全行业亏损企业数量增长，亏损增长

2017 年，全行业亏损企业 1984 家，同比增长 11.2%，亏损额实现 426.3 万元，同比增长 24.6%，整车企业中，行业主要整车企业集团中有 1 家亏损。

(3) 重点企业出现分化

2018 年，受韩系、法系市场下滑以及部分缺乏竞争优势的中国品牌产品下滑影响，行业排名前 10 位的企业集团中仅有 4 家销量实现正增长，排名前 15 位的企业集团中有 5 家销量实现正增长，而排名前 25 位的企业集团中有 12 家销量实现正增长。从这 3 种范围反映的情况来看，销量实现正增长的企业均未超过 50%。由此可以看出，企业分化已非常明显。

排名前 10 位出现下滑的企业集团包括东风、长安、北汽、长城、华晨、奇瑞；实现销量增长的 4 家企业中，民营企业有 1 家，为吉利，同时，吉利的销量增速在这 4 家企业中排名第一位，且远高于第二名。

4. 出口有所恢复，但压力亦不容忽视

2017 年，汽车出口 89.1 万辆，同比增长 25.8%，呈现较快增长态势，这也是出口连续 4 年下降后出现的增长。汽车出口虽保持高速增长，但还未恢复到历史最好水平，并且汽车出口在全行业产销中占比只有 3%，贡献度依然非常低，

因此这部分的增长空间仍然很大。特别是在乘用车出口企业中，有一类返销美国的产品数量所占份额相对较高，占比超过 15%，如果美国特朗普政府的贸易壁垒政策落地，必将对这类产品出口带来负面影响，进而造成出口的波动。同时，还应注意到，2017 年全球经济略有改善，但并不乐观。特别是国际政治和经济形势的不确定性和美联储加快升息步伐，这都将是市场动荡之源，下行风险不容忽视。我国汽车企业国际化程度仍然偏低、国际化能力不高，目前还处于从出口贸易向投资建厂转型的时期，因此汽车企业“走出去”的压力依然较大（如图 53 所示）。

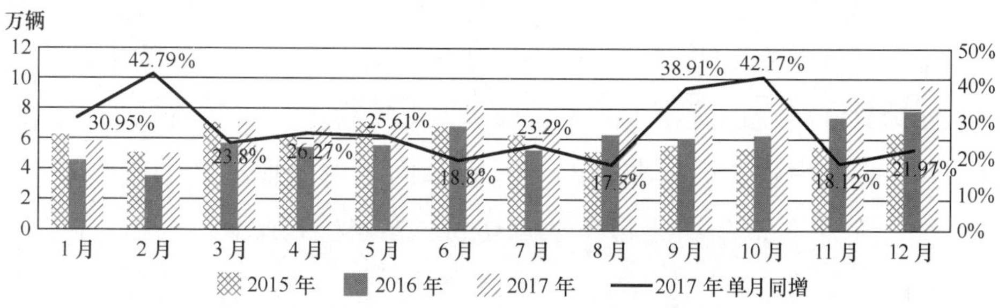

图 53　2017 年汽车月度出口数量和增长情况（数据来源：中国汽车工业协会）

（三）汽车行业结构调整成效

2017 年，乘用车产销分别完成 2480.7 万辆和 2471.8 万辆，同比分别增长 1.6%和 1.4%，均低于汽车总体 1.6 个百分点，占汽车产销比重分别达到 85.5%和 85.6%，分别低于上年同期 1.3 和 1.4 个百分点。从乘用车 4 类车型产销情况看，SUV 保持增长，其他 3 类车型同比下滑，其中 MPV 更是出现大幅下滑。商用车在货车增长拉动下，产销增速明显高于上年同期，产销再次回到 400 万辆以上水平，分别达到 420.9 万辆和 416.1 万辆，同比分别增长 13.8%和 14%，增速分别高于上年同期 5.8 和 8.2 个百分点。

（1）重型货车支撑货车增长，但未来增速将减缓

2017 年，货车产销 368.3 万辆和 363.3 万辆，同比均增长 16.9%。其中，重型货车产销 115 万辆和 111.7 万辆，同比增长 55.1%和 52.4%，创历史新高，也是继 2010 年首次突破 100 万辆后，再次超过 100 万辆。重卡的增长主要得益于三方面，一是治超治限导致运力不足，促使运输车增长；二是货运车辆进入例行置换期（前一轮重型货车集中增长的高峰是在 2010 年），国家鼓励提前淘汰

“黄标车”和老旧车，以及大城市营运模式的改变也不同程度地刺激了货运市场的增长；三是国家一系列稳增长调结构的政策落地，投资资金到位，基础建设项目开工，促进了工程用车市场增长。

2018 年，我国基础设施建设持续推进将继续刺激重卡市场，但是，不断加严的环保治理以及未来治超治限力度的不明确也将对重卡市场造成一定波动。同时由于重卡基数提高，因此 2018 年重卡的增速将低于今年。

（2）SUV 份额逐渐接近轿车，但增速下滑

近两年国内小型 SUV 需求旺盛，作为行业的增长点，其市场增速持续保持高位，并一度推动 SUV 产品在乘用车中的份额持续升高，当前已超过 40%，接近轿车份额。但是随着 SUV 在乘用车中的占比逐步加大，SUV 的增速也在持续下滑，目前 SUV 增速已降至 14%以下，2018 年将进一步放缓。由于当前乘用车中仅 SUV 实现增长，而行业新的增长点又尚未完全形成，因此当 SUV 增速趋向合理后，乘用车市场增速将在低位运行（如图 54 所示）。

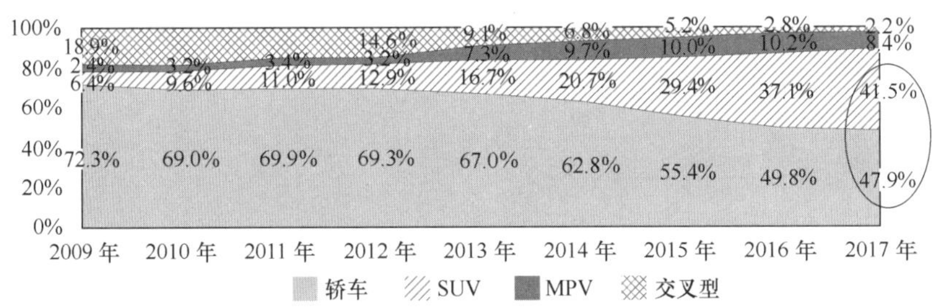

图 54　2009—2017 年乘用车分车型产品份额（数据来源：中国汽车工业协会）

（3）中国品牌份额提高，但增幅已明显下降

2017 年，中国品牌乘用车共销售 1084.7 万辆，同比增长 3%，占乘用车销售总量的 43.9%，占有率同比增长 0.7 个百分点，但份额的增幅明显低于去年同期。主要原因是合资品牌汽车进一步的产品下探给中国品牌汽车带来了很大压力。未来，结合“一带一路”战略，中国品牌汽车“走出去”进程将加快，但是前文中也提到，受地缘政治、贸易保护等不确定性因素影响，“走出去”的压力依然较大。

2014—2017 年中国品牌汽车年度市场份额变化情况如图 55 所示。

（4）微客、低端 MPV 下滑明显，但未来中高端产品将受青睐

2018 年以来 MPV 出现同比两位数的下降，从产品结构分析，小型 MPV 大

幅下滑，而小型MPV占MPV总体销量的80%左右，因此小型MPV市场的急剧下滑带动了 MPV 市场的整体下滑。下降的原因包括消费透支、消费转移至SUV。用户消费升级将倒逼企业产品转型。一方面，原有用户对SUV的需求将进一步增加；另一方面，新一轮的“消费升级”浪潮已经形成，预计未来25万元以上的产品市场复合增长率为 10.5%，25 万元以下产品市场复合增长率为4.1%，这两方面因素都将倒逼各大企业汽车企业特别是自主企业实现产品转型（如图56所示）。

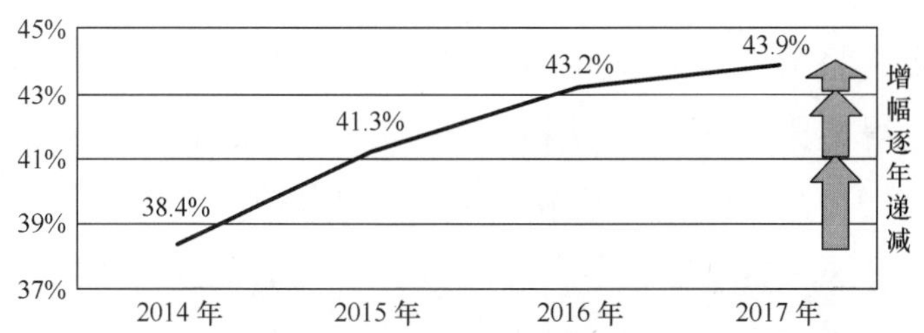

图55　2014—2017年中国品牌汽车年度市场份额（数据来源：中国汽车工业协会）

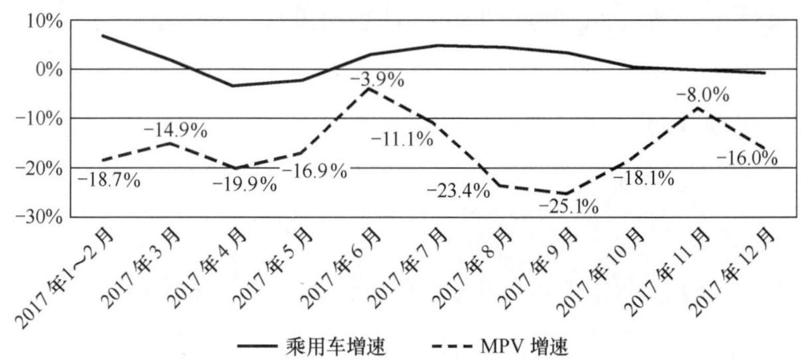

图56　2017年MPV月度销量增速变化情况（数据来源：中国汽车工业协会）

（5）新能源汽车高速增长，行业期望持续合理的政策支持

当前，受国家政策的刺激、推动，新能源汽车一直保持高速增长。2017年，新能源汽车产销接近80万辆，分别达到79.4万辆和77.7万辆，同比分别增长53.8%和53.3%，我国新能源汽车产销和保有量已确立领先优势。受“双积分”政策的影响，各生产厂家也全力布局新能源，未来新能源的份额仍将进一步扩大（如图57所示）。

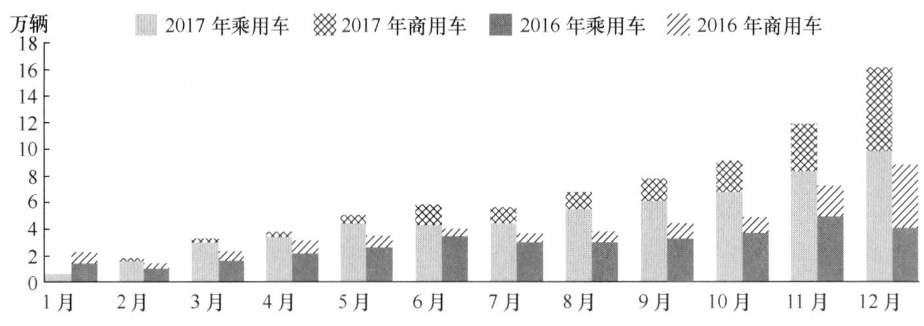

图 57　2016—2017 年新能源汽车月度销量情况（数据来源：中国汽车工业协会）

（四）汽车行业转型升级成效

制造强国战略将节能与新能源汽车作为未来十大重点发展领域之一。我国新能源汽车产业得益于政策持续扶持和覆盖全产业链的财政补贴增速迅猛，自 2015 年产量突破 30 万辆以来，产销量和保有量连居世界首位。2017 年新能源汽车产销量均接近 80 万辆，增幅达五成以上，保有量占全球一半以上。

国家发展改革委公布的《智能汽车创新发展战略（征求意见稿）》，提出将以 2020 年、2025 年、2035 年为 3 个时间节点，率先将我国建成智能汽车强国，希望通过发展智能汽车，把握这种革命性变化的机遇，抢占未来汽车产业发展的制高点。近年来，我国新能源汽车发展迅速，以电动汽车为主的新能源汽车为智能汽车发展奠定了坚实的基础。电池、电机、电控及整车等逐步形成国际竞争力，涌现出一批掌握关键技术的龙头企业，这些为智能汽车打下了较好的产业基础。

2017 年，长城汽车和吉利汽车分别推出了 WEY 和领克两个新品牌。长城 WEY 先后推出了 VV7 和 VV5 两款新产品，取得了相当好的成绩，上市 8 个月共销售了 8.6 万辆，尤其是 VV7 已达到同级别主流合资 SUV 的水平。领克则是由吉利控股集团、吉利汽车集团与沃尔沃汽车合资成立的新时代高端品牌，该品牌集欧洲技术、欧洲设计、全球制造、全球销售为一体，按照与沃尔沃同样的质量标准、制造工艺生产的具有世界领先品质的汽车产品。领克品牌在技术与品质上对标豪华品牌，在市场定位和消费群体上对标外资品牌，为消费者创造了全新的品牌体验和价值感。

中国一汽及红旗品牌也结合新时代发展需要，大力促进品牌向上，实施科技创新与消费升级不断开发新的产品形态。H7、L5 车型均加强了营销上的推广，也取得了一定的成果。红旗 H5 将于 2018 年的北京车展正式上市，借此打开高端市场。

随着中国汽车工业的稳健发展，中国品牌汽车技术将全面提升、产品定位不断向上突破，中国品牌与合资品牌将形成全面竞争局面。

二、当前汽车行业发展需要关注的问题

我国汽车行业取得快速发展，在全球汽车制造业的市场份额已从 2000 年的 3.5%提高到了 31.2%，是名副其实的世界汽车制造大国，但是当前行业发展面临诸多问题和挑战，尤其需要关注如下事项。

（一）多头管理加重，企业负担增长

目前，汽车产品准入包括工业和信息化部的公告，质检总局的 3C，交通运输部的营运车辆油耗和安全准入，以及环保部的环保信息公开。其中公告和 3C 所要求内容完全重合；交通运输部仅是管理范围缩小到营运车辆，但要求的车辆油耗和安全内容与公告、3C 中的节能和安全要求重合。重复认证、试验，互为前置的审批条件，延缓了企业投放的周期，增加了企业的认证成本和负担。

（二）产品标准体系不统一

汽车产品标准包括国家标准，各部门牵头的行业标准，以及地方政府出台的地方标准。虽然标准改革提出要精简、合并国家标准，但由于各中央政府部门和地方政府在进行产品行政许可管理时，依据了包括不同层级的标准，在面对重复、交叉，甚至是相互矛盾的标准时，企业无所适从更无法将有限的资源用在安全、环保、节能等方面的技术进步和创新上。

（三）环保排放阶段快速升级，汽车行业面临严峻挑战

加强汽车尾气排放的治理迫在眉睫，要打赢蓝天保卫战，提高汽车排放标准势在必行。国家第五阶段机动车污染物排放标准已经全面实施，生态环境部也相继发布了《轻型汽车污染物排放限值及测量方法（中国第六阶段）》《重型

柴油车污染物排放限值及测量方法（中国第六阶段）》。国家第六阶段机动车污染物排放标准涉及面广，企业在产品研发、试验验证、产品认证、生产准备等多环节、多要素都需要做大量的准备工作。相关供应商在产品标定及关键零部件开发、检测机构的试验验证、申报审查等方面需要做许多投入，这将对汽车企业发展带来新的挑战。

三、2018 年汽车行业发展展望

（一）汽车行业发展形势

2018 年 1～6 月，汽车工业运行平稳，从数据上看，乘、商用车均对汽车总体市场的稳定起到了良好的支撑，影响增速的因素主要包括乘用车市场总体需求平稳，投资项目持续开工带来的货车增长，新能源汽车的拉动等。

（1）2018 年 1～6 月汽车行业情况

2018 年 1～6 月，汽车产销分别完成 1405.8 万辆和 1406.6 万辆，产销量比上年同期分别增长 4.2%和 5.6%，销量增速高于上年同期 1.8 个百分点，总体表现好于年初预期。

从乘用车方面看，产销分别完成 1185.4 万辆和 1177.5 万辆，产销量比上年同期分别增长 3.2%和 4.6%。从乘用车 4 类车型产销情况看，轿车产量比上年同期分别增长 3%和 5.5%；SUV 产销比上年同期分别增长 9.6%和 9.7%；其余两类车型均呈现下降态势。

从商用车方面看，产销分别完成 220.4 万辆和 229.1 万辆，产销量比上年同期分别增长 9.4%和 10.6%（见表 15）。

表 15　　2018 年 1～6 月汽车产销情况

类别	产量（万辆）	同比增长	销量（万辆）	同比增长
汽车总计	1405.8	4.2%	1406.6	5.6%
乘用车总计	1185.4	3.2%	1177.5	4.6%
轿车	566.1	3.0%	569.4	5.5%
SUV	511.9	9.6%	496.5	9.7%
商用车总计	220.4	9.4%	229.1	10.6%

数据来源：中国汽车工业协会。

2018 年 1～6 月，新能源汽车产销分别完成 41.3 万辆和 41.2 万辆，比上年同期分别增长 94.9%和 111.6%。其中，新能源乘用车产销分别完成 35.5 万辆和 35.5 万辆，比上年同期分别增长 98.2%和 116.5%；新能源商用车产销分别完成 5.9 万辆和 5.8 万辆，比上年同期分别增长 77.0%和 85.3%（见表 16）。

表 16　2018 年 1～6 月新能源汽车产销情况

类别	1～6 月累计生产（万辆）	同比累计增长	1～6 月累计销售（万辆）	同比累计增长
新能源汽车	41.3	94.9%	41.2	111.6%
新能源乘用车	35.5	98.2%	35.5	116.5%
纯电动	25.9	77.5%	25.9	95.9%
插电式混合动力	9.6	189.3%	9.6	203.2%
新能源商用车	5.9	77.0%	5.8	85.3%
纯电动	5.5	86.4%	5.4	96.6%
插电式混合动力	0.4	0.1%	0.4	–0.9%

数据来源：中国汽车工业协会。

（2）行业发展面临的问题

国内市场需求依然较大，但影响市场平稳增长的因素长期存在。一方面，2015 年 10 月出台的购置税优惠政策扭转了市场下滑的趋势，但也造成了市场提前透支，2018 年政策完全退出后，市场仍将出现波动，产品结构也会进一步发生变化；另一方面，随着国内汽车保有量的不断增长，首台车购买占新车比例持续下降，但重点城市限购，二手车限迁对二手车市场健康快速增长的负面影响持续存在。二手车市场滞后势必影响新车市场的增长。

海外市场方面，全球经济恢复不确定因素依然较多，贸易保护抬头，海运价格持续增长，企业“走出去”缺乏金融、保险等配套支持。

企业运行水平方面，生产企业运营成本快速增长，包括产品排放升级、生产环节环保升级改造、运输成本提升、原材料价格上涨、新能源车补贴资金周期过长、人工成本不断提高等。

（二）汽车行业发展总体思路

2017 年，国家相关部委及地方政府围绕汽车产业转型升级、汽车领域“三化”重点技术突破、绿色制造、新能源汽车推广、智能网联汽车推广、汽车行业管理及消费者权益保障等几个主要方面制定和出台了大量政策。

1. 行业发展的顶层设计和方向

2017年4月25日，工业和信息化部、国家发展改革委和科技部联合印发《汽车产业中长期发展规划》，完善创新体系，增强自主发展动力；强化基础能力，贯通产业链条体系；突破重点领域，引领产业转型升级；加速跨界融合，构建新型产业生态。2017年年末，为加快发展先进制造业，推动互联网、大数据、人工智能和实体经济深度融合，突破制造业重点领域关键技术实现产业化，国家发展改革委印发《增强制造业核心竞争力三年行动计划（2018—2020年）》，部署加快推进制造业智能化、绿色化、服务化，切实增强制造业核心竞争力，推动我国制造业加快迈向全球价值链中高端。

2. 绿色发展贯穿汽车生命周期，绿色制造成为行业的必然选择

环境保护部、发展改革委、工业和信息化部、公安部、商务部、工商总局等6个国家部委，发布废轮胎行业清理整顿工作方案。工作方案显示，相关政府部门自2017年9月开展摸排工作，并在10～11月进行清理整顿。除此之外，还要在12月对部分地区清理整顿开展情况进行督察，完成总结报告，上报国务院。这次清理整顿的工作目标，是取缔一批污染严重、群众反映强烈的非法加工利用小作坊、“散乱污”企业和集散地。与此同时，环保部及其他国家部委还要引导有关企业采用先进适用加工工艺，聚集发展，集中建设和运营污染治理设施。另外，自1月1日起，根据环保部2016年发布的《乘用车内空气质量评价指南》强制标准征求意见稿，所有新定型销售车辆，车内空气中的苯、甲苯、二甲苯和乙苯等有害物质都有了更严苛的限量值。

3. 规范管理加强行业发展调控力度，企业及产品准入管理渐成体系

自2017年6月28日起，《外商投资产业指导目录》进一步开放汽车关键零部件制造限制条件。此外，建立生产纯电动汽车整车产品的合资企业将不受两家的限制。自2017年7月1日起，《新能源汽车生产企业及产品准入管理规定》正式施行。新能源企业准入方面，取消企业应掌握车载能源、驱动系统、控制系统三项“核心技术”之一的要求，调整为具备新能源汽车产品所必需的设计开发能力、生产能力、产品生产一致性保证能力、售后服务及产品安全保障能力等。

4. 维护消费者权益，改善市场秩序

新的《汽车销售管理办法》自2017年7月1日开始实施，旧的《汽车销售管理办法》同时废止。新《汽车销售管理办法》规定汽车经销商不可以再加价购车，同时改革了汽车授权销售制度，并且取消了异地购车不能上牌的规定，车、证也不可分离。新《汽车销售管理办法》不仅在更大程度上保证了消费者的权益，也改善了消费者与经销商之间的对立关系。另外，自 6 月 20 日起，机动车号牌管理改革机制开始实施，车主可以登录网站或用手机 App 进行网上选号，选号范围有所扩大，保留号牌也将更加容易。3 月 16 日，商务部、公安部、环境保护部三部委就二手车限制迁入问题首次联合发布《商务部办公厅 公安部办公厅 环境保护部办公厅 关于请提供取消二手车限制迁入政策落实情况的函》，再一次要求落实取消二手车限制迁入政策。内容显示，三部委联合要求各地加快取消二手车限迁政策，抓紧报送取消二手车限迁政策情况。5 月 12 日，由交通运输部发布了《关于开展汽车维修电子健康档案系统建设工作的通知》，意在进一步加快推动汽车维修行业与互联网深度融合和创新发展，推进汽车维修行业转型升级，切实保障消费者合法权益。

5. 油耗、排放法规再度升级，减排方案力推节能与新能源汽车

2017 年 9 月 28 日，工业和信息化部发布《乘用车企业平均燃料消耗量与新能源汽车积分并行管理办法》，明确提出考核自 2019 年正式开始，为车企提供多一年的缓冲时间，将有效推进新能源车在技术路线获得更多缓冲时间实现技术难题突破，而非单靠时间紧迫的政策压力倒逼车企仅通过积分买卖的方式实现考核通过。11 月，工业和信息化部发布《工业和信息化部、商务部、海关总署、质检总局关于 2016 年度、2017 年度乘用车企业平均燃料消耗量管理有关工作的通知》，要求对 2016 年度和 2017 年度乘用车的燃料消耗量积分以及新能源积分进行考核。对于新能源积分，该政策结合 9 月颁布的双积分政策，均是对新能源补贴、补贴目录调整等政策的多次调整，体现出新能源政策灵活调整的弹性和可延续性。2017 年 1 月 1 日起，“国 V” 排放标准开始在全国正式推行，所有制造、进口、销售和注册登记的轻重型汽油车、重型柴油车，均需满足“国 V”排放标准。与此同时，车用燃油标准也同步升级，全国全面供应符合“国 V”标准的车用汽油（包括 E10 乙醇汽油）、柴油，并对汽油标号进行调整。9 月 13 日，国家发展改革委、国家能源局、财政部等十五部委联合印发《关于扩大生物燃料乙醇生产和推广使用车用乙醇汽油的实施方案》，根据方案要求，到 2020 年，在全国范围内推广使用车用乙醇汽油。

6. 新能源汽车推广加速

新能源补贴逐渐退坡，双积分政策推出，将会为中国汽车市场带来一次全新的变革，刺激厂商逐渐停产高油耗且利润低的车型，转而生产更多小排量燃油车以及纯电动/插电式混合动力产品等，这也将在一定程度上迫使新能源车型的价格回归到一个正常水平。小排量购置税的优惠也将在 2017 年后结束。自 2018 年 1 月 1 日起，1.6L 及以下车型购置税将回归到 10%。而新能源汽车免征购置税将延期，国家财政部、税务总局、工业和信息化部、科技部四部委联合发布了《关于免征新能源汽车车辆购置税的公告》，2018 年 1 月 1 日至 2020 年 12 月 31 日，对购置的新能源汽车免征车辆购置税；针对中国境内销售的纯电动汽车、插电式（含增程式）混合动力汽车、燃料电池汽车可执行本政策。

公安部交通管理局自 2017 年 11 月 20 日起，将在全国分三批推广新能源汽车专用号牌，首先在 2017 年年底之前在所有省会城市及部分地级市正式启用，2018 年上半年在全国全面启用。新能源号牌可以明显区分传统燃油车和新能源车，在限行城市可以有一定的便利条件，同时也避免了很多执法上的难度。另外，在 11 月中国人民银行、银监会发布的《汽车贷款管理办法》修订版中也调整了车贷政策，新能源车贷比例提高，贷款政策也开始向新能源车方向倾斜。3 月 1 日，四部委发布《促进汽车动力电池产业发展行动方案》通知，提出动力电池发展规则：2018 年，提升现有产品性价比；2020 年，大规模应用锂离子动力电池；2025 年，新体系电池力争实现突破。

7. 网约车分享经济模式的发展

2016 年 7 月 28 日，交通运输部等 7 个部门联合颁布《网络预约出租汽车经营服务管理暂行办法》。交通运输部公布的数据显示，截至 2017 年 7 月 26 日，除直辖市外，河南、广东、江苏等 24 个省（份）发布了网约车实施意见；北京、上海、天津等 133 个城市已公布出租汽车改革落地实施细则，还有 86 个城市已经或正在公开征求意见。已正式发布实施细则或已公开征求意见的城市，其涵盖的新业态市场份额已超过 95%。下一步将从 3 个方面继续推进深化出租车改革，其中包括对仍存在的打车难、打车贵等问题组织第三方评估，建立全国网约车监控平台，会同有关部门研究理顺出租车价格形成机制，建立行业黑名单制度和市场退出机制等。

8. 智能网联汽车政策推动力度加大

2017 年 7 月 20 日，国务院发布《新一代人工智能发展规划》，明确提出发展自动驾驶、车联网等智能技术，并要在智能交通建设和自主无人驾驶技术平台、高端人工智能人才等方面实现突破。9 月，智能网联汽车产业创新联盟、长安汽车、清华大学、上海国际汽车城等 16 家单位联合制订了《合作式智能交通系统 车用通信系统应用层及应用数据交互标准》，通过对道路安全、通行效率和信息服务等基础应用的分析，定义在实现各种应用时，车辆与其他车辆、道路交通设施及其他交通参与者之间的信息交互内容、交互协议与接口等，来实现车用通信系统在应用层的互联互通。12 月 18 日，北京市市政府相关部门发布了《北京市关于加快推进自动驾驶车辆道路测试有关工作的指导意见（试行）》《北京市自动驾驶车辆道路测试管理实施细则（试行）》，表达了地方政府部门对于自动驾驶汽车研发的鼓励态度，并明确规定了无人驾驶汽车上路测试条件。

（三）汽车行业发展趋势及目标

总体来说，当前宏观经济保持稳定，各项主要经济指标平稳增长，并且随着供给侧结构性改革的深入，国内市场环境将持续向好，供求关系也积极改善，经济环境总体趋稳趋好。从需求层面来看，今年以来汽车市场热度低于预期，全年将继续保持微增长，但受法规升级、同期基数低等因素影响，上半年增长好于下半年，下半年将持续回落。

对于乘用车市场而言，我国正处于汽车消费普及期，汽车保有量仍偏低，三、四线城市和中西部地区成长性较好，市场增长潜力大；汽车出口形势进一步好转，预期能够带来同比增量。但同样也应注意到不利因素，首先，预期宏观经济增速将有所回落，这对汽车市场成长性不利。其次，购置税优惠政策退出，2017 年年底存在部分消费透支的情况，将会严重影响 2018 年汽车市场需求。再者，共享经济模式和二手车市场快速发展，两者均会影响汽车市场对新车的需求量。下半年，经济增长将继续支撑乘用车需求，从政策来看，购置税政策退出的不利影响在上半年被完全消化，进口车关税下调也将刺激销量释放。从市场角度看，4 月的北京车展有大量新产品上市，下半年新产品拉动力有望增强，补库存和终端促销也将带动车市继续向上。

商用车市场面临挑战。宏观经济的稳定，为商用车市场提供了一个相对稳定的需求环境，上半年市场增长好于预期，但下半年面临诸多挑战，一是GB 1589和治超政策带来的运力补充的红利结束，牵引车市场下滑明显；二是环保部柴油车治理方案或将出台，将对市场产生负面影响；三是国家鼓励“公转铁”，减少公路运输，对重卡市场带来不利影响。此外，三季度为商用车销售传统淡季，预计增长回落。城市物流车和新能源化对商用车市场提供了新的增长机会。

企业运行水平方面，生产企业运营成本不断增长，包括原材料价格上涨，产品排放升级，生产环节环保升级改造，运输成本提升，新能源车补贴资金周期过长，人工成本不断提高等。同时，汽车市场增幅趋缓，产品同质化，竞争进一步加剧，无论是合资品牌，还是自主品牌，车企表现均呈两级分化状态，落后的企业面临较大的生存压力。

综上所述，2018年，影响国内市场的因素、问题变化不大，在市场需求依然存在的背景下，行业运行形势初步判断全年产销增速在3%左右，其中新能源汽车继续保持高速增长，增速达到25%，出口实现同比15%的增长。

四、下一步汽车行业的发展重点

关于汽车产业相关政策，建议应该长期、稳定实施，这样有利于产业稳定、健康、可持续发展，有利于实现政策的导向和持续效用。应避免短期政策（包括刺激性政策）频繁出台实施与随时退出，因为这会对产业发展带来波动和造成不利影响。建议长期实施购置税优惠政策，引导小排量节能、减排乘用车产品发展；不再增加新的汽车限购城市；深入研究传统车、新能源汽车股比放开对产业的影响。

（一）环保治理应为产业结构升级留有科学、合理的时间

目前，轻型车和重型车国家第六阶段机动车污染物排放标准已经出台。根据现有标准提出的实施时间看，留给企业产品技术升级的时间非常有限，整个产业要满足标准要求，需要投入大量的资金、人力、物力。另一方面，生产环节的环保治理工作也加大了企业成本投入，因为有些地方的标准、政策没有给企业足够的升级改造时间。建议国家在环保治理方面统筹考虑，统一标准和执

法尺度，留给产业升级改造足够的时间。

（二）行业法制化管理改革刻不容缓

汽车行业长期以来存在多部门重复、交叉管理的问题。企业需要投入大量的资金、人力、物力去分别满足不同部门的相同管理要求。建议国家加快行政管理法制化的进程，统一行业管理的法规、标准体系，合并管理事项，减少企业负担。

（三）着力想方设法降低企业运行成本

一是降低制度性交易成本。梳理政府多头管理项目，合并重复征收、重复认证的不合理项目，降低法定税收之外的包括中介服务在内的中间费用。如公告、检测、认证等购买中介机构服务的费用。

二是降低企业税负。一方面加快消费环节税收改革，征收环节由生产环节调整为消费环节，由价内税改为价外税，并与购置税合并。同时，通过国家和地方共享税收的方式，改变地方政府重投资轻市场的现状，调动地方政府在治理交通拥堵问题上的积极性；二是加快财税改革步伐，精简税种，根据企业所在行业的特点，降低税率，减轻企业负担，增强企业活力，增加社会就业率。

三是降低物流成本。改善物流业发展环境，大力发展运输新业态，如扩大铁路、海运比例，开放铁路、海运民营市场，提高国有运输、仓储机构效率，推广多式联运，加快构建国家交通运输物流公共信息平台，推进跨部门、跨区域、跨国界、跨运输方式物流相关信息互联共享，鼓励企业间运力资源共享，提高运输车辆实载率；健全现代物流标准体系，强化物流标准实施，推动物流业与制造业等产业联动发展，成立商用车运输标准组织，推进合规合理高效的运输体制建立。

（作者：中国汽车工业协会　叶盛基　倪全　王文淦）

第七章　纺织工业 2017 年发展回顾与形势展望

2017 年，全球经济加速复苏，市场需求企稳回暖，国际贸易流动升温，世界经济的深度调整与恢复在金融危机发生接近第 10 个年头渐近尾声，我国宏观经济也在向全面建成小康社会目标冲刺的既定轨道上稳健运行。在较为良好的发展环境下，纺织行业转型升级深入推进，供给侧结构性改革取得新进展，努力克服了成本、环保、原料等一系列内外矛盾问题，产销实现平稳增长，运行质量与企业效益稳步趋好，行业发展总体呈现出“质效引领、市场发力、稳中有进”的特点。

2018 年，纺织行业面临的国内外宏观基本面总体依然平稳，经济与市场环境有望稳中向好。但贸易保护主义抬头、全球货币流动性收缩等不确定不稳定因素仍然存在，综合成本高企、环保压力加大、棉花供给结构失调等压力仍未缓解。总体上看，纺织行业面临的国内外形势的复杂严峻性仍未改变，纺织行业要进一步推进供给侧结构性改革，加快发展动能转换，适应内需升级和多元化国际市场需求，力求实现“运行平稳、质效提升、结构优化”的高质量发展目标，为宏观经济“稳增长”和全面建成小康社会做出重要贡献。

一、2017 年纺织行业发展回顾

纺织品服装是终端消费品，市场供需关系与结构的积极变化最能反映行业供给侧改革的成效。2017 年，纺织行业国内、国际市场销售同时企稳回升，为纺织工业平稳运行、提质增效提供最直接保障，也是纺织行业增加有效供给的最直观体现。

（一）内销全面改善

2017 年，我国纺织品服装内需消费需求始终保持平稳增长，增速显著好于出口，继续扮演拉动纺织行业平稳增长的第一引擎，表明我国经济发展的内生动力日益增强。根据国家统计局数据，2017 年，全国限额以上服装鞋帽针纺织品零售额达 14 556.6 亿元，同比增长 7.8%，增速高于 2016 年 0.8 个百分点，7 年来增速首次加快，占限额以上单位商品零售额的比重为 9.6%，在娱乐健康类消费支出快速增长、耐用消费品持续升级换代的背景下比例基本保持稳定，说明纺织行业能够充分利用实体渠道满足日益升级的消费需求，在产品品质和消费体验方面均有所提升。

纺织行业零售端线下线上同比发展，网络零售加速增长。2017 年，全国穿着类实物商品网上零售额同比增长 20.3%，增速快于 2016 年 2.2 个百分点，穿着类商品成为纺织品服装内销升级的强大动力。根据天猫“双 11”销售数据，服装品类位居第一且超过销售份额 25%。网购渠道保持快速增长，从需求端看，互联网满足了消费者对于消费快时尚、渠道便捷化的需求；从供给方看，纺织供应链体系的供给质量与效率不断提升，为内需得到有效满足提供了保障。

2016 年和 2017 年纺织行业内销指标增速如图 58 所示。

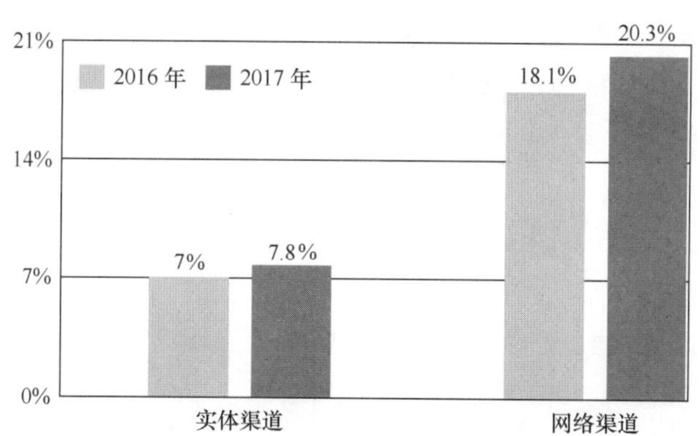

图 58 2016 年和 2017 年纺织行业内销指标增速（资料来源：国家统计局）

（二）出口转负为正

在全球 120 多个国家同步复苏的带动下，2017 年的国际市场需求有所回暖，我国纺织行业出口增速结束了连续 2 年的负增长，出口规模有所扩大。根据海关数据，2017 年我国纺织品服装出口总额达 2745.1 亿美元，同比增长 1.6%，较上年同期回升 8.8 个百分点，其中，出口纺织品 1157 亿美元，同比增长 4.5%，出口服装 1588.1 亿美元，同比微降 0.4%。行业出口数量扭转持续萎缩局面，同比实现 7.3%的增长，出口价格同比下降 5.3%，但降幅已较 2016 年收窄 1.9 个百分点。2016 年和 2017 年纺织品服装出口同比增速如图 59 所示。

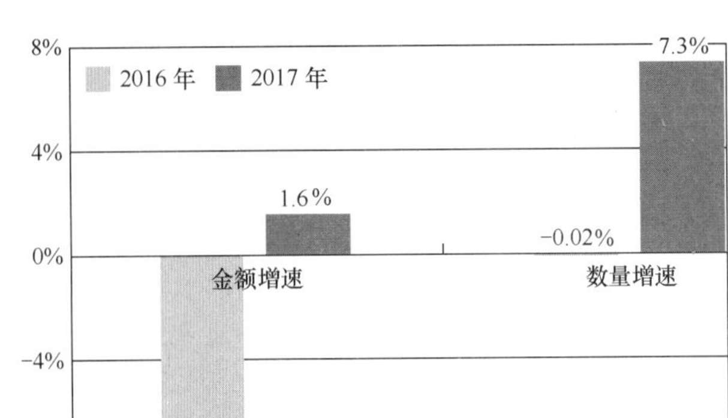

图 59　2016 年和 2017 年纺织品服装出口同比增速（资料来源：中国海关）

虽然纺织行业出口价格整体有所下降，但是部分产品仍呈现出量价齐升的特点。例如，锦纶长丝和涤纶长丝价格分别同比增长 10.2%和 13.7%，数量分别同比增长 13.8%和 3.3%；梭织服装中女大衣、女士羽绒服在价格提升的情况下，出口数量仍实现两位数增长。这表明我国纺织行业在高品质纤维材料、工艺较复杂、批量小周期短的服装品类上具有较强的国际竞争力和不可替代性。

2017 年我国部分纺织品服装品类出口同比增速见表 17。

表 17　2017 年我国部分纺织品服装品类出口同比增速

产品名称	出口单价同比	出口数量同比	出口金额同比
纺织品服装	−5.3%	7.3%	1.6%
锦纶长丝	10.2%	13.8%	25.4%
涤纶长丝	13.7%	3.3%	17.1%
梭织女大衣	4.4%	24.5%	30%
梭织女士羽绒服	0.8%	15.9%	16.9%

资料来源：中国海关。

（三）生产平稳增长

纺织行业生产保持平稳增长，适当的速度为行业提质增效提供了基本保障。2017 年，规模以上纺织企业工业增加值呈现稳态，全年同比增长 4.8%，低于 2016 年增速 0.1 个百分点，但增速降幅较 2017 年上半年收窄 1.2 个百分点，较三季度收窄 0.4 个百分点。其中，棉纺织及印染精加工行业增加值增速相对偏低，同比增长 3.8%；化学纤维（以下简称“化纤”）、针织、服装、家纺和纺机行业增长较快，增速分别为 5.8%、5.7%、5.8%、8.7%和 16.2%。具体情况如图 60 所示。

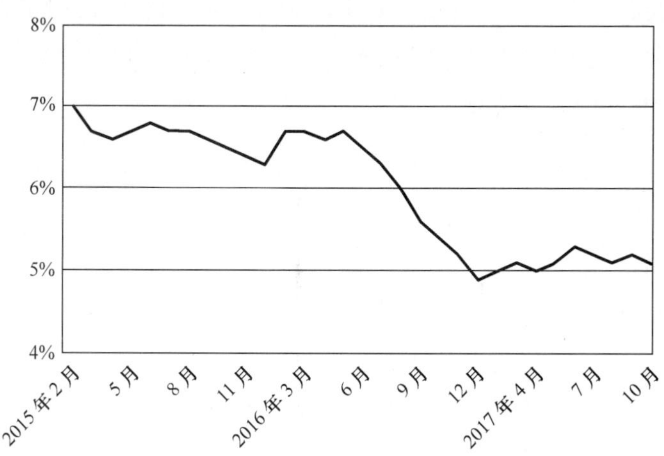

图 60　规模以上纺织行业工业增加值增速（资料来源：国家统计局）

主要大类产品产量中，化纤和纱产量增速有所加快，2017 年产量分别同比增长 5%和 5.6%，增速较上年分别提高 2.7 和 0.1 个百分点；布产量有所减少，2017 年同比下降 4.3%，增速较上年放缓 5.9 个百分点；规模以上企业服装产量也有所下降，2017 年同比减少 2.6%，增速较上年下降 1 个百分点。具体情况见表 18。

表 18　2017 年纺织行业主要大类产品产量情况

产品名称	产量	同比增长	产品名称	产量	同比增长
化纤	4919.6 万吨	5%	苎麻布	2.3 亿米	5.6%
纱	4050.0 万吨	5.6%	亚麻布	2.1 亿米	–8.1%
布	868.1 亿米	–4.3%	蚕丝	14.2 万吨	–1.9%
印染布	524.6 亿米	4.8%	无纺布	415.6 万吨	0.1%
毛机织物	4.8 亿米	–7.3%	服装	287.8 亿件	–2.6%

注：化纤、纱、布产量为全社会数据，其他产品产量为规模以上企业数据。

资料来源：国家统计局。

（四）质效稳中趋好

质效指标直接反映行业企业盈利能力和发展水平，2017 年，纺织行业运行质效延续了此前几年的稳中趋好态势。全行业 3.9 万户规模以上企业累计实现主营业务收入 68 935.6 亿元，同比增长 4.2%，增速较上年提高 0.1 个百分点；实现利润总额 3768.8 亿元，同比增长 6.9%，增速较上年提高 2.4 个百分点。规模以上企业销售利润率为 5.5%，高于上年同期 0.2 个百分点；产成品周转率为 20.8 次/年，总资产周转率为 1.5 次/年，均与上年同期基本持平；三费比例为 6.5%，略高于上年同期 0.1 个百分点。

2017 年纺织行业利润贡献率及利润率如图 61 所示。

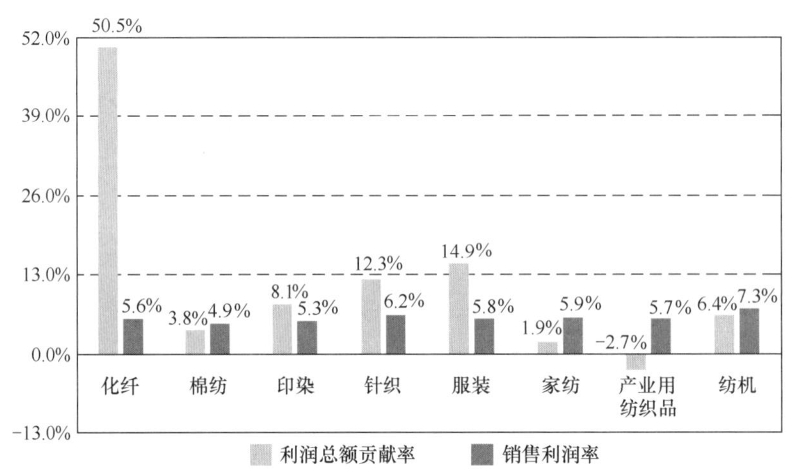

图 61 2017 年纺织行业利润贡献率及利润率（资料来源：国家统计局）

各分行业利润增长贡献方面，2017 年原油价格上涨超过 15%，化纤产品价格在成本助推下一路上行，盈利状况大幅改善，化纤行业利润总额占全行业的比重为 11.8%，但利润贡献率超过 50%；服装、针织行业利润贡献率分别为 14.9% 和 12.3%，增长贡献较为突出。盈利水平方面，终端产品行业积极适应消费升级与市场变革，服装、家纺和产业用纺织品行业销售利润率分别为 5.8%、5.7% 和 5.9%，均高于行业平均水平。运行效率方面，棉纺、产业用纺织品行业产成品周转率分别达到 27.3 次/年和 27.5 次/年，均较上年有所加快，且显著高于行业平均水平。产能利用方面，纺织业和化纤业产能利用率分别为 80.2%和 83.7%，较上年分别提高 4.2 和 2.3 个百分点，明显高于全国工业产能利用率（77%）。

（五）投资动力优化

2017 年，纺织行业投资实现平稳增长，全行业 500 万元以上项目固定资产投资完成额达 13 507.3 亿元，同比增长 5.2%，增速较 2016 年放缓 2.6 个百分点。

各分行业中，科技含量较高的化纤和产业用行业投资信心明显增强。2017 年化纤业投资额同比增长 19.2%，增速较上年同期加快 18.9 个百分点，虽然占全行业投资比重仅有 9.8%，但是增长贡献率达到 32.1%；产业用纺织品行业投资额同比增长 22.8%，增长贡献率为 23.6%。印染行业受环保因素影响，投资规模有所萎缩，投资额同比减少 7.2%，较上年下降 10.1 个百分点。

2017 年纺织子行业投资占比及增长贡献率如图 62 所示。

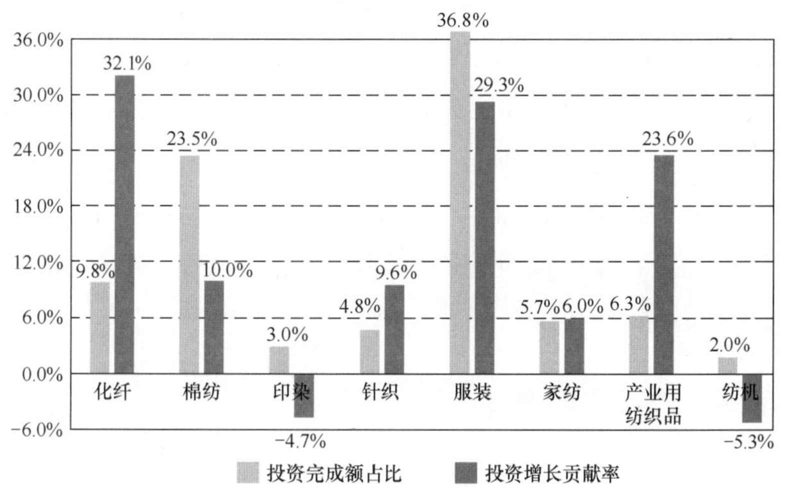

图 62　2017 年纺织子行业投资占比及增长贡献率（资料来源：国家统计局）

纺织行业投资增长的主动力由中西部地区新建产能转变为东部地区技术装备升级，由增量拉动转向存量优化驱动，投资质量有所改善。2017 年，东部 10 省投资额同比增长 6.2%，高于全行业增速 1 个百分点，占全国投资增量的 68%；中部 6 省投资额同比增长 3.6%，低于全行业增速 1.6 个百分点；由于新疆投资基数增大，投资速度回归理性，西部 12 省投资额同比减少 3.5%，较上年下降 20.3 个百分点。

二、当前纺织行业发展需要关注的问题

尽管国内外宏观经济与市场环境总体平稳，为纺织行业深化供给侧结构性改革、推进高质量发展提供了较为有利的外部环境，但行业仍面临一系列不确

定因素和现实问题，实现更充分、更平衡发展仍面临严峻挑战。

（一）国际贸易环境恶化

近年来，国际市场竞争日益加剧，越南、孟加拉等东南亚国家纺织产业较快增长，国际竞争力显著提高，2017 年我国纺织品服装在美国、欧盟和日本市场的份额分别下降 0.2、0.8 和 1 个百分点。

中美贸易冲突有所加剧，美国已经提出对从中国进口价值 500 亿美元的商品加征 25%的关税，贸易保护主义将成为影响 2018 年全球经济复苏的最大不确定性因素，也是我国纺织行业平稳、高质量发展的重大潜在影响因素。我国纺织品服装出口规模在全球贸易和美国进口市场所占份额均超过 1/3，如果确定对纺织品服装加征高额关税，则我国纺织行业对美出口将出现下滑，国内相关产业链以及就业都将直接受到负面冲击。与此同时，贸易保护主义升温也增加了世界经济秩序的混乱和发展前景的不确定性，其示范效应或引发全球更多单边和区域性行动，国际贸易环境存在恶化风险。

（二）环保压力与日俱增

防治污染、保护生态环境是当前我国经济社会发展的重要攻坚任务，也是纺织行业转型升级的重要着力点，建成责任发展的绿色产业是纺织行业的全新发展定位。目前，纺织行业主动提升绿色发展能力的进度与国家环保部门的监管要求之间还存在一定的距离。

国家对纺织印染废水的监管要求日益严格，但中小纺织企业居多，技术、资金实力有限，我国对印染废水的监管标准严于发达国家，一些非特征性污染物的处理技术尚不成熟，企业全面达到国家强制标准要求的难度较大，需要一定的过渡周期。纺织企业长期面临环保部门监管手段单一的问题，仅简单以关停、限产、禁止环评等方法进行监管，缺乏投资引导、技改支持等正面措施，不能有效促进行业绿色发展水平提升。有些地方不区分企业情况，采取地区性整体停产的监管方法，造成纺织企业生产、投资活动受限，成为纺织行业平稳、高质量发展的瓶颈。

（三）企业用工出现短缺

近年来，纺织行业劳动力供给不足问题日益突出。根据中国纺织工业联合会对重点纺织企业和产业集群调研了解到的情况，针织、服装乃至棉纺、化纤等产业链上下游企业普遍面临用工短缺问题，招工难度加大，职工流动性增强、高技术人才供给不足，短期内不利于企业生产稳定、加剧成本压力，长期则将对行业企业持续、健康发展造成重大影响。

出现这种情况的原因，一是当前社会劳动力供给结构与纺织行业用工需求存在错位，适龄农村转移劳动力数量减少，技术类工人岗位不能满足高校毕业生的就业需求。二是社会认知存在偏差，新一代就业观念异化，服务业发展加快，吸纳就业人员能力显著高于制造业，造成纺织行业用工紧缺。三是用工市场秩序有待规范，在劳动力资源紧缺的情况下，同地区企业间招工竞争激烈，一些地区出现了包工头组织工人专接企业的短期急单、伺机抬高用工价格的情况，破坏劳动力市场正常秩序，工人队伍稳定性受到影响。

（四）棉花问题仍需关注

2018 年，全球棉花供需格局总体较为宽松，国内棉花产量稳中略升，预计国内外棉价总体均将走稳，不会出现过大幅度的波动，内外棉价差也有望控制在合理区间。但国内棉花供给仍然存在一定缺口，高品质棉花短缺问题十分突出，无法有效满足棉纺企业生产配棉和优质产品开发、升级需求。

造成高品质棉严重短缺的原因，一是受原料品种、种植技术等因素影响，国产新棉品质仍然不高（混入异性纤维较多），质量与企业生产高档棉制品的原料需求之间存在差距，加强棉花良种培育与先进种植技术推广、提升国产棉品质任务迫在眉睫。二是受国储政策影响，正在轮出的储备棉多为 2012 年、2013 年产的棉花，多年储存造成质量指标有较大变化，已经不能满足企业对高品质棉花的需要，有必要协调国储轮出和进口配额政策进行供给调整和补充。

三、2018 年纺织行业发展展望

2018 年以来，纺织行业稳步推进供给侧结构性改革，积极落实“三品”战略，高质量发展的特征逐步显现。第一季度，纺织行业总体保持平稳发展势头，主要运行指标基本实现正增长，内外市场销售保持良好增长态势，但受结构调整深化、子行业周期性波动等因素影响，纺织行业质效表现仍低于预期，生产和投资增速同比有所放缓。展望 2018 年全年，全球经济广泛、持续复苏的基本态势较为明晰，我国宏观经济基本面也依然稳定，虽然存在诸多不确定、不稳定因素，但总体上看，国内外市场稳中向好是大概率趋势，将为纺织行业继续保持平稳运行，并努力实现高质量发展提供较为有利的外部环境。

（一）2018 年以来纺织行业运行态势

1. 内外市场增长较快

2018 年以来，在宏观经济稳中向好支撑下，我国纺织品服装内需市场呈现较快增长态势。根据国家统计局数据，1～5 月全国限额以上服装鞋帽、针纺织品类零售额同比增长 9.1%，增速较上年同期提高 1.9 个百分点。网上零售继续保持快速增长，1～5 月全国网上穿着类商品零售额同比增长 24.9%，较上年同期提高 4.3 个百分点。但与今年一季度相比，限额以上服装鞋帽、针纺织品类零售额和网上穿着类商品零售额增速分别放缓 0.7 和 9 个百分点。

由于技术原因，中国海关从 4 月起暂停发布月报数据。快报数据显示，1～5 月我国纺织品服装出口总额（不含 94 章）为 1022.3 亿美元，同比增长 3.3%，增速较上年同期提高 4.4 个百分点，较今年一季度同口径增速放缓 2.3 个百分点。其中，纺织品出口增长态势良好，出口额同比增长 10.7%；服装出口规模缩减，出口额同比减少 2.3%。行业出口格局日益丰富，“一带一路”市场增长较快，一季度我国对其纺织品服装出口额同比增长 10.6%，占同期我国纺织品服装出口总额的 34.2%，出口增长贡献度达到 71%。

2. 生产增速有所放缓

根据国家统计局数据，2018 年 1～5 月，纺织行业规模以上企业工业增加值同比增长 3.1%，增速分别低于上年同期和今年 1～4 月 2 和 0.6 个百分点。产业链各环节中，棉纺织及棉印染行业生产增速明显放缓，1～5 月工业增加值同比下降 0.1%，低于上年同期 4.3 个百分点，且较今年一季度继续下降 0.9 个百分点。化纤业工业增加值同比增长 5.4%，较上年同期提高 1.7 个百分点。终端环节生产保持较好增长态势，1～5 月家纺和产业用纺织品行业工业增加值同比分别增长 6.1%和 8.2%，较上年同期分别提高 1.5 和 4.5 个百分点；服装业同比增长 5.3%，较上年同期降低 1.2 个百分点。纺机行业工业增加值同比增长 15.5%，分别高于全行业和纺机行业上年同期增速 12.4 和 1.2 个百分点，反映国产装备市场竞争力稳步提高。

主要大类产品产量中，除化纤外增长均放缓。1～5 月，规模以上企业化纤产量同比增长 6.3%，增速较上年同期提高 1.4 个百分点。布、纱、服装产量同比分别增长 3.5%、2.4%和−5.9%，增速较上年同期分别下降 0.7、2.3 和 7.8 个百分点。

3. 运行质效有所改善

根据国家统计局数据，2018 年 1～5 月，纺织行业规模以上企业累计实现主营业务收入 23 961.1 亿元，同比增长 3.7%，增速较上年同期放缓 5.7 个百分点，但较今年一季度回升 0.6 个百分点；实现利润总额 1107.2 亿元，同比增长 1.5%，低于上年同期 9.1 个百分点，但较今年一季度提高 5.7 个百分点，效益增速逐步回暖。其中，纺机行业盈利能力明显提升，1～5 月主营业务收入和利润总额分别同比增长 18.3%和 33.8%。

纺织行业运行质量总体也呈现改善趋势。1～5 月，规模以上纺织企业销售利润率为 4.6%，低于上年同期 0.1 个百分点，高于一季度 0.1 个百分点；产成品周转率为 18.5 次/年，同比加快 3.4%；总资产周转率为 1.4 次/年，与上年同期基本持平；三费比例为 6.9%，较上年同期提高 0.2 个百分点，较今年一季度降低 0.2 个百分点。

4. 投资规模有所下降

根据国家统计局 1～5 月数据推算，纺织全行业固定资产投资完成额同比减少 1.5%，较上年同期下降 10.6 个百分点，降幅较 1～4 月加深 1 个百分点。其中纺织业同比仅增长 0.3%，服装业同比减少 11%，化纤业同比增长 24.1%，连续 2 个月保持较高增长水平。

纺织行业投资下滑，一是由于 2018 年实行了新的统计方法，即 500 万～5000 万元固定资产投资项目由形象进度法统计调整为按照财务支出法统计，新的统计方法造成投资数据波动加大，对于纺织行业投资走势的整体性判断仍待进一步观察。二是受到制造成本驱动产能向海外转移的影响，服装行业投资明显下滑，对全行业投资规模下降影响突出。三是受产业政策调整影响，新疆棉纺产业投资回归平稳，估计对行业投资增长也将产生一定影响。

（二）纺织行业发展面临的市场环境良好

1. 国际市场持续复苏有望改善出口

2018 年，全球经济有望继续复苏，在美国减税、大宗商品价格回升、全球货币政策总体宽松等因素推动下，制造业及贸易活动有望持续升温，消费者信心将随经济向好有所增强。2018 年 4 月，国际货币基金组织预测 2018 年全球经济增长 3.9%，世界银行 6 月预测全球经济增长 3.1%，均高于 2017 年经济增速 0.1 个百分点。根据历史数据分析，纺织品服装消费与经济增长具有明显的正相关性，持续向好的国际经济环境将为纺织行业出口恢复性增长保驾护航。但在经济复苏周期内，纺织品服装消费增速一般低于耐用品消费增速，因此，2018 年纺织品服装国际需求有望保持平稳增长态势，但增速并不会大幅度提升。

2018 年世界经济增速预测如图 63 所示。

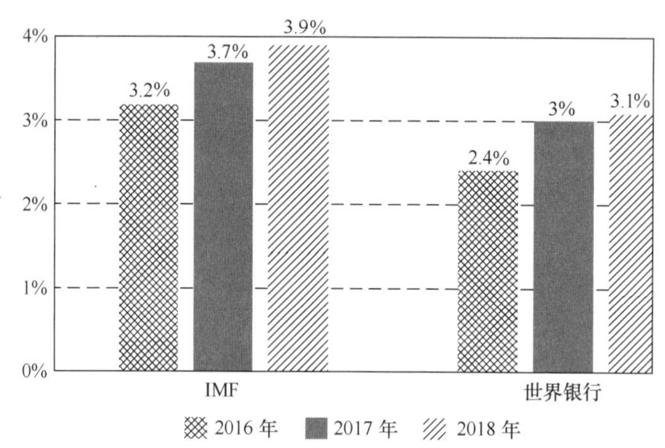

图 63　2018 年世界经济增速预测（资料来源：国际货币基金组织，世界银行）

2. 内需平稳增长发挥支撑作用

2018 年，我国宏观经济将继续保持稳中有进、稳中向好的发展态势，新旧动能加快转换，供给侧改革持续推进，将带动我国经济总体稳定增长，稳步迈向高质量发展新阶段。从消费面看，实体经济发展将促进内需消费持续增长，《2018 年国务院政府工作报告》中提出居民收入与经济保持同步增长，消费者收入预期与消费者信心持续走高，为内需消费继续担当拉动经济增长的主要引擎提供基本前提；减税降费、网络提速降费、乡村振兴战略、支持医疗养老产业发展等政策措施将促进内需进一步扩大，人民对美好生活新期待将促进消费体验和消费环境快速提升，以上因素均将支撑国内纺织品服装市场需求平稳向好，为纺织行业内销平稳增长提供积极支撑。

我国消费者收入预期与信心指数如图 64 所示。

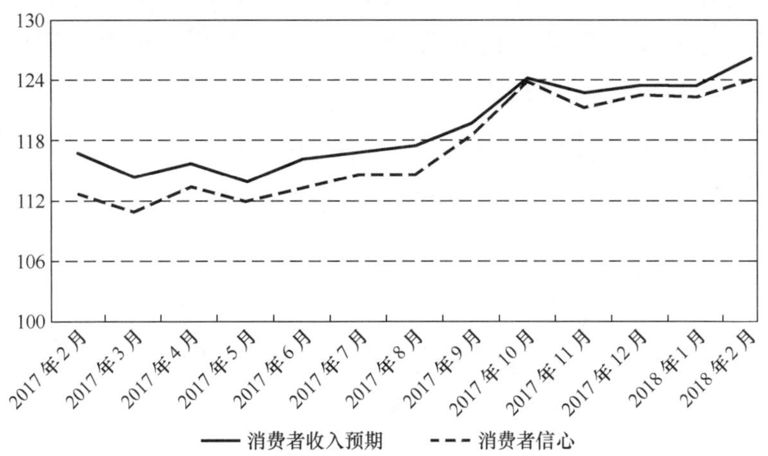

图 64　我国消费者收入预期与信心指数（资料来源：国家统计局）

（三）纺织行业运行指标有望逐步回调

近年来，纺织行业转型升级持续推进，效果日渐显现，纺织行业规模增速逐步放缓的同时，经济效益和运行质量始终稳中有升，具备了一定的抵御和化解外部风险压力的能力。2018 年，纺织行业着力提升发展质量，持续落实“三品”战略，深入推进供给侧结构性改革，将促进企业不断丰富产品品种，改善品质，提高品牌附加值，更好挖掘国内外市场潜力。行业也有望继续化解市场竞争激烈、贸易保护主义等外部风险，克服原料、用工、环保等方面的实际困难，努力实现平稳发展。

从数据角度看，2017 年纺织行业生产、效益指标均呈现“前高后低”走势，在较高基数的条件下，今年开年运行指标增速处于低位，因而纺织行业运行指标也存在逐步改善回调的数据基础。

中美贸易冲突磋商进展曲折，但短期内不会对纺织行业产生重大的直接影响。初步预计，全年规模以上纺织企业工业增加值同比增长约 4%，主营业务收入同比增长 6%左右，利润总额同比增长 4%左右；全社会纺织品服装出口总额增长 3%左右。

四、下一步纺织行业的发展重点

努力保持平稳运行态势，并全面向高质量发展阶段迈进，是纺织行业的发展任务。行业将按照党的十九大和中央经济工作会议要求，坚持“稳中求进”工作总基调，转化发展动能，优化发展方式，提高供给效率，积极化解行业不平衡不充分发展与人民对美好生活新期待之间的矛盾，大力推进高质量发展，助力我国全面建成小康社会的宏伟目标。纺织行业将立足于“科技、时尚、绿色”的新时代行业定位，从以下几方面推进高质量发展。

（一）经济运行高质量

不断提升的运行质量与适当速度的效益增长是纺织行业高质量发展的直观表现。要积极引导纺织企业提高经营管理质量，广泛应用和集成信息化、网络化管理技术，构建现代管理体系，加强管理创新与流程再造，有效控制成本与费用，提高运营效率。创新营销策略，多元化拓宽营销渠道，通过商业模式革新优化市场供给。丰富融资渠道，合理使用金融衍生产品，规范财务制度，提高资金使用效率。从行业角度，将开展高质量发展指标体系研究与监测分析，为高质量发展提供指导。

（二）增长动能高质量

大力转换纺织行业增长动能，是纺织行业高质量发展的核心。要深入实施创新驱动战略，强化科技创新引领作用，有序推进科技创新体系建设，加强行业共性关键技术研发突破与推广应用，大力发展智能制造，始终将科技创新作为行业发展的第一动力。进一步突破高性能、功能性纤维高质化应用技术，开发多领域应用的纺织复合材料及产业用制成品，发挥好产业用纺织品行业的新增长点作用。引导企业扩大技术、装备改造升级投资，优化投资增长动能。着重挖掘内销市场潜力，引领新时代纺织品服装消费新趋势；积极开拓“一带一路”国际市场，丰富行业出口格局，提高抗风险能力，优化市场增长动能。

（三）发展方式高质量

提升纺织行业可持续发展能力，走绿色、生态发展之路，是纺织行业高质量发展的根基。要充分考虑资源条件、产业基础和市场需求，科学规划纺织产业发展，形成产业链高效衔接、市场供需相对平衡、产业结构互为补充的产业布局体系。开发和推广全产业链先进绿色制造技术，建设废旧纺织品回收和再利用体系，建立行业绿色发展路线图，全面提高绿色制造水平。加强绿色制造标准体系建设，开展绿色制造企业评价、对标。建立全生命周期绿色理念，并在研发设计环节、制造产业链及循环回收链条贯彻始终，宣传绿色消费理念，引导市场消费转型。

（四）最终供给高质量

实施“三品”战略，提高供给质量，满足人民对美好生活的新期待，是纺织行业高质量发展的最终市场表现。要着力优化产品供给结构，充分研究消费市场需求特征与流行趋势，加强产品设计开发，丰富产品供给。适应健康养老、运动休闲等消费热点，开发生命体征监测、健康记忆、户外防护、防水透气等功能性、智能型纺织服装产品。加快开发推广医疗、环保、应急防护等产业用纺织品。弘扬精益求精的工匠精神，推进质量追溯体系，提高质量保证能力和产品消费安全。加强品牌建设，融合传统文化与现代时尚，提升品牌内涵，促进品牌与文化创意产业和高新技术产业融合，提升品牌国际影响力。

（作者：中国纺织工业联合会　张倩）

第八章　轻工业 2017 年发展回顾与形势展望

一、2017 年轻工行业发展回顾

（一）经济运行高位稳健

2017 年，轻工业以“让人民生活更美好”为宗旨，以消费升级为导向，积极推动供给侧结构性改革，全面贯彻“增品种、提品质、创品牌”战略部署，通过强化科技创新、促进“两化”融合、建设“智慧轻工”等举措，努力克服原材料成本大幅上升等困难，推动轻工业提质增效，走上高质量发展道路。全年轻工业增加值增速为 8.5%，完成主营业务收入 24.2 万亿元，实现利润 1.6 万亿元，完成出口 5998 亿美元，为国民经济稳增长和满足人民群众美好生活需要做出了重要贡献。

轻工业在国民经济中的地位更加突出。2017 年轻工行业规模以上工业企业数占全国工业的 29.9%，资产总额占全国工业的 15%，主营业务收入占全国工业的 20.8%，利润总额占全国工业的 21.1%。全国轻工行业出口总额占全国出口总额的 26.5%，轻工业实现贸易顺差是全国贸易顺差的 1.03 倍（如图 65 所示）。

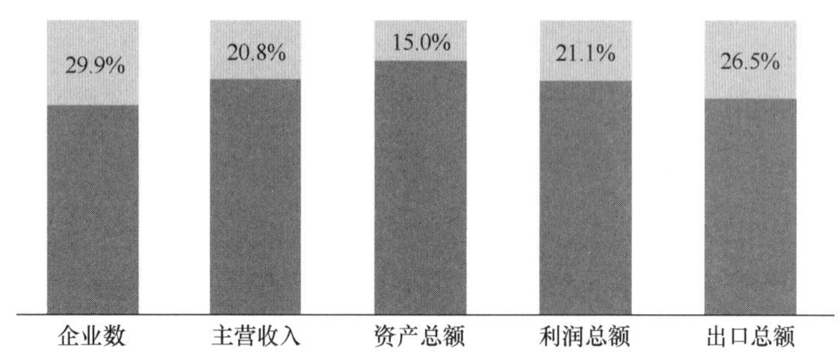

图 65　2017 年轻工行业主要指标占全国的比重情况

2017 年，轻工行业规模以上企业工业增加值同比增长 8.5%。轻工行业工业增加值增速高于同期全国工业 1.9 个百分点，高于同期制造业 1.3 个百分点，有力支撑工业发展。主要轻工行业中，电池制造、家用电器、玻璃陶瓷制品、自行车、家具行业增加值累计增速较高，分别增长 24.7%、14.1%、12.6%、11.8%、9.9%（如

图 66 所示）。轻工业较高的增长速度，为国民经济发展起到了重要支撑作用。

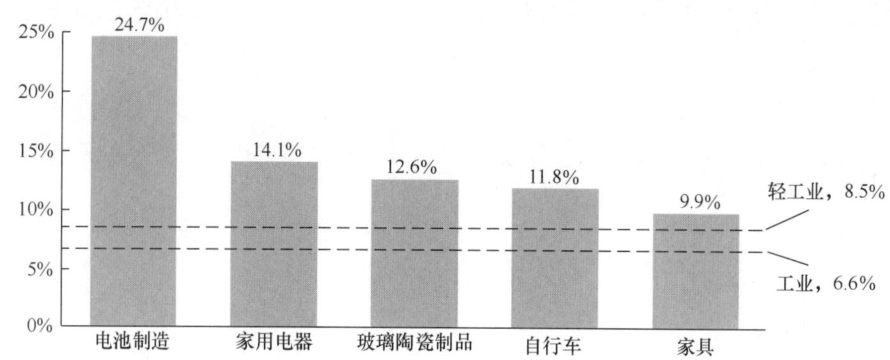

图 66　轻工行业工业增加值累计增速与全国工业对比情况

（二）运行质量显著提升

1. 盈利能力增强，效益大幅提升

2017 年，轻工行业规模以上企业 115 256 个，累计完成主营业务收入 24.25 万亿元，同比增长 8.34%。其中，农副食品加工、食品制造、塑料制品、文教体育及工艺美术、造纸、家用电器、皮革及羽绒等 7 个行业规模以上工业企业主营业务收入均超过 1 万亿元。主要轻工行业主营业务收入比重情况如图 67 所示。

2017 年，轻工行业规模以上企业实现利润 1.6 万亿元，同比增长 8.96%。其中，农副食品加工、食品制造、塑料制品、酿酒、家电、造纸 6 个行业规模以上工业企业利润总额均超过 1000 亿元。主要轻工行业利润总额比重情况如图 68 所示。

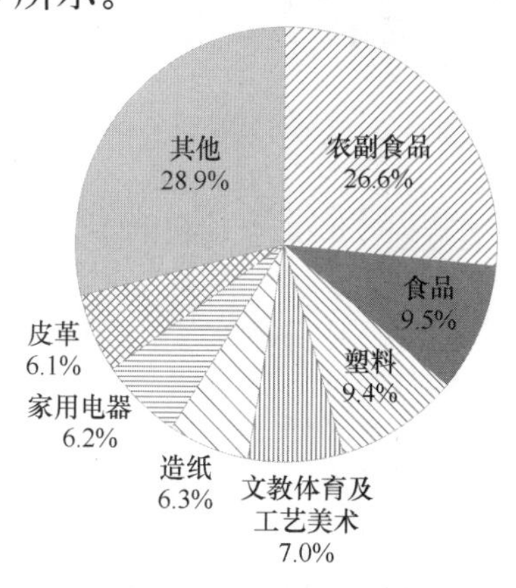

图 67　2017 年主要轻工行业主营业务收入比重情况

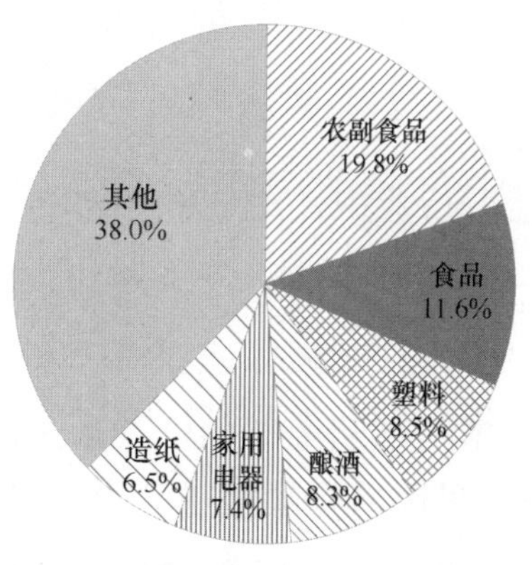

图 68　2017 年主要轻工行业利润总额比重情况

2017 年轻工行业主营业务收入利润率为 6.56%，比去年同期提高 0.04 个百分点。轻工行业主营业务收入利润率高于全国工业 0.1 个百分点，高于制造业利润率 0.21 个百分点（如图 69 所示）。

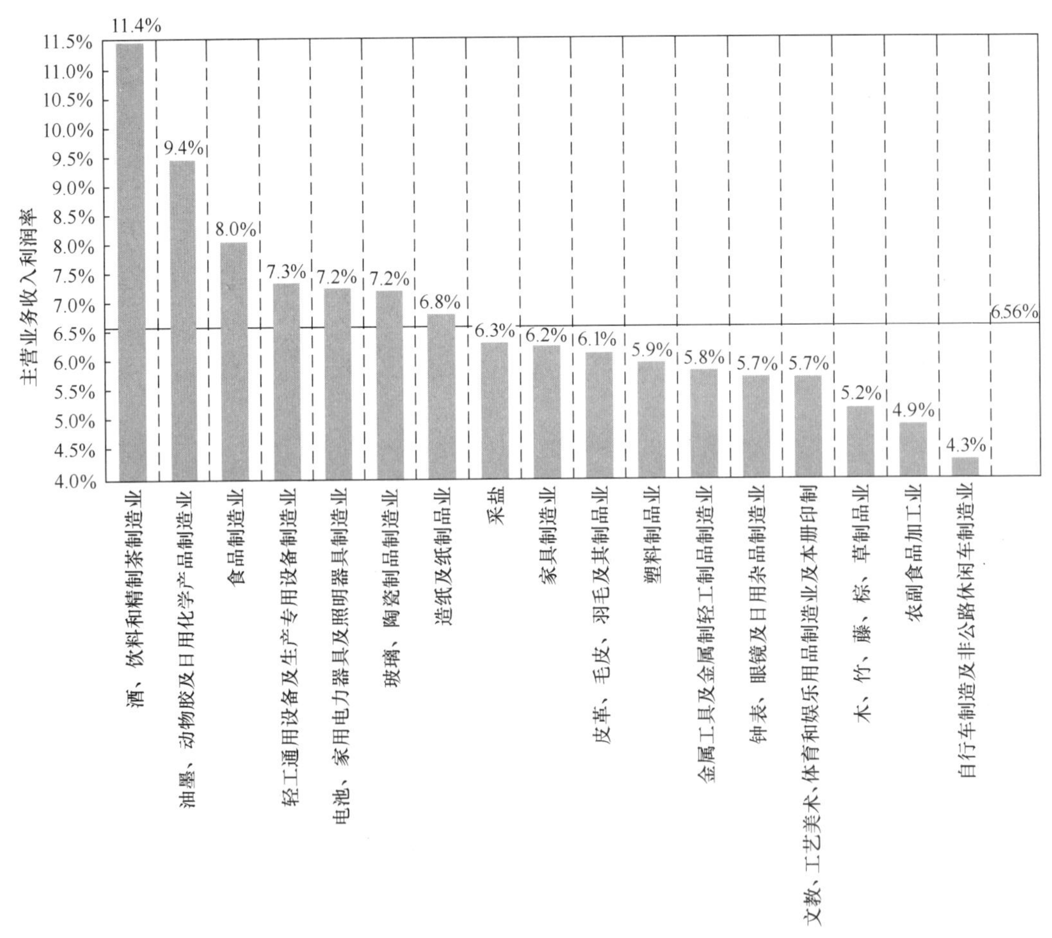

图 69　2017 年主要轻工行业主营业务收入利润率情况

轻工行业中，酒、饮料和精制茶制造业，油墨、动物胶及日用化学产品制造业，食品制造业，轻工通用设备及生产专用设备制造业，电池、家用电力器具及照明器具制造业，玻璃、陶瓷制品制造业，造纸及纸制品业 7 个行业的主营业务收入利润率均超过轻工全行业平均水平。

2. 耐用消费品板块领涨，电池、家电行业表现突出

2017 年，从轻工六大类板块主营业务收入对比看，耐用消费品主营业务收入同比增长 14.28%，大幅领先其他板块。除快速消费品增速较去年小幅下降 0.02

个百分点外，其他 5 个板块主营业务收入增速较去年均有不同程度的提高（见表 19）。

表 19　轻工六大类行业主营业务收入比重及增速变化情况

行业名称	主营业务收入（亿元）	比重	同比增长	增速变化	占比变化
轻工业合计	242 498.03	100%	8.34%	1.99	—
快速消费品	103 082.10	42.51%	6.55%	−0.02	−1.53
日用消费品	49 699.01	20.49%	7.04%	0.83	0.15
耐用消费品	43 948.02	18.12%	14.28%	7.08	1.15
文教体育休闲用品	29 079.23	11.99%	10.15%	4.66	0.39
原料产品	13 317.59	5.49%	4.54%	0.61	−0.23
轻工机械装备	3372.09	1.39%	9.95%	1.36	0.06

耐用消费品板块完成主营业务收入 4.4 万亿元，占轻工业的 18.12%，较去年扩大 1.15 个百分点，板块营收同比增长 14.28%，大幅领先其他板块，较去年增速加快 7.08 个百分点（如图 70 所示）；累计实现利润总额 2915.33 亿元，同比增长 7.26%。本板块主要行业中，电池、家电制造行业主营业务收入本年实现大幅增长，分别增长 26.45%、18.72%。

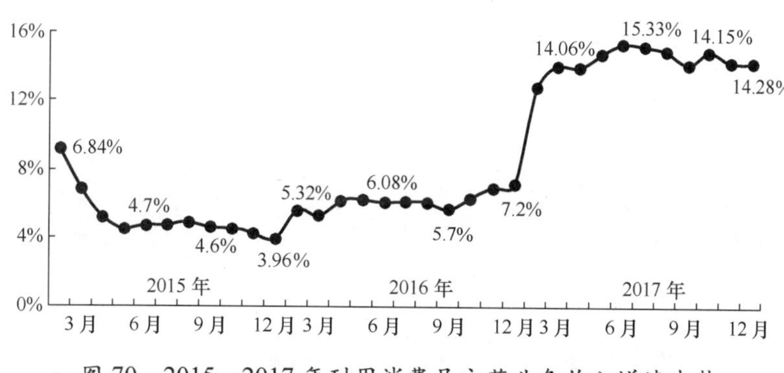

图 70　2015—2017 年耐用消费品主营业务收入增速走势

快速消费品板块完成主营业务收入 10.31 万亿元，同比增长 6.55%，增速较去年小幅下降 0.02 个百分点，占轻工业的 42.51%，比重缩小 1.53 个百分点（如图 71 所示）；累计实现利润总额 6846.39 亿元，同比增长 7.94%。

日用消费品板块完成主营业务收入 4.97 万亿元，占轻工业的 20.5%，同比增长 7.04%，增速较去年加快 0.83 个百分点（如图 72 所示）；累计实现利润总额 3200.74 亿元，同比增长 7.96%。

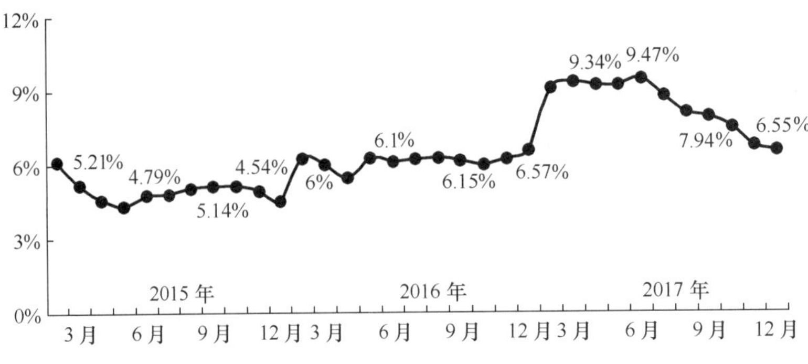

图 71　2015—2017 年快速消费品主营业务收入增速走势

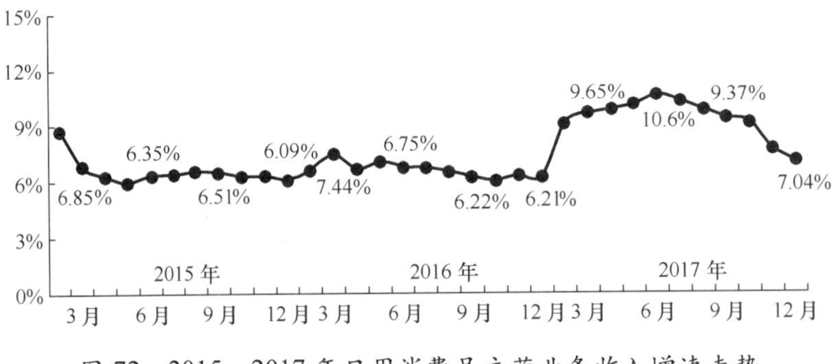

图 72　2015—2017 年日用消费品主营业务收入增速走势

文教体育休闲用品板块完成主营业务收入 2.91 万亿元，占轻工业的 12%，同比增长 10.15%，较去年加快 4.66 个百分点（如图 73 所示）；累计实现利润总额 1820.61 亿元，同比增长 19.78%。

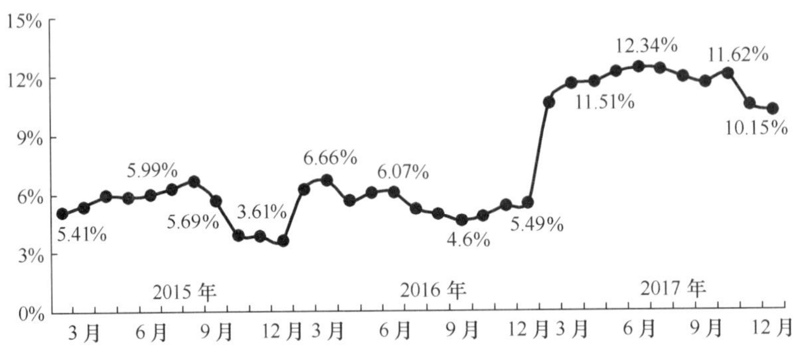

图 73　2015—2017 年文教体育休闲用品主营业务收入增速走势

原料板块完成主营业务收入 1.33 万亿元，占轻工业的 5.49%，同比增长 4.54%，增速较去年加快 0.61 个百分点（如图 74 所示）；累计实现利润总额 882.19 亿元，同比增长 5.54%。

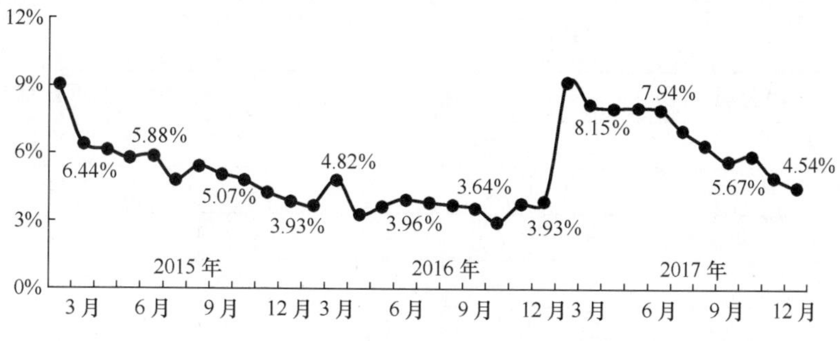

图 74　2015—2017 年轻工业原料产品主营业务收入增速走势

轻工业机械装备完成主营业务收入 3372.09 亿元，占轻工业的 1.39%，同比增长 9.95%，增速较去年加快 1.36 个百分点（如图 75 所示）；累计实现利润总额 243.69 亿元，同比增长 11.28%。

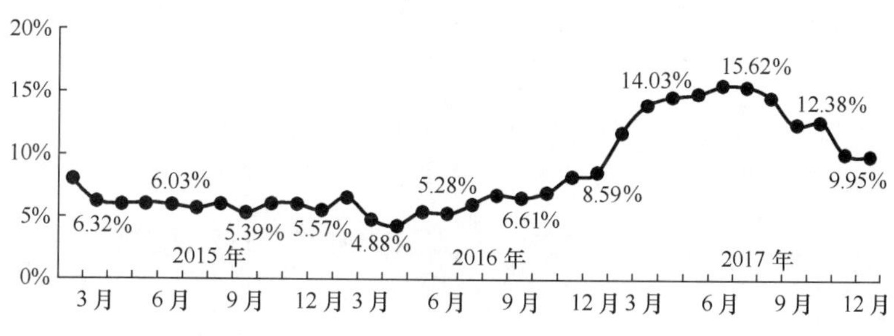

图 75　2015—2017 年轻工业装备制造主营业务收入增速走势

（三）国内消费市场繁荣

受刚性需求因素影响，轻工业产品国内市场销售情况良好，2017 年全年，快速消费品中粮油食品零售额增长 10.2%、饮料增长 10.3%；耐用消费品零售额快速增长，家电零售额增速由年初的 5.6%提高到 9.3%，家具零售额增速也比年初提高了 1 个百分点，达到了 12.8%。其他轻工业主要消费品零售总额增速也保持平稳，成为行业稳健发展的重要支撑（见表 20）。

表 20　2017 年社会消费品零售总额主要数据

商品分类	绝对量（亿元）	同比增长
社会消费品零售总额	366 262	10.2%
粮油、食品类	15 332	10.2%
饮料类	2274	10.3%
烟酒类	4430	7.9%
化妆品类	2514	13.5%

续表

商品分类	绝对量（亿元）	同比增长
金银珠宝类	2970	5.6%
日用品类	5512	8%
家用电器和音像器材类	9454	9.3%
文化办公用品类	3661	9.8%
家具类	2809	12.8%

（四）国际市场企稳回升

2017 年年初，轻工行业结束了出口连续 17 个月负增长的局面，并保持较快增长。2017 年全年，轻工行业累计出口额达 5998.44 亿美元，占全国出口总额的 26.5%，同比增长 8.67%（如图 76 所示），高于全国出口总额增速 0.77 个百分点。

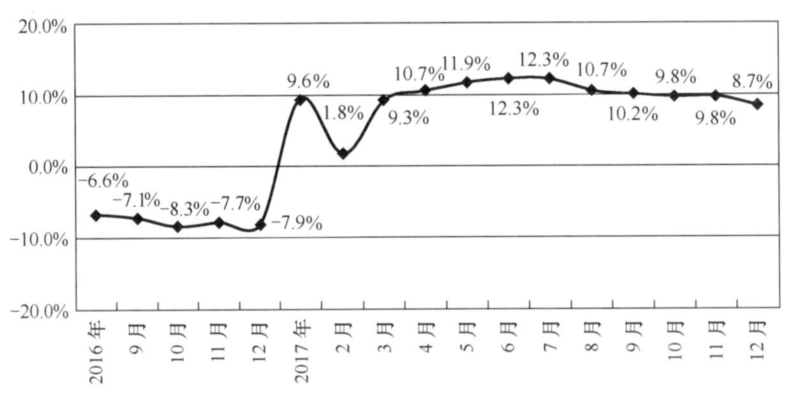

图 76　轻工行业出口累计增速情况

2017 年，皮革、毛皮制品及其鞋类制品业，家用电器业，塑料制品业，文教体育用品业，家具制造业等 5 个行业累计出口额均超过 500 亿美元。主要轻工行业出口额占比情况如图 77 所示。

2017 年，我国轻工商品与“一带一路”沿线国家的贸易额为 1906.87 亿美元，占轻工商品贸易总额的 25.01%，同比增长 10.27%。轻工商品对“一带一路”国家贸易的快速增长，给轻工企业带来了更加广阔的国际市场机遇。

其中，对“一带一路”沿线国家出口额总计 1577.25 亿美元，占轻工商品出口总额的 26.29%，同比增长 8.78%；进口额共计 329.61 亿美元，占轻工商品进口总额的 21.84%，同比增长 17.98%。在对这些国家的出口中，出口额最大的是俄罗斯，出口额为 140.96 亿美元，出口增长最快的是老挝，同比增长 48.69%（如图 78 和图 79 所示）。

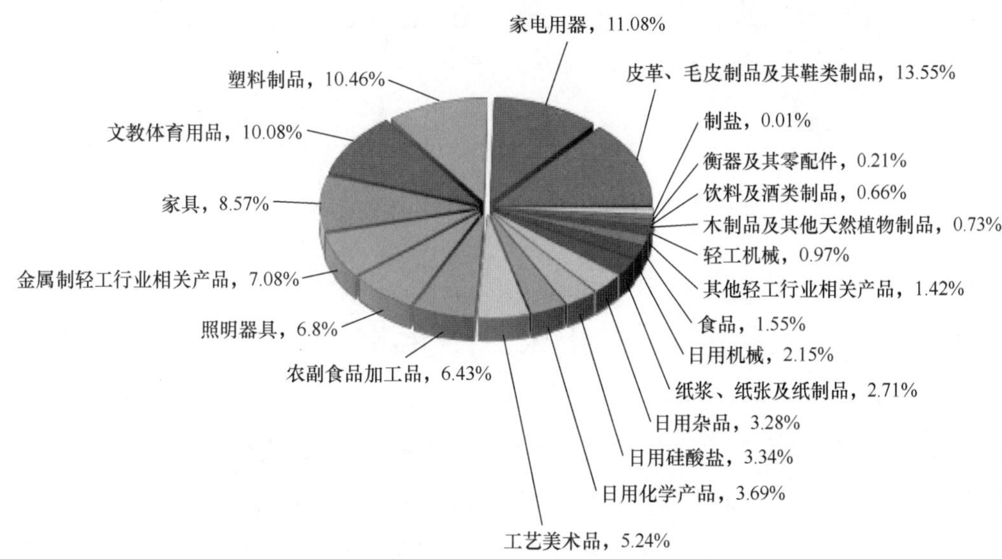

图 77　2017 年主要轻工行业出口额占比情况

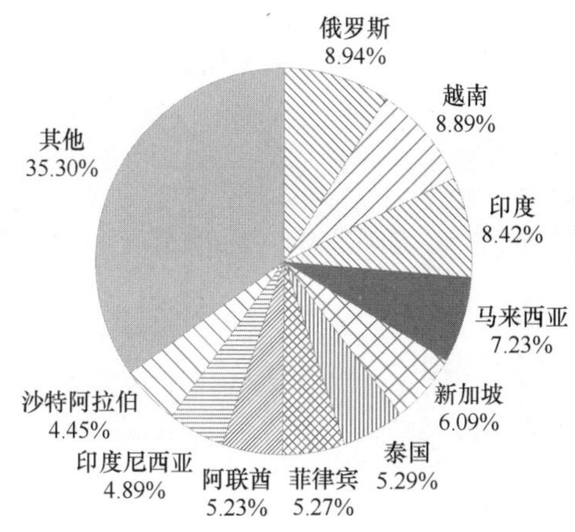

图 78　2017 年轻工商品对"一带一路"沿线国家出口比重情况

（五）科技创新驱动有力

党的十八大以来，我国大力实施创新驱动发展战略，加快建设创新型国家，科技创新在我国轻工业转型发展中的支撑引领作用愈加明显。

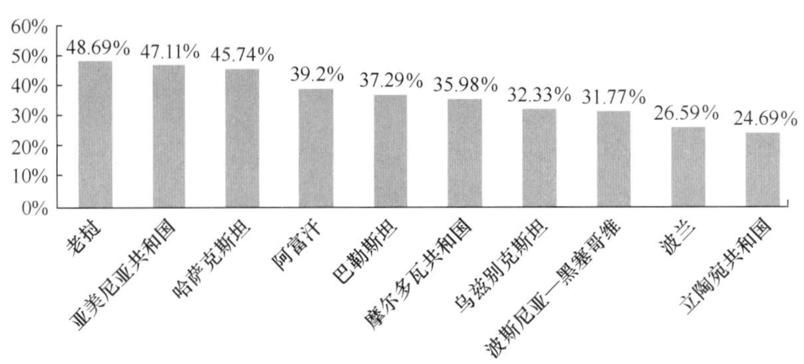

图 79　2017 年轻工商品对“一带一路”沿线国家出口增速情况

2017 年轻工业创新成果不断涌现，玉米原料高效清洁生产谷氨酸关键技术、淀粉及其衍生物绿色高效制造关键技术、智能化高效节能房间空调器关键技术、人工智能全自动电饭煲、双驱动洗涤节能技术、家用燃气灶具关键检测设备、全水性聚氨酯生态合成革及智能化清洁生产技术、绿色装修材料用水性聚氨酯分子设计及应用等多项科技成果达到国际领先水平。

2017 年度中国轻工业联合会科学技术奖获奖项目有 166 项，其中一等奖项目 29 项、二等奖项目 54 项、三等奖项目 83 项；轻工行业获国家科学技术奖励项目 4 项，其中发明奖 1 项、进步奖 3 项；第二届中国轻工业优秀设计奖“至尊金奖”5 项、“金奖”20 项；2017 年度共有 13 项成果被评为“轻工企业管理现代化创新成果”；全行业拥有中国轻工业重点实验室 87 家；轻工行业新增院士 2 名。

轻工行业专利工作成效显著。2017 年，我国轻工全行业公布专利 899 580 件，全年公布专利总数较 2016 年同比增加 16.6%，增速较去年同期提高了 7.69 个百分点。其中，发明专利 489 430 件，实用新型专利 410 150 件，发明类专利构成比例为 54.4∶45.6，高于 2016 年度的 51∶49，发明类专利比例连续 3 年提升。

2013—2017 年轻工行业公开专利数量情况如图 80 所示。

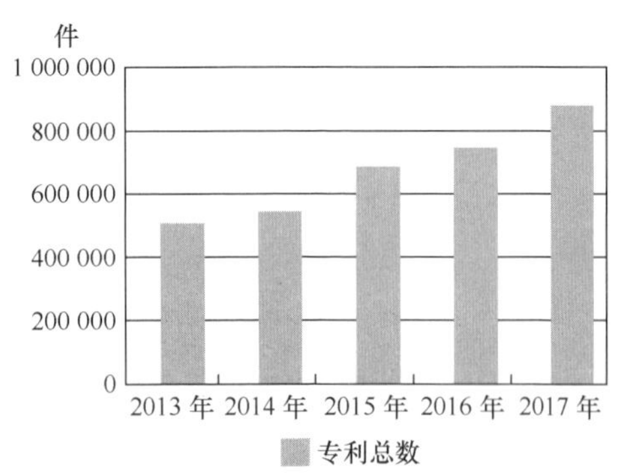

图 80　2013—2017 年轻工行业公开专利数量情况

（六）特色产业集聚发展

轻工业特色区域和产业集群的发展，是我国轻工行业以及地方政府对改革开放、发展特色经济的创新，在轻工业发展中发挥了极其重要的作用。中国轻工业联合会于2001年在浙江省温州市培育出首个“中国鞋都”特色区域和产业集群以来，轻工业特色区域和产业集群发展迅速，截至2017年12月，中国轻工业联合会与相关行业协（学）会、中心和地方政府共建产业集群276个。目前，这些产业集群主要集中在家电、皮革、家具、文房四宝、日用杂品、制笔、五金、塑料等39个行业，占轻工业总行业数的87%，其中皮革、文房四宝、日用杂品、陶瓷、礼仪用品、家具、制笔、家电等行业集群发展较多。

多年来，轻工业各产业集群积极探索，开拓创新，逐步形成了因地制宜、特色鲜明、反映实际、成效显著的集群发展模式。

专业辐射模式。依托交流合作平台，发挥专业辐射作用，做大做强产业集群。中山古镇特色灯饰、小榄五金制品、南头家电制造等轻工产业集群，依托信息技术服务平台，扩大集群外溢效应，布局多地产区，跨区域产业协作，拓展集群空间，扩大资源范围，探索出了一种“专业辐射、多镇一品”的产业集群特色发展模式。

龙头带动模式。依靠龙头企业带动集群科技进步、管理创新和市场开拓，做大做强产业集群。江苏宿迁以“洋河”为龙头，带动“中国白酒之都”集群建设，带动一批骨干企业加快产品结构调整，加大品牌培育，提升产品附加值，使集群中的企业保持健康快速发展，形成了一种龙头企业带动集群发展的有效模式。

产业兴镇模式。以产业为核心，推动特色小镇建设。以产业立镇，以产业带镇，以产业兴镇，以镇带动产业，以镇培育产业，产镇协调，形成“产、镇、人、文”四位一体的发展生态，做大做强产业集群。“华夏笔都”所在地南昌文港、“圆珠笔制造基地”所在地桐庐分水、“家电制造重镇”所在地顺德北滘等，已进入首批国家级特色小镇行列。探索了一条产业兴镇发展轻工集群的高效路径。

产业承接模式。中部轻工发展条件较好的地区，建设高起点现代产业园区，主动承接产业转移，做大做强产业集群。合肥、滁州大力承接家电产业转移，推动家电制造、科技研发、装备制造、配件生产协同发展，聚集了电冰箱、洗衣机、空调器、彩电的众多知名企业，竞争优势日益凸显，产量位居全国前列，走出了一条产业承接建设集群的成功之路。

以城兴业模式。坚持产城融合发展，坚持产业与新城同步规划、同步实施、同步建设，以城筑基，以城兴业，做大做强产业集群。山东、浙江等地，在轻工产业集群建设中，突出集群发展园区化，城市发展现代化，统筹建设基础设施，统筹谋划发展方向，统筹培育优势产业，有效地集成了分散资源，形成了一种产业体系与城市体系高效融合的轻工产业集群发展模式。

这些轻工产业集群建设模式，为培育新集群进行了大胆探索，提供了有益的借鉴。未来，轻工产业集群，要大胆实践，勇于创新，不断探索集群建设新途径、新模式，为推动轻工产业集群整体上水平多做贡献。

（七）龙头企业强势带动

轻工龙头骨干企业充分发挥企业家精神与工匠精神，坚持市场导向、依靠科技进步、锐意拼搏进取，成为引领行业发展的领军力量。根据中国轻工业联合会的评定，2017年评价出的轻工业百强企业的主营业务收入占到全国轻工业的10%，利润占到全国轻工业的13%。入围轻工业百强企业的最低主营业务收入从2011年的10亿元提高到目前的40亿元。在以中小企业为主的轻工企业中，百强企业体现出较强的竞争优势。

从中国轻工业百强企业综合评价结果来看，百强企业涉及了除综合性轻工企业外的酿酒、家电、造纸等23个轻工行业，覆盖了山东、浙江等18个省、自治区以及直辖市。其中，海尔集团继续蝉联轻工业百强企业榜首，美的集团股份有限公司、珠海格力电器股份有限公司分列百强企业第二、三名。百强企业的前二十名涵盖了轻工行业中的大型知名企业，覆盖了家电、酿酒、电池、造纸、乳品、饮料、农副食品7个行业，并均具有较高的品牌知名度。各行业龙头企业强势发展，成为经济增长的领军力量。

（八）绿色发展凸显价值

为落实制造强国战略，《工业绿色发展规划（2016—2020年）》和《绿色制造工程实施指南（2016—2020年）》，加快推进生态文明建设，轻工业坚持把资源节约、环境友好作为转型升级的重要着力点，在推进行业绿色发展方面取得了一系列成就。

积极构建绿色制造体系，强调了要发挥标准体系的引领作用，在已经公布的 43 项绿色设计产品标准中，涉及轻工的相关产品共计 17 项，目前已经立项正在制定的轻工行业绿色设计产品标准 20 余项，以公平、公正、公开的绿色制造评价体系为保障，规范和促进绿色制造体系建设。积极开展绿色设计示范试点，推进轻工业重点企业绿色工厂、绿色设计产品等建设和申报工作，在工业和信息化部公布的前两批绿色制造示范名单中，409 个绿色工厂中轻工行业占 63 个，246 个绿色设计产品中轻工行业占 235 个，19 个绿色供应链管理示范企业中轻工行业占 7 个。

推荐轻工业环境保护研究所、中国皮革和制鞋工业研究院成为工业节能与绿色发展评价中心，评价中心将不断健全管理制度，创新服务模式，增强提供公益性服务的能力，积极推动企业实施节能与绿色化改造，更好地推动轻工行业节能与绿色发展。

配合工业和信息化部节能司完成《中国工业绿色发展进展报告（2017)》《中国工业节水产业发展报告（2016 年)》《水污染防治重点行业清洁生产技术推行方案》等报告文件中与轻工有关内容的编制和更新工作。

为贯彻落实《国家发展改革委办公厅关于切实做好全国碳排放权交易市场启动重点工作的通知》(发改办气候〔2016〕57 号）文件要求，积极组织开展造纸行业碳交易相关工作,2017 年 5 月 25～26 日在山东济南与教育培训部联合举办“造纸企业碳交易市场能力建设高级研修班”，推动造纸企业顺利进入全国碳交易市场，开展碳交易和碳减排工作，提高企业碳管理和碳交易的能力，使企业尽快熟悉并掌握碳交易相关政策，切实履行碳减排责任，实现企业碳资产的管理与增值。

绿色制造是生态文明建设的重要内容，也是工业转型升级的必由之路。今后将继续引导企业开发绿色设计产品，按照全生命周期的理念，在产品设计开发阶段系统考虑原材料选用、生产、销售、使用、回收、处理等各个环节对资源环境造成的影响，实现产品对能源资源消耗最低化、生态环境影响最小化、可再生率最大化，同时按照用地集约化、生产洁净化、废物资源化、能源低碳化原则，创建绿色工厂，加快构建轻工业绿色制造体系。

（九）智慧轻工促进升级

以推进两化深度融合为主线，通过召开工业智能制造经验交流会等多种形式，观摩典型企业的经验和做法，帮助企业和技术机构项目对接。组织2018年两化融合管理体系贯标试点企业、两化融合管理体系贯标示范企业推荐工作，帮助企业争取两化融合专项资金支持。

推动轻工智能制造示范项目建设，推进工业互联网发展，发布智能家居产品团体标准；组织轻工企业实施全链条智能追溯防伪工程，建设互联型产业生态系统，推动我国轻工业走上融“智慧制造、智慧产品、智慧运营、智慧生活”于一体的智慧发展之路。

中国轻工业联合会根据《智能制造发展规划（2016—2020年）》《智能制造工程实施指南（2016—2020年）》的要求，在轻工行业重点围绕离散型智能制造、流程型智能制造、网络协同制造、大规模个性化定制、远程运维服务等5种模式推进智能制造，鼓励新技术创新应用，开展智能制造试点示范。

开展“中国轻工业防伪追溯平台”建设。产品质量追溯是国家重视、企业需求、社会欢迎的。结合轻工行业特点，组织建设了“中国轻工业防伪追溯平台”。平台综合利用物联网、互联网、云计算、大数据、标识防伪等技术，实现产品全流程防伪和质量追溯。平台可实现跨行业、跨地区、跨企业数据交换和共享，并快速部署行业和地区子平台。平台通过规范技术标准和采用云技术服务模式，大幅降低了企业实施时的技术难度和资金投入。

（十）三品战略成效显著

近年来，轻工业以“让人民生活更美好”为宗旨，积极贯彻党中央、国务院关于“促进消费品工业升级，发挥消费对经济发展和产业转型的关键作用”“推动消费品工业增品种、提品质、创品牌”等一系列战略部署，坚持以消费升级为导向，以创新发展为驱动，积极采取供给侧结构性改革举措，着力推动轻工业提质增效，为国民经济稳增长和满足广大消费者高能级消费需求做出了积极贡献。

中国轻工业联合会根据《国务院办公厅关于开展消费品工业“三品”专项行动 营造良好市场环境的若干意见》（国办发〔2016〕40号），为更好满足和创造消费需求，不断增强消费对经济发展的基础性作用，促进消费品工业向中高端跃升发展，中国轻工业联合会组织行业协会共编制完成了三批《升级和创新消费品指南》，指南评定出的产品包括百姓生活中最常用的电饭煲、洗碗机、豆浆机、吸油烟机、乳制品、玩具和婴童用品等共计161项。《升级和创新消费品指南》涉及家电、五金、照明、玩具和婴童用品、文教体育用品、塑料制品、眼镜、化妆品和乳制品九大行业，其中性能优良、质量稳定可靠、可引领消费趋势的升级消费品71项；采用新材料、新工艺，设计新颖，具有独特功能或使用价值的创新消费品90项。

轻工消费品正在从过去的解决“有没有”，向现在的解决“好不好”方向转变。目前轻工业品种丰富度、品牌认可度、品质满意度获得显著提升：农副食品加工、食品制造、酒和饮料等快速消费品产业发展突出安全、品质、绿色健康；家电、家具等耐用消费品发展突出创新、智能和美观时尚；文化用品、健身器材、工艺美术、玩具等产业通过先进设计与智能互联，助力“乐享生活”新模式，满足人们对教育、健康、娱乐等更高品质生活需求。轻工业正在实现从数量扩张向质量提高的战略性转变。

在这一重大战略转变过程中，一批龙头骨干企业，充分发挥企业家精神与工匠精神，坚持市场导向、依靠科技进步、锐意拼搏进取，为轻工业提质增效做出了突出贡献。特别是针对社会关注的消费热点（如电饭煲、智能马桶盖等），经过研发创新，我国已制造出优于国外同类产品的“中国制造”，并得到了国内外市场的认同。我国轻工企业生产的冰箱、空调、洗衣机等家居消费品，也已能够满足中高端消费需求。如海尔公司卡萨帝品牌产品在高于行业平均单价3倍的情况下，冰箱实现高端市场占有率31.1%，洗衣机实现高端市场占有率69.2%，远超国外品牌。我国的轻工企业还针对中国国情，开发了适应中国家庭的创新产品，如无人智能豆浆机、水槽式洗碗机等新型厨电产品。这些升级与创新产品，提高了消费的品质，方便了人们的生活，让人民生活变得更加美好。

二、当前轻工行业发展需要关注的问题

当前，我国轻工业正处于转型升级发展攻关期，轻工业仍面临诸多发展不

平衡不充分的问题，如在供给侧结构性改革中，满足新的消费需求与创新能力不足的矛盾；中低档产品产能过剩与高质量高品质高端产品供应不足的矛盾；世界轻工产品大国与品牌影响力不足的矛盾；行业进步要求与标准滞后的矛盾；区域协调发展要求与产业集群不平衡发展的矛盾；劳动力供应基本充足与高端人才不足的矛盾等。

为破解发展中的新矛盾、新问题，解决“好不好”的问题，我们要努力提高轻工产品的有效供给能力和水平，促进轻工经济高质量发展，加快由轻工业制造大国向制造强国转变。只有轻工业的高质量发展，才能很好地满足人民日益增长的对美好生活的需要，才能体现新发展理念。

（一）财务成本大幅上升

2017 年轻工行业财务费用同比增长 13.21%，比 2016 年年末提高了 16.45 个百分点。其中，利息支出同比增长 2.51%，较 2016 年年末提高 8.26 个百分点（见表 21）。

此外，2017 年轻工企业应收账款达到 20 403.36 亿元，同比增长 6.67%。财务成本大幅上升，应收账款居高不下，给企业经营带来较大困难。

表 21　　轻工业财务费用及利息支出情况

指标	2013 年	2014 年	2015 年	2016 年	2017 年
负债增速	12.52%	9.11%	5.1%	6.19%	7.02%
财务费用增速	9.68%	9.18%	−2.08%	−3.24%	13.21%
利息支出增速	6.8%	8.05%	−2.49%	−5.75%	2.51%

（二）原料价格持续上涨

产业上游价格过快上涨，下游行业承受压力已到极限。2017 年，工业生产者出厂价格（PPI）上涨 6.3%，其中，生产资料价格上涨 8.3%，涨幅较大的行业有石油和天然气开采业、煤炭开采和洗选业、黑色金属冶炼和压延加工业，分别上涨 29.0%、28.2%和 27.9%。有色金属冶炼和压延加工业上涨 15.9%、化学原料和化学制品制造业上涨 9.4%。

工业生产者出厂价格中原材料价格同比上涨 11.5%，而轻工产品的出厂价格涨幅有限或下跌。如一般日用品和食品出厂价格分别仅上涨 1.3%和 0.6%，耐用消费品出厂价格同比下降 0.1%（如图 81 所示）。从 12 月环比变化情况看，原材料价格环比上涨 1.2%，轻工产品中一般日用品和食品分别仅上涨 0.3%和 0.2%，耐用消费品价格持平。上游原料成本大幅上升，轻工产品出厂价格却不升反降，挤压了企业的利润空间，给企业带来了比较大的挑战。

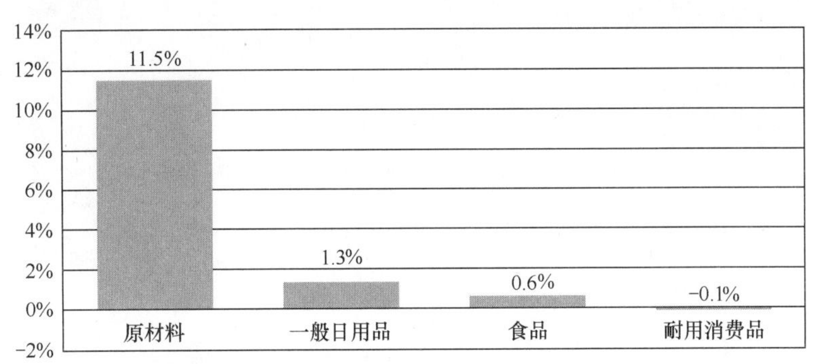

图 81　2017 年工业生产者出厂价格同比变化对比

（三）规模以下企业困难较大

规模以下轻工企业是劳动就业的重要载体，支撑社会稳定作用巨大。但受技术、装备、环保等因素影响，目前部分小企业发展困难较大。需采取有效措施，并通过对产业集群的支持，促进大中小企业融合发展，帮助规模以下小企业提升水平，为保障民生、稳定就业发挥更大作用。

（四）国际贸易摩擦加剧

轻工行业是出口大户，多年来一直是贸易救济的“重灾区”。据不完全统计，2017 年，全球针对我国的贸易救济原审立案 78 起，其中涉及五金、电池、日化、家电、自行车、玩具等轻工行业的有 34 起（占全国总案件数的 43.59%），包括反倾销 25 起、反补贴 5 起、保障措施 4 起。此外，一些国家和地区还采取了其他各种贸易保护形式，对涉华的玩具、照明、食品、家具、自行车、日杂等轻工商品实施或发出的自愿性召回、消费者警告、欧盟食品和饲料类快速预警通报的案件也表现出快速上升的势头。

（五）中国轻工业景气指数趋冷

中国轻工业经济运行及预测预警系统监测显示：2017 年前十个月，中国轻工业景气指数较 2016 年有较大幅度提升，并保持在稳定区域内运行。11 月起中国轻工业景气指数连续两个回落，进入渐冷区间，12 月中国轻工业景气指数为 89.09，显示行业发展压力增大，如图 82 所示。

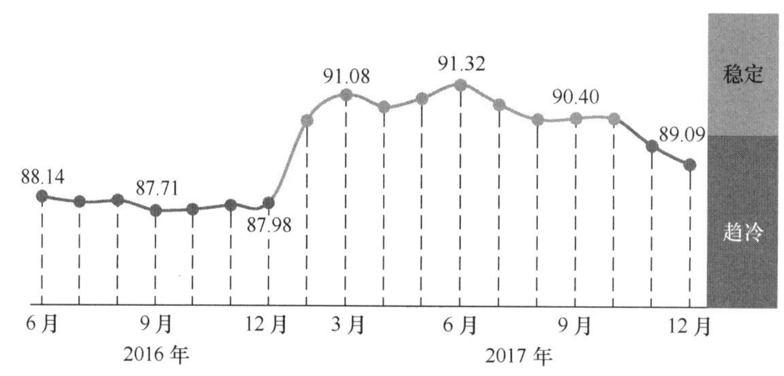

图 82　2016—2017 年中国轻工业景气指数走势

（六）行业投资表现分化

2017 年，轻工行业投资增速涨跌互现，表现出差异化走势。其中，多地家具制造企业受环保督查压力，逐步转移至产业园区，新增投资较多，2017 年家具行业投资累计增速达到 23.1%。食品工业（含农副食品加工业、食品制造业、酒、饮料和精制茶制造业）是轻工业的重要支柱产业，目前食品工业已经进入平稳发展期，虽然投资增速有所放缓，但行业投资规模仍继续保持增长。2017 年食品工业投资额达 2.17 万亿元，在制造业投资额中所占比重为 11.2%，同比增长 1.3%。食品工业稳定的投资规模对食品行业乃至轻工业的平稳发展起到了重要的支撑作用（见表 22）。

表 22　轻工部分行业固定资产投资情况

行业名称	投资额（亿元）	增速
全国总计	631 684	7.2%
制造业合计	193 616	4.8%
农副食品加工业	11 986	3.6%
食品制造业	5843	1.7%
酒、饮料和精制茶制造业	3834	−5.9%
金属制品业	10 390	4.7%
橡胶和塑料制品业	6979	1.2%
木材加工及木、竹、藤、棕、草制品业	4456	5.7%

续表

行业名称	投资额（亿元）	增速
造纸及纸制品业	3091	1.2%
家具制造业	3729	23.1%
皮革、毛皮、羽毛及其制品和制鞋业	2368	4.2%
文教、工美、体育和娱乐用品制造业	2830	8.4%

（七）进口关税下调影响

2018 年 5 月 30 日，国务院常务会议决定较大范围下调日用消费品进口关税，更好地满足群众多样化消费需求。会议决定，从 2018 年 7 月 1 日起，将服装鞋帽、厨房和体育健身用品等进口关税平均税率由 15.9%降至 7.1%；将洗衣机、冰箱等家用电器进口关税平均税率由 20.5%降至 8%；将养殖类、捕捞类水产品和矿泉水等加工食品进口关税平均税率从 15.2%降至 6.9%；将洗涤用品和护肤、美发等化妆品及部分医药健康类产品进口关税平均税率由 8.4%降至 2.9%。有关部门要落实降税措施，防止中间环节加价获利，让广大消费者受惠，促进国内产业竞争力提升。

三、2018 年轻工行业发展展望

当前，轻工行业经济运行总体平稳。2018 年 1～5 月，轻工行业规模以上轻工企业 11.14 万个，工业增加值增速 6.4%；轻工出口交货值 10 081.34 亿元（占全国规模以上工业的 21.56%），同比增长 2.85%。1～4 月，轻工行业规模以上企业主营业务收入达 67 452.11 亿元（占全国规模以上工业的 19.79%），同比增长 8.73%；实现利润 4076.26 亿元，（占全国规模以上工业的 19.16%），同比增长 6.5%；轻工行业主营业务收入利润率为 6.04%。与上年相比，工业增加值、主营业务收入及利润的增速放缓，特别是利润增速大幅低于主营业务增速，主营业务收入利润率也有所回落，表明行业总体盈利能力有所减弱，需采取综合性发展举措，进一步推动行业向高质量发展。

由于轻工行业消费品属性，刚性需求支撑较强，对行业发展形成稳固支撑；同时受上游原材料涨价导致的成本增加的不利因素影响，以及行业调结构的需要，预计轻工业的走势与全国工业一样，增速比上年略有下降。

预计 2018 年轻工行业工业增加值增速为 7.0%、主营业务收入增速为 8%、利润增速为 6%、出口增速为 6%。

四、下一步轻工行业的发展重点

轻工业在我国工业中地位突出，既是民生行业，也是中小企业集中的行业，更是体现国际竞争力的行业，要在产业政策上切实加大对传统产业转型升级的扶持力度。

（一）切实落实国家统一减税政策，缓解当前困难

国务院常务会议决定从 2018 年 5 月 1 日起，一是将制造业等行业增值税税率从 17%降至 16%，将交通运输等行业及农产品等货物的增值税税率从 11%降至 10%，预计全年可减税 2400 亿元。二是将工业企业和商业企业小规模纳税人的年销售额标准由 50 万元和 80 万元上调至 500 万元。三是对装备制造等先进制造业、研发等现代服务业在一定时期内未抵扣完的进项税额予以一次性退还。实施上述 3 项措施，全年将减轻市场主体税负超过 4000 亿元，内外资企业都将同等受益。2018 年 4 月 25 日，国务院常务会议再推 7 项减税措施，支持创业创新和小微企业发展。预计全年将再为企业减轻税负 600 多亿元。6 月 20 日国务院常务会议，部署进一步缓解小微企业融资难、融资贵问题，持续推动实体经济降成本。

（二）加快中国标准与国际标准的接轨

支持企业参与国际标准制定，提升中国标准地位，提高在国际竞争中规则制定的话语权。采用国际和国外先进标准组织生产，提升产品竞争能力、跨越国际贸易技术门槛。利用先进的标准，促进中国制造的转型升级与质量提升。

（三）推进建立消费品溯源平台和信用平台

支持行业建立溯源平台。让所有食品、消费品来源可追溯，去向可查证，

责任可明确，方便消费者查询、举报。加强企业的安全主体责任，建立企业质量安全信用体系。

（四）加强知识产权保护，激励创新发展

建立灵活的知识产权纠纷处理机制，缩短侵权处理时间。比如建立市、区、县一级的知识产权侵权快速审查及处理机构，将知识产权侵权处理时间由以前的 1～2 年缩短为 3～5 个月，保护创新人合法权益，推动创新成果快速应用，切实为万众创新营造良好环境。

（五）加强信息沟通

建立上下游价格变化沟通联络机制，促进形成上下游产品合理的价格传导机制。防止个别行业的龙头企业，借助强势市场地位，谋取垄断利润。

（六）支持轻工业与其他行业均衡发展

轻工业主营业务与利润占全国工业的比重为五分之一，轻工出口占全国出口的四分之一。应对轻工业技术发展给予与其国民经济地位相匹配的支持，特别是在轻工业贯彻国家“三品”战略、努力满足“人民日益增长的美好生活需要”的关键时期，应以评选出的轻工行业消费升级与创新企业为扶持对象，对其发展优势产品智能制造、绿色制造、技术改造等项目资金进行专项支持，促进轻工行业稳健发展。

（作者：中国轻工业联合会　郭永新　张涌涛　汤苗）

第九章　医药工业 2017 年发展回顾与形势展望

2017 年是实施“十三五”规划、推进供给侧结构性改革的深化之年，在国家创新驱动发展战略的大力推动下，我国医药工业发展继续保持较快增速。技术进步、质量提升、国际化经营等重点任务取得积极进展，在保供应、稳增长、调结构等方面发挥了重要作用。

一、2017 年医药行业发展回顾

（一）医药行业主要经济指标完成情况

1. 增加值增速保持前列

2017 年规模以上医药制造业增加值同比增长 12.4%，增速较上年提高 1.8 个百分点，高于工业整体增速 5.8 个百分点，连续 3 年增速持续增长，继续位居工业全行业前列。

2012—2017 年医药工业增加值增速与占比情况如图 83 所示。

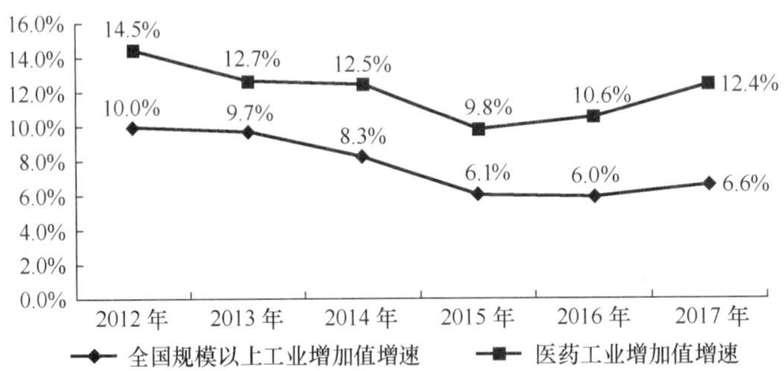

图 83　2012—2017 年医药工业增加值增速与占比情况（数据来源：国家统计局，工业和信息化部）

2. 收入实现两位数增长

根据统计快报，2017 年医药工业规模以上企业实现主营业务收入 29 826.0 亿元，同比增长 12.2%，高于全国工业增速 5.6 个百分点，较上年提高 2.3 个百分点，已恢复至两位数增长。促进主营收入增速提高的主要因素有：在日益增长的健康需求作用下，医疗机构、零售药店等药品终端购药金额稳定增加，增速高于上年同期；主要受原料药价格提高推动，化学药品原料药制造收入增幅较大。各子行业增速不均，除医疗仪器设备及器械制造出现下降外，其他子行业都有增长。

近 5 年医药工业主营业务收入增长情况如图 84 所示。

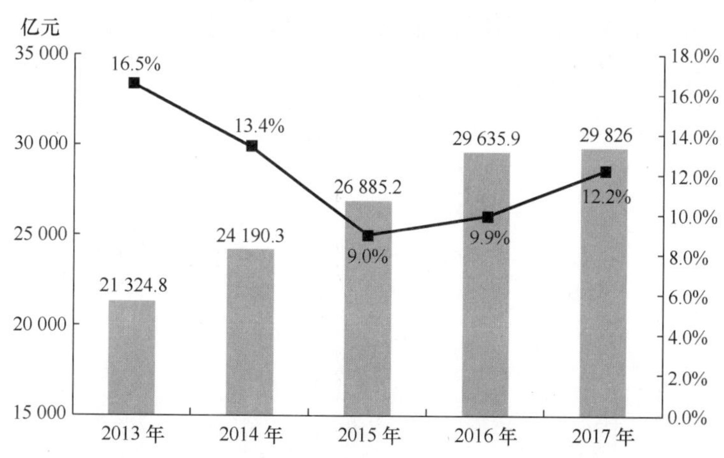

图 84　近 5 年医药工业主营业务收入增长情况（数据来源：工业和信息化部）

2017 年医药工业主营业务收入完成情况见表 23。

表 23　　2017 年医药工业主营业务收入完成情况

行业	主营业务收入（亿元）	同比	比重	2016 年增速
化学药品原料药制造	4991.7	14.7%	16.7%	8.4%
化学药品制剂制造	8340.6	12.9%	28.0%	10.8%
中药饮片加工	2165.3	16.7%	7.3%	12.7%
中成药生产	5735.8	8.4%	19.2%	7.9%
生物药品制造	3311.0	11.8%	11.1%	9.5%
卫生材料及医药用品制造	2266.8	13.5%	7.6%	11.5%
制药专用设备制造	186.7	7.7%	0.6%	3.5%
医疗仪器设备及器械制造	2828.0	10.7%	9.5%	13.3%
医药工业	29 826.0	12.2%	100%	9.9%

数据来源：工业和信息化部。

3. 利润增速持续提高

2017 年医药工业规模以上企业实现利润总额 3519.7 亿元，同比增长 16.6%，低于全国工业增速 4.4 个百分点，较上年增长 1.0 个百分点。利润总额增速高于主营业务收入增速 4.4 个百分点，主营业务收入利润率增长 0.9 个百分点，国内医药上市公司整体净利润增速达 20%以上，显示行业整体盈利水平得到提高。促进行业盈利水平提高的主要因素有：随着产品销售规模扩大，产品制造成本下降；受环保监管加强等因素影响，原料药价格普遍上升。各子行业中，生物药品、化学药品制剂、中药饮片、卫生材料及医药用品制造等利润增速增幅较大。

近 5 年医药工业利润总额增速情况如图 85 所示。

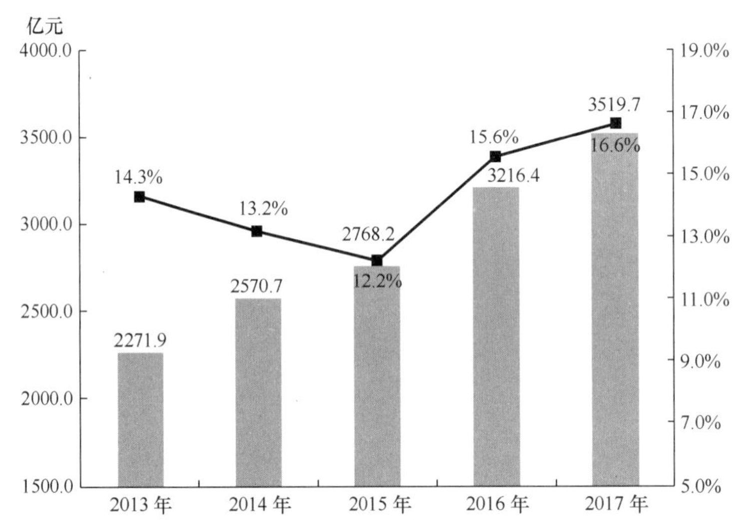

图 85　近 5 年医药工业利润总额增速情况（数据来源：工业和信息化部）

2017 年医药工业利润总额和利润率完成情况见表 24。

表 24　　2017 年医药工业利润总额和利润率完成情况

行业	利润总额（亿元）	同比增长	利润率	2016 年利润增速
化学药品原料药制造	436.1	13.7%	8.7%	25.9%
化学药品制剂制造	1170.3	22.1%	14.0%	16.8%
中药饮片加工	153.5	15.1%	7.1%	8.6%
中成药制造	707.2	10.0%	12.3%	9.0%
生物药品制造	499.0	26.8%	15.1%	11.4%
卫生材料及医药用品制造	213.9	14.4%	9.4%	8.5%
制药机械制造	14.7	–8.1%	7.9%	–13.3%
医疗仪器设备及器械制造	325.1	6.9%	11.5%	32.3%
医药工业	3519.7	16.6%	11.8%	15.6%

数据来源：工业和信息化部。

4. 出口恢复增长态势

2017 年医药工业规模以上企业实现出口交货值 2023.3 亿元，同比增长 11.1%，增速较上年提高 3.8 个百分点。根据海关进出口数据，2017 年医药产品出口额为 608.0 亿美元，扭转了去年同比下降 1.8%的局面，同比增长 9.4%，增幅达到近 5 年最高值。其中，原料药出口额为 291.2 亿美元，同比增长 13.7%。制剂出口额为 34.6 亿美元，也扭转了去年同比下降 0.2%的局面，同比增长 8.3%，对欧盟、美国市场的制剂出口额继续保持较快增长。

2012—2017 年医药产品出口情况如图 86 所示。

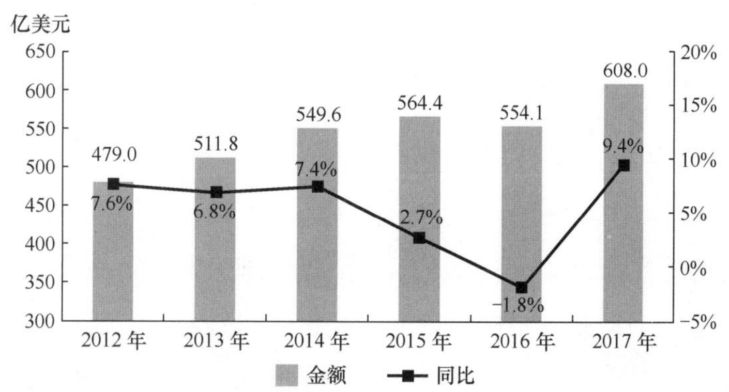

图 86　2012—2017 年医药产品出口情况（信息来源：医保商会）

5. 固定资产投资回落

2017 年医药制造业完成固定资产投资 5986.3 亿元，比去年同期下降 3.0%，首次出现同比回落，增速较全国制造业增速低 7.8 个百分点。药品上市许可持有人（MAH）制度的实施激活了大量闲置产能，技术投资力度取代硬件投资，产能过剩矛盾抑制工业投资意愿，行业监管标准提高增加投资压力，供给侧改革间接影响增量投资等因素叠加，导致医药制造业固定资产投资增速出现不增回落。但固定资产投资结构向好，高端药品和精准医疗器械等创新技术产业化投资仍是热点。

近 5 年医药制造业固定资产投资增速情况如图 87 所示。

6. 中西部地区外向型发展速度加快

2017 年东部地区的江苏、浙江、山东、广东等省份的医药工业出口交货值位居前 4，比重合计达 59.3%，低于全国平均增速 0.9 个百分点。浙江出口交货值超过山东，位居第 2。中西部地区的湖北、江西、宁夏、广西、湖南、重庆、陕西等医药工业出口交货值同比增速均快于整个医药工业平均水平，其中，江

西、宁夏、广西、湖南、陕西等同比增长均超过20%，所占比重也明显增加。

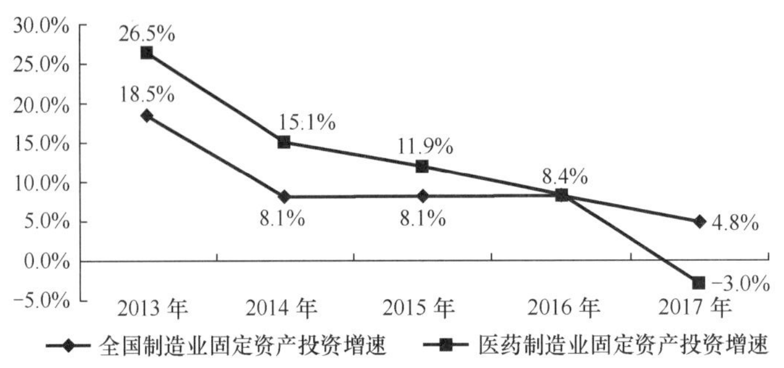

图87　近5年医药制造业固定资产投资增速情况（数据来源：国家统计局）

（二）医药行业运行特点与成效

1. 医药创新活跃，科技成果突出

医药创新投入持续增长。一是国家继续加大对医药创新的支持力度，2017年通过“重大新药创制”科技重大专项等多项国家科技计划，对医药创新项目予以支持。二是地方政府大力引进科技人才和科技项目，对落地项目给予大量配套资金支持。三是企业层面涌现出了一批研究投入大、研发强度高的企业，根据上市公司年报，恒瑞、复星、海正等企业研发投入达到了销售收入的10%左右。四是大量行业外资本、PE/VC基金将创新型医药企业作为投资重点，一批“双创”企业顺利融资，有效推动了一些高风险、长周期的创新药研究，如创新药研发企业天境生物，2017年3月一次性获得了超过10亿元的融资。

创新药研发争先恐后。2017年国家相继出台多项利好政策，鼓励创新药研发。尤其是MAH制度推进，药品注册优先审评审批等政策的实施成为药品研发的重要推动力。一些具有明显临床价值的创新药、专利到期药、国内首仿药等纳入优先审评，截至2017年年底，共计431个受理号被纳入优先审评品种名单。其中，国产药品有245个受理号，新药104个，仿制药132个；化药1类新药有49个，包含24个品种，不乏儿童用药、丙肝乙肝、艾滋病等临床急需药物。新药申请大幅增长。2017年，CDE承办的1类化药数量达到200余个，同比增加42%；新受理112个1.1化药分子新药申请，其中有104个临床申请，8个上市申请。处于新药上市申请（NDA）阶段的1类化药有9个、1类生物药有2个，适应症涉及心脑血管、肿瘤、HIV、感染等多个热门领域，其中，呋喹替尼、马来酸吡咯替尼、盐酸去甲乌药碱、重组人纽兰格林的临床价值均较高。

2017年，国家食品药品监督管理总局（CFDA）共签发375个药品批文号，1个1类生物新药获得CFDA批准上市，即我国独立研发、具有完全自主知识产权的“重组埃博拉病毒病疫苗”在全球首家获批。若干临床用量大的专利到期药实现国产仿制上市，包括硼替佐米、帕瑞昔布钠、卡泊芬净、来那度胺、特立帕肽、洛索洛芬钠等，为提高人民群众用药可及性、减轻疾病负担创造了条件。仿制药质量和疗效一致性评价取得积极进展，《中国上市药品目录集》发布，首批收录了131个品种，203个品种规格，其中包括第一批通过仿制药质量和疗效一致性评价的13个品种、17个品种规格。截至2017年年底申报生产的化学、生物创新药见表25。

表25　截至2017年年底申报生产的化学、生物创新药

序号	药品名称	企业名称	适应症
1	磷酸瑞格列汀片	恒瑞医药	高血糖
2	聚乙二醇洛塞那肽注射液	豪森药业	高血糖
3	甲磺酸氟马替尼片	江苏豪森药业	肿瘤
4	氨氯地平叶酸片	深圳奥萨制药	高血压
5	苯烯莫德乳膏	广东中昊药业	自身免疫性疾病
6	丹诺瑞韦钠片	歌礼药业	丙肝
7	呋喹替尼胶囊	和记黄埔	肿瘤
8	盐酸安罗替尼胶囊	正大天晴药业	肿瘤
9	注射用艾博卫泰	前沿生物药业	艾滋病
10	注射用艾普拉唑钠	丽珠集团	十二指肠溃疡
11	抗PD-1单抗注射液	信达生物	肿瘤

信息来源：CFDA。

2. 国际化步伐提速，境外并购加快

受政策鼓励，开拓欧美发达国家制剂市场成为企业发展的热点。到2017年年底，通过美国食品药品监督管理局（FDA）、欧盟或WHO的药品生产质量管理规范（GMP）认证的制剂企业达到80余家，国内企业累计获得的欧美仿制药批件数量已经超过200个。监管制度加快与国际接轨。2017年共有15家企业的42个品种获得美国仿制药批件。2017年8月，华海药业帕罗西汀胶囊在美国挑战专利成功并获得仿制药批件，为国内企业开拓欧美市场闯出了一条新路。2017

年 6 月，国家食品药品监督管理总局正式加入国际人用药品注册技术要求国际协调会议（ICH），对促进我国药品质量体系与国际接轨、加快医药工业国际化步伐具有重要意义。

随着新药研发水平的提高，我国开展国际注册的新药增多。在欧美注册的产品逐步向首仿药、缓控释制剂、注射剂、生物制品等高附加值产品延伸，超过 50 个新药开展国际临床研究。到 2017 年年底，已累计有近百个新药开展了针对欧美市场的临床研究，包括化药、中药和生物药。临床进度靠前的品种见表 26，其中，成都康弘的康柏西普、健能隆的贝格司亭等数个品种在美国已进入三期临床研究，绿叶的注射用利培酮缓释微球作为改良型新药已完成临床研究。

表 26　在美国开展新药临床研究的重点品种

序号	产品	公司	适应症
1	SHR-1210	恒瑞医药	非鳞状非小细胞肺癌、晚期食管癌
2	STP705	苏州圣诺	增生性瘢痕
3	AT-101	亚盛医药	慢性淋巴细胞白血病
4	康柏西普注射液	康弘药业	湿性年龄相关性黄斑变性（wAMD）
5	BGB-3111	百济神州	华氏巨球蛋白血症
6	海泽麦布（HS-25）	浙江海正	原发性高胆固醇血症
7	光敏剂 HPPH	浙江海正	食道癌、非小细胞癌
8	沃利替尼	和记黄埔	乳头状肾细胞癌
9	复方丹参滴丸	天士力	冠心病、心绞痛
10	血脂康胶囊	山东绿叶	天然调脂药物
11	桂枝茯苓胶囊	康缘药业	女性内分泌紊乱
12	扶正化瘀胶囊	上海现代中医药	丙型肝炎
13	连花清瘟胶囊	以岭药业	治感冒抗流感
14	虎杖苷注射液	海王生物	心血管疾病
15	注射用利培酮缓释微球	山东绿叶	躁郁症、精神分裂症
16	注射用醋酸戈舍瑞林缓释微球	山东绿叶	前列腺癌
17	贝格司亭	健能隆	促进白细胞生长

信息来源：CPEA 协会统计。

企业境外投资并购增多。一批企业通过境外并购，获取了产品、技术，搭建了进军国际市场的平台。2017 年医药领域境外并购总额近 50 亿美元，金额超

5 亿美元的并购项目有 3 起，分别是复星医药 10 亿美元控股印度 Gland Pharma 公司，三胞集团以 8.2 亿美元收购美国 Dendreon 公司，汉德资本联合人福医药以 6.1 亿美元收购美国 RiteDose 公司。到 2017 年年底，已有 5 家国内企业在美国通过投资并购拥有了仿制药工厂，规模最大的人福医药投资的 Epic Pharm 公司，为扩大我国制剂在欧美高端市场的销售创造了条件。2017 年 9 月，再鼎医药在美国纳斯达克上市，成为 2016 年来第 3 家在美国上市的创新药研发企业，也标志着国内企业的创新能力得到了国际资本市场的认可。

3. 资本市场和行业整合活跃，企业实力日渐壮大

一批创新型企业通过上市获得了发展所需资金，有望实现跨越式发展，成为支撑行业增长的重要力量。2017 年 41 家医药企业登陆 A 股，创历年之最；上市新股总募资超过 200 亿元，亦达到历年最高值。此外还有约 30 个医药公司正在排队准备首次公开募股（IPO）。兼并重组是企业做大做强的重要途径，近年来，我国医药领域兼并重组活跃，特别是一些上市公司，借助资本市场融资功能，通过并购实现快速增长。2017 年以上市公司为主体实施的兼并重组项目超过 200 起（含集团内部重组和境外并购），涉及金额近 500 亿元。规模较大的项目有四环医药 11 亿元收购弘和制药，贝达药业 4.8 亿元收购卡南吉医药等。

通过创新发展和重组整合，大型企业实力进一步增强。根据中国医药工业信息中心 2017 年 9 月发布的信息，2016 年销售收入超 100 亿元的工业企业达到 19 家，较上年增加 3 家；销售收入前 100 位企业占全行业销售收入的比重较上年有所提高。根据上市公司三季报，A 股医药行业上市公司 2017 年前三季度收入增速为 16.3%，归属于母公司净利润增速为 22.9%，均处于较高的水平，且高于行业整体增速；共有 16 家公司净利润超过 10 亿元，其中 7 家均超过 20 亿元；年内市值达到或接近 1000 亿元的公司达到 5 家，其中恒瑞医药的市值突破了 2000 亿元，创造了行业历史新高。

二、当前医药行业发展需要关注的问题

（一）自主创新能力需要强化

一是产品以仿制为主，创新产品少。二是药品质量有待提升，大量已上市

的化学仿制药尚不能做到与原研药质量一致，中成药质量标准体系亟待完善。三是产业化技术薄弱，行业内一些关键性、共性技术有待加快突破，新型制剂技术发展水平低。四是产品线亟待充实，一些针对重大疾病治疗的药物、罕见病药物、儿童用药、应对突发公共卫生事件特需药物匮乏。

（二）国际化发展水平亟待提高

医药产品出口结构有待改善。制剂出口比重较小，占出口总额的比例尚不足6%，与印度相比差距较大（仅有印度制剂出口规模的1/3左右），面向欧美市场的高端制剂出口差距更大。2017年印度获得美国FDA批准的ANDAs申请数量达304个，占FDA批准仿制药数量的35%，而我国同期获批的ANDAs申请数量为42个，不足印度数量的15%。

（三）环保治理水平持续提升

化学原料药污染物排放量较大，正在承受愈来愈大的环保高压。综合实力强的企业要投入大量资金加强环保治理，而一些管理不善、环保不达标的小企业则面临限产或停产。由于环保导致的原料药的减产改变了市场供求关系，部分原料药和制剂产品出现了供应紧缺和价格暴涨的情况。2018年1月1日起，《中华人民共和国环境保护税法》正式实施，医药企业环保经营成本将增加，“三废”污染治理能力需要不断提高。

（四）成本管控能力有待增强

制药企业面临成本上升的压力，主要体现在几个方面：一是“十二五”以来以GMP改造为核心的大规模固定资产致使企业制造费用提高、财务费用增加；二是研发成本提高，药品注册标准提高、开展一致性评价、临床试验成本提高，都大幅增加企业研发支出；三是环保成本提高，环保税法实施，空气、水、土壤污染防治标准提高和监管加强，企业面临大幅增加环保投入的问题。医药行业经营成本的普遍提高，要求企业的降本控费能力也要随之增强。

（五）市场竞争秩序进一步规范

市场不正当竞争以及企业违规经营现象仍时有发生，扰乱了市场秩序，影响了行业健康发展。部分药品受原料药市场垄断，出现供应短缺或价格暴涨。医药流通环节商业贿赂事件屡有曝光，不合规经营现象突出。一些企业在生产过程中不严格执行 GMP 要求，增加了药品质量安全隐患和风险。部分企业违规宣传产品，不利于患者健康。部分地方政府在招标采购、药品使用等环节保护本地企业，有违公平竞争原则。各级监管部门宜减少行政干预市场竞争和各种形式的地方保护，加强对违法违规行为的监管惩处，着力营造公平竞争、优胜劣汰、合规经营的市场环境。

三、2018 年医药行业发展展望

（一）医药行业发展面临的主要形势

1. 药监改革升级促进产业结构调整

在 2015 年《国务院关于改革药品医疗器械审评审批制度的意见》的基础上，2017 年 10 月，中共中央办公厅、国务院办公厅印发了《关于深化审评审批制度改革鼓励药品医疗器械创新的意见》。文件主要精神包括：减少临床、原料药等准入审批，保护创新和规范仿制，扩大再评价范围，全面实施上市许可持有人制度，接受境外临床数据，完善药品审评机制等。这些政策的实施将对医药产业结构、市场竞争格局、企业发展模式产生重大影响，有利于医药创新和更好地满足临床需求，将加快行业资源整合和优胜劣汰。

2. 一致性评价促使仿制药市场洗牌

仿制药质量和疗效一致性评价工作已进入攻坚阶段，根据文件要求，289 种基本药物口服固体制剂应在 2018 年年底前完成一致性评价。通过 2016 年以来的工作，一致性评价相应制度建设已经全部完成，发布了一系列政策性文件和技术指导原则，分批次公布了参比制剂目录，开展了 BE 备案和申请受理，2017 年已有 40 多个一致性评价申请报到国家食品药品监督管理总局。国务院办公厅发布《关于改革完善仿制药供应保障及使用政策的意见》，明确促进仿制药研发，提升仿制药质量疗效，提高药品供应保障能力，支持临床优先采购使用通过一致性评价的仿制药。截至 2018 年上半年，国内已有 4 批 41 个药品通过一致性评价，整体进展低于预期。一致性评价对全行业来说至关重要，进度快的企业会抢得市场先机，不具备条件、不具备能力的企业只能放弃相关产品。随着一致性评价的开展，专利到期原研药的政策红利将会终结，仿制药的市场竞争格局会发生较大变化。

3. 医保目录扩容助推药品市场增长

2017年2月，《国家基本医疗保险、工伤保险和生育保险药品目录（2017年版）》发布，这是医保制度实施以来第4次目录调整，与上一次调整时隔8年。相比于2009版目录，本次调整新增339个品种，增幅约15.4%，增补品种主要包括化学新药、重大疾病用药、中成药（民族药）和儿童药。作为本次目录调整的制度创新，2017年7月，36种新药经谈判确认价格后正式纳入医保目录。医保目录扩容将极大地促进新进目录药品销售增长，随着地方医保目录逐步调整到位，市场增长效应会全面显现。与此同时，2018年新成立的国家医疗保障局承担起三医联动改革的职责，医保控费将是重点任务。

4. 公立医院改革深入抑制购药金额增长

2017年4月，国家卫计委等七部门下发《关于全面推开公立医院综合改革工作的通知》，要求2017年9月30日前所有公立医院全部取消药品加成（中药饮片除外），到2017年年底，前4批200个试点城市公立医院药占比（不含中药饮片）总体下降到30%左右，2017年全国公立医院医疗费用平均增长幅度控制在10%以下。公立医院改革政策的实施，会对医疗机构购药金额增长产生较大的抑制作用。同时，随着药品加成的取消，一些补偿不到位的医院面临费用缺口，可能会通过二次议价、占用药品货款等方式将负担转嫁给医药企业，加重企业的经营负担。

5. “两票制”全面推行重塑药品经销模式

2017年31个省级行政区出台了“两票制”实施方案，落实国务院医改办等八部门于2016年年底联合下发的《关于在公立医疗机构药品采购中推行“两票制”的实施意见（试行）的通知》，19个省份正式实施了“两票制”，2018年全国将全面推开。根据“两票制”要求，药品生产企业到流通企业开一次发票，流通企业到医疗机构开一次发票，这将有利于规范药品流通秩序、压缩流通环节、净化流通环境。但同时，传统的新药代理模式难再持续，大量靠代理商销售药品的生产企业需尽快找到适宜的销售方式。另外，要应对整体供应链成本上升、渠道配送商高度整合的新形势。

6. 环保监管加强改变原料药供求关系

近年来我国环保形势发生了很大变化，环保部门在制定出台更加严厉的监管政策的同时，加大了监督执法力度，2017 年环保部连续开展中央环境保护督查。作为污染较大的行业，原料药正在承受愈来愈大的环保高压。综合实力强的企业要投入大量资金加强环保治理，而一些管理不善、环保不达标的小企业则面临限产或停产。2017 年 8 月，环保部等部门发布了《京津冀及周边地区 2017—2018 年秋冬季大气污染综合治理攻坚行动方案》，要求涉及挥发性有机物（VOCs）排放工序的原料药生产企业采暖季原则上实施停产，2+26 个城市的原料药生产受到很大影响。由于环保导致的原料药的减产改变了市场供求关系，长期供过于求、价格低迷的原料药出现了价格整体上涨的态势，部分产品出现了供应紧缺。

（二）医药行业发展总体思路

在《中国制造 2025》《“健康中国 2030”规划纲要》《医药工业发展规划指南》等政策引领下，已经纳入国家战略性新兴产业的生物医药工业发展潜力巨大，稳定增长的内生动力和外驱推力依然强劲。受宏观经济进入增速放缓、结构优化、转型升级的“新常态”发展阶段的影响，医药工业需要加大“转方式、调结构”力度，坚持以提高运行质量和经济效益为中心，以加快创新驱动和转型升级为方向，主动适应经济发展新常态趋势：一是不断挖掘医药消费增长潜力；二是积极开展技术创新和兼并重组，更为有效地整合资源、跨越发展；三是协调推进各项改革，加快释放改革红利，促进医药市场高质量发展。

（三）医药行业发展趋势及预测

1. 产业规模保持较快增长

2018 年诸多因素有利于医药工业稳定增长：一是随着人口增长和老龄化，医疗机构诊疗人次、入院人数不断增加；二是居民购买力提高，医药消费升级；三是国家推进健康中国建设，财政医疗卫生投入增加；四是医保水平提高和医保目录扩容，有利于药品销售增长；五是原料药由于环保“去产能”导致的价格上涨还将持续。受上述因素影响，尽管面临医保控费、医疗机构降低药占比、减少辅助用药使用、药品采购二次议价等多重压力，2018 年上半年，医药工业规模以上企业依然实现主营业务收入 13 401.4 亿元，较上年同期提高 13.3 个百分点，高于上年同期增速 0.9 个百分点。实现利润总额 1701.7 亿元，同比增长 15.5%，较上年同期下降 0.34 个百分点。受“两票制”全面推行、有利收入增加的影响，预计全年医药工业主营业务收入可能实现 15%以上的同比增长。

2. 新产品上市增多

随着近年来全行业在医药创新方面持续投入，大量新药开发项目已接近完成临床研究，申报生产的新药和首仿药不断增多，因 2015 年临床试验数据核查放缓的一些项目也在重新启动，跨国制药公司专利药加快了中国注册的步伐，上述背景下，2018 年获批上市的新产品（包括创新药和首仿药）数量较 2017 年有望大幅增加，国内企业将会有一大批创新成果涌现。2018 年以来，正大天晴的抗肿瘤新药盐酸安罗替尼胶囊、歌礼药业治疗丙肝的新药丹诺瑞韦钠片、前沿生物抗艾滋病的新药注射用艾博卫泰、杰华生物治疗乙肝的新药重组细胞因子基因衍生蛋白注射液（乐复能）4 个国产 1 类创新药优先获批上市。另外，在有条件接受境外临床试验数据的利好政策推动下，预防和治疗危重疾病的临床急需的进口新药审批加速，西安杨森的戈利木单抗注射液、阿斯利康的注射用艾塞那肽微球、默沙东的 9 价 HPV 疫苗、拜耳的阿柏西普眼内注射溶液等相继获批进口上市。

3. 国际化进程加快

2018 年医药工业国际化发展将会取得更大的进步，一是通过欧美 GMP 检查的制剂工厂增多，在欧美注册上市的药品增多；二是面向高端市场的制剂销售大幅增长；三是国产新分子实体或改良型新药有望在美国获批，从而迈出发展制药强国的坚实一步；四是国内外技术交流合作增多，境外投资并购项目继续涌现。制剂药品出口增速加快，上半年出口额增速达 20%以上，反映出医药外贸结构向好调整，国际化市场战略深入推进。制药企业日益重视国际高端市场高标准药品开发，上半年国内获得 FDA 批准的仿制药达 31 个，已经接近上年全年的数量，人福、华海仍是领先企业。从事仿制药欧美市场注册的队伍出现了新企业，如以岭药业、天津天药、山东新时代、海南双成、博雅欣和等。全球化战略开启新局面，绿叶制药以 5.46 亿美元收购阿斯利康的思瑞康及思瑞康缓释片的原研药许可权利，其国际化经营新模式步伐加快。

4. **中小创新型企业脱颖而出**

中小企业是当前我国医药工业创新发展的主要力量。在产业政策引导和“重大新药创制”等专项的带动下，医药领域涌现出了一大批创新型中小企业。以“千人计划”专家为代表，越来越多的海归学者回国成立创业公司。借助资本市场推动和新产品优势，很多中小企业实现了跨越发展。2018 年将有一批“独角兽”医药创新公司在新产品产业化方面取得成功，逐步迈向大中型规模制药企业行列。药明康德等研发企业快速 IPO 上市，反映出监管层对科技创新型公司发展的政策鼓励，中小创新医药行业将在供给侧改革带来的存量市场结构调整和创新驱动的行业增量发展中快速前进。

5. **新兴产业发展迅速**

生物药迎来投资高峰期，从事抗体药物、肿瘤免疫治疗药物、新型疫苗开发的企业增多，一批新的生产场地正在或即将投入建设，全球最新靶点的大分子药物国内企业都在开发过程中。作为统计中细分新增的基因工程药物和疫苗制造业与药用辅料及包装材料制造业亚类，是研发创新和标准提升的重要领域。2018 年前 4 个月，基因工程药物和疫苗制造业的主营业务收入和利润总额同比增长分别为 11.8%和 23.8%，盈利能力表现较为强劲。新业态、新模式发展迅速，“互联网+”在医疗健康领域广泛应用，大健康产品、健康大数据、研发外包和生产外包、基因检测、医药电商等业态经济总量逐步扩大。

四、下一步医药行业的发展重点

（一）支持医药新技术和新业态发展

一些基于新靶点、新作用机制的生物创新药不断发现，以精准医疗、肿瘤细胞免疫治疗为代表的新型技术日臻成熟，需要加快深入落实有利于创新发展的相关政策，大力发展创新技术，着力培育创新业态，打造新的增长点，实现高质量发展。一是解决肿瘤细胞免疫治疗、CAR-T、TCR-T 等新技术准入政策滞后的问题，建立高层协调机制和专家决策系统，促进我国生物制药技术发展取得突破。二是推进医药产品文号流转，支持发展委托加工，实现专业化生产和产能合理利用。三是加强临床研究基地建设，满足新药和器械、仿制药一致性评价等研发新需求。

（二）加强产业政策协调配套

加强产业政策与生产质量、环保安全、市场价格、集中采购、临床使用、进出口贸易等政策的协调，形成政策合力，提升行业治理水平。完善行业准入政策，提高质量、环保和安全等行业标准，严格准入门槛，健全退出机制，促进存量优化，推动增量提升，从源头上抑制低水平重复建设。支持医药市场兼并重组，促进产业组织结构优化，推动医药企业集约化发展。积极引导医药企业应对国际贸易摩擦，提高产品技术含量和质量标准，进一步提升国际竞争力。

（三）加大财税金融扶持力度

继续通过“重大新药创制”和“数字诊疗装备研发”等国家科技计划、战略性新兴产业创新发展工程、产业振兴和技术改造专项等，加大对创新医药产品研发和产业化的支持力度。完善税收支持政策，增加对自主创新产品和制剂出口的税收优惠，鼓励创新药和高端医疗器械等新产品开发，引导制剂向国际高端市场出口。拓宽融资渠道，鼓励产业投资基金、风险投资基金支持创新型中小医药企业发展，支持有实力的企业开展海外并购，落实和完善出口信贷及出口信用保险政策。

（四）完善价格、采购和医保政策

健全市场主导的药品价格形成机制，强化医药费用和价格行为综合监管，在抑制药品价格虚高的同时，避免价格过低影响供应和质量。完善药品分类采购政策，改进质量评价体系，促进优胜劣汰。健全医保目录动态调整机制，促进临床价值确切的创新产品上市后能尽快纳入报销目录，满足人民群众多样化、多层次的健康保障需求。科学制定和调整基本医疗保险药品支付标准，推动医保支付方式改革。鼓励优先使用通过一致性评价的仿制药，促进合理用药。鼓励发展商业健康险，有效解决基本医保支付能力不足的问题，提高患者对未纳入基本医保的创新药物和新型医疗技术的可及性。一方面要调动保险机构的积极性，发展适宜险种，大力开发新用户；另一方面要引导企业和各类机构将为员工购买商业保险作为薪酬体系构成。探索建立药品不良反应保险制度，保障患者合法利益。

（五）发挥注册监管调控作用

大力深化药品医疗器械审评审批改革，严格控制市场供过于求、低水平重复产品的审批，加快临床急需的首仿药、创新药、医疗器械的审批。不断健全仿制药质量和疗效一致性评价方法、技术规范，加大推进一致性评价工作进展力度。积极加入国际药品认证合作组织（PIC/S），加速 GMP 国际互认步伐。加强药品质量体系监督核查，建立覆盖药品生产、流通和使用全过程的质量追溯体系。

（作者：中国医药企业管理协会）

第十章　电子信息工业 2017 年发展回顾与形势展望

一、2017 年电子信息行业发展回顾

（一）电子信息行业年度运行特点

2017 年，电子信息行业整体运行呈现稳中有进、稳中向好的态势，行业增速保持领先、结构调整深入推进、创新能力日益提升、新旧动能加快转换，质量效益不断提高，在经济社会发展中发挥了重要的引领作用，正在成为供给侧结构性改革的“加速器”、中国制造的新引擎、网络强国建设的重要保障。

1. 规模持续扩大，结构调整与动能转换成效显著

2017 年，规模以上电子信息制造业增加值增长 13.8%，高于全国工业平均水平 7.2 个百分点。电子制造业与软件业收入规模合计接近 19 万亿元，同比增长近 10%；其中，电子制造业实现收入 13 万亿元，同比增长 13.6%；软件业收入 5.5 万亿元，同比增长 13.9%，如图 88 所示。从结构调整与动能转换看，一方面传统规模优势继续保持，手机、计算机和彩电产量分别达到 19.2 亿部、3.1 亿台和 1.7 亿台，稳居全球第一。另一方面，主要行业和产品的高端化、智能化发展成果显著，智能手机、智能电视市场渗透率超过 80%，智能可穿戴设备、智能家居产品、虚拟现实设备等新兴产品种类不断丰富。在虚拟现实（VR）/增强现实（AR）、无人驾驶、人工智能、无人机、智慧健康养老等新兴领域，国内涌现出一大批创新型企业，这些企业的技术和应用在全球均处于领先位置。

2. 投资增势突出，资源整合与协同合作不断深化

2017 年，电子信息行业完成固定资产投资 1.3 万亿元，同比增长 25.3%，高于全国制造业投资增速 20.5 个百分点，对制造业投资增长的贡献率接近 30%，如图 89 所示。从重点领域看，集成电路“大基金”累计有效承诺投资额超过千亿元，在制造、设计、封测、装备材料等各环节实现了全产业链覆盖，缓解了产业投融资瓶颈，有效推动了上下游企业的战略合作。2017 年，电子信息行业深入贯彻协调、开放、共享的发展理念，在政府部门、行业组织和龙头企业的

牵头引领下，国家工业信息安全产业发展联盟、国家大数据创新联盟、中国 VR 产业应用创新联盟、中国云服务联盟、中国智慧交通车联网产业创新联盟、中国人工智能产业发展联盟相继成立。这些联盟的组建，瞄准产业发展的热点领域，致力于打造政府和产业界的协同联动平台，将有效推动资源共享，促进产学研用结合，并将进一步提升产业的创新能力和竞争实力。

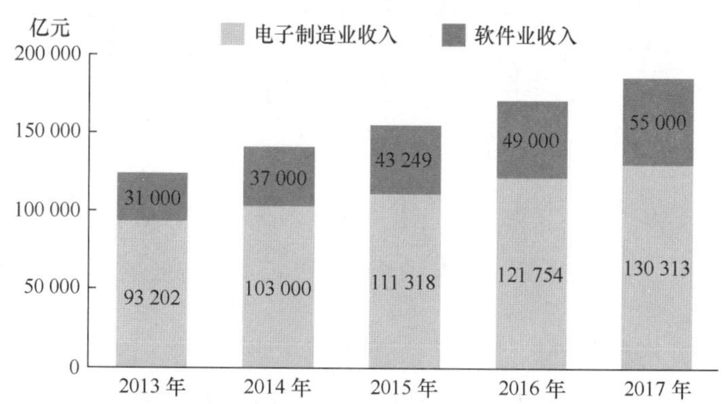

图 88　2013—2017 年中国电子信息行业收入情况（数据来源：国家统计局，工业和信息化部）

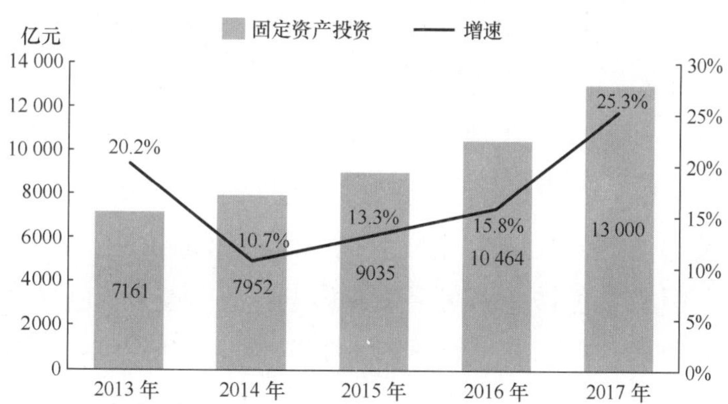

图 89　2013—2017 年我国电子信息制造业固定资产投资情况

（数据来源：国家统计局，工业和信息化部）

3. 外需市场回稳，品牌价值与国际地位持续提升

2017 年，我国电子信息制造业出口交货值同比增长 14.2%，快于全部规模以上工业出口交货值增速 3.5 个百分点，占规模以上工业出口交货值的比重为 41.4%。图 90 为 2016 年以来电子信息制造业增加值和出口交货值分月增速，高新技术产品进出口总额达 12 514 亿美元，同比增长 11%；其中出口总额为 6674 亿美元，增长 10.6%；进口总额为 5840 亿美元，增长 11.5%；行业外贸扭转了

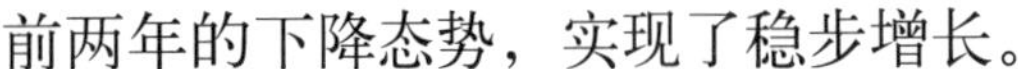
前两年的下降态势，实现了稳步增长。

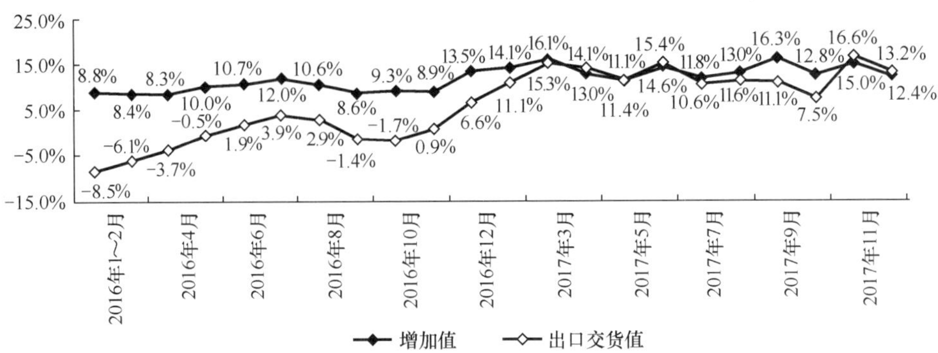

图 90　2016 年以来电子信息制造业增加值和出口交货值分月增速

（数据来源：国家统计局，工业和信息化部）

在市场规模扩张的同时，中国品牌的国际影响力和中国企业的国际分工地位也在不断提升。从品牌影响力看，世界品牌价值及战略咨询公司发布的“2017 年度全球 500 强”报告显示，阿里巴巴、华为、腾讯等进入前 50 位；2017 年中国出海品牌 30 强排行榜及报告显示，联想、小米等以创新型数字设备及服务见长的中国品牌的海外影响力日渐扩大；在 2018 年 CES（International Consumer Electronics Show，国际消费类电子产品展览会）上，中国品牌参展数量占比超过 30%，BAT（百度、阿里巴巴、腾讯）、华为、中兴、TCL、创维等企业与谷歌、亚马逊和英伟达等公司同台竞技。从国际分工地位看，我国正从跟随代工的角色向创造引领的角色转变，在手机、彩电、语音交互和无人机等行业领域，中国产品和服务的质量在不断提高，行业国际地位不断提高。在前沿领域，5G 技术网络架构等技术成为国际标准，有望在 2020 年成为新一代宽带移动通信领域的全球领跑者之一。我国提出的两化融合评估国际标准提案在国际标准化组织中正式立项，为全球产业界贡献中国智慧。

4. 效益质量提高，支撑引领与辐射带动作用增强

2017 年，规模以上电子信息制造业利润总额超过 7180 亿元，同比增长 20.1%，行业平均利润率达到 5.4%，比上年提高 0.2 个百分点。软件业利润总额超过 7020 亿元，同比增长 15.8%，企业平均利润率超过 7.0%。图 91 为 2017 年电子信息制造业主营业务收入、利润增速变动情况，图 92 为 2017 年软件业利润总额走势。电子信息制造业收入与利润占全国工业比重进一步提升，均超过 10%。除自身效益水平提升外，电子信息技术为其他产业“赋能”已成为不争的事实，成为融合发展的“润滑剂”和“加速器”。2017 年我国工业化与信息化加速深度融合，数字驱动的工业新生态正在构建，企业“上云”行动成效显现，一批新型工业 App 实现商业化应用，制造业骨干企业“双创”平台普及率接近 70%。此外，信息技术与经济社会各领域跨界融合不断加深，数字经济、平台经济和共享经济广泛渗透，移动支付、网络购物、共享单车和高铁作为中国的“新四大发明”，正在改变着全球的经济和产业格局。

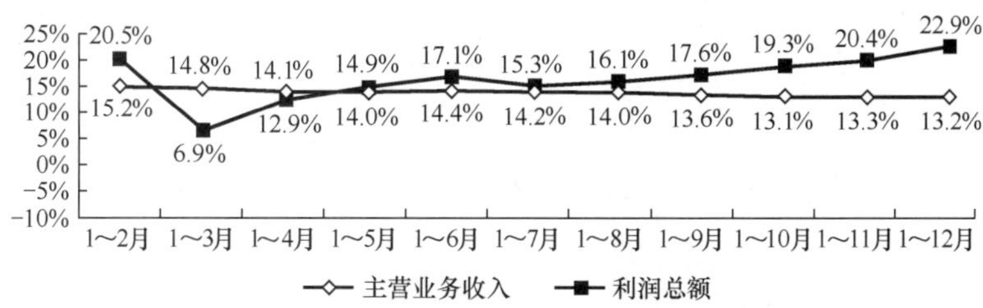

图 91　2017 年电子信息制造业主营业务收入、利润增速变动情况

（数据来源：国家统计局，工业和信息化部）

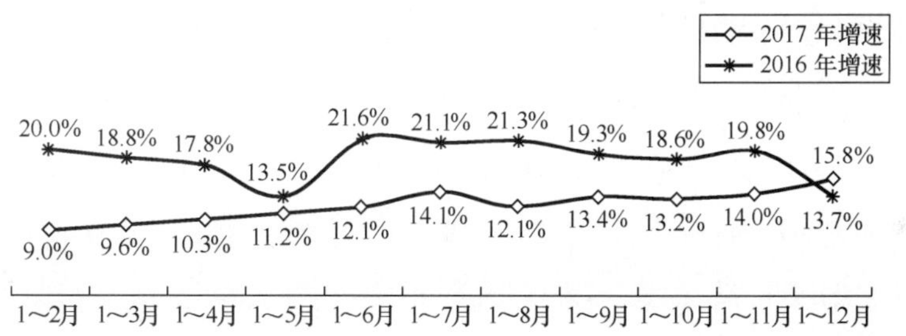

图 92　2017 年软件业利润总额走势（数据来源：国家统计局，工业和信息化部）

总体来看，2017 年我国电子信息行业发展可以概括为稳中有进，稳中向好。“稳”是指电子信息行业在国民经济各行业中增势突出，带动作用明显；“进”是指电子信息行业结构调整深化，质量效益提升；“好”是指电子信息行业的支撑、引领和渗透作用不断得到认可和重视，国家出台的大批政策规划为产业持续健康发展创造了良好的环境。

（二）电子信息行业结构调整成效

行业结构调整是保障我国工业经济平稳较快发展的重要方式，也是保障我国电子信息产业稳定发展的重要前提。国务院总理李克强在 2016 年的政府报告中指出，经济发展必然会有新旧动能迭代更替的过程，当传统动能由强变弱时，需要新动能异军突起和传统动能转型，形成新的“双引擎”，才能推动经济持续增长、跃上新台阶。电子信息行业经过近两年的结构调整和新旧动能转换已取得了明显的成效。

一是新兴产业领域快速增长。2017 年，我国涌现了一批新兴产业，其中新型显示领域出货面积约为 6900 万平方米，同比增长 19%，全球占比达 34.5%，我国已经成为全球第二大显示器件生产地区。我国多晶硅产量达 24.2 万吨，同比增长 24.7%；硅片和光伏组件产量达 87 吉瓦和 76 吉瓦，分别同比增长 34.3%和 31.7%。我国超高清电视销量达 2859 万台，同比增长 16.4%，超高清电视渗透率占比接近 60%，高于 35%的全球平均水平；曲面电视销量为 349 万台，同比增长 35.1%；55 英寸电视销量为 1429.5 台，同比增长 17.7%。我国虚拟现实产业、智能硬件产业、智能可穿戴设备市场规模分别达 160.5 亿元、1945.4 亿元和 350.2 亿元，分别同比增长 164%、87.1%和 34%。

二是“双引擎”动能已经形成。如前文所述，2017 年，我国电子信息行业在新旧动能转换方面成效显著，虽然计算机、手机和彩电等产品的增加值增速放缓，但产量依然是全球第一，且传统产品正逐渐向高端化、智能化、高质量转变。同时，随着“十三五”规划的实施，新一代信息技术产业是当前新旧动能转换的重要能量，以互联网、物联网、云计算、大数据、CPS（物理信息系统）等为代表的新一代信息技术正在成为新旧动能转换的强劲引擎。传统动能的转化和新兴动能的崛起成为我国电子信息行业的“双引擎”动能。

三是两化融合水平稳步提升。如前文所述，2017 年，我国电子信息产业成功推动了工业化和信息化深度融合，尤其是高端芯片、新型显示、智能手机、5G、智能制造关键电子设备、新兴工业 App、“企业上云”等领域亮点纷呈，更加有力地支撑了两化融合发展和制造强国建设的持续推进。两化融合也成功推动了信息消费从生活消费加速向产业消费渗透，成为创新最活跃、增长最迅猛、辐射最广泛的经济领域之一，预计到 2020 年信息消费规模将达 6 万亿元，拉动相关领域产出达 15 万亿元。

（三）电子信息行业转型升级成效

1. 行业创新能力提升，产业基础与创新体系日益完善

一是高端芯片研发和产业化实现突破。2017 年，围绕关键环节和核心技术瓶颈，产业各方协同攻关，不断补足短板，取得新的突破，产业创新体系加快完善。基于国产众核处理器的“神威·太湖之光”超级计算机，继续蝉联全球超算 500 强榜首。集成电路行业保持高速增长势头，收入突破 5000 亿元；3D NAND 闪存芯片（三维闪存芯片）从无到有；华为发布麒麟 970 智能芯片；飞腾、龙芯、兆芯等国产 CPU 性能持续提升，与国际领先水平差距进一步缩小；这些都显示了“中国芯”的强大力量。

二是 OLED 柔性屏量产和工业基础产品打破市场垄断。2017 年，国内首条柔性屏生产线在成都京东方实现量产，结束了国外企业在柔性手机屏领域的独霸局面；随着工业强基工程的深入实施，电池隔膜材料、微电机系统传感器、石墨烯等基础产品打破国外垄断，解决了一批“卡脖子”问题。

三是推动软件和通信领域新兴技术的研发商用。云计算、大数据、工业互联网、人工智能等新兴技术加速推广应用，5G、下一代互联网、超高速大容量光传输技术、量子通信等前沿技术的研发和商用进程也不断加快。此外，国家制造业创新中心建设取得新突破，新增信息光电子、印刷及柔性显示、机器人等 3 家国家制造业创新中心，创新体系建设不断完善。

2. 新兴领域和品牌培育工作加强，推动行业结构转型升级

一是加快新兴领域培育工作，贯彻落实《智能硬件产业创新发展专项行动(2016—2018 年)》，支持窄带物联网（NB-IoT）核心技术和产品研发及产业化，联合开展应用示范，编制发布《2017 智能硬件产业白皮书》。支持广东省开展新数字家庭行动，推动 4K 电视网络应用与产业发展，加快智能电视、量子点电视、激光电视等新产品推广。指导虚拟现实产业联盟开展工作，组织行业调研、产业发展论坛，积极构建产业生态体系。积极推动通信产业链协同创新，不断完善产业链建设，大力支持企业“走出去”。

二是设立“中国品牌日”，进一步提升和发挥品牌引领作用，推动供给结构和需求结构升级，鼓励企业以创新驱动促进品牌建设，这是电子信息行业由外延扩张型向内涵集约型转变、由规模速度型向质量效率型转变的重要举措。从

前文看，我国品牌的国际影响力增强，国际分工地位提高，已从中国制造转向中国智造和中国创造，更利于树立自主品牌消费信心，为推动行业转型升级起到重要作用。

（四）电子信息行业区域布局特点

近年来，在国家政策和市场需求的双重驱动下，各地方政府也在进一步加强产业布局、积极推动国家相关产业政策的加快落实，以加快发展电子信息产业推动区域结构调整和产业转型升级。目前我国已在珠三角、长三角、环渤海和中西部等四大区域形成了各具特色的产业集群。

其中，以珠三角为中心的高新产业带已是我国电子信息产品加工密集地区，聚集了大量国际知名的电子信息产品制造企业，形成了以深圳、东莞、惠州为主的电子信息产品城市群。从目前的发展情况来看，珠三角地区已经形成了以通信产品和消费类电子产品为重点的产品结构，并形成了集群化发展的特征。未来，随着粤港澳大湾区的成熟发展，珠三角地区与港澳地区的联系将越来越紧密，港澳地区的金融业和科研能力等优势将为珠三角地区电子信息产业的发展持续提供动力。

以上海为中心的长三角地区是我国重要的电子信息产业带，从上海到苏州的科技走廊，已经成为世界电子信息产业的重点投资地区。长三角区域拥有国内一大批重点大学、高素质人才，科技资源丰富，校企之间的密切合作成为推动电子信息产业发展的重要力量，在一些技术领域实现了一定突破，产业链条完整，区域特色明显，产品档次高、技术含量高、投资规模大，并以工业园区和基地为载体，形成了以集成电路、计算机、软件为特色的产业集群。

环渤海地区电子信息产业集群是继珠三角地区和长三角地区后中国经济发展新的增长极，虽然该地区内不同省市之间的经济条件差异较大，但各省市依靠自身工业基础好、科研实力强、地理位置和交通良好的优势，通过制订合适的发展战略，在电子信息产业的一些领域形成了竞争优势，发展出了各具特色的电子信息产业集群。如北京是全国重要的软件基地和主要的电子技术研究开发基地、生产基地，天津拥有国内最完整的手机生产及配套企业和基础设施，山东重点发展高性能计算机及外围设备、高性能信息家电、新型元器件和电子材料等。

中西部地区产业规模总量偏小，电子信息产业军工电子比重大，具有自主研发、自成体系的特点，主要以光信息技术、光电子产品和雷达产品制造为主，以陕西、四川两省为主的军工产业处于全国领先地位，以西安、成都、武汉等城市为主的软件产业正在崛起。国家级软件产业基地中，中西部地区占了3家，即成都国家软件产业基地、长沙国家软件产业基地和西安国家软件产业基地。

纵观国内外各地区电子信息产业的发展道路，承接产业转移是电子信息产业后发地区在短期内实现产业跨越式发展的最主要的途径之一。当前，新一轮电子信息产业转移正在形成，从全球来看，越南、印度等后发国家凭借更低的劳动力、土地等成本，不断加大吸引外资的力度，正在吸引外资和港、澳、台资企业从中国向东南亚地区转移。发达国家开始重新重视实体经济，跨国IT企业正在响应本国政府号召，通过对全球布局进行调整，增加对本国的投资。

从国内来看，我国西部地区投资增速领跑，东北地区投资明显好转。如图93所示，2017年，东部地区投资增长平稳，完成投资同比增长17.1%，增速比2016年回落1.6个百分点，其中河北、广东投资增长较快，分别增长46.4%和41.9%；中部地区投资增长较快，完成投资同比增长25.7%，增速比2016年提高11.7个百分点，其中江西、安徽投资增长较快，分别增长76.2%和24.6%；西部地区投资增速领跑，完成投资同比增长46.1%，增速比2016年提高26.3个百分点，其中云南、贵州、四川投资增长较快，同比分别增长338.9%、120.9%和118.0%；东北地区投资由降转升，完成投资同比增长39.7%（2016年为下降29.6%），黑龙江、辽宁投资分别增长109.7%和60.8%。综上，东部省市的电子信息产业发展洼地、中西部和东北部地区均在加大招商引资力度，积极承接产业转移，发展电子信息产业。

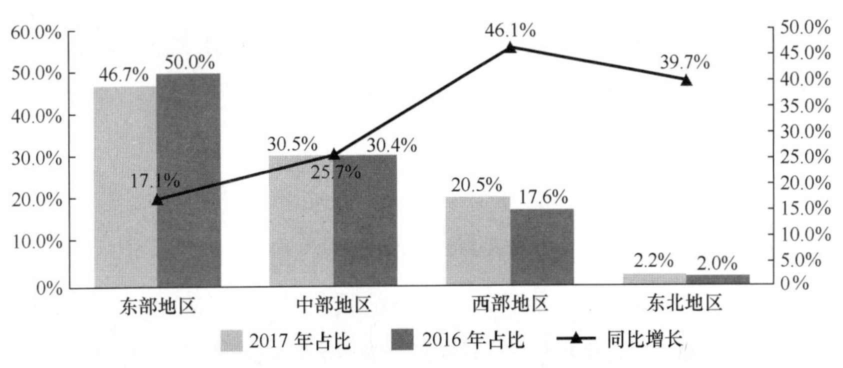

图93 2017年电子信息制造业区域固定资产投资

二、当前电子信息行业发展需要关注的问题

当前，我国电子信息行业处于供给侧结构性改革的关键时期，新旧增长动能正在切换，深层次、结构性问题依然存在，核心、高端和基础产品和技术供给仍相对不足，行业效益水平偏低，整体实力仍有待提升。

（一）自主创新与基础保障能力不足

近年来，我国在芯片、显示面板、基础材料等领域不断取得技术突破，与发达国家的差距逐渐缩小，但产业集成创新能力仍远远落后于美、德、日等国家。尤其是在基础材料、共性关键技术和核心基础元器件领域的基础仍较薄弱，产业价值链高端和发展制高点被国外企业把持，制约着我国电子信息制造业的健康发展。如 2017 年的液晶面板减产涨价、硅晶圆调价等，均是由国外产业巨头（如韩国的三星和 LG、日本的信越和 SUMCO、德国 Siltronic）联合发起的，而我国产业界尚缺乏有效的应对手段，只能被动接受；部分大型品牌企业还能通过调价适度向下游传导部分成本压力，而缺乏品牌和核心技术、依靠贴牌打价格战的中小企业将面临破产倒闭的风险。

（二）内外需市场增长面临多方挑战

内需市场方面：当前，全球范围内信息技术创新速度不断加快，产业发展模式由垂直分工向水平分工转变，使得电子信息产业与市场的结合更加密不可分。近年来，受原材料、人力成本、经营成本不断攀升的影响，国内的外资甚至内资电子制造企业已经开始出现向外转移的趋势。由于我国电子信息行业长期采用跟随发展路径，尚未培育出成熟有效的技术驱动模式，产业向外转移势必带来市场需求的向外转移。

外需市场方面：近年来，我国电子信息企业不断加大国际市场开拓力度，取得了积极的成效，但随着国内企业在国际市场崭露头角，其面临的挑战与困难也不断增多。发达经济体频繁利用反补贴反倾销、国家安全等壁垒限制我国产品出口，阻碍我国企业进行跨国并购；新兴经济体为保护本国产业发展所设

置的壁垒也不断增多，如印度要求在其国内生产的电子产品中本土采购原材料的价值比例超过 45%。因此，总的来说，当前我国电子信息产品外贸形势依然复杂严峻，不确定、不稳定因素依然较多。

（三）增长动能切换仍需关注

当前，彩电、计算机等传统产品拉动作用不断减弱。2017 年，国内彩电销量下降 6.6%，手机出货量下降 12.3%；平板电脑、计算机销量处于持续萎缩状态。同时，可穿戴设备、AR/VR 和无人机等新兴产品虽然增长较快，但标准缺失、过度竞争导致的低端化现象日益凸显，不利于产品的健康发展。此外，集成电路、新型显示、智慧城市、智能制造等领域的发展主要依赖政府投资拉动，内生性和可持续性不足，且已经出现投资秩序混乱的苗头，难以支撑行业的长期持续增长。

（四）企业发展外部环境仍有待优化

一是经营压力不断加大。伴随着国内经济环境的变革，人工成本提高、融资成本上升、高端人才缺乏等因素使得企业要素成本上涨，企业融资难、运营成本高等问题愈加突出。同时，受市场竞争激烈和相关审查日趋严格等因素影响，企业需要投入更多的资源维护市场渠道，销售费用攀升；总的来看，企业增收增利压力不断加大。**二是转型升级困难加剧。**企业向基础领域和新兴领域转型的前期投入巨大，而这些领域市场规模仍相对较小，收效回报仍需时日，给企业持续发展带来较大的压力。**三是业务领域拓展面临门槛限制。**如企业向金融、教育、医疗等领域拓展信息技术业务服务时，被要求具备上述行业的相关经营资质，但这些资质的申请难度大、周期长，且有些条件并不适用于电子信息企业，限制了企业的业务发展。

三、2018 年电子信息行业发展展望

（一）电子信息行业发展面临的形势

2018 年是全面贯彻落实党的十九大精神的开局之年，是决胜全面建成小康

社会、实施“十三五”规划承上启下的关键一年。从宏观经济环境看，2018 年世界经济有望继续复苏但仍将波动徘徊，突发性风险始终存在。我国经济持续发展具有许多有利条件，但也面临诸多矛盾困难和问题，外有发达国家“再工业化”和发展中国家工业化进程加快的双重挤压，内有生产成本上升、产业增速放缓、投资低迷等挑战，中小企业和部分地区经济下行压力加大也需要密切关注。

2018 年以来，电子信息制造业继续保持平稳增长态势，生产和投资增速在工业各行业中保持领先水平，产业运行总体保持稳健，为全年产业持续健康发展打下坚实基础。1～4 月，规模以上电子信息制造业增加值同比增长 12.6%，同比回落 1.8 个百分点，比一季度高 0.1 个百分点，高于全部规模以上工业增速 5.7 个百分点；电子信息制造业出口交货值同比增长 7.5%，增速同比回落 5.3 个百分点，高于全部规模以上工业出口交货值增速 1.1 个百分点；全行业主营业务收入同比增长 7.9%，增速同比回落 6.2 个百分点。利润总额同比下降 5.3%（去年同期为增长 12.9%）；主营业务收入利润率为 3.65%，同比下降 0.51 个百分点；主营业务成本同比增长 9.0%，高于同期主营业务收入增速 1.1 个百分点；固定资产投资同比增长 14.2%，增速同比回落 13.5 个百分点，较一季度减缓 1.2 个百分点，高于制造业投资增速 9.4 个百分点。

2018 年我国软件和信息技术服务业继续稳中有升，收入增速提高，利润和出口增速保持增长，从业人数和工资总额稳步增加。中部地区软件业增势突出，中心城市软件业保持领先。2018 年 1～4 月，我国软件和信息技术服务业完成软件业务收入 18 189 亿元，同比增长 14.3%，增速同比提高 1.2 个百分点；全行业实现利润总额 2196 亿元，同比增长 11.4%，增速同比提高 0.6 个百分点，比 1～3 月提高 1.1 个百分点；软件业实现出口 165 亿美元，同比增长 3.8%，增速同比提高 4.8 个百分点；全行业从业平均人数增长 5.6%，增速同比提高 1.8 个百分点；从业人员工资总额增长 15.4%，增速同比提高 1.3 个百分点；人均工资增长 9.3%。

目前来看，由于正处于经济转型新时期，我国经济由高速增长转为高质量发展，加之 2017 年电子信息行业爆发式增长，所以同比之下，2018 年 1～4 月电子信息制造业各项指标有所回落。总的来说，2018 年以及整个“十三五”期间，我国电子信息行业发展的外部经济环境良好，虽然面临一些新的挑战和深层次的矛盾，但从发展机遇看，新一轮全球产业变革蓬勃兴起，我国迎来从跟跑到并跑乃至领跑的历史契机。这主要体现在 3 个方面。

一是产业格局重构机遇。每一轮技术变革都蕴含着重大发展机遇，抓得住、用得好，就可以实现产业的跨越甚至赶超。20 世纪七八十年代，日本凭借发展大规模集成电路，在电子信息产业上大幅拉近了与美国的差距；21 世纪初，韩国抓住“显示革命”的机遇，通过大力发展 TFT-LCD，在显示器件领域迅速崛起。当前，全球信息技术创新进入密集发生期，呈现多方向、宽前沿、集群式等特征，有望引发产业格局重大调整。这有助于我国打破长期以来因核心技术缺失带来的低端锁定，加快迈向全球价值链中高端。

二是市场迭代机遇。市场需求是产业发展的核心动力。随着人民群众收入水平的提升，我国模仿型、排浪式消费阶段基本结束，个性化、多样化消费逐渐成主流，消费升级的步伐显著加快，新的市场不断孕育生成。我国电子信息产业如能抓住这一机遇，充分发挥大国大市场优势，注重技术迭代创新，加强质量品牌建设，提升营销服务水平，不断推出具有市场号召力的新产品，就能够在未来的产业竞争中抢占先机。

三是路径依赖突破机遇。长期以来，我国电子信息产业走的是跟随发展的路子，主要依靠“借鉴”“学习”“模仿”甚至“山寨”发达国家领先企业的主流产品来参与市场竞争。在新一轮科技和产业革命条件下，商业模式创新的地位大大提升，为我们探索新的发展路径提供了可能。比如，手机和彩电企业可以不再仅仅依靠卖硬件来获取收入，还可以通过“终端+内容+服务”的模式快速提升企业规模和经营效益。这方面，苹果公司是一个成功的案例。如果我们的企业都能在商业模式上闯出新路，就有可能破除跟随发展造成的既有路径依赖，赢得发展主动权。

（二）电子信息行业发展总体思路

在全球信息通信技术迅猛发展的背景下，我国数字经济加速增长，融合领域不断拓展，不仅为孕育新兴产业提供了沃土，也为传统产业效率提升和结构优化提供了新动力。更重要的是，我国已形成完备的产业体系和坚实的制造基础，拥有吸收新技术的巨大国内市场，具有抓住这次科技革命和产业变革机遇的产业基础条件和广阔需求空间。

2018 年，电子信息行业将深入贯彻落实党的十九大和全国两会精神，按照全国工业和信息化工作会议的总体部署，以建设制造强国、网络强国为中心，强化创新驱动发展，突破核心技术瓶颈，不断深化产业供给侧结构性改革，加快开展智能制造试点示范，推动电子信息产业智能化转型、绿色化发展，打造世界级产业集群，促进信息消费升级，带动经济社会新发展，加快迈向全球价值链中高端。

一是实施创新驱动发展战略，抓住制造业创新中心建设这一关键，着力提升产业创新能力。明确定位，抓好面向行业的关键共性技术，解决行业发展继续的专用设备、材料、工艺、批量生产、良品率等关键共性问题，建立以产业为主体、产学研用深度融合的技术创新机制，抓好科技成果转移转化的辐射带动能力和基于自我造血循环发展的商业模式，突出协同化、市场化、产业化和可持续发展。

二是强化整机带动器件。发展路径上，依托市场优势，面向量大面广的重点整机和信息消费需求，提升企业的市场适应能力和有效供给水平，构建“原料和装备—元器件—软件—整机—系统—信息服务”产业链，形成“整机带动元器件技术进步，元器件提升整机系统竞争力”的良性循环。在发展策略上，在已形成有效市场的领域，以电子整机产业和系统应用需求为抓手，由整机厂商和系统集成商牵头部署电子产品设计和技术攻关；在尚未形成市场的领域，以国家战略为抓手，通过重大专项部署或重大工程建设，聚焦产业链和价值链，解决“卡脖子”的技术问题。

三是补强核心技术短板。在基础元器件领域，要加快突破以集成电路等为核心的关键装备、材料和成套工艺，补齐高端芯片、传感器、核心元器件等基础、通用技术短板。在电子整机和系统领域，要强化产业链协同创新，实施网络信息领域核心技术设备攻坚战略，推动高性能计算、5G 移动通信、量子通信等研发和应用取得重大突破。

四是抓好产业集群建设。首先要聚焦特色优势，东、中、西部和东北各地区要立足自身发展基础和条件，聚焦重点领域，在“特色”和“优势”上做足文章，积极探索适合本地实际的发展路径和模式。其次要对标国际先进。坚持国际视野，对标国际先进水平，找准差距和短板，明确目标和方向；深化开放合作，着力引进高端人才等创新要素，主动参与全球竞争，形成引领产业发展的能力。最后要注重协同推进。有关部门要共同参与到科技创新、财税金融、土地供给、人才培养等多个领域，实现政产学研金各方面的协同联动。集群所在地政府要发挥引导作用，整合资源，形成发展合力。

五是深化对外开放合作。首先抓好国际化研发合作，鼓励企业全球化配置和利用创新资源，建立全球研发创新网络，形成国内外创新有机互动的良好机制。其次抓好国际化投资并购，完善与国际接轨的电子信息产业营商规则，对接全球贸易投资规则新变化。落实外商投资便利化政策举措，进一步精简电子信息领域外资投资项目审批程序。最后抓好国际化市场拓展，紧抓“一带一路”建设机遇，拓展电子信息领域贸易多元化新空间，结合海外重大项目建设推动通信、光伏等优势产能“走出去”。

（三）电子信息行业发展趋势及预测

2018 年，行业发展趋势主要有以下几个特点。

一是信息技术创新将进入新一轮加速期。随着云计算、大数据、物联网、移动互联网、人工智能、5G 等新一代信息技术快速演进，电子信息产业新一轮变革即将爆发。单点技术和单一产品的创新正加速向多技术融合互动的系统化、集成化创新转变，创新周期大幅缩短。信息技术与制造、材料、能源、生物等技术的交叉渗透日益深化，智能控制、智能材料、生物芯片等交叉融合创新方兴未艾，工业互联网、能源互联网等新业态加速突破，大规模个性化定制、网络化协同制造、共享经济等信息经济新模式快速涌现。互联网不断激发技术与商业模式创新的活力，开启以迭代创新、大众创新、微创新为突出特征的创新时代。

二是集成电路重要性日益凸显，成为国际产业争夺的焦点。集成电路历来都是支撑经济社会发展和保障国家安全的战略性、基础性和先导性产业。在新一轮科技和产业革命的背景下，数字经济正显示出蓬勃活力，云计算、大数据、5G、人工智能以及工业互联网等新需求、新应用不断涌现。无论这些新兴领域如何发展演变，都离不开集成电路的支撑保障，并将进一步扩大对集成电路的应用需求。集成电路在经济发展中战略制高点的地位将更加突出。

三是国家重大战略将推进行业实现新突破。在加速向制造强国迈进的过程中，需要在集成电路、信息通信设备、操作系统等新一代信息技术领域实现突破。“互联网 +”行动指导意见的持续推进，要求我们密切跟踪信息技术变革趋势，构建以互联网为基础的融合型产业生态体系。《国家网络空间安全战略》和网络强国战略的实施，需要尽快突破芯片、整机、操作系统等核心技术，大力加强网络信息安全技术能力体系建设，增强信息安全保障能力和网络空间治理能力。《新一代人工智能发展规划》《国家集成电路产业发展推进纲要》以及《增材制造产业发展行动计划（2017—2020 年）》等一系列政策文件的实施部署都推动了电子信息行业提质增效，并在相关领域实现新的突破。

四是智能化正成为电子信息产业的重要发展趋势。“智能”的概念已逐渐被全社会所熟知，智能技术、智能产品、智能服务成为各界关注的焦点。习近平总书记指出，以机器人科技为代表的智能产业蓬勃兴起，成为现代科技创新的一个重要标志。从国内外产业发展实践看，智能化正在成为电子信息产业的重要发展趋势，如 2018 年的 CeBIT（德国汉诺威消费电子、信息及通信博览会）的八大主题中有 4 个领域与智能化息息相关，分别为人工智能、机器人、无人驾驶、未来交通。2018 年，智能化将为电子信息产业提供新的发展机遇、发展空间和发展动力。

总的来说，2017 年是“十三五”规划的重要一年，实现了我国电子信息行业的高速发展。2018 年是贯彻落实党的十九大的开局之年，是供给侧结构性改革的深化之年，是从高速增长转为高质量发展的一年，相比 2017 年，2018 年电子信息行业增速将会放缓或略有下降，但仍在国民经济各行业中处于领先地位，增速保持在两位数以上，同时，行业的支撑、渗透和引领作用将进一步增强。

四、下一步电子信息行业的发展重点

2018 年，电子信息行业应以建设制造强国、网络强国为中心，以习近平新时代中国特色社会主义思想为指导，推动 5 个方面的重点任务：**一是提高创新能力，推动集成电路跨越式发展。**要推进落实《国家集成电路产业发展推进纲要》，推动重大项目建设和重点产品开发，继续加大资金投入促进产业链上下游协同、营造良好产业生态，加快集成电路制造业创新中心建设。**二是注重产业链协同，加快建设超高清视频产业体系。**做好产业发展的顶层设计，构建产业创新体系和产业生态体系，推进行业应用示范和地方先行发展示范。**三是瞄准技术前沿，推动 5G 关键器件产业布局突破**。要明确产业发展的基本思路和前进路线，加强产业化能力建设，力争形成自有技术路线。**四是培育产业生态，构建汽车智能计算架构**。抓住构建汽车智能计算架构这一核心，落实“做好顶层设计、开展验证应用”两条思路，建设共性技术创新平台、关键技术验证测试平台和智能汽车应用示范服务平台。**五是加强规划引导，推动新型显示产业超越发展**。通过加强规划引导、提高创新能力、拓展新兴领域应用，加快产业升级，实现超越发展。

（一）营造良好的发展环境

一是抓紧落实已出台政策。近几年，国家逐步加大对电子信息行业的支持力度，研究制定并出台了一系列政策举措（尤其是在集成电路、新一代人工智能、军民融合等方面）。未来，应积极贯彻落实各项政策纲要，推动产业创新中心建设，推动重大项目和重点产品的研发。

二是积极推动产业变革。以质量变革为核心，着力优化电子信息产业供给结构，引导产业向高质量发展，促进产业迈向全球价值链中高端；以效率变革为目标，着力转变电子信息产业发展方式，推动产业绿色化、智能化、服务化转型；以动力变革为重点，着力重构电子信息产业创新体系，主攻关键共性技术供给，着力突破科技成果工程化、产业化。

三是强化产业保障服务。强化市场保障，探索并迭代完善对平台和数据的监管，建立公平竞争的市场环境；强化人才保障，培养适应新型生产模式的技能人才，加强工匠和企业家队伍建设；强化资金保障，创新电子信息产业投融资机制，进一步拓展融资渠道，推动完成设立国家集成电路产业投资基金二期等；强化服务保障，深化政府“放管服”改革。

（二）推动关键技术创新，构建自主产业体系

一是完善 5G 产业链布局，推动 5G 商用进程。加强统筹安排，落实 5G 技术研发试验第三阶段的工作，面向 5G 商用前的产品研发、验证和产业协同，开展商用前的设备单站、组网、互操作，以及系统、芯片、仪表等产业链上下游的互联互通测试，全面推进产业链主要环节基本达到商用水平。

二是强化产业链上游支撑能力建设。推动半导体存储器芯片国产化，打破国外垄断，加快 AMOLED 规模量产进度，进一步提升国产面板在高端智能手机和 PC 市场的渗透率，同时强化集成电路等重点扶持领域的政策稳定性和延续性，将集成电路产业的相关政策拓展到高端装备、核心元件和新型智能硬件等领域。

三是提升产业智能化水平。瞄准国家重大战略需求和未来产业发展制高点，围绕智能信息产业关键环节和重点领域，布局建设国家创新中心，大力支持智能芯片、智能传感器、智能操作系统、智能控制系统等软硬件产品发展，打造全产业链协同创新机制，优化创新资源配置，提高智能信息技术和产业的发展能力。

（三）加强行业交流与国际产能合作

一是搭建行业发展平台，建立国际合作机制。协助企业搭建信息交流平台，定期举办由行业协会、大型渠道商、代工厂等相关单位参加的研讨会，共同探讨产业发展新模式、新的技术趋势和热点。同时，发挥企业、协会、标准化组织等多方力量，加强国际间技术、标准、专利合作，建立多层次、多渠道沟通机制，促进国际交流合作，为企业开拓海外市场创建便利条件。

二是深化细分产业对外开放，提高“引进来”水平。加强高端芯片、高性能服务器、先进存储、汽车电子新型架构与计算平台等产业关键技术领域国际合作，提高“引进来”的层次和水平。

三是落实“一带一路”倡议，推动行业“走出去”。结合海外重大项目建设积极推动通信设备、通信系统、光伏等优势产能“走出去”，加快自主技术标准在海外的推广应用。加大对电子信息企业“走出去”的扶持力度，在“一带一路”沿线国家设立研发、制造和商贸综合园区，建立健全全球研发、生产和营销体系，扩大自主品牌国际影响力。

（作者：中国电子信息行业联合会　尹茗　李杰）

热点专题篇

第一章 2018年中国工业百强县（市）发展报告

截至2016年12月31日，全国县级区划数达到2851个，其中市辖区954个，县级市、县、自治县合计1897个。作为国民经济中社会经济功能比较完善的基本单元，县域既是城市经济与乡村经济的结合点，又是宏观经济与微观经济的结合部。工业是县域经济发展的重要推动力，也是县域经济的重要组成部分。我国县域阔步走在中国特色新型工业化、信息化、城镇化、农业化的道路上，正逢转变发展方式、优化经济结构、转换增长动力，转向高质量发展阶段的攻关期，对县域工业竞争力的评估有助于挖掘引领式、示范性的县域工业发展经验，同时发现不利于县域工业发展的深层次问题，促进县域落实制造强国战略，加快融入"一带一路"、长江经济带、京津冀协同发展、西部大开发、中部崛起、东北振兴等国家重大区域发展战略。

2018年县域工业竞争力的评价基于"创新、协调、绿色、开放、共享"五大理念，紧抓高质量发展阶段的重要战略机遇，立足基础条件、运行绩效、发展活力三大支柱，依托制造强国产业基础大数据平台，基本沿用2017年中国县域工业竞争力评价体系，同时更加注重对运行稳定、质量引领、结构优化、绿色提升、智能转型、创新驱动和动能聚集的综合考量，对各县（市）竞争力进行实证分析和比较研究。

一、中国县域工业经济发展现状

（一）城镇化进程提速，县域经济向城市经济转型趋势明显

我国县域城镇化水平不断提升。城镇化是工业化发展的空间延展，也是县域工业化的基本保障和表现形式。当前全国工业增加值超过100亿元的县（市）中，约60%的县（市）城镇化率超过50%，约30%的县（市）已超过全国城镇化水平。为提高城市化水平，拓展中心城市发展空间，我国加快撤县设区进程，柯桥、双流、富阳、兖州、上虞、章丘、垦利、即墨、长乐等原工业强县（市）陆续撤县设区，变身工业百强区。

县域经济占全国经济总量的比重有所下降。县域经济是国民经济的基本单元，撑起了我国经济的半壁江山。随着城镇化进程的加快，县域经济逐步向城市经济转型，县域经济占 GDP 的比重已低于 50%。从四大板块来看（如图 1 所示），东部地区直辖市、城市经济发达的省较多，县域经济占 GDP 比重已低于 40%，中部地区县域仍是当地经济发展的主力，县域经济占 GDP 的比重在 60%以上；西部地区和东北地区则分别在 50%和 45%左右。从 31 个省（区、市）来看（如图 2 所示），县域经济占全省 GDP 比重超过 50%的有 15 个，除了山东省，其余均位于中西部地区；比重低于 50%的有 16 个，多数集中在 40%～50%区间内，与全国县域经济比重基本一致，4 个直辖市和广东省以城市经济为主，县域经济占比较低或为 0，显示发达地区的县域经济向城市经济转型进程更快。

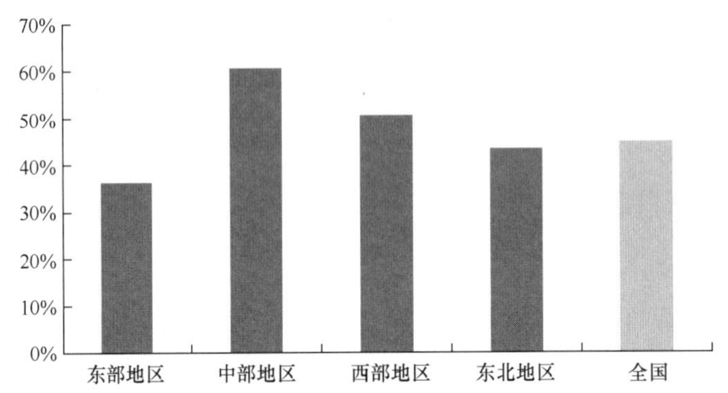

图 1　四大板块县域经济占 GDP 比重

（数据来源：国家统计局、各省统计局，中国信息通信研究院整理）

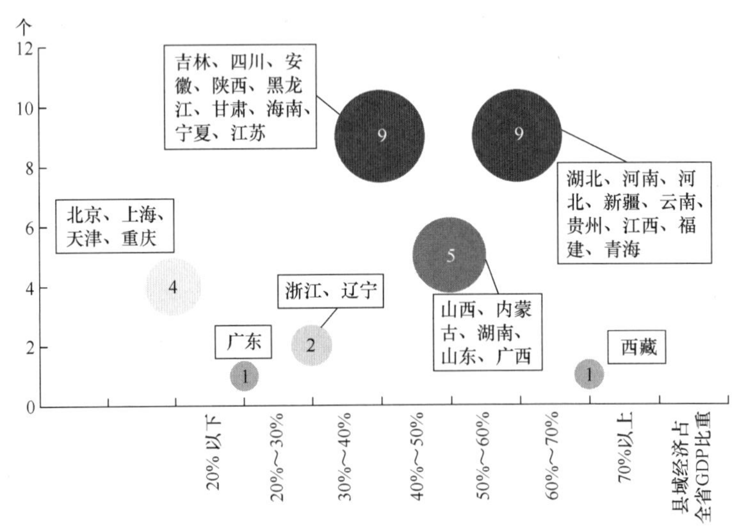

图 2　各省县域经济占 GDP 比重（数据来源：国家统计局、各省统计局，中国信息通信研究院整理）

（二）发展方式加快转变，县域工业化水平不断提高

县域经济发展方式纷纷转变。东部县（市）经济最具活力、开放程度最高、创新能力最强，多数已步入经济转型升级、空间结构优化、资源永续利用和环境质量提升的阶段，其先进装备制造业、战略性新兴产业发展迅猛，少部分县（市）已实现新旧动能接续转换。中西部地区资源密集型、劳动密集型县（市）较多，正在有序承接国际及沿海地区产业转移，依托优势资源发展特色产业，发展壮大现代产业体系。东北地区由于县域经济结构欠优、开放程度偏低以及人口结构老化，近年来经济下行压力较大，处于深度调整期，正在积极积蓄新动能。

县域工业化进程有所加快。受益于城镇化和信息化提速，我国县域产业结构加快调整，人均 GDP 不断提高。以工业增加值超过 100 亿元的县（市）为例，已基本处于工业化中后期，其中近七成的县（市）已进入工业化后期[21]。多数县市第一产业比重持续下降，第二产业比重保持在较高水平或有所下降，超过七成的县（市）人均 GDP 超过全国平均水平。

（三）工业经济继续壮大，县域发展支柱作用依然显著

工业是县域经济发展的重要推动力，也是县域经济的重要组成部分，据测算，我国县（市）工业增加值占全国工业增加值的比重超过 50%[22]。

全国近 2000 个县（市）中，工业增加值大于 100 亿元的县（市）超过 200 个（如图 3 所示），工业增加值合计超过 6 万亿元，占县域工业增加值的比重超过 40%，主要集中在 100 亿元至 400 亿元间；工业增加值超过 500 亿元的有 8 个，合计超过 1.4 万亿元；工业增加值超过 1000 亿元的有 5 个，合计超过 6000 亿元。县域工业顶住了我国经济下行压力，保持了较高水平的增长（如图 4 所示），工业增加值超过 100 亿元的县（市）中，超过八成县（市）的工业增加值增速高于同期全国工业增加值增速。其中增速超过 10%的约占 23%，增速超过 8%的约占 56%，增速超过 6%的约占 87%。

---

[21] 按照西蒙·库兹涅茨、赛尔奎因、钱纳里产业结构水平划分标准：第一产业比重低于 10%且第二产业比重保持在历史最高水平或有所下降，意味着工业化进入后期阶段。

[22] 依据《中国县域统计年鉴 2017（县市卷）》《中国统计年鉴 2017》、31 个省（区、市）统计年鉴数据汇总测算。

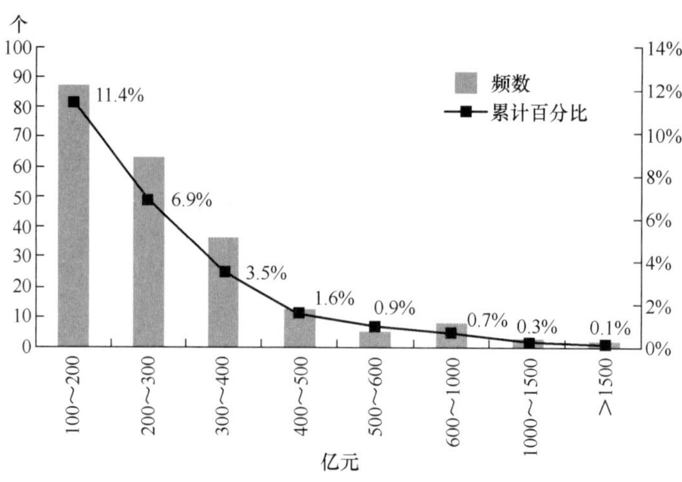

图 3　我国县（市）工业增加值规模

（数据来源：国家统计局、各省统计局、各地级市统计局，中国信息通信研究院整理）

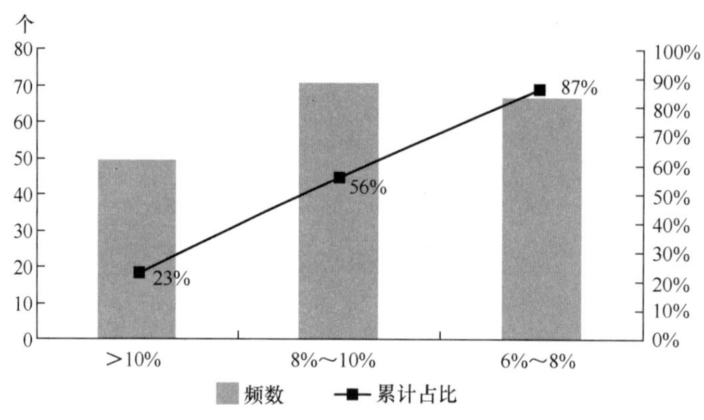

图 4　我国县（市）工业增加值增速

（数据来源：国家统计局、各省统计局、各地级市统计局，中国信息通信研究院整理）

二、2018 年县域工业竞争力评价

（一）2018 年县域工业竞争力评价

党的十九大报告指出，我国经济已由高速增长阶段转向高质量发展阶段，正处在转变发展方式、优化经济结构、转换增长动力的攻关期。未来一段时间，质量变革、效率变革、动力变革也将贯穿县域工业发展进程。

依据 2018 年中国县域工业竞争力评价体系，采取专家打分法（Delphi 法）

确定各级指标权重，测算得出我国2018年工业百强县（市）竞争力指数及其排名情况（见表1）。第一名是江苏省无锡市江阴市，竞争力指数为0.9126；第100名是湖北省黄石市大冶市，竞争力指数为0.3529。

表1　2018年工业百强县（市）竞争力指数及排名

排名	地区	地级市	县（市）	竞争力指数
1	江苏	无锡市	江阴市	0.9126
2	江苏	苏州市	昆山市	0.863
3	江苏	苏州市	张家港市	0.8359
4	江苏	苏州市	常熟市	0.7903
5	福建	泉州市	晋江市	0.7105
6	浙江	宁波市	慈溪市	0.6815
7	江苏	苏州市	太仓市	0.6209
8	山东	烟台市	龙口市	0.6184
9	湖南	长沙市	宁乡市	0.6135
10	江苏	无锡市	宜兴市	0.6066
11	江苏	南通市	海门市	0.589
12	江苏	镇江市	丹阳市	0.5843
13	湖南	长沙市	浏阳市	0.5832
14	内蒙古	鄂尔多斯市	准格尔旗	0.5812
15	浙江	绍兴市	诸暨市	0.5794
16	江苏	泰州市	泰兴市	0.5542
17	浙江	宁波市	余姚市	0.5527
18	山东	青岛市	胶州市	0.5516
19	湖南	长沙市	长沙县	0.5473
20	河北	唐山市	迁安市	0.5409
21	陕西	榆林市	神木市	0.5269
22	山东	威海市	荣成市	0.5247
23	福建	泉州市	南安市	0.4975
24	浙江	温州市	乐清市	0.4936
25	山东	东营市	广饶县	0.4883
26	江苏	南通市	海安县	0.4848
27	江苏	南通市	启东市	0.4836
28	山东	潍坊市	诸城市	0.4835
29	江苏	泰州市	靖江市	0.4814
30	江苏	徐州市	邳州市	0.4759

续表

排名	地区	地级市	县（市）	竞争力指数
31	山东	青岛市	平度市	0.4678
32	江苏	南通市	如皋市	0.4673
33	河南	郑州市	新郑市	0.4652
34	江苏	镇江市	扬中市	0.4636
35	浙江	嘉兴市	海宁市	0.4587
36	江苏	常州市	溧阳市	0.4582
37	内蒙古	鄂尔多斯市	伊金霍洛旗	0.4569
38	山东	烟台市	莱州市	0.4538
39	贵州	遵义市	仁怀市	0.4514
40	河南	郑州市	巩义市	0.4488
41	河南	郑州市	荥阳市	0.4481
42	福建	福州市	福清市	0.4473
43	江苏	南通市	如东县	0.4471
44	浙江	金华市	义乌市	0.4401
45	山东	滨州市	邹平县	0.4392
46	河南	许昌市	长葛市	0.4377
47	浙江	嘉兴市	桐乡市	0.4362
48	福建	泉州市	石狮市	0.4347
49	山东	潍坊市	寿光市	0.4277
50	湖北	宜昌市	宜都市	0.4274
51	内蒙古	鄂尔多斯市	乌审旗	0.4256
52	江苏	泰州市	兴化市	0.421
53	江苏	扬州市	仪征市	0.4206
54	江苏	宿迁市	沭阳县	0.4201
55	山东	潍坊市	高密市	0.42
56	山东	枣庄市	滕州市	0.4166
57	河南	郑州市	登封市	0.4155
58	山东	烟台市	蓬莱市	0.4144
59	浙江	湖州市	长兴县	0.413
60	宁夏	银川市	灵武市	0.4128
61	浙江	嘉兴市	平湖市	0.4085
62	山东	潍坊市	青州市	0.4082
63	福建	泉州市	惠安县	0.4074
64	浙江	嘉兴市	海盐县	0.4063

续表

排名	地区	地级市	县（市）	竞争力指数
65	浙江	温州市	瑞安市	0.4059
66	江西	南昌市	南昌县	0.4038
67	广东	惠州市	博罗县	0.403
68	江苏	徐州市	沛县	0.403
69	内蒙古	鄂尔多斯市	鄂托克旗	0.4017
70	江苏	盐城市	东台市	0.4009
71	浙江	金华市	永康市	0.3997
72	河南	郑州市	新密市	0.3996
73	山东	济宁市	邹城市	0.3983
74	浙江	湖州市	德清县	0.3981
75	福建	漳州市	龙海市	0.3941
76	江苏	徐州市	新沂市	0.3937
77	山东	泰安市	新泰市	0.3929
78	内蒙古	鄂尔多斯市	达拉特旗	0.3923
79	浙江	台州市	温岭市	0.3895
80	山东	烟台市	招远市	0.389
81	山东	聊城市	茌平县	0.3884
82	广东	揭阳市	普宁市	0.3882
83	河南	三门峡市	灵宝市	0.3823
84	湖北	省直管	仙桃市	0.3793
85	浙江	嘉兴市	嘉善县	0.3756
86	河南	许昌市	禹州市	0.3753
87	河南	濮阳市	濮阳县	0.3725
88	湖北	宜昌市	当阳市	0.3691
89	安徽	合肥市	肥西县	0.367
90	山东	泰安市	肥城市	0.367
91	浙江	绍兴市	新昌县	0.3663
92	浙江	宁波市	宁海县	0.3654
93	山东	淄博市	桓台县	0.3645
94	江苏	镇江市	句容市	0.3635
95	山东	青岛市	莱西市	0.3626
96	广东	惠州市	惠东县	0.3584
97	新疆	巴音郭楞蒙古自治州	库尔勒市	0.3574
98	安徽	合肥市	肥东县	0.3571
99	河南	焦作市	沁阳市	0.3537
100	湖北	黄石市	大冶市	0.3529

（二）2018年工业百强县（市）分布情况

2018年工业百强县（市）分布于16个省（区、市）（如图5所示）。东、中部省份继续保持明显优势，入围县（市）数量分别为71和20个。苏、鲁、浙等经济大省继续领跑，江苏省24个，占全省县（市）数量的比重高达58%，山东省、浙江省分别为20个、17个，占全省县（市）数量的比重均在25%以上；河南省10个，福建省6个，湖北省4个，湖南省、广东省各3个，安徽省2个，河北省、江西省各1个。西部省份入围9个，其中内蒙古5个，陕西省、贵州省、宁夏、新疆各1个。山西省、黑龙江省、吉林省、辽宁省、四川省、广西、云南省、青海省、甘肃省、海南省、西藏10个省（自治区）则无县（市）入围。除了山西省、海南省，未入围者均属于西部和东北地区。

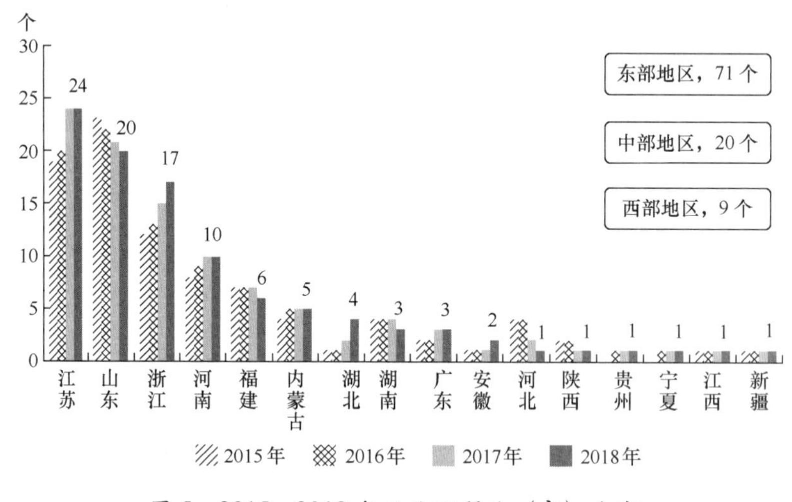

图5　2015—2018年工业百强县（市）分布

（数据来源：中国信息通信研究院）

2018年工业十强县（市）依次是江阴市、昆山市、张家港市、常熟市、晋江市、慈溪市、太仓市、龙口市、宁乡市和宜兴市。其中，江苏省占据了10强中的前4名和第7名、第10名，福建省晋江市、浙江省慈溪市、山东省龙口市和湖南省宁乡市分别位居第5、第6、第8和第9名。前20名中，江苏省、山东省、浙江省、福建省四省包揽了15个，湖南省上榜3个，内蒙古、河北省各有一个。广东省、宁夏、江西省、安徽省、新疆等地百强县（市）排名相对靠后，均在50名以后。具体情况见表2。

表 2　　2018 年工业百强县（市）各省位次分布[23]

省	1～10 名	11～20 名	21～30 名	31～40 名	41～50 名	51～60 名	61～70 名	71～80 名	81～90 名	91～100 名	合计	前 30 名占比	前 50 名占比
江苏	6	3	4	3	1	3	2	1		1	24	43%	28%
山东	1	1	3	2	2	3	1	3	1	3	20	17%	22%
浙江	1	2	1	1	2	1	3	3	1	2	17	13%	14%
河南				2	2	1		1	3	1	10	0%	10%
福建	1		1		2		1	1			6	7%	6%
内蒙古		1		1		1	1	1			5	3%	6%
湖北					1				2		3		2%
湖南	1	2									3	10%	4%
广东							1		1	1	3		
河北		1									1	3%	2%
陕西			1								1	3%	2%
贵州				1							1		2%
宁夏						1					1		2%
江西							1				1		
安徽									1	1	2		
新疆										1	1		

数据来源：中国信息通信研究院。

备注："前 30 名占比"指的是百强县（市）前 30 名中该省百强县（市）的数量占比。

（三）2018 年工业百强县（市）动态变化

1. 苏、浙、鲁、闽排名上升较快，沿海县（市）竞争力持续提升

从各省来看，苏、浙、鲁、闽百强县（市）竞争力进一步提升。2018 年排名上升的县（市）有 55 个。其中江苏省、浙江省、山东省、福建省合计占 39 个，特别是江苏省，苏南县域工业先发优势突出，入选百强的 10 个县（市）排名总体稳定或有所上升；苏中、苏南县域工业追赶步伐加快，入选百强的 14 个县（市）排名持续上升或总体处于上升通道。从县（市）来看，排名上升超过 15 位的有 10 个（见表 3），除了灵宝市，均位于东部沿海地区，基本呈现工业经济稳中向好、投资快速增长、效益状况良好或创新活跃高度的特征。与此同时，2018 年排名较 2017 年下降的有 34 个县（市），其中排名下降超过 15 位的县（市）有 7 个，主要是受工业企业退规、盈利水平下降或投资大幅下滑等的影响。

[23] 深色表示该省工业百强县（市）第一名的排名区间。

表 3　　2018 年排名上升超过 15 名的县（市）

2018 年排名	板块	地区	地级市	县（市）	两年排名变化	四年排名变化
23	东部地区	福建	泉州市	南安市	↑16	总体上升
52	东部地区	江苏	泰州市	兴化市	↑19	持续上升
55	东部地区	山东	潍坊市	高密市	↑17	持续上升
62	东部地区	山东	潍坊市	青州市	↑16	持续上升
67	东部地区	广东	惠州市	博罗县	↑24	持续上升
74	东部地区	浙江	湖州市	德清县	↑19	持续上升
75	东部地区	福建	漳州市	龙海市	↑24	波动
76	东部地区	江苏	徐州市	新沂市	↑20	持续上升
83	中部地区	河南	三门峡市	灵宝市	↑15	波动
85	东部地区	浙江	嘉兴市	嘉善县	↑15	持续上升

数据来源：中国信息通信研究院。

2. 二十强工业竞争优势突出，强者愈强趋势明显

2018 年工业竞争力前 20 名的县（市）近四年排名普遍保持稳定或持续上升（见表 4）。**从前 10 名来看，**江阴市、昆山市、张家港市和常熟市受益于工业基础好、质量佳、活力强、后劲足，已经连续四年位居前四名，排名变化不超过 1 位。晋江市加快新动能培育，高新技术产业全面布局；龙口市在促进供需平衡中稳定经济增长，同时发挥投资的关键作用，扩大先进产业、节能环保等领域的有效投资，这两个市的排名分别保持在第 5 名、第 8 名左右，宜兴市的排名也基本稳定在第 10 名左右。宁乡市撤县设市，空间格局和发展动力大大提升，深入打造长沙西线工业走廊，工业竞争力从 2015 年的第 20 名逐年提升至 2018 年的第 9 名。**从第 10 名至第 20 名来看，**海门市、丹阳市工业运行稳定、经济活力继续增强，排名分别从 2017 年的第 13 名和第 15 名上升至 2018 年的第 11 名和第 12 名；诸暨市、泰兴市、余姚市和迁安市排名大幅上升，分别从 2017 年的第 19 名、第 23 名、第 22 名和第 26 名上升至 2018 年的第 15 名、第 16 名、第 17 名和第 20 名。其中，诸暨市企业主体地位突出，高新技术产业投资、民间投资保持两位数增长，有力带动工业竞争力提升；泰兴市规模企业不断做大做强，工业产值、利润、投资均保持约 20%的增长；余姚市的传统产业高端化持续显现，新兴经济比重已超过 40%，创新投入及成果转化优势突出，每万人发明授权数已超过 20 件；迁安市提速与转型并重，耗钢类装备制造业增加值年均增速超过 30%。此外，浏阳市、荣成市排名基本稳定。

表 4　2018 年工业竞争力前 20 名县（市）

2018 年排名	板块	地区	地级市	县（市）	两年排名变化	四年排名变化
1	东部地区	江苏	无锡市	江阴市	—	总体稳定
2	东部地区	江苏	苏州市	昆山市	—	总体稳定
3	东部地区	江苏	苏州市	张家港市	—	总体稳定
4	东部地区	江苏	苏州市	常熟市	—	总体稳定
5	东部地区	福建	泉州市	晋江市	↑1	总体稳定
6	东部地区	浙江	宁波市	慈溪市	↓1	总体上升
7	东部地区	江苏	苏州市	太仓市	—	总体上升
8	东部地区	山东	烟台市	龙口市	↑1	总体稳定
9	中部地区	湖南	长沙市	宁乡市	↑1	持续上升
10	东部地区	江苏	无锡市	宜兴市	↓2	总体稳定
11	东部地区	江苏	南通市	海门市	↑2	持续上升
12	东部地区	江苏	镇江市	丹阳市	↑3	持续上升
13	中部地区	湖南	长沙市	浏阳市	↓1	总体稳定
14	西部地区	内蒙古	鄂尔多斯市	准格尔旗	↓3	总体下滑
15	东部地区	浙江	绍兴市	诸暨市	↑4	总体上升
16	东部地区	江苏	泰州市	泰兴市	↑7	持续上升
17	东部地区	浙江	宁波市	余姚市	↑5	持续上升
18	东部地区	山东	青岛市	胶州市	—	持续上升
19	中部地区	湖南	长沙市	长沙县	↓5	波动
20	东部地区	河北	唐山市	迁安市	↑6	总体下滑

数据来源：中国信息通信研究院。

三、2018 年中国工业百强县（市）发展特点

（一）经济韧性总体较强，规模速度与质量效率并重

经济总量再上新台阶，增速多数跑赢全国均值。2018 年工业百强县（市）GDP 合计达到 82 030 亿元，较上年增加 4278 亿元（如图 6 所示）。其中，昆山市、江阴市超过 3000 亿元，张家港市、常熟市超过 2000 亿元。86%的百强县（市）GDP 增速高于全国均值，12%的百强县（市）保持两位数的增长速度。**工业规模继续壮大，工业经济韧性总体较强。**2018 年工业经济百强县（市）工业增加值合计达到 40 301 亿元，较上年增加 1217 亿元。其中，昆山市、江阴市、张家港市、

常熟市和晋江市 5 个县（市）的工业增加值均超过 1000 亿元，合计占百强县（市）工业增加值的 15.6%。百强县（市）顶住工业经济下行压力，保持了较高水平的增长，88%的百强县（市）工业增加值增速高于全国均值，20%的百强县（市）保持了两位数的增长速度。**规模速度贡献下调，质量效率作用进一步显现**。从四年数据来看，百强县（市）GDP、工业增加值和工业投资额占全国比重均有所下降，最新数据分别为 11.0%、16.3%和 12.6%（如图 7 所示）。一方面，由于撤县设区加快，原工业规模较大的县（市）退出百强，而新进百强规模类指标相对较小；另一方面，县域工业发展也更加注重质量变革、效率变革和动力变革，不再单独追求规模和速度，竞争力加快提升的县（市）往往具有更突出的新动能、更好的经济效益以及更高的绿色发展和两化融合水平。

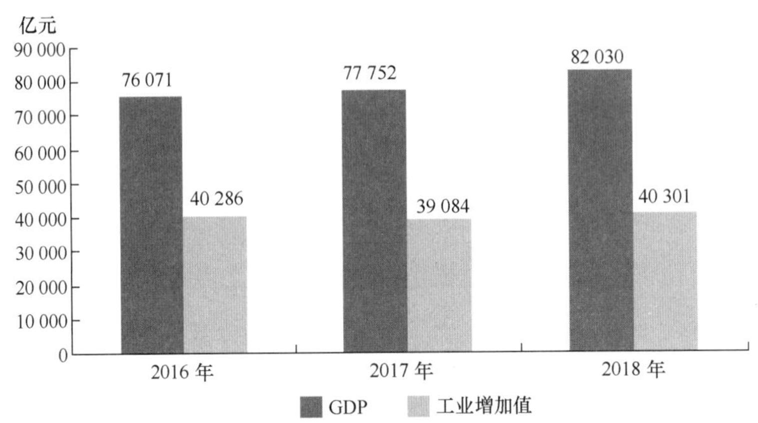

图 6　2016—2018 年工业百强县（市）GDP 总量、工业增加值总量

（数据来源：中国信息通信研究院）

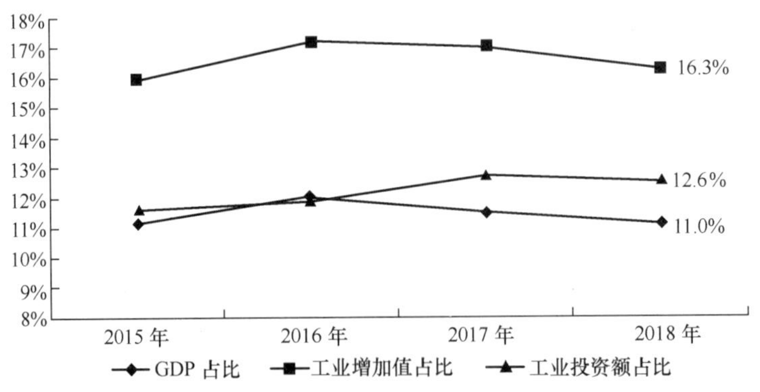

图 7　2015—2018 年工业百强县（市）GDP、工业增加值和工业投资额占全国比重

（数据来源：中国信息通信研究院）

（二）结构调整加快推进，新兴产业经济贡献快速提高

工业占比有所下降，三次产业结构趋于合理。2018 年工业百强县（市）工业增加值占 GDP 的比重为 49%，较上年进一步下降 1.2 个百分点。这是由于一方面第二产业比重较大的即墨、长乐撤县设区退出百强县（市）。另一方面，约 8 成百强县（市）已进入工业化后期，工业占 GDP 比重趋于稳定或略有下降。**战略新兴产业快速发展，支撑作用有所提升。**我国工业经济结构持续优化，高技术产业、战略新兴产业增长快于规模以上工业增速，当前我国高技术产业和战略新兴产业占规模以上工业增加值的比重已分别达到 13%和 33%左右。百强县（市）走在转型升级和结构优化前列，江阴市、昆山市、张家港市、常熟市新兴产业产值占工业总产值的比重均已超过 40%，拉动作用显著，对工业高质量发展形成有力支撑，转型升级较早的县（市）抵御经济风险能力普遍较强。

（三）企业资源较为丰富，东部民营经济高度发达

苏、浙、闽民营企业发达，县均工业企业数超过 600 户[24]。2018 年工业百强县（市）规模以上工业企业数合计达到 5.5 万户，约占全国规模以上工业企业数的 14.5%。其中规模以上工业企业数超过 1000 户的县（市）有 13 个（如表 5 和图 8 所示），全部位于浙江、江苏和福建沿海发达省份。百强县（市）中，江苏、浙江、山东三省规模以上工业企业数最多，分别达到 1.8 万户、1.4 万户和 0.8 万户；浙江、江苏、福建三省企业民营经济发达，企业资源丰富，县均规模以上工业企业数分别达到 841 户、759 户和 641 户。内蒙古、贵州、新疆百强县（市）主导产业以煤炭、石化、钢铁等重型行业为主，规模以上工业企业数基本在 100 户以下。**新增企业不断增加，县域微观活力持续增强。**随着“大众创业、万众创新”深入推动和产业转型升级不断推进，县域微观主体日益活跃。如湖南省长沙市近三年新增规模以上工业企业主要分布在县域，县域新增规模以上工业企业占全部新增的比重高达 68.6%；福建省晋江市 2017 年新增规模以上工业企业数达 165 家，占泉州市全部新增的比重达 51.1%，占整个福建省的比重达 13.3%。**东部县（市）上市企业众多，先进制造企业占五成。**百强县（市）中共有 60 个县（市）拥有 223 家工业上市企业（如图 9 所示），东部地区县（市）

[24] 县均指的是工业百强县（市）平均规模以上工业企业数。

数量占比高达 92%。东部地区百强县（市）上市企业中，电气机械、专用、计算机、通用、汽车等装备制造企业数量占比最大，合计占百强县（市）上市企业数量的 47.5%，占东部百强县（市）上市企业数量的 49.3%，成为先进制造业发展的活跃力量。从县（市）上市企业数量来看（见表 6），江阴市、张家港市、诸暨市上市企业数量最多，分别达到 25、12 和 10 家。

表 5　规模以上工业企业数超过 1000 户的县（市）

省	地级市	县（市）	2018 年排名
江苏	苏州市	昆山市	2
福建	泉州市	晋江市	5
浙江	宁波市	慈溪市	6
江苏	无锡市	江阴市	1
江苏	苏州市	常熟市	4
浙江	宁波市	余姚市	17
浙江	嘉兴市	桐乡市	47
浙江	绍兴市	诸暨市	15
浙江	温州市	乐清市	24
浙江	嘉兴市	海宁市	35
江苏	苏州市	张家港市	3
浙江	温州市	瑞安市	65
江苏	苏州市	太仓市	7

数据来源：中国信息通信研究院。

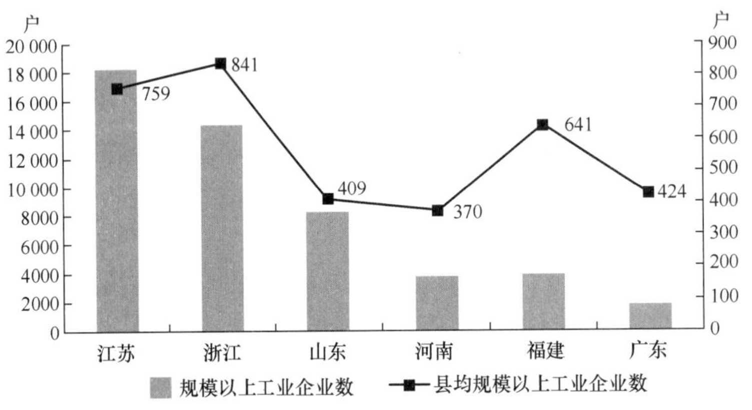

图 8　2018 年部分省份百强县（市）规模以上工业企业情况

（数据来源：中国信息通信研究院）

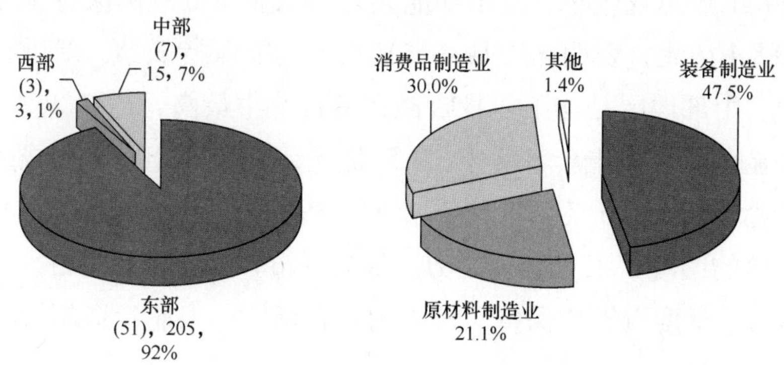

图 9　2018 年工业百强县（市）上市公司板块分布和行业分布（数据来源：Wind 数据库）

表 6　2018 年工业百强县（市）工业上市企业数

工业上市企业数（户）	县（市）
25	江阴市
12	张家港市
10	诸暨市
9	常熟市
8	昆山市、新昌县
7	海宁市、龙口市、桐乡市
6	乐清市、温岭市
5	德清县、晋江市、宜兴市
4	慈溪市、浏阳市、宁海县、如皋市、寿光市、太仓市、义乌市、余姚市

数据来源：中国信息通信研究院。

（四）投资动能有所减弱，县域仍是工业投资重地

工业投资增长放缓，县域投资重要阵地的地位并未动摇。2018 年工业百强县（市）县均工业固定资产投资额合计 28 692 亿元，比上年增长 707.9 亿元，增长有所放缓，2017 年、2018 年连续两年在榜的 95 个县（市）工业固定资产投资额合计同比增长已低于 6%。百强县（市）工业投资占全国工业投资的比重约为 12.6%，较上年下降了 0.2 个百分点，仍是全国工业投资的重要阵地。**四大板块工业投资趋势有所分化，东部强县（市）投资加快。**从近三年四大板块来看（如图 10 和图 11 所示），东部地区百强县（市）数量持续增加，虽然

新进县（市）工业总量较小，但东部地区县均工业投资额仍保持了逐年增长势头，达到 288.4 亿元，表明先进县（市）投资动能保持强劲、新进县（市）投资加快发力。中部地区县均工业投资额在各板块中最高，达到 303.9 亿元，投资驱动特征显著，但较上年下降了 11.5 亿元，投资动能已明显减弱。西部地区县均工业投资额 237.5 亿元，较上年下降 39.6 亿元，多数县（市）陷入新旧动能青黄不接的困境，工业增长乏力。从县（市）来看，江阴市、宁乡市、浏阳市、胶州市、平度市等均保持了较强的投资活力，工业投资额均在 500 亿元以上。

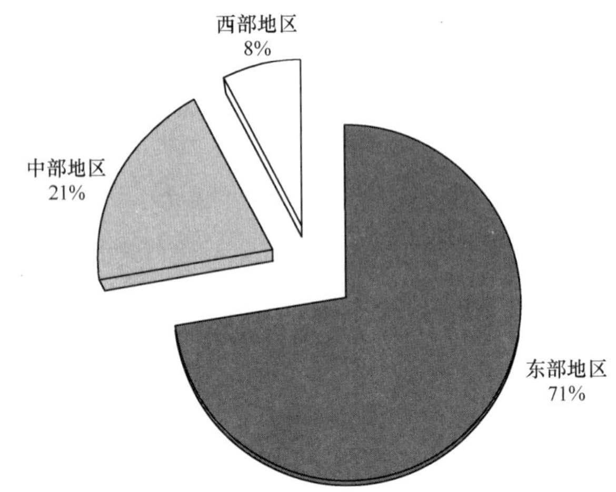

图 10　2018 年百强县（市）四大板块工业投资比重

（数据来源：中国信息通信研究院）

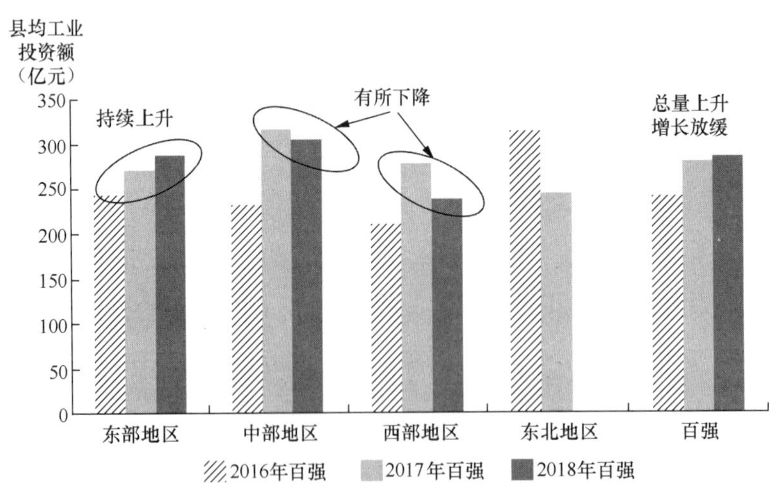

图 11　2018 年工业百强县（市）四大板块工业投资趋势（数据来源：中国信息通信研究院）

（五）创新资源不够均衡，苏、浙发达县（市）遥遥领先

创新投入与成果日益增多，总体占据县域创新高地。2018 年工业百强县（市）规模以上工业企业研发经费内部支出合计 1507.9 亿元，占全国规模以上工业企业研发经费的 13.8%，发明专利授权累计达到 132.4 万件，县均每万人发明专利数达到 7.3 件。**创新资源不均衡，地区间创新实力悬殊。**与市辖区相比，县（市）创新投入相对偏弱，创新资源不均衡的问题更加突出。2018 年工业百强县（市）中，县均研发经费支出最高的江苏省比最低的陕西省高 30 倍（如图 12 所示）；发明专利授权累计超过 1 万件的 37 个县（市）中，除了晋江市和南安市属于福建省外，其他 35 个县（市）均位于江苏省和浙江省，合计达到 108.6224 万件，占百强发明专利授权累计数的 82%；每万人发明专利数超过 10 件的 23 个县（市）中，除了荣成市和桓台县属于山东省外，其他均位于江苏省和浙江省。**创新驱动成效显现，部分县（市）工业活力持续增强。**创新投入大、创新成果转换多的县（市）内生动力强，更易培育新动能，更能有效缓解经济下行压力和各类风险，余姚市、扬中市、长兴县、德清县等受益于创新活力强，工业竞争力持续提升（见表 7）。

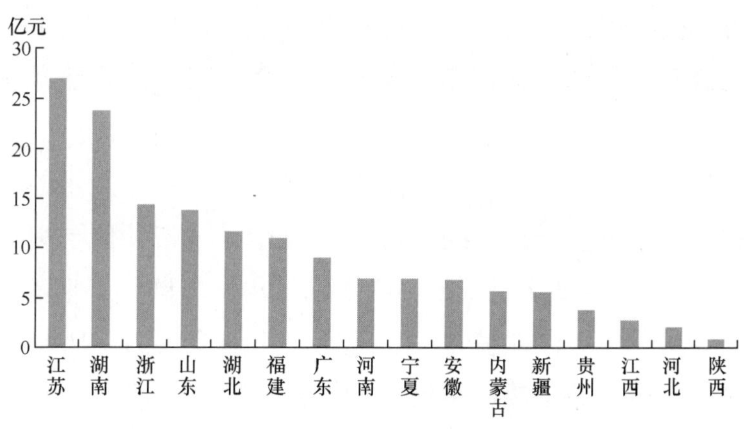

图 12　2018 年工业百强县（市）按省份的县均研发经费支出

（数据来源：中国信息通信研究院）

表 7　　每万人发明专利数超过 20 件的县（市）

地区	地级市	县（市）	每万人发明专利数（件）	2018 年排名	四年排名变化
江苏	苏州市	昆山市	44.3754	2	总体稳定
江苏	苏州市	太仓市	37.8652	7	总体上升
浙江	湖州市	德清县	35.4831	74	持续上升
浙江	湖州市	长兴县	29.5225	59	持续上升
江苏	苏州市	张家港市	28.7933	3	总体稳定
江苏	镇江市	扬中市	26.4448	34	持续上升
江苏	苏州市	常熟市	23.6282	4	总体稳定
浙江	绍兴市	新昌县	23.4052	91	持续上升
浙江	宁波市	余姚市	22.4474	17	持续上升
江苏	镇江市	句容市	20.1023	94	持续上升

数据来源：中国信息通信研究院。

（六）东多西少南强北弱，区域发展不平衡矛盾有所深化

东部地区工业大县最多，中西部相对缺乏。工业增加值超过 500 亿元的 18 个县（市）中有 12 个位于东部省份（如图 13 所示），中部地区有浏阳市、长沙县、宁乡市和新郑市，西部地区仅有准格尔旗和神木市；工业增加值超过 1000 亿元的江阴市、昆山市、张家港市、常熟市和晋江市 5 个县（市）全部位于东部省份。**长江经济带和珠三角城市群县域工业活力较强，南部竞争力总体好于北部。**2018 年工业百强县（市）中有 37 个位于长江经济带上（见表 8），其中 33 个县（市）工业竞争力总体稳定或呈上升态势，2018 年新进的新昌县、宁海县、肥东县和大冶市也位于长江经济带上；11 个县（市）位于中原经济圈，工业竞争力排名涨跌互现；2 个县（市）位于珠三角城市群，工业竞争力均持续上升；唐山市迁安市位于京津冀城市群，近四年工业竞争力有所波动。**区域发展不平衡矛盾深化，强者愈强格局可能持续。**由于发展动能分化，发达地区工业强县（市）的工业发展已步入创新驱动快车道，欠发达地区的县（市）仍以投资驱动和要素驱动为主，新旧动能接续乏力，未来与发达县（市）之间的差距可能进一步拉大。

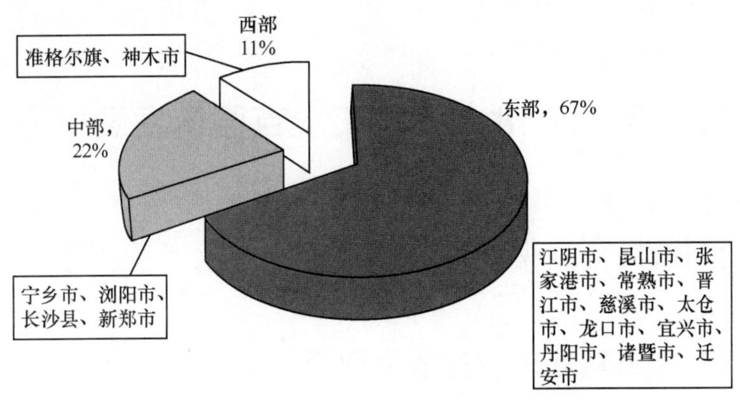

图 13　工业增加值超过 500 亿元的 18 个县（市）板块分布

（数据来源：中国信息通信研究院）

表 8　2018 年各经济带/城市群百强县（市）分布

经济带/城市群	个数	县市
长江经济带	37	江阴市、昆山市、张家港市、常熟市、慈溪市、太仓市、宜兴市、海门市、丹阳市、诸暨市、泰兴市、余姚市、海安县、启东市、靖江市、如皋市、扬中市、海宁市、溧阳市、如东县、桐乡市、宜都市、兴化市、仪征市、长兴县、平湖市、海盐县、南昌县、德清县、嘉善县、当阳市、肥西县、新昌县、宁海县、句容市、肥东县、大冶市
中原经济圈	11	新郑市、巩义市、荥阳市、长葛市、登封市、新密市、茌平县、灵宝市、禹州市、濮阳县、沁阳市
珠三角城市群	3	博罗县、汕尾市、惠东县
京津冀城市群	1	迁安市

数据来源：中国信息通信研究院。

（作者：中国信息通信研究院　张洁）

第二章 2018 年中国工业百强区发展报告

一、2018 年市辖区工业竞争力评价

（一）2018 年市辖区工业竞争力评价

工业百强区评价以除北京、天津、上海和重庆四个直辖市之外的市辖区为评价对象。结合市辖区特征，参考 2018 年中国县域工业竞争力评价体系，测算得出我国 2018 年工业百强区竞争力指数及其排名情况（见表 9）。排名第一的是广东省深圳市龙岗区，竞争力指数为 0.8756；第 100 名是福建省厦门市翔安区，竞争力指数为 0.3083。

表 9　2018 年工业百强区竞争力指数及排名

排名	地区	地级市	区	竞争力指数
1	广东	深圳市	龙岗区	0.8756
2	广东	广州市	黄埔区	0.8117
3	广东	深圳市	南山区	0.7921
4	广东	佛山市	顺德区	0.7816
5	广东	佛山市	南海区	0.7385
6	广东	深圳市	宝安区	0.7113
7	山东	青岛市	黄岛区	0.6865
8	江苏	常州市	武进区	0.6743
9	江苏	南京市	江宁区	0.6426
10	浙江	杭州市	萧山区	0.5519
11	广东	佛山市	三水区	0.5341
12	江苏	常州市	新北区	0.5325
13	江苏	无锡市	新吴区	0.5253
14	浙江	宁波市	北仑区	0.5245
15	江苏	苏州市	吴江区	0.5095
16	辽宁	大连市	金普新区	0.5012
17	江苏	徐州市	铜山区	0.4934
18	广东	佛山市	高明区	0.4886

续表

排名	地区	地级市	区	竞争力指数
19	湖南	长沙市	雨花区	0.4797
20	山东	青岛市	即墨区	0.4704
21	四川	成都市	龙泉驿区	0.4693
22	江苏	南京市	浦口区	0.4674
23	广东	广州市	南沙区	0.4666
24	广东	广州市	天河区	0.4635
25	浙江	宁波市	镇海区	0.4629
26	广东	广州市	番禺区	0.459
27	浙江	宁波市	鄞州区	0.4581
28	广东	佛山市	禅城区	0.4522
29	浙江	绍兴市	柯桥区	0.4445
30	江苏	苏州市	高新（虎丘）区	0.4444
31	广东	珠海市	香洲区	0.4379
32	山东	青岛市	城阳区	0.4300
33	山东	淄博市	临淄区	0.4284
34	江苏	扬州市	江都区	0.4277
35	江苏	南通市	通州区	0.4244
36	江苏	无锡市	锡山区	0.4206
37	江苏	苏州市	吴中区	0.4148
38	广东	广州市	花都区	0.4114
39	江苏	南京市	溧水区	0.4094
40	江苏	无锡市	惠山区	0.4082
41	江苏	无锡市	滨湖区	0.4030
42	广东	深圳市	福田区	0.4012
43	浙江	杭州市	余杭区	0.3948
44	湖南	长沙市	岳麓区	0.3823
45	浙江	绍兴市	上虞区	0.3798
46	山东	济南市	章丘区	0.3795
47	浙江	杭州市	高新（滨江）区	0.3751
48	江苏	南京市	栖霞区	0.3734
49	四川	成都市	双流区	0.3697
50	江苏	南京市	六合区	0.3679
51	江苏	泰州市	高港区	0.3675

续表

排名	地区	地级市	区	竞争力指数
52	湖南	常德市	武陵区	0.3669
53	江苏	常州市	金坛区	0.3664
54	广西	南宁市	西乡塘区	0.3588
55	山东	淄博市	张店区	0.3581
56	湖北	武汉市	汉阳区	0.3566
57	湖北	武汉市	江夏区	0.3563
58	江西	南昌市	青山湖区	0.3558
59	山东	淄博市	淄川区	0.3548
60	江苏	南京市	高淳区	0.3529
61	广东	广州市	白云区	0.3523
62	内蒙古	鄂尔多斯市	东胜区	0.3515
63	陕西	咸阳市	秦都区	0.3457
64	江苏	扬州市	邗江区	0.3452
65	福建	龙岩市	新罗区	0.3444
66	山东	威海市	文登区	0.3443
67	福建	福州市	长乐区	0.344
68	湖北	武汉市	东西湖区	0.3431
69	江苏	泰州市	姜堰区	0.3427
70	湖南	长沙市	望城区	0.3424
71	河北	石家庄市	藁城区	0.3417
72	福建	莆田市	涵江区	0.3392
73	四川	成都市	新都区	0.3391
74	陕西	西安市	长安区	0.3389
75	福建	厦门市	海沧区	0.3378
76	福建	泉州市	泉港区	0.3367
77	浙江	杭州市	富阳区	0.3354
78	广东	珠海市	金湾区	0.335
79	浙江	杭州市	上城区	0.333
80	内蒙古	包头市	青山区	0.3316
81	内蒙古	包头市	昆都仑区	0.3302
82	陕西	榆林市	榆阳区	0.3297
83	广西	柳州市	柳南区	0.3293
84	山东	临沂市	兰山区	0.3281

续表

排名	地区	地级市	区	竞争力指数
85	辽宁	沈阳市	铁西区	0.3272
86	四川	宜宾市	翠屏区	0.3271
87	四川	绵阳市	涪城区	0.3268
88	安徽	芜湖市	弋江区	0.321
89	山东	东营市	垦利区	0.3206
90	辽宁	沈阳市	大东区	0.3195
91	江苏	镇江市	丹徒区	0.3170
92	江苏	苏州市	相城区	0.3143
93	山东	济南市	历城区	0.3141
94	山东	青岛市	崂山区	0.3129
95	广东	广州市	增城区	0.3119
96	广东	清远市	清城区	0.3117
97	广东	江门市	蓬江区	0.3116
98	江苏	泰州市	海陵区	0.3092
99	湖南	湘潭市	岳塘区	0.3084
100	福建	厦门市	翔安区	0.3083

（二）2018 年工业百强区动态变化

1. 进退变化

从 2018 年工业百强区新进名单来看（见表 10），总计新进 11 个。新进的 11 个区中，长乐区、即墨区的新进理由为行政区划调整，即撤县设区；清城区与涵江区的进入原因为企业生产经营情况较好，工业发展质量向好；金普新区的进入原因为科技创新能力显著提高，发明授权合计超过 4 万件；泉港区、丹徒区、翔安区的进入原因为工业发展规模有所提升，人均工业增加值处于较高水平；青山区、未央区、蓬江区的进入原因为城市化进程较快，其中青山区城镇居民可支配收入超过 4 万元，未央区、海陵区、蓬江区的城镇化率均达到 90%以上。

表 10　　2018 年工业百强区新进名单

地区	地级市	县市	2018 年排名
辽宁	大连市	金普新区	16
山东	青岛市	即墨区	20
福建	福州市	长乐区	67

续表

地区	地级市	县市	2018 年排名
福建	莆田市	涵江区	72
福建	泉州市	泉港区	76
内蒙古	包头市	青山区	80
江苏	镇江市	丹徒区	91
广东	清远市	清城区	96
广东	江门市	蓬江区	97
江苏	泰州市	海陵区	98
福建	厦门市	翔安区	100

数据来源：中国信息通信研究院。

2. 分布变化

从百强区各省分布变化来看（见表 11），个数没有变化的省份为江苏、山东、浙江、陕西、广西、河北、江西，增加的省份有广东、福建、辽宁、内蒙古。从板块来看（见表 12），东部地区增加了 4 个，表明东部地区工业发展质量和工业转型升级效果可能取得了阶段性成果；东北地区增加了 1 个，说明东北振兴战略可能正在逐步发挥作用；中部地区减少了 4 个，西部地区减少了 1 个，说明中部与西部地区强区工业内生发展动力仍需提升。

表 11　　2017 年、2018 年工业百强区省份分布变化

2018 年		2017 年	
地区	个数	地区	个数
江苏	25	江苏	25
广东	20	广东	18
山东	12	浙江	10
浙江	10	山东	12
福建	6	湖南	6
湖南	5	四川	6
四川	5	湖北	5
陕西	3	福建	4
湖北	3	内蒙古	2
辽宁	3	陕西	3
内蒙古	3	安徽	2
广西	2	广西	2
安徽	1	辽宁	2

续表

2018 年		2017 年	
地区	个数	地区	个数
河北	1	江西	1
江西	1	河北	1
		云南	1

数据来源：中国信息通信研究院。

表 12　　2017 年、2018 年工业百强区板块分布变化

板块	2018 年	2017 年
东部地区	74	70
中部地区	10	14
西部地区	13	14
东北地区	3	2

数据来源：中国信息通信研究院。

3. 指标变化

从主要发展指标来看（见表 13），工业百强区总体工业增加值、企业利润、可支配收入、每万人发明专利数均呈现增长状态，说明 2018 年工业强区在发展规模、质量效益、内生动力以及人民生活等方面均好于 2017 年。主要发展指标中唯一下降的为工业投资，说明工业企业在转型升级、新产品开发等方面可能较为滞后，也可能是企业生产逐渐向海外转移，因此国内投资积极性不高。

表 13　　2017 年、2018 年工业百强区主要发展指标合计比较

指标	2017 年	2018 年
工业增加值总量（亿元）	48 928.1	50 215.73
规模以上工业企业利润总合计（亿元）	11 220.8	14 413.1
城镇居民人均可支配收入合计（元）	3 955 769.3	4 137 343
工业投资合计（亿元）	24 035.1	22 570.1
每万人发明专利合计（件）	1683.7	2068.4

数据来源：各地区统计年鉴及公报。

二、2018 年中国工业百强区发展特点

（一）百强区分布仍然以东部地区为主，江苏省、广东省稳居前两位

2018 年工业百强区分布于 15 个省（区、市）（如图 14 所示），其中江苏省

25 个、广东省 20 个，两省强区个数总和占百强区近半数。此外，山东省、浙江省、福建省入围较多，分别有 12 个、10 个和 6 个。从板块分布来看（如图 15 所示），东部强区占比为 74%、西部地区为 13%，中部地区为 10%，东北地区仅占 3%。

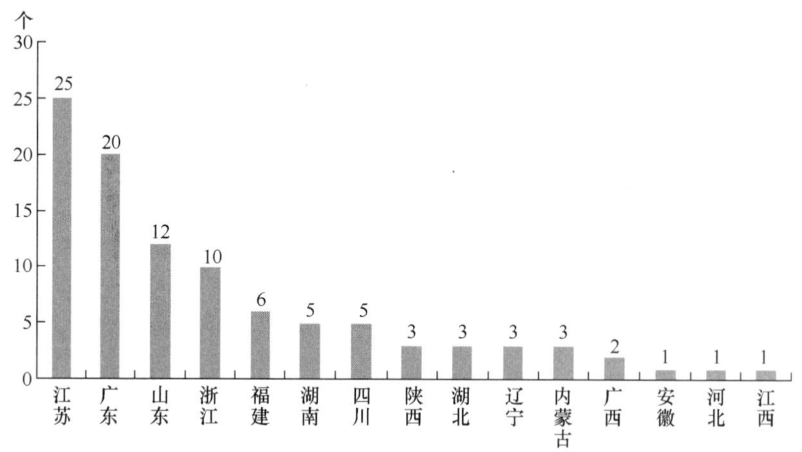

图 14　2018 年工业百强区区域分布（数据来源：中国信息通信研究院）

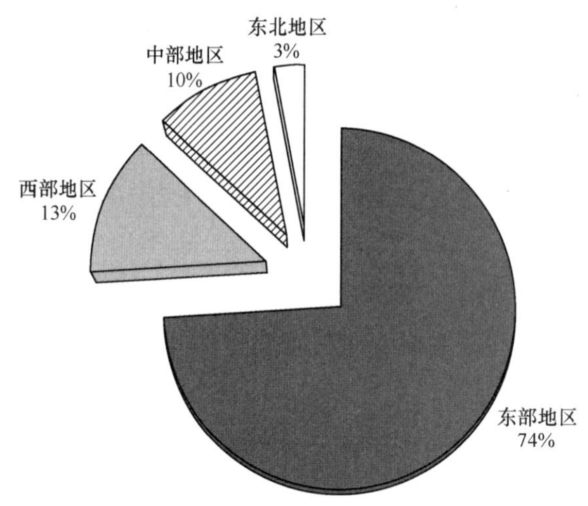

图 15　2018 年工业百强区板块分布（数据来源：中国信息通信研究院）

（二）东部地区强区工业增加值与增速实现双赢，广东省领跑千亿级增加值

从千亿级工业增加值分布地区来看（如图 16 所示），进入千亿级工业增加值梯队的有 3 个地区（共 8 个区），工业增加值总和占百强区总量的 23.2%。其

中广东省占据 6 个席位，而广东省内的深圳市占据 3 个席位、佛山市占据 2 个、广州市占据 1 个；其余两个地区为山东省与江苏省。从工业增加值增速来看（见表 14），工业增加值增速维持在 10%以上的工业强区有 12 个，主要以东部地区为主。从单个强区增速来看，排名第一的为湖北省武汉市江夏区，其次是陕西省西安市长安区，排名第三的为江苏省常州市金坛区。

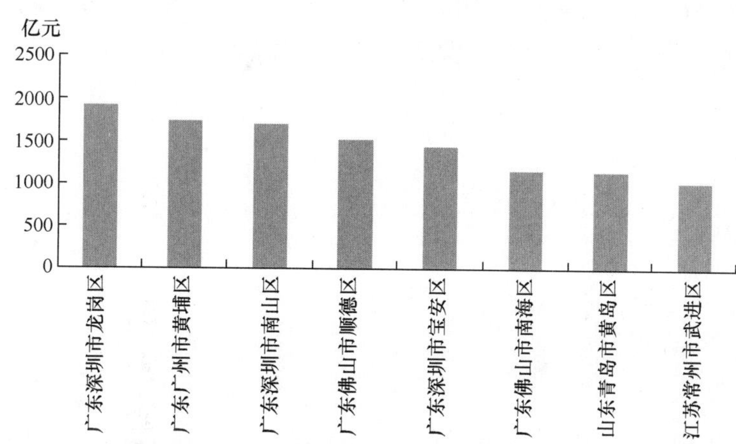

图 16　千亿级工业增加值分布（数据来源：各地区统计年鉴及公报）

表 14　2018 年工业百强区工业增加值增速排名较靠前的区

增速排名	排名	地区	地级市	县市
1	57	湖北	武汉市	江夏区
2	74	陕西	西安市	长安区
3	53	江苏	常州市	金坛区
4	14	浙江	宁波市	北仑区
5	70	湖南	长沙市	望城区
6	26	广东	广州市	番禺区
7	13	江苏	无锡市	新吴区
8	51	江苏	泰州市	高港区
9	22	江苏	南京市	浦口区
10	7	山东	青岛市	黄岛区
11	17	江苏	徐州市	铜山区
12	69	江苏	泰州市	姜堰区

数据来源：各地区统计年鉴及公报。

（三）东、西部地区工业强区发展质量效益向好，江苏省企业发展活力强劲

人均工业增加值在10万元以上的地区有10个（如图17所示），其中东部地区占据8个席位，分别为广东省、江苏省、浙江省、山东省；西部地区占据两个席位，分别是广西、四川省。从主营业务收入利润率来看（见表15），主营业务收入利润率维持在10%以上的地区有19个，其中东部地区占据12个席位，西部地区占据7个席位。从单个省份来看，江苏省占据6个席位且利润率均在11%以上。

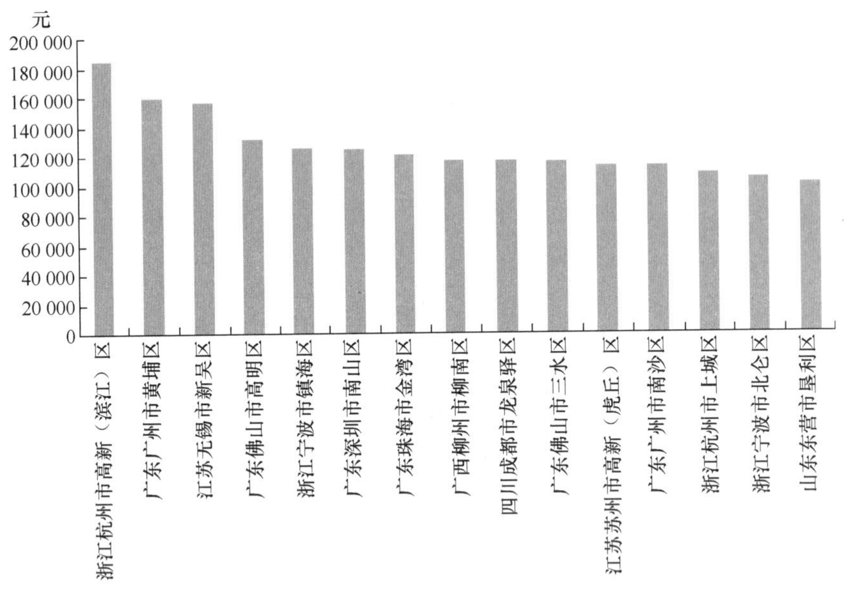

图17　10万元以上人均工业增加值的百强区分布（数据来源：各地区统计年鉴及公报）

表15　主营业务收入利润率前20名

利润率排名	排名	地区	地级市	县市
1	9	江苏	南京市	江宁区
2	39	江苏	南京市	溧水区
3	31	广东	珠海市	香洲区
4	82	陕西	榆林市	榆阳区
5	72	福建	莆田市	涵江区
6	41	江苏	无锡市	滨湖区
7	22	江苏	南京市	浦口区
8	50	江苏	南京市	六合区

续表

利润率排名	排名	地区	地级市	县市
9	60	江苏	南京市	高淳区
10	25	浙江	宁波市	镇海区
11	71	河北	石家庄市	藁城区
12	63	陕西	咸阳市	秦都区
13	76	福建	泉州市	泉港区
14	21	四川	成都市	龙泉驿区
15	62	内蒙古	鄂尔多斯市	东胜区
16	86	四川	宜宾市	翠屏区
17	74	陕西	西安市	长安区
18	54	广西	南宁市	西乡塘区
19	18	广东	佛山市	高明区
20	89	山东	东营市	垦利区

数据来源：各地区统计年鉴及公报。

（四）中、西部地区强区供给侧结构性改革效果初显，东部地区投资活跃

从劳动生产率的对比来看（见表16），劳动生产率均值在60亿元/万人以上的区有12个，其中，中部地区占据5个席位，西部地区占据5个席位，东部地区仅占据2个席位。而劳动生产率排名后10名的地区均为东部地区，这主要由当地劳动密集型产业较多所致，一定程度上也反映出中西部强区供给侧结构性改革取得了一定进展。从工业投资来看（如图18所示），工业投资在300亿元以上的百强区有25个，除湖南省长沙市望城区外，均属于东部地区，工业投资总额占全部强区工业总投资的46.4%。

表16　劳动生产率超过60亿元/万人的区

劳动生产率排名	2018竞争力排名	地区	地级市	区
1	56	湖北	武汉市	汉阳区
2	52	湖南	常德市	武陵区
3	62	内蒙古	鄂尔多斯市	东胜区
4	58	江西	南昌市	青山湖区
5	82	陕西	榆林市	榆阳区
6	76	福建	泉州市	泉港区
7	24	广东	广州市	天河区
8	88	安徽	芜湖市	弋江区

续表

劳动生产率排名	2018 竞争力排名	地区	地级市	区
9	21	四川	成都市	龙泉驿区
10	80	内蒙古	包头市	青山区
11	81	内蒙古	包头市	昆都仑区
12	68	湖北	武汉市	东西湖区

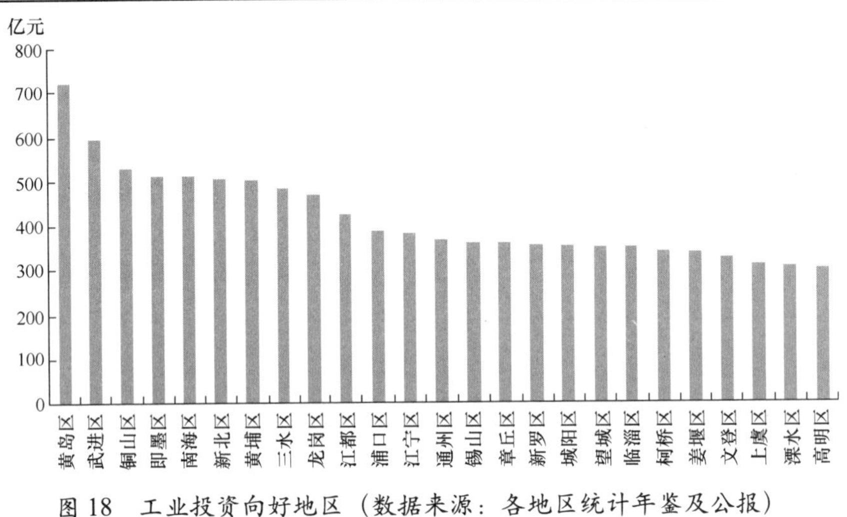

图 18　工业投资向好地区（数据来源：各地区统计年鉴及公报）

（五）四大板块百强区新动能培育态势向好，创新驱动内生动力欠佳

从每万人发明专利数较好地区来看（如图 19 所示），20 件以上的地区有 26 个，东、中、西、东北四个板块均有分布，说明各区域百强区对新动能的培育较为积极。其中，广东省深圳市南山区的新动能培育动力最足，为每万人发明专利超 300 件，排名第二位的为深圳市龙岗区，每万人发明专利超 140 件。从每万人发明专利的分布来看（如图 20 所示），每万人发明专利在 10 件及以下的地区占 74%左右，说明新动能培育距离动力常新还有一定的差距。

（六）强区人均可支配收入在 3 万元以上，江、浙、广生活质量较高

从城镇居民可支配收入分布来看（如图 21 所示），3 万～5 万元的百强区占 83%左右，其中 6 万元以上的仅有 1 个地区。从城镇居民人均可支配收入较好地区来看（如图 22 所示），可支配收入在 5 万元以上的强区均分布在东部地区的广东、浙江、江苏三地，说明三地工业强区城镇居民生活水平较高，工业经济发展比较重视人民生活改善。

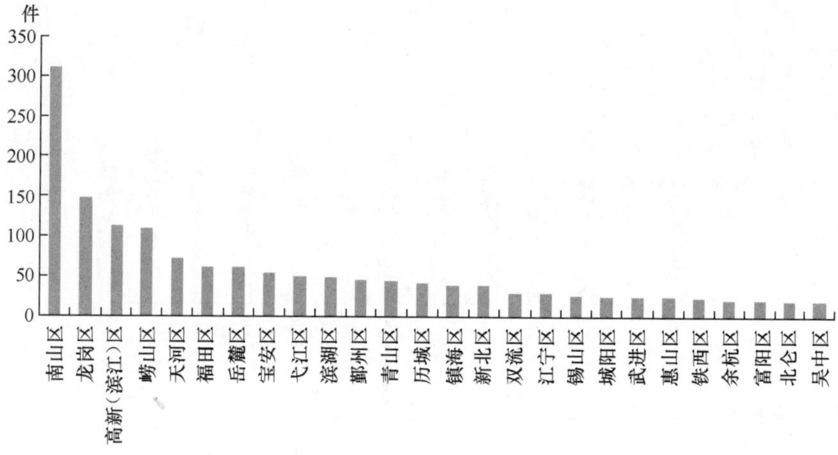

图 19　每万人发明专利数较好地区（数据来源：各地区统计年鉴及公报）

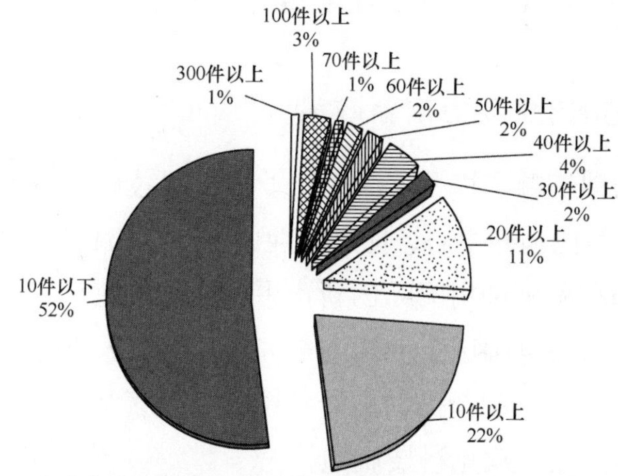

图 20　每万人发明专利数情况分布（数据来源：各地区统计年鉴及公报）

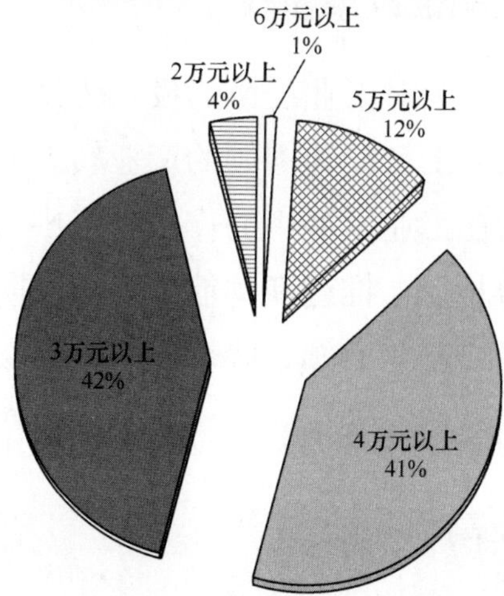

图 21　城镇居民可支配收入占比分布（数据来源：各地区统计年鉴及公报）

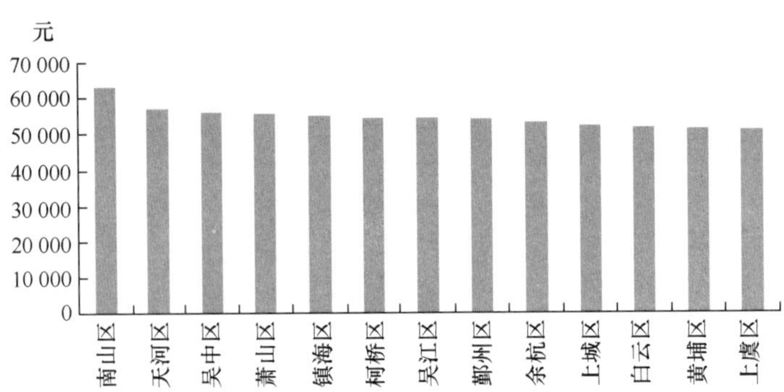

图 22　城镇居民人均可支配收入较好地区（数据来源：各地区统计年鉴及公报）

三、促进市辖区工业发展的对策建议

（一）创新保持内生动力常新政策

构建多元化的创新融资模式，激励企业提高科技研发投入。结合工业区特点，建设区域性的科技创新中心，促进企业间、企业与科研院所间的联合研发。鼓励企业主动布局和积极利用国际创新资源，努力构建合作共赢的伙伴关系，攻克关键核心技术，促进强区工业迈向中高端。充分发挥中小企业科技创新主力军的作用，为中小企业创新提供良好环境，引导其结合经济全球化、社会需求多样化、产业分工化，攻克科技瓶颈。

（二）加快供给侧结构性改革步伐

充分利用各种手段，加大对工业经济的投入力度，提升“三去一降一补”政策的实施效果。加快以人工智能为引领的产业转型升级步伐，大力发展强区工业互联网，发挥大数据在工业发展中的作用。集中力量做大做强新兴产业集群，着力培育新的经济增长点，推进新动能培育取得阶段性成果。以市场需求为基点，以国家区域发展战略为引领，瞄准国内外市场需求，引导企业积极进行发展战略调整。

（三）高度重视工业高质量发展

立足于促进强区人民生活改善，推进工业发展更上一层楼。着力解决工业环境污染防治问题，大力发展绿色工业、循环经济。加大力度促进工业发展动力转换，推动制造大区向制造强区转变，从重视发展速度向重视发展质量转变。减少低端无效供给，提高劳动密集型产业的生产效率，构建符合强区发展特点的现代化强区工业发展体系，形成优势突出、结构合理、创新驱动、区域协调、城乡一体的工业发展新格局。

（作者：中国信息通信研究院　李贺）

第三章　以实现高质量的供给体系为目标推动工业高质量发展

改革开放40年以来，我国综合实力和国际竞争力大幅提升，较为完备的产业体系和社会服务体系在一定程度上实现了自给自足，人民生活水平得到了不断提升。在这一过程中，制造业作为工业化和现代化的主导力量，做出了巨大的贡献。但随着整体生产能力和供给能力的增强，产业发展水平与消费品质提升需求、产业转型升级需求、资源环境和谐发展需求之间出现了愈发明显的偏离，物质的不断丰富与人民生活水平升级滞后、产业发展不平衡不充分并存。

在这一背景下，《2018年国务院政府工作报告》提出了高质量发展的概念，明确我国经济已由高速增长阶段转向高质量发展阶段，正是为了实现建设现代化经济体系、解决新常态下根本的矛盾和问题，也即是要解决人民日益增长的美好生活需求和不平衡不充分发展之间的矛盾。

为实现这一目标，工业责任重大。目前，我国正处在工业化发展的关键阶段，优化产业结构、转换增长动力的关键都需要工业主导完成。推动我国实现高质量发展，不断提升综合国力和竞争力，实现工业领域的高质量发展是重中之重。

一、工业高质量发展内涵理解的背景

工业的本质是资源创造。人类的社会经济活动离不开对物质资源的获取，在农业社会，人类直接从自然界中获取有用物质，但自然界中可直接被人类所用的物质很少，不能满足人类生存和发展的需要。为解决这一难题，需要把自然界中对人类没用的东西转化（即加工制造）为对人类有用的物质，这就产生了“工业”活动。工业的本质可以理解为将自然界中对人类没用的物质转变为对人类有用的物质，将有害的物质转变为有益的物质。

工业的第一使命是积累物质财富。工业化是人类创造和积累物质财富最快最多的发展阶段。一切生产活动都需要以一定的物质财富存量为条件。一国经济流量的产出能力也在很大程度上取决于财富存量的规模。现存的由人类创造的几乎所有可以长久保存的物质财富可以说都是工业创造的。工业活动创造物质财富支撑各个阶段的人类生产和生活。即使到了后工业化阶段，工业技术、工业产品和工业组织方式仍然会广泛地渗透到非工业产业，可以说，任何时候，人类生产和生活都不能离开工业产品及其所积蓄的物质财富存量。

工业的第二使命是引领技术进步。工业（特别是制造业）是技术创新最主要的产业载体。一是技术创新的主要来源。工业本身是技术创新最为活跃的领域，无论是技术创新投入，还是研发产出，工业都占据了绝大部分。二是新技术使用的直接载体。一项新技术往往首先在工业上进行应用，工业将技术转换为无数种设备，进而才能真正促进经济的发展。三是新技术传播的主要渠道。制造业通常通过提供先进材料、工具、生产设备、零部件，以及转移新技术、新知识成为向其他领域传播技术创新的基地。

从物质提供方面看，供给水平不能满足需求侧的要求。国内消费品的品质没有得到明显改善。2000 年，限上单位商品销售中，销售额占比居前五位的分别是食品类（占 19.6%）、服装类（占 15.2%）、家电类（占 12.4%）、珠宝日用品类（占 10.8%）、药品类（占 10.4%）。2017 年，限上单位商品销售中，销售额占比居前五位的分别是汽车类（占 28%）、食品类（占 14.6%）、石油及制品类（占 13.1%）、服装类（占 9.6%）、日用品类（占 7.3%）。从消费结构看，2017 年相比 2000 年的变化主要是汽车消费和居住改善消费占比上升，而服装、日用品、娱乐、家电等日常消费及改善占比下降。从消费规模增长看，受房地产、汽车、信息技术应用发展的影响，汽车、居住消费、通信器材增长迅速，成为拉动消费的主要力量，而食品、服装、日用品、娱乐、家电类消费增长缓慢，反映出我国消费还处在规模扩张阶段，而非品质提升阶段。

我国消费者对品质的追求引发海外购物的热潮。一方面，国内产品供给能力不足，表现在产品品质监管和工艺制造水平不高，以及流动环节繁杂，造成产品税赋成本较高，产品价格竞争力不强；另一方面，随着我国对外开放的力度加大，多元化的境外购物环境逐步形成。从新中国成立初期的不支持境外旅游，到 20 世纪 90 年代的适度发展境外旅游，到 2013 年跨境电商政策爆发，以及目前在技术和产业变革推动下的跨境消费新模式，国内消费升级通过国际市场得以完成。初步估算，现在我国居民一年的境外购物消费额大约为 2000 亿美元，购物清单当中，既有高档商品也有日用消费品。境外购物类型中，国内消费对产品的需求结构也发生了改变，从奢侈品转向了日用品，而这背后的原因主要是对品质的追求。2017 年亚马逊消费者调研显示，逾八成消费者选择海外购的首要原因是商品品质有保障。

从技术创新方面来看，我国对高端工业品的进口依赖程度居高不下。高端工业品的生产能力仍然低下。2005 年以来，高技术产品进口额占进口产品的比重一直维持在 30%左右，2016 年这一比重更是达到了 2005 年以来的峰值，为 33%。我国高技术产品对外依赖领域主要有电子技术、计算机与通信技术、计算机集成制造技术、光电技术、航空航天技术和生命科学技术等，其中，对电子技术的依赖尤为突出。虽然我国不断加强科研研发力度，在高新技术领域不断实现技术突破，但由于在基础零部件、基础工艺、基础材料和技术基础等方面与领先水平存在较大差距，以至于在核心技术突破、科技成果转化、工艺技术集成、高技术产品量产等方面都面临一定困难，不能在核心环节上满足国内产业发展需求。

二、工业高质量发展的内涵

高质量发展的提出综合了“经济增长”和“经济发展”两方面的结果。美国经济学家西蒙 · 库兹涅茨定义经济增长为“给居民提供种类日益繁多的经济产品的能力长期上升，这种不断增长的能力是建立在先进技术以及所需要的制度和思想意识之相应的调整的基础上的”。可以认为，经济增长是一个国家经济产品的供给能力，另一方面，反映经济增长情况的 GDP 的概念也是从供给角度来定义的，GDP 是指一个国家或地区在一定时间内（通常为一年）所生产的最终产品和服务的市场价值总和。从定义可以看出，GDP 所强调的是生产，即供给，而非需求。经济增长过程中，受制于资源制约和市场竞争，往往更需要关注增长效率。经济发展则是一个复杂的综合性概念，包括经济增长、居民生活质量、社会经济结构和制度优化、资源环境等多方面。可以看出，经济增长和经济发展是一个经济体经济社会发展的不同阶段。

工业的本质要求在高质量发展阶段重点提升产品供给能力。对于工业增长而言，在经济体的高速增长阶段，工业的本质和使命决定了工业要建立起较为完备的供给体系和较强的生产能力。在高质量发展阶段，在综合实现经济增长、人民生活质量提高、产业结构优化、制度环境完善、资源环境和谐发展等目标的基础上，工业需要提供满足经济和社会阶段发展要求的产品和技术。

因此，综合经济增长和经济发展的特点，以及工业的本质，工业高质量发展的内涵可以理解为：在推动经济高质量发展的过程中，不断追求经济增长高效率，通过制度创新和技术创新，满足平衡发展要求，并最终实现工业产品和技术高质量的供给。其中，实现高质量的供给是最终目的，追求经济增长的高效率是实现路径，制度创新和技术创新是提升效率的有效手段，平衡发展是约束，如图 23 所示。

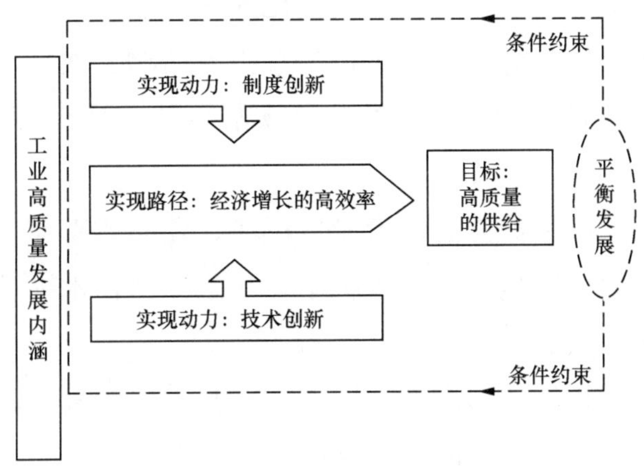

图 23　工业高质量发展关键要素

工业高质量是一个动态性调整的状态。从工业高质量发展的内涵看，经济增长高质量发展是一个长期的阶段。我国目前是为了实现建设现代化经济体系、解决新常态下根本的矛盾和问题，所以明确了进入高质量发展的阶段。在推进工业高质量发展的过程中，随着经济增长阶段、工业化阶段、区域发展阶段的变化，目标、路径、动力手段和约束条件等要素均会呈现出动态化调整的特点。因此，理解工业高质量发展，需要以动态的方式关注其目标、路径、手段和约束条件，从而在各个阶段提出相应的评判标准和关注重点。

三、构建工业高质量发展评价体系

围绕工业高质量发展的五大要素建立工业高质量评价指标体系。基于工业高质量发展的五大要素，建立指标体系的一级指标。一级指标分别为增长效率、供给结构、创新驱动、制度环境和平衡发展。其中，增长效率、供给结构和平衡发展构成了工业高质量发展的主要表现指标，制度环境和创新驱动构成了促进工业高质量发展的动力指标。

从增长基础、要素效率和经济效益方面评价增长效率。增长基础是追求和实现增长高效率的基础保障，反映地区/行业发展的基础情况；要素效率主要反映生产要素的投入产出效率；经济效率从最直观的角度反映产出效益。

从结构优化、要素投入、供给能力、市场活力方面评价供给水平。供给水平的二级指标有五类，其中，产业结构优化反映产业的先进性和专业化程度；产品结构优化反映产品的竞争力水平；要素投入结构反映生产要素升级水平；产品供给能力反映地区/行业重点产品的市场竞争力；市场活力反映区域/行业的新兴行业发展情况。

从政府效率和产权保护方面评价制度环境。政府效率通过非税收入和事项审批效率反映制度运转环境；产权保护主要从法律保护水平反映区域对产权的保护强度。

从技术要素投入和创新产出方面评价创新驱动。技术要素投入主要指研发投入支出情况；创新产出主要指各类专利及企业情况。

从绿色发展和收入分配方面评价平衡发展。作为约束性指标，绿色发展主要从工业企业的节能降耗情况、空气污染情况衡量区域的资源环境平衡发展情况；收入分配通过收入水平和区域间收入差距反映区域发展平衡度。

工业高质量评价指标体系见表17。

表17　工业高质量评价指标体系

一级指标	二级指标	三级指标（供选择）	指标属性
增长效率	增长基础	城镇化率	阶段性指标
		人均制造业增加值	阶段性指标
		制造业增加值占总产值比重	阶段性指标
		规模以上工业增加值增速	阶段性指标
	要素效率	投资效率	正向指标
		全员劳动生产率	正向指标
		全要素生产率	正向指标
	经济效益	亩均制造业增加值	正向指标

续表

一级指标	二级指标	三级指标（供选择）	指标属性
增长效率	经济效益	主营业务利润率	正向指标
		亩均工业税收	正向指标
供给水平	产业结构优化	装备制造业增加值/工业战略新兴产业/新经济增加值比重	阶段性指标
		产业相对专业化指数	阶段性指标
		高技术制造业/工业战略新兴产业增加值增速	正向指标
	产品结构优化	中高端产品比重	阶段性指标
		世界知名品牌数	正向指标
		高技术制造业出口额占总出口额比重	阶段性指标
	要素投入结构	技术改造投资占比/高技术制造业投资占比/装备制造业投资占比	阶段性指标
		外资利用水平	阶段性指标
		制造业从业人员占比	阶段性指标
		高技能人才占技能劳动者比例	阶段性指标
	产品供给能力	产能利用率	正向指标
		重点产品市场占有率	正向指标
	市场活力	科技企业孵化器内累计毕业企业增长率	正向指标
		新登记注册市场主体数量增长率	正向指标
		工业新产品产值率	阶段性指标
制度环境	政府效率	非税收入占财政收入比重	适度性指标
		网上事项审批率	阶段性指标
	产权保护	律师数据占人口比重	阶段性指标
		专利侵权结案率	正向指标
创新驱动	技术要素投入	研发经费支出占 GDP 比重	阶段性指标
		企业研发经费支出增长率	阶段性指标
	创新产出	单位工业增加值的有效发明专利数	正向指标
		PCT 国际专利申请量	正向指标
		技术市场交易额增长率	阶段性指标
		国家级高新技术企业数量	阶段性指标
平衡发展	绿色发展	单位工业增加值综合能耗降速	正向指标
		工业废水排放强度降速	正向指标
		工业固体废弃物综合利用率	正向指标
		PM2.5 排名或城市空气优良比率	正向指标
	收入分配	人均可支配收入（增速）	阶段性指标
		泰尔指数	适度性指标

在指标体系中，考虑到阶段发展的动态性、区域及行业发展的特色情况，对指标属性进行了划分，可根据区域发展阶段的不同建立不同的评价标准，从而能够对区域、行业等进行针对性、客观性的评价。

四、通过 1+*N* 开展区域、行业、企业多维度评价

评价的目的不是评价。建立工业高质量评价指标体系的目的是提出转型升级道路以及监测监督考核指标体系。基于指标体系，开展对比分析、因素分析、动态分析等现状剖析和原因挖掘，从而建立标准范式，最终提出科学发展路径。

结合横向对比和纵向对比开展区域评价。重点关注指标涉及评价指标体系中的所有指标。横向对比，通过与相似地区关键指标对比，寻找提升路径参考；纵向对比，判断发展方向和路径的科学性，分区域分阶段提出发展路径和监测标准；评价对象，包括省、市、县等各级区域。

纵向对比评价行业高质量发展。重点关注的指标有：要素效率、经济效益、结构优化、供给能力、市场活力、要素投入、创新产出、绿色发展。判断行业发展方向和路径的科学性，提出发展路径和监测标准；评价维度可以是行业、行业+区域。

横向对比评价企业发展水平。重点关注的指标有：经济效益、产品结构优化、产品供给能力、技术要素投入、创新产出、绿色发展。建立企业高质量发展的评价机制和激励评选制度；评价维度可以是企业、企业+行业。

（作者：中国信息通信研究院　文彩霞）

第四章　解析中国工业经济增长新动能——区域与产业视角

本报告以新一轮科技革命和产业革命为背景，从行业角度出发，将对工业经济发展具有一定贡献、科技人才储备与研发投入较大、企业经营活力与高技术产品产出活力较强的行业定义为工业经济增长新动能。结合相关科技创新理论，构建我国工业经济增长新动能的评价指标体系。依托中国信息通信研究院建设的制造强国产业基础大数据平台，计算得出全国工业经济增长新动能指数，比较行业与区域的差异特点，并提出未来我国工业经济增长新动能的发展方向。

一、构建工业经济增长新动能指标体系

工业经济增长新动能指标体系由发展基础、创新能力、增长活力这 3 个一级指标构成。测算指标遵照数据可获得性、投入产出关联性、质量效益导向性原则，以《中国统计年鉴》与《中国科技统计年鉴》统计数据为基础，采用层次分析法，由专家打分赋权得出。发展基础二级指标从工业经济发展的成本与效益出发，由行业贡献度表示；创新能力二级指标依据科技投入能力要素，由创新型人才储备、科技创新经费支出能力、高技术人才储备能力、高技术产业研发经费支出能力表示；增长活力根据产品产出要素，由新产品产出活力、业务拓展活力、经营活力与高技术产业产出活力表示。

依据工业阶段理论与技术创新理论，结合工业经济增长新动能的定义，工业转型升级阶段性特征，稳增长、提质量、增效益的目标，以及工业供给侧结构性改革的主要方式等因素，构建工业经济增长新动能指标体系，见表 18。

表18　　工业经济增长新动能指标体系

总目标	一级指标	二级指标及含义
工业经济增长动能转换指标体系	发展基础	行业贡献度
	创新能力	创新型人才储备能力； 科技创新经费支出能力； 高技术人才储备能力； 高技术产业经费支出能力
	增长活力	新产品产出活力； 业务拓展活力； 经营活力； 高技术产出活力

二、新动能指数及其区域与行业特征

全国工业经济增长新动能指数保持在 0.5 上下。根据工业经济增长新动能评价指标体系计算得出2011—2015年间我国工业经济增长新动能指数（如图24所示），从图24可以看出，2011—2013年间，我国工业经济增长新动能指数增长强劲，2014年工业经济增长新动能指数大幅下滑至0.49，主要原因在于2014年我国工业经济的行业贡献度指标出现了大幅度下降，导致整体工业经济发展动力不足。2015年全国工业经济增长新动能指数恢复到了2012年以后的水平，但从细分指标来看，2015年工业行业的业务拓展活力指标出现了大幅下滑。

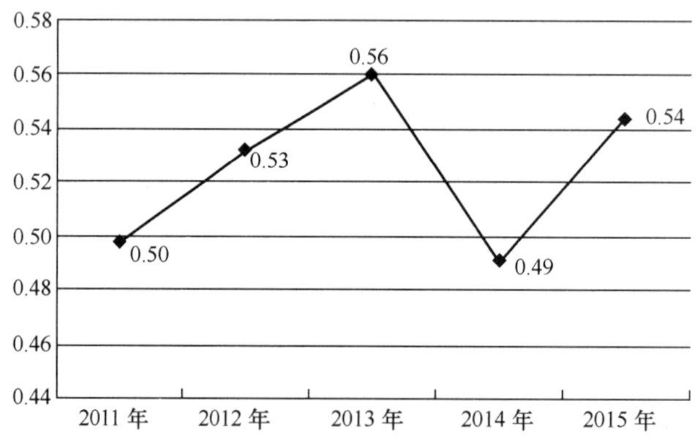

图24　“十二五”期间全国工业经济增长新动能指数变化

工业经济增长新动能主要分布在珠三角、长三角、京津冀地区。不同区域工业经济增长新动能指数竞争力的高低是指新动能培育成效的大与小，侧面反映了该地区工业高质量发展与供给侧结构性改革的效果。从各省工业经济增长新动能指数分布来看（如图 25 所示），2015 年引领我国工业经济增长的地区主要是分布在珠三角、长三角、京津冀的主要城市，同时也说明广东、江苏、浙江、上海、北京、天津在工业供给侧结构性改革以及新动能培育方面较为成功。此外，值得一提的是，作为工业基础较为薄弱的地区，西藏与海南的工业经济增长新动能指数之所以较为靠前，主要原因在于其高技术产业的科技研发投入较高，以及无传统落后产能的拖累。

高技术产业及含战略性新兴产业环节的传统行业为我国工业行业增长新动能。从 2015 年各行业工业经济增长新动能指数排名来看（如图 25 所示），得分在 0.5 以上的 3 个行业分别为计算机、通信和其他电子设备制造业，医药制造业和仪器仪表制造业，它们均属于高技术产业范畴。而得分在 0.1 以上的 10 个行业中，高技术产业占了 5 个席位，除烟草制品业外的其余 4 个行业均是含战略性新兴产业环节的传统行业。

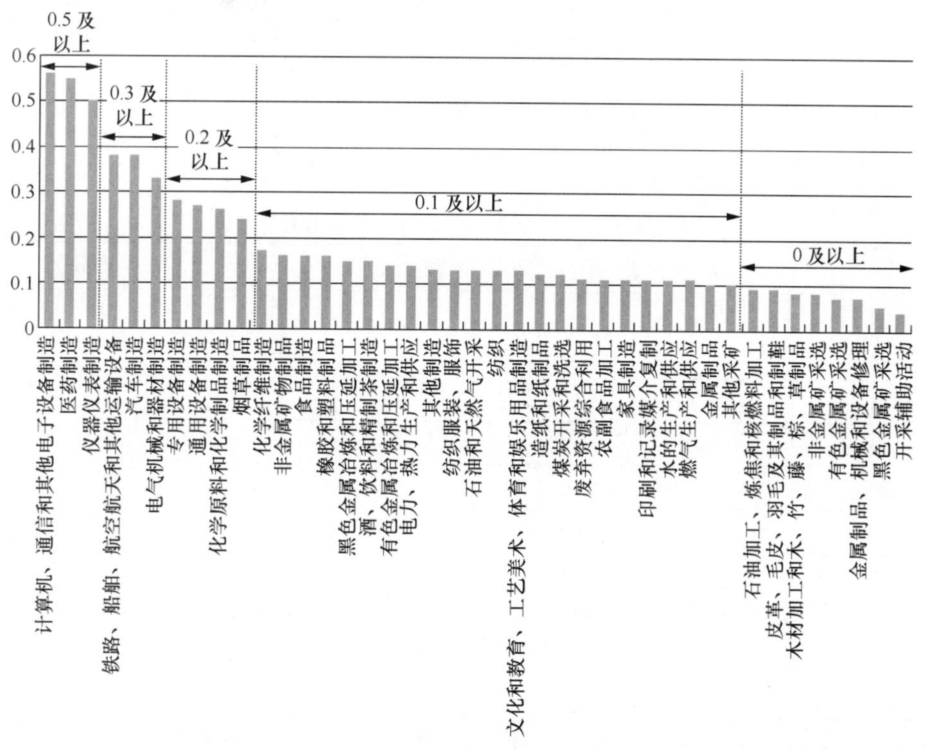

图 25　2015 年各行业工业经济增长新动能指数

三、未来展望及建议

一是经济发达地区仍将成为中国工业经济增长新动能的主要引擎。以广东、江苏、浙江、上海、北京、天津为代表的珠三角、长三角、京津冀地区仍将是未来工业经济增长新旧动能转换的先导区域。虽然一些工业基础较为薄弱的地区（如西藏、海南等）的工业经济增长动力很足，但由于区域位置等的限制，工业经济发展所需要的人才、交通、市场等要素相对较为缺乏，导致工业经济增长新动能的成长空间有限。

二是东、中、西、东北地区间的差距面临拉大风险。为计算各地区间的综合竞争力，采用了将各地区所有省份排名加总取平均数的方法，因工业经济增长新动能指数越高排名越靠前，故排名加总得分越低竞争力越强。从各地区工业经济增长新动能指数排名计算得出的综合竞争力来看（见表 19），全国平均得分为 16，东部地区得分为 7.9，综合竞争力最强，中部地区竞争力好于西部地区与东北地区，但得分均在全国平均水平以上。未来，随着工业供给侧结构性改革的不断推进，东部地区很有可能凭借既有的综合优势，进一步拉大与中部、西部以及东北地区间的差距，尤其是在 2017 年 12 月 18～20 日的中央经济工作会议上提出“支持东部地区率先推动高质量发展”之后，这一趋势将更加明显。

表 19　　2015 年分版块工业经济增长新动能指数竞争力

	总分	个数（个）	平均分
全国	496	31	16
东部地区	79	10	7.9
中部地区	106	6	17.7
西部地区	244	12	20.3
东北地区	68	3	22.7

三是高技术产业需要进一步提升科技创新能力。根据对全国各工业行业经济增长新动能指数排名的测算可以看出，高技术产业在拉动我国工业经济增长方面的作用十分显著，细分领域的发展方向也与全球发展趋势一致[25]，但与发达

[25] 根据 Clarivate Analytics（原汤森路透知识产权与科技事业部）公司发布的“2016 年全球创新企业百强”显示，全球创新 100 强企业的行业主要集中在硬件/电子、制造/医疗、化工/化妆、汽车、制药、电信、家电、石油/天然气和能源、软件、研究/政府机构、航天航空/国防 11 大领域。

国家相比，我国高技术产业创新能力略显不足。国际上普遍认为，企业可以维持正常生产经营活动的研发经费占比为 2.5%，而具有市场竞争力的研发投入占比应在 5%左右。从高技术产业细分领域的研发投入来看，17 类高技术产业细分领域中，研发投入占比超过 2.5%的领域有 4 个，占整个高技术产业的 23.5%，其中，具有较高竞争力的领域为航空航天器制造业，研发投入占比为 5.3%，其他 3 个行业研发投入占比均在 5%以下。因此，要充分发挥高技术产业在引领工业经济增长新动能方面的作用，需进一步提高高技术产业的科技创新与产出能力。

2015 年高技术产业细分领域研发投入如图 26 所示。

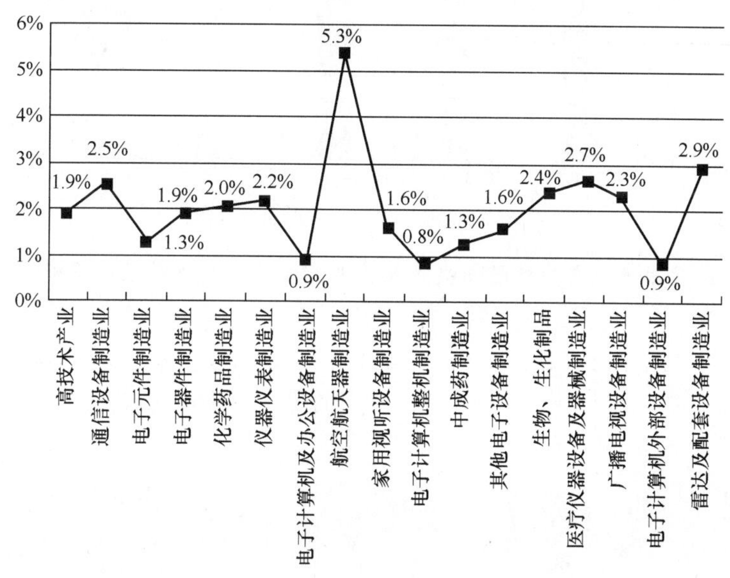

图 26 2015 年高技术产业细分领域研发投入（数据来源：国家统计局）

四是工业发展与布局将进一步凸显区域特色。随着经济发达地区工业经济增长新动能的不断积聚，以及产业集群、“工业 4.0”等发展方式的不断深入，东部地区附加值较低的传统行业将进一步向中西部转移，附加值较高的高技术产业与战略性新兴产业将持续向发达地区集中，工业布局将进一步优化，各地区工业经济增长新动能培育将更加依靠本地及周边资源环境，工业经济发展将更加凸显区域资源特色。

五是战略性新兴产业的新动能指数测算与高质量发展的相关统计需要进一步完善。一方面，受国家统计分类制度的限制，与高技术产业相比，战略性新兴产业的相关统计指标缺失。从图 27 中可以看出，战略性新兴产业的工业增加值是从 2016 年开始的，因而在评价过程中，缺少对战略性新兴产业的单独测算，只能将其与传统行业合并，无法精确评价战略性新兴产业在工业经济增长新动能中的作用。另一方面，战略性新兴产业增加值较高技术产业低了 0.3 个百分点。与高技术产业统计指标相比，目前以年度统计公报形式发布的统计指标也只有增加值指标，无法判断战略性新兴产业的发展质量与存在的问题。

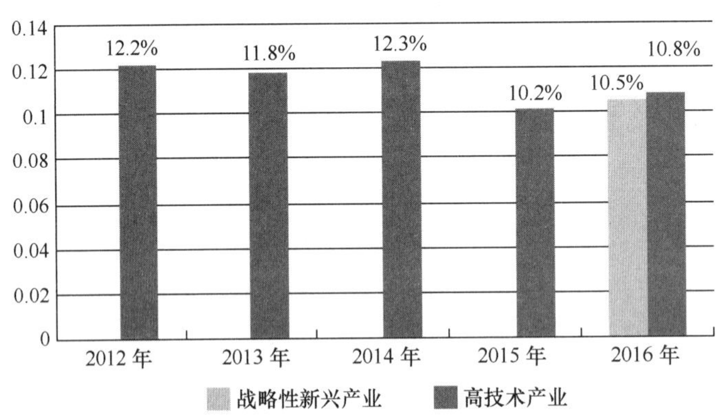

图 27　高技术产业与战略性新兴产业工业增加值（数据来源：国家统计局）

（作者：中国信息通信研究院　李贺）

第五章　京津冀协同发展现状及推进策略——产业结构调整视角

本章从产业结构调整视角出发，从京津冀新动能增长、工业领域投资、工业发展质量三方面分析京津冀产业结构调整现状，总结京津冀产业协同发展措施及未来产业发展重点，并提出后续发展的对策建议。

自习近平总书记提出京津冀协同发展战略以来，京津冀协同发展成效显著。根据京津冀协同发展统计监测协调领导小组办公室“京津冀区域发展指数”（如图 28 所示），2017 年协同发展指数为 153.99，比 2013 年提高了 36.29 个点，在共享、创新、绿色发展方面取得了较好成绩。在京津冀协同发展战略之下，三地产业结构逐步得到了优化，产业协同效应逐步显现。

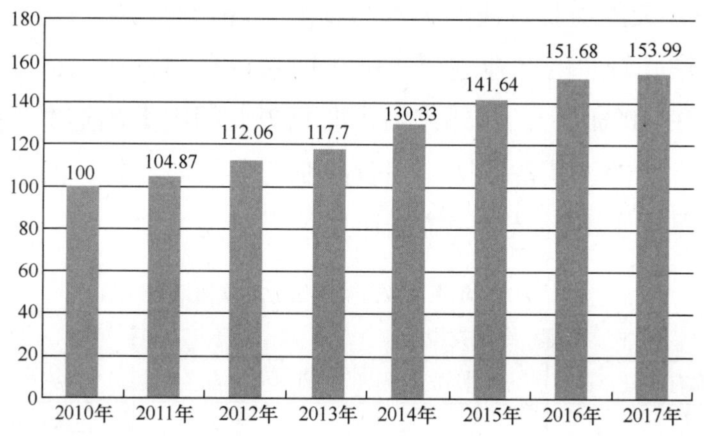

图 28　京津冀区域发展指数（数据来源：京津冀协同发展统计监测协调领导小组办公室）

一、京津冀产业结构现状

（一）新动能增长迅速

从京津冀工业增加值变化来看（如图 29 所示），2011—2014 年间京津冀工业增加值增速持续降低，2015 年开始回升，2017 年工业增加值增速达到了 16.8%，其中北京增长率为 14%、天津为–5.1%、河北为 31.4%。从工业增加值总量来看，2017 年京津冀工业增加值总量为 26 463.78 亿元，其中北京工业增加值为 4274 亿元、天津为 6863.98 亿元、河北为 15 325.8 亿元。

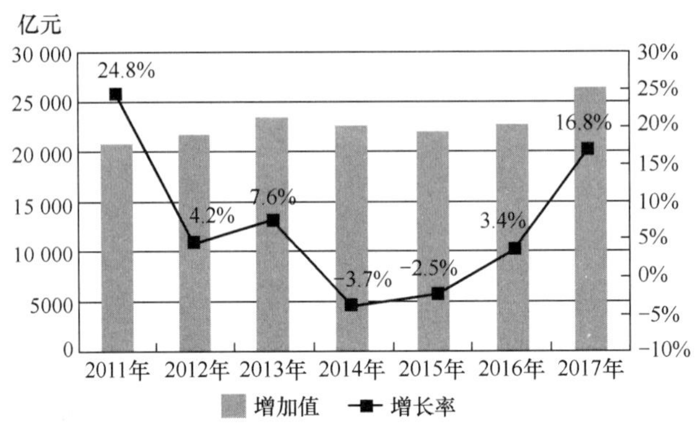

图 29　京津冀工业增加值变化（数据来源：京津冀国民经济和社会发展统计公报）

从经济类型工业增加值增长情况来看（见表 20），北京与河北增长较快的为民营/股份企业，天津增长较快的为外商及港澳台企业。从门类来看，京津冀三地工业增加值增长较快的产业主要集中在技术较高的新动能领域，其中高技术产业增长率均在 10%以上。具体来看，北京工业门类更加集中在高技术领域，天津除高技术产业外，装备制造、消费品制造业发展较好，河北高技术产业与装备制造业均保持了 10%以上的增长速度。

表 20　2017 年京津冀分类型工业增加值增长

	经济类型			门类
	国有及国有控股企业	民营/股份企业	外商及港澳台企业	
北京	5.1%	7.8%	1.9%	高技术产业（13.6%）； 先进制造业（5.0%）； 战略性新兴产业（12.1%）
天津	2.1%	−4.1%	10.7%	装备制造业（3.6%）； 消费品制造业（3.2%）； 高技术产业（10.4%）
河北	−0.7%	3.8%	2.7%	装备制造业（12.1%）； 高新技术产业（11.3%）

数据来源：京津冀国民经济和社会发展统计公报。

（二）高技术领域投资活跃

从整个工业投资结构来看（如图 30 所示），2012 年以后工业投资迅速增长，

2016 年工业投资总额达 20 329.71 亿元，较 2015 年下降 92.11 亿元，这主要是制造业与采矿业投资下滑导致的。从 2017 年数据来看，北京 2017 年工业投资总额为 895.2 亿元，较 2016 年减少 175.5 亿元，投资减少的主要原因是电力、热力、燃气及水的生产和供应业投资减少较多；2017 年天津工业投资总额为 3352.34 亿元，增长 3.8%；2017 年河北工业投资总额为 16 166.7 亿元，较 2016 年增加 385.6 亿元，增加的原因主要是制造业投资增长了 422.4 亿元。

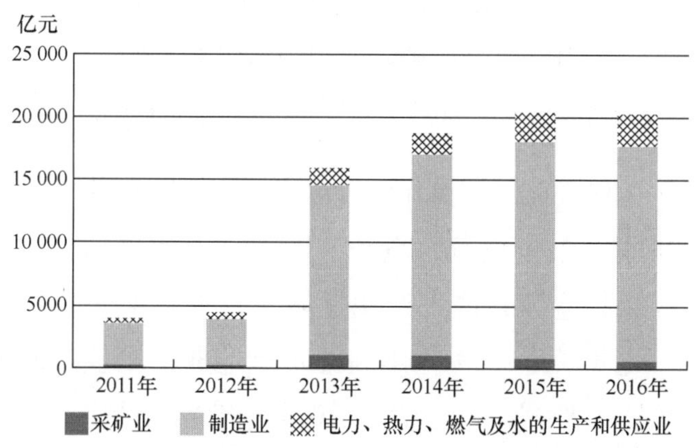

图 30　京津冀工业投资结构变化（数据来源：京津冀统计年鉴 2017）

从制造业投资的变化来看（如图 31 所示），北京制造业投资从 2011 年以后持续降低，2014 年降至 350.6 亿元，2015 年以后有所回升，近年维持在 380 亿元左右；天津方面，2015 年以后，制造业投资呈现下降趋势；河北方面，2011 年以来制造业投资呈现出不断上升的趋势。从制造业投资增速来看（如图 32 所示），2015 年以后，京津冀地区均呈现出下降趋势。

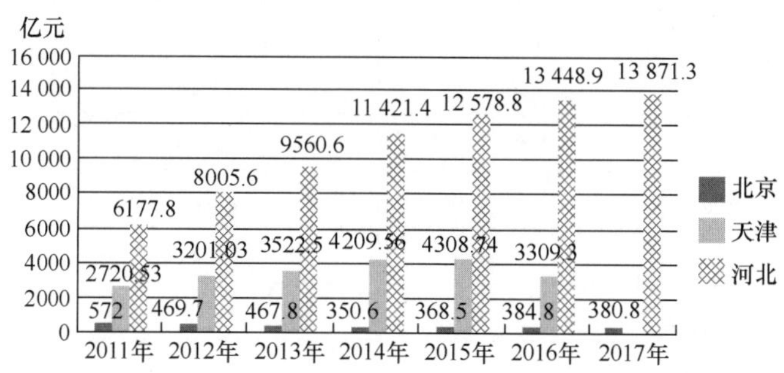

图 31　京津冀制造业投资的变化

（数据来源：京津冀统计年鉴 2017 及 2017 年国民经济和社会发展统计公报）

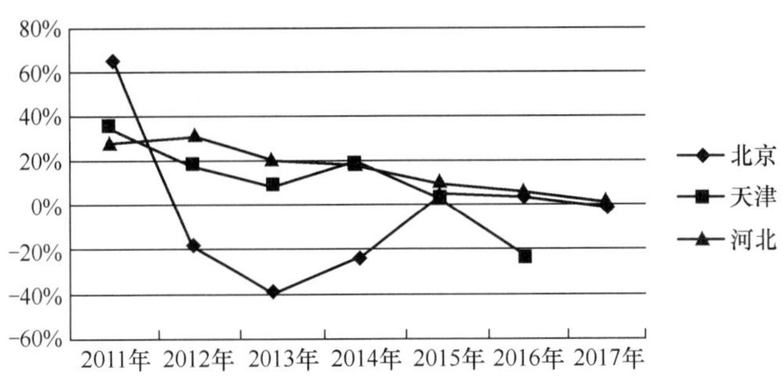

图 32　京津冀制造业投资增速的变化

（数据来源：京津冀统计年鉴 2017 及 2017 年国民经济和社会发展统计公报）

从京津冀分行业制造业投资来看，北京 2017 年制造业分行业投资比较集中（见表 21），主要集中在电子设备、汽车、医药、专用设备、化学原料及化学制品、电气机械及器材制造等高技术产业领域，六大行业工业投资额占制造业投资总额的 86.5%；天津方面，2017 年高技术制造业、工业战略性新兴产业等优势工业产业投资增长 6.9%[26]；河北方面，2017 年分行业制造业投资比较分散（见表 22），各行业投资占比均在 10%以下，投资占比最多的为非金属矿物制品业（9.6%）。总体来看，"高新技术产业投资 4354.6 亿元，增长 5.3%，占固定资产投资（不含农户）的比重为 13.2%。其中，电子信息投资增长 26.6%，新材料投资增长 9.0%，环保产业投资增长 36.0%。"[27]

表 21　　北京市 2017 年制造业投资

行业	投资额（亿元）	占比
电子设备制造业	148.3	38.9%
汽车制造业	107.6	28.3%
医药制造业	33.3	8.8%
专用设备制造业	15.7	4.1%
化学原料及化学制品制造业	12.8	3.4%
电气机械及器材制造业	11.5	3.0%
合计	329.2	86.5%

数据来源：北京市统计局。

[26] 2017 年天津市国民经济和社会发展统计公报。

[27] 2017 年河北省国民经济和社会发展统计公报。

表 22　河北省 2017 年分行业制造业投资

行业	投资额（亿元）	占比
非金属矿物制品业	1335.1	9.6%
金属制品业	1216.5	8.8%
通用设备制造业	1210.1	8.7%
专用设备制造业	981.2	7.1%
医药制造业	870.8	6.3%
黑色金属冶炼及压延加工业	852.9	6.1%
化学原料及化学制品制造业	837.5	6.0%
电气机械及器材制造业	836.2	6.0%
汽车制造业	630.1	4.5%
农副食品加工业	612.2	4.4%
纺织业	514.3	3.7%
食品制造业	406.8	2.9%
计算机、通信和其他电子设备制造业	359	2.6%
铁路、船舶、航空航天和其他运输设备制造业	195.7	1.4%
有色金属冶炼及压延加工业	138.9	1.0%
合计	10 997.3	79.1%

数据来源：河北省统计局。

（三）工业发展质量向好

总体来看，京津冀地区落后产能淘汰效果逐步向好，供给侧结构性改革效果逐步显现，工业发展质量呈现上升趋势。在工业企业个数与从业人员数双降的情况之下，企业利润逐渐向好。从京津冀落后产能淘汰效果来看（如图 33 所示），2014 年开始，工业企业从业人员数呈现下降趋势，2016 年工业企业从业人员数为 508 万人，较 2013 年下降 60 万人，企业数量从 2016 年开始呈下降趋势，企业利润也于 2016 年开始逐步回升。

1．北京市工业发展质量

北京方面，落后产能淘汰效果较好（如图 34 所示），2011 年以来，工业企业利润稳步上升，尤其是从 2014 年开始，在工业企业从业人员数大幅下降、工业企业个数逐步减少的情况之下，利润仍然保持了稳步上升，说明北京市落后产能淘汰效果显著，产业结构调整取得了较好成效，工业企业发展质量持续向好。“2017 年，规模以上工业企业实现利润 1992.5 亿元，较上年增长 27.5%，其中电力、热力生产和供应业实现利润 736.6 亿元，增长 50%；医药制造业实现利润 196.1 亿元，增长 29.5%；计算机、通信和其他电子设备制造业实现利润 167.8 亿元，增长 90.7%；专用设备制造业实现利润 93.6 亿元，增长 24.7%。”[28]

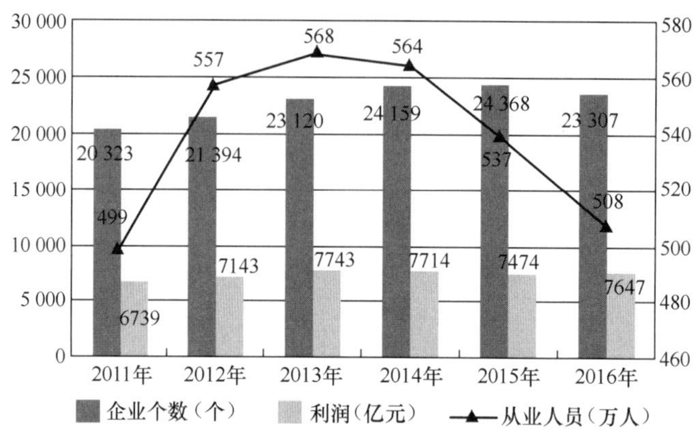

图 33　京津冀落后产能淘汰效果（数据来源：国家统计局）

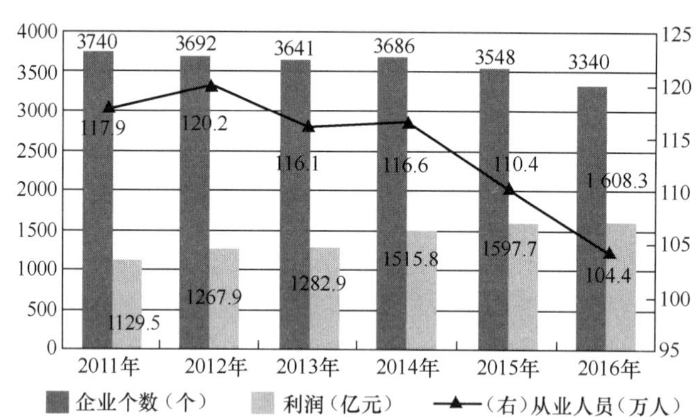

图 34　北京市落后产能淘汰效果（数据来源：国家统计局）

2. 天津市工业发展质量

天津方面，落后产能淘汰效果欠佳（如图 35 所示），2014 年开始，工业企业从业人员数开始大幅减少，企业个数则从 2016 年开始减少，与此同时，工业企业利润自 2014 年开始呈现持续下降的趋势，说明落后产能淘汰对于促进产业结构调整的效果有限，供给侧结构性改革力度有待加强，工业发展质量有待提升。2017 年工业企业利润开始出现向好趋势，“全年规模以上工业企业主营业务收入增长 5.3%，利润总额增长 22.4%。全市 39 个行业大类中，38 个行业盈利。

[28] 2017 年北京市国民经济和社会发展统计公报。

消费品制造业实现利润占全市的 15.3%，增长 22.0%，拉动全市工业利润增长 3.4 个百分点。”[29]

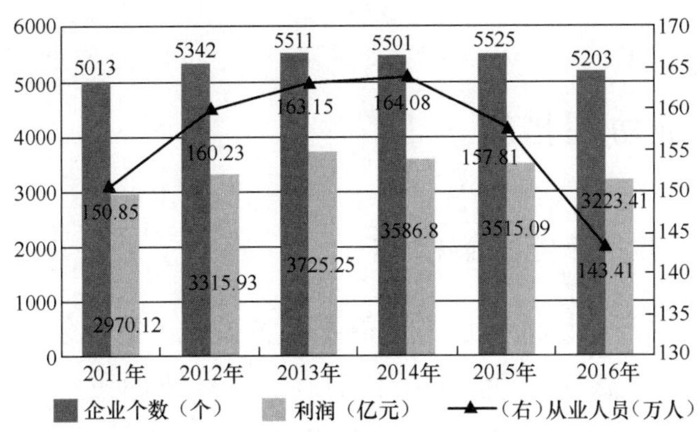

图 35 天津市落后产能淘汰效果（数据来源：国家统计局）

3. 河北省工业发展质量

河北省落后产能淘汰效果向好，从落后产能淘汰效果来看（如图 36 所示），工业企业从业人员数自 2014 年开始下降，企业个数自 2016 年开始下降，工业企业利润也于 2016 年达到了 2011 年以来的新高，说明河北省落后产能淘汰取得了初步成效，产业结构调整效果逐步显现。同时，工业企业发展质量也持续向好，“2017 年，规模以上工业企业实现利润 3118.7 亿元，比上年增长 21%，其中采矿业实现利润 236.7 亿元，比上年增长 42%；制造业实现利润 2747.7 亿元，增长 24.6%；电力、热力、燃气及水的生产和供应业实现利润 134.3 亿元，下

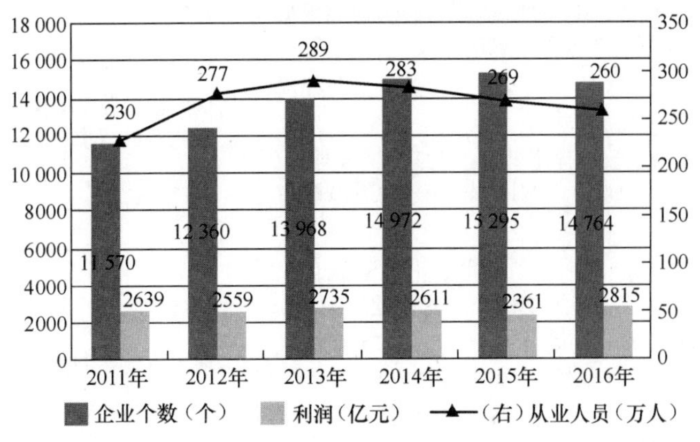

图 36 河北省落后产能淘汰效果（数据来源：国家统计局）

[29] 2017 年天津市国民经济和社会发展统计公报。

降 34.4%。规模以上工业企业每百元主营业务收入中的成本为 87.33 元，比上年减少 0.17 元。年末规模以上工业企业资产负债率为 55.2%，比上年末下降 0.1 个百分点。”[30]

二、京津冀产业协同措施

（一）北京市工业产能纾解措施

北京市在京津冀产业协同发展方面的主要方式是，重点发展先进制造业，将一般性制造业逐步向天津与河北转移，同时在高端环节加强与天津与河北的合作。

北京市促进京津冀产业协同发展的相关政策显示（见表 23），2014 年以来，通过编制协同发展规划、签署战略合作协议、设立扶持基金、建设综合试验区、发布产业发展目录等措施，北京市推进了一大批非首都功能产业向天津与河北转移，并促成了一大批合作项目落户天津与河北。北京市颁布实施《北京市新增产业的禁止和限制目录》3 年来，新增总量控制、投资结构、产业结构优化等方面的效果显著。工业企业转移方面，北京市政府的相关资料显示，2014 年以来，北京市累计关停退出了一般性制造业与污染企业共计 1992 家，87 家危险化学品生产企业也被纾解退出。2017 年共计退出一般企业 651 家。

表 23　　北京市关于京津冀产业协同发展政策汇总

	政策	合作项目
2014 年	① 积极配合国家相关部委编制京津冀协同发展规划，研究提出产业合作思路建议。 ② 主动组织各区县、开发区及相关企业与津冀有关市县加强产业协作。 ③ 会同唐山市政府提出共建“北京（曹妃甸）现代产业发展试验区”的设想，纳入京冀战略合作重点	北京・沧州生物医药产业园正式落地，22 家企业签约入驻，涉及总投资 61 亿元
2015 年	① 修订《北京市新增产业的禁止和限制目录（2015 年版）》，完善污染扰民企业搬迁政策。 ② 会同环保部门完成首批 10 家生态工业园区认定。关停退出一般制造和污染企业。 ③ 对外发布《北京（曹妃甸）现代产业发展试验区产业发展规划》	北京・沧州生物医药产业园正式启动

[30] 2017 年河北省国民经济和社会发展统计公报。

续表

	政策	合作项目
2016 年	① 细化疏解退出工作方案，会同市财政局出台“疏解整治促提升”引导资金政策。 ② 加强顶层设计，发布实施石家庄（正定）集成电路产业基地和正定科技新城建设规划。 ③ 签署京津冀信息化协同发展合作协议以及“智能汽车与智慧交通应用示范”部省合作框架协议。 ④ 推动政策协同和机制创新，生物医药产业异地监管模式正式实施。 ⑤ 启动建设京津冀大数据综合试验区，三地共同设立大数据产业投资基金，共建大数据协同处理中心和应用感知体验中心	2014—2016 年 ① 北京转移投资河北的工业和软件信息服务业竣工、开工项目共计 507 个，涉及投资总额 5826 亿元。 ② 北京（曹妃甸）现代产业发展试验区签约新项目 15 个，开工建设 7 个。 ③ 北京・沧州生物医药产业园签约北京企业 53 家，开工建设 14 家。 ④ 北京・张北云计算产业基地阿里数据中心投入运营。 ⑤ 精进电动年产 50 万台新能源汽车驱动总成项目在正定高新区落地开工，北京现代沧州四工厂、三元新乐工业园等重大项目竣工投产。 ⑥ 累计推动 20 余家北京电商企业落户天津武清
2017 年	① 配合开展雄安新区产业准入目录和负面清单等政策研究，协助开展城市副中心高精尖产业发展研究。 ② 京津合作示范区建设全面提速，推进京津冀大数据综合试验区建设。 ③ 发布《京津冀协同推进北斗导航与位置服务产业发展行动方案（2017—2020 年）》	① 北京（曹妃甸）现代产业发展试验区城建重工专用车等重点项目正式投产。 ② 北京・沧州生物医药产业园万生药业等 4 家企业竣工试生产。 ③ 启动建设北京・滦南大健康产业园，意向签约北京企业 40 余家，其中开工建设 8 家。 ④ 应用感知体验中心和大数据协同处理中心建成启用，环京大数据基础设施支撑带初具规模

资料来源：北京市经济和信息化工作会上的报告（2015—2018 年）。

此外，北京市对于未来产业发展也给出了清晰的定位与明确的发展方向。北京市未来产业发展重点内容显示（见表 24），北京市以纾解产业与重点发展产业为核心，对其未来产业发展进行了定位，在严控增量、纾解存量的同时，将产业发展重点放在了新能源智能汽车、新一代信息技术、智能制造系统和服务、新一代健康诊疗与服务、通用航空与卫星应用、新材料领域，并提出了各领域的重点发展环节。

表 24　北京市未来产业发展重点

重点	分项	内容
纾解产业	严控增量	不断完善《北京市新增产业的禁止和限制目录》，在全市区域内严禁新增一般制造业和高端制造业中不具备比较优势的生产加工环节，严把项目准入关，确保禁限项目“零准入”

续表

重点	分项	内容
纾解产业	纾解存量	① 到 2020 年，实现《北京市工业污染行业生产工艺调整退出及设备淘汰目录》涉及的污染落后产能及工艺全部退出。 ② 到 2020 年，基本完成六环以内集中连片镇村产业小区和工业大院的清理整治，推动“僵尸企业”平稳退出。 ③ 到 2020 年，在食品饮料、包装印刷、家具制造、汽车及零部件、建材、医药、装备制造等领域纾解一批不符合首都城市定位的一般制造业项目，实现城六区不符合首都城市战略定位的生产制造环节基本退出
重点发展产业	新能源智能汽车	新能源汽车及关键零部件； 智能网联汽车
	新一代信息技术	集成电路； 移动互联网系统及关键设备； 新一代智能终端及设备； 新型显示； 云计算与大数据； 人工智能
	智能制造系统和服务	智能制造核心技术研发和标准创制； 智能制造装备产业化和系统集成服务
	新一代健康诊疗与服务	创新型化学药； 现代中药； 生物制药； 高性能医疗器械
	通用航空与卫星应用	通用航空； 卫星应用
	新材料	前沿新材料； 关键优势材料； 高精尖产品配套材料

资料来源：《北京市“十三五”时期工业转型升级规划》。

（二）天津市承接产业转移措施

天津市在京津冀产业协同发展方面的措施主要体现在，主动承接北京市一般性制造业环节的转移，并在科技创新等领域加强与北京与河北的合作，在发展先进制造的同时，加大力度推动传统产业的转型升级。

天津市承接产业转移的措施主要体现在（见表 25），从承接平台建设、产业合作、企业合作、园区合作、转型升级等几个方面，推进京津冀产业发展，促进天津与京冀地区产业间的良好互动。相关数据显示，作为京津两地政府首个合作共建的示范园区，滨海中关村科技园从 2016 年 11 月揭牌以来，新增注册企业 568 家。其所在的天津市滨海新区，4 年来累计引进非首都功能疏解项目 2900 余个，协议投资额逾 3500 亿元。此外，《北京日报》相关数据显示，2018 年上半年，天津市招商引资项目 2539 个，实际利用内资 1383.67 亿元，其中北京、河北企业在天津投资项目 962 个，到位资金 631.22 亿元，占比 45.62%。其中，北京市企业在天津投资项目 354 个，到位资金 590.41 亿元，占比 42.7%；河北省企业在天津投资项目 608 个，到位资金 40.81 亿元，占比 2.9%。

表 25　　天津市承接产业转移措施汇总

	内容
综合承载平台	滨海新区战略合作功能区为综合承载平台、宝坻中关村科技城等
产业合作	京津共同组织软件和信息服务业、汽车产业重点企业和园区搭建产业协同发展平台
企业合作	与中国航天科工集团签署战略合作框架协议，共同推动工业互联网、云制造、智能制造等领域加快发展
园区合作	天津医药集团与沧州渤海新区共同筹建天津·沧州渤海新区生物医药产业园，天士力集团在河北安国建设“数字中药都”，推进津冀医药产业对接合作
转型升级	空客 A320 累计交付飞机 352 架，A330 完成和交付中心正式启用。滨海新区中欧先进制造产业园规划建设加快推进，引进了中欧区域经济合作中心滨海新区分中心、中国—乌克兰巴顿焊接研究院、中德（欧）医疗器械及健康产业园等一批中欧合作项目

资料来源：天津市工业和信息化委员会资料。

此外，从天津市未来产业发展重点来看（见表 26），天津市未来产业发展方向为：在大力发展高端制造、新兴产业的同时，不断提升传统产业竞争优势，重点行业主要集中在先进制造领域与石化、冶金与轻工纺织领域。

表 26　　天津市未来产业发展重点

	行业	领域
大力发展高端制造和新兴产业	高端装备	海洋工程装备及高技术船舶、特高压输变电、大型工程机械、轨道交通、高档数控机床、机器人、3D 打印设备和高性能医疗器械等
	新一代信息技术	智能终端、新型显示、基础元器件等
	航空航天	大飞机、直升机、无人机和通用飞机等
	汽车（节能与新能源汽车）	做优整车、做大新能源汽车、做精核心零部件
	新材料	稀土永磁及催化材料、先进储能材料、高端金属材料、功能高分子材料、特种橡胶、纳米材料、生物材料、超导材料等
	生物医药	针对重大疾病的化学药、中药、生物药新产品、生物制品及保健品
	新能源	储能电池、太阳能和风力发电设备、智能电网装置等
	节能环保	节能产业、环保产业、资源综合利用产业和节能环保服务业

续表

	行业	领域
改造提升传统优势产业	现代石化	重点打造以炼油乙烯为龙头的石化、原料多元化及低碳化、传统盐化工产业升级改造、高端石化产品集群和石化装备制造等五大产业体系
	现代冶金	以高端、精品、绿色为方向，突出产品结构调整，强化创新，向高端转型
	轻工纺织	绿色食品、自行车、手表及精密加工、工艺美术、日用化学品、塑料制品、纺织服装等

资料来源：《天津市工业经济发展“十三五”规划》。

（三）河北省承接产业转移措施

河北省在促进京津冀产业协同发展方面的措施主要表现在：积极落实国家关于京津冀协同发展的相关政策，积极引入北京一般性制造业环节，以雄安新区建设为契机，开展系列高端、高新产业对接活动，同时在大力发展先进制造业的同时，积极推进 4 个优势传统产业转型升级。

河北省在承接产业转移方面的措施主要表现在（见表 27）：从落实文件、建立常态机制、承接产业项目、创新共同体建设等方面，促进产业合作发展。河北省工业和信息化厅数据显示，截至 2018 年 7 月，河北省累计签约引进北京商户 39 326 户，仅 2017 年，河北就从京津引进项目 3615 个、资金 3961 亿元。3 年多来，河北省共引进转化京津科技成果 550 项，与京津共建各类科技园区 55 个，创新基地 62 个，吸引了 1350 多家京津高科技企业落户河北。

表 27　河北省承接产业转移的措施

	内容
落实文件	深入落实《京津冀产业转移指南》，制定《推动京津冀产业协调发展工作方案》，分行业、分领域推进我省与京津产业联动发展
建立常态机制	开展京津冀产业精准合作专项行动，与北京中关村科技园、亦庄开发区等京津园区和龙头企业进行精准对接、有效洽谈，分行业组织专场对接活动，建立京津冀产业转移对接常态机制
承接产业项目	依托曹妃甸区、渤海新区、正定新区等 17 个重点园区（基地），加紧建设产业聚集和转移承接示范园区，谋划和落实一批标志性产业项目
创新共同体建设	加快京津冀创新共同体建设，打造北京 IT 产业加工中心，加强与天津电子信息产业链协同配套，重点推进 100 项科研成果产业化，力争建设一批区域科技成果转换中心、技术交易中心、人才交流中心

资料来源：河北省工业和信息化厅资料。

从河北省未来产业发展重点来看（见表 28），先进制造业方面，主要集中在高端装备制造、新一代信息技术、生物医药、新材料、先进节能环保、未来产业。另外，以钢铁、石化、食品、纺织服装 4 个行业产业为重点，不断完善提升产业链条。

表 28　　河北省未来产业发展重点

	行业	领域
战略性新兴产业链	高端装备制造产业	智能装备、节能与新能源汽车和智能网联汽车、先进轨道交通装备、先进通用航空装备、先进工程与专用装备
	新一代信息技术产业	新型显示、通信产品与网络设备、大数据与云计算、高端软件、新型消费类电子等信息技术产业
	生物医药产业	重大药物产业化，创新发展高端医疗康复器具
	新材料产业	电子信息新材料、新型功能材料、高性能纤维及复合材料、前沿新材料
	先进节能环保产业	高效节能技术装备、先进环保技术装备、新型绿色建材
	新能源产业	高效光伏设备、高端风电设备、智能输变电设备，积极推进核能氢能技术与装备开发利用
	未来产业	新一代人工智能、下一代互联网和通信、生命科学
4 个优势传统产业链	钢铁工业	汽车板和家电板、优特钢、钢材产品精深加工
	石化工业	石油化工、精细化工、延伸产业链
	食品工业	功能性食品、养生保健食品、方便休闲食品
	纺织服装工业	高档面料、家用纺织品和服装、产业用纺织品

资料来源：《河北省人民政府关于加快推进工业转型升级建设现代化工业体系的指导意见》。

三、对策建议

保持实体经济占 GDP 的比重维持在安全范围内。随着京津冀产业协同发展的不断推进，北京工业企业将大量转移，目前北京市工业增加值占 GDP 的比重为 15.3%，北京市应警惕工业增加值比重的不断下降；天津方面，工业增加值占 GDP 比重为 36.9%，处于较为合理的区间；河北方面，工业增加值占 GDP 比重为 42.6%，应加快产业结构调整步伐，促进第三产业发展。

加大力度推进供给侧结构性改革。加大推进京津冀地区供给侧结构性改革力度，实施切实可行的落后产能淘汰政策，促进企业质量效益的不断提升。尤其是天津方面，要加大力度促进企业质量效益的不断提升，河北方面要抓住雄安新区发展的契机，保持工业良好发展势头，积极推进先进制造业发展，推动传统产业链不断完善。北京方面，抓住京津冀产业协同发展的契机，提高自主创新能力，加强与津冀及国内外其他地区的产学研合作。

培育具有辐射功能的支柱性新动能。随着京津冀协同发展的不断推进与产业结构调整的不断深入，三地新旧动能转换速度不断加快，对于新动能的投资不断加大。从京津冀三地分行业投资来看，北京与天津工业投资主要集中在先进制造业领域，河北分行业投资比较分散，不利于支柱性新动能的培育，以及支柱性产业带动作用的提升。

避免先进制造业产业同构化。从京津冀三地未来重点发展的产业类型来看，三地发展的重点——先进制造业行业具有一定的重复性，应发挥三地产业优势，在产业链环节上有所侧重，不仅要在传统产业上加强合作，更应在先进制造业领域加强合作，避免出现产业同构现象。

（作者：中国信息通信研究院　李贺）

第六章　欧洲中小企业集群发展的典型实例与经验启示

推动建设一批高水平的中小企业集群是《中国制造 2025》的明确要求，也是推动产业集群转型升级、提升产业链配置效率的重要路径。我们梳理了欧洲先进中小企业集群发展情况，分析了主要做法及发展经验，对培育我国世界级高水平中小企业集群发展提出如下建议：推进专业化生产、建立集群网络、降低集群融资成本、创造集群浓厚创业氛围、构建完善的集群服务机构等。

一、欧洲中小企业集群的基本情况

中小企业[31]的发展在欧洲现代工业体系中发挥着举足轻重的作用，欧洲国家将中小企业集群视为经济发展的强力引擎和创新的主要驱动力。中小企业集群是指以一个主导产业为核心的相关产业或某特定领域内大量相互联系的中小企业及其支持机构在该区域空间内的集合，具有降低企业制度成本、促进行业协同创新、形成规模经济效益等优势，是提高中小企业国际竞争力、促进区域经济发展的重要方式。中小企业集群强调产生这种集聚经济现象的主体是中小企业，或以中型企业为龙头及核心，形成紧密相连的供应链协作关系，或是依存度较高的小企业联合形成产业集群或集团，与大型企业形成抗衡。

中小企业集群发展的类型有政府推动型、市场自发型，欧洲中小企业集群大多是以市场自发为主、政府助力高端发展为辅的发展模式。目前，中小企业集群创造了欧洲国家 39%的就业岗位和 55%的工资总额，比非产业集群企业的平均工资水平高 11%。产业集群的生产率明显高于集群外地区，欧洲产业集群企业每年新增工作岗位 0.2%，高于集群外企业 1.9 个百分点，申请的专利占欧洲国家所有专利总量的 87%[32]。中小企业产业集群培育成为欧洲各国促进中小企业发展、增强经济发展活力的重要手段，也促进了一批世界著名的中小企业产

[31] 欧洲主要国家中小企业划分标准：在法国，500 人以下为中小企业；在英国，年营业额在 4000 万欧元以下、员工少于 250 人为中小企业；在德国，从业人员小于 500 人，年营业额不到 1 亿马克为中小企业。

[32] 《欧洲中小企业产业集群渐成中坚》，中国贸易报，中国国际贸易促进委员会。

业集群涌现。

（一）“第三意大利”产业集群——“一区一品”创造中小企业王国

意大利98%以上的企业是中小企业，建立地域同业集群是中小企业快速发展的重要方式，被称之为“第三意大利”现象。“第三意大利”产业集群位于意大利东北部和中部，是以传统劳动密集型工业为特色的中小型企业集群型产业区，有序分布着大量的纺织品、家具、机械、食品、鞋等上百个细分传统产业，占意大利产业集群总数的63.4%，集群内“意大利制造”的传统产品成为意大利外贸出口的主力，“第三意大利”产业集群迅速成长为现代意大利主要的经济增长区。“第三意大利”发展的显著特点是“一区一品”，区域内中小企业大都从事同一行业的生产活动，形成专业化、集约化发展格局，并与其他区域内中小企业通过正式或非正式协议，形成联系紧密、分工明确的网络。这样，一方面有利于集中于有限的产品和过程；另一方面，有利于中小企业相互协作和补充，灵活应对消费者的多样化需求，形成“弹性专精”的生产方式。

（二）“德国斯图加特机床产业集群”——专业化打造“隐形冠军”

德国制造业之所以能够冠绝世界，真正的支柱在于其富有活力的中小企业集群，特别是一大批拥有核心技术、极具国际竞争力的行业“隐形冠军”，在全球中型领导企业中，德国占比高达47%[33]。隐形冠军的出现与区域产业集群的发展是相伴而生的，集群发展培育了行业隐形冠军，而隐形冠军是集群崛起和发展的领头羊和引擎动力，发挥强有力的支撑和连带作用。“斯图加特机床产业集群”集合了世界上所有不同产品类型的机床中小企业，形成了世界上水平最高、规模最大、结构最为完整的机床产业集群。集群中生产专用机床的通快机床公司、生产车磨负荷中心的因代克斯公司等，大多是行业的领导者。斯图加特机床产业集群的一大特点是技术专业化，每家企业通常专注于某两三种机床的生产，通过把世界上最有竞争力的技术聚集在一起，采取“技术驱动、品质占领市场”战略，凭借先进的技术和优良的工艺保持行业垄断地位。

---

[33] 德国中小企业对华投资现状及趋势，中华人民共和国商务部网站。

（三）法国“通信安全软件竞争力集群”——“企业+实验室”提升创新水平

法国东南方普罗旺斯—阿尔卑斯—蓝色海岸大区作为“通信安全软件竞争力集群”，是中小企业集群发展最为出色的区域，被评为法国最重要的 7 个世界型的竞争力集群之一。该竞争力集群由马赛及尼斯两个产业集群组成，有 250 家以上企业、大学与研究机构等组织，其中 75%来自于中小企业，以微电子、软件、多媒体及电信产业发展为主[34]。20 世纪初，法国政府发起“竞争力集群”计划，采取“企业+实验室”创新模式，通过特定产业相关的大企业、研究所/实验室与中小企业联合研发，以共同市场或科研领域为基础，快速提升中小企业创新能力，加速行业内科技成果转化和资源共享，提高产业集群竞争力，最终提高法国工业的国际竞争力。

二、欧洲中小企业集群的做法和经验

（一）专业化生产是集群企业紧密合作的关键

欧洲中小企业集群内企业对产业链及生产过程进行拆分，并专注于部分领域及环节的生产，彼此分工合作，降低了企业生产成本、提升了专业化水平。“第三意大利”“德国斯图加特机床产业集群”内的大部分中小企业进行专业化的中间性生产，大大节省了库存、贸易等常规成本。在专业性的产业集群内，专业技能已成为隐性非物质资本，企业雇佣专业技能高、工作效率高的工人不会额外增加劳动成本，不仅降低了企业成本，还形成了专业技术网络效应，提升了专业化水平。

（二）健全区域社会网络是集群发展的核心

欧洲强调产业集群内社会网络的建立，推进中小企业之间紧密的产业网络关系是集群蓬勃发展的核心。法国竞争力集群支持中小企业与高校、区域创新集群形成联盟网络，促进集群内企业加强沟通与合作，协调发展。德国“中小企业—网络 C”（KMU-Net C）是促进集群企业合作研究项目，通过区域创新集

[34]《法国软件产业竞争力集群对我国中小企业集群的启示》，经济体制改革，2016(4): 180-185。

群和网络组织，支持集群内中小企业合作研究，促进共同申请研发项目。稠密的服务网提高了集群整体实力，降低了企业经营成本，如“第三意大利”集群内，多家中小企业联合创立了联合采购合作社、销售联合体、融资担保联合体等服务组织，解决了许多微型企业和初创型小企业面临的一些实际问题，而且降低了至少50%的成本。

（三）构建良好的集群文化环境是发展的基础

良好的创新和商业文化氛围有利于集群成长。法国“通信安全软件竞争力集群”为营造创新氛围，促进展开各种交流活动，如索菲亚咖啡每月针对不同主题（如通信专利、科技政策）举办交流会，促进跨领域、跨国籍知识交流，帮助企业在短时间内获得有用信息，营造无形的社会关系网络。“第三意大利”集群拥有良好的商业文化，集群内形成了非正式但被广泛接受的社会和商业规则规范，促进了企业之间的有效合作与创新。

（四）加强政府为主导的中介支持是发展的保障

欧洲中小企业集群强调以政府角色为主导的中介支持，为中小企业设立产业集群发展专项资金。法国政府协助竞争力集群建立中小企业服务机构，包括向中小企业传播技术信息和技术知识，促进地区经济体系的革新进程，以政府为中介，实现中小企业的分工协作。德国融资系统形成了在混业经营基础上的多元化银行体系，由私人银行、公立银行和合作银行组成，为广大中小企业融资的是公立的储蓄银行与合作银行，它们组织分散，嵌在区域社会网络中，同地区内的企业建立了较深厚的信任关系，服务于区域经济发展。另外，欧盟提出《试点集群国际化战略》，发展集群协作平台，提供咨询服务，提升集群企业在国际市场上的竞争力；推进“欧洲集群政策压力测试”，进行集群政策评估，调整和制定新兴产业集群政策。

三、对我国建设高水平中小企业集群的启示

中小企业集群式发展是近年来我国经济发展的一个显著特点，产业集群凸

显系统优势和集体效率，成为稳增长促就业的重要力量。据不完全统计，我国销售收入超过 20 亿元的产业集群有 2530 个，主要集中在东部地区，其中，珠三角地区、环渤海地区和浙江温州最具代表性。我国以内生传统优势自发形成的企业集群主要集中在东南沿海和江浙地区，便利的货运条件及率先推行的市场化交易机制，使中小企业大量集聚，成为地方经济的重要力量。集群内部企业之间的交流互通，上下游产业间的协调联动，与“第三意大利”集群发展模式相似。例如，广州、莆田区域拥有规模不等的制鞋企业近 2500 家，企业之间协同发展，莆田的制鞋产品不仅可以满足国内的市场需求，而且能更大比例地向外输出，是当地重要的外贸出口商品。

虽然市场拉动型的集群企业起步早、成长快，并形成了一定的规模效益，但整个企业集群内部的技术创新能力依然乏善可陈，尚未形成坚固的集群网络和完善的服务体系，品牌推广能力薄弱，这与产业结构转型、探寻多元化企业增长点的大环境逐渐背离。为推动建设一批高水平的中小企业集群，推动产业转型升级，亟待引导中小企业集群式高端化发展。借鉴德国注重国际化、技术驱动的集群措施，意大利注重政府主导的服务组织，法国推动联合集群计划以及欧盟建立集群国际化联盟等集群发展经验，结合我国集群发展特点，提出如下建议。

一是制定科学有效的集群计划，因地制宜建立特色集群。以我国地方自身工业基础和产业特点为依据，选择优势地区和重点行业，以发展地方中小企业为出发点，整合企业资源，制定适宜的生产方式，重点培育“隐形冠军”潜力企业，建设符合国情的地方集群。地方政府需根据本地实情，制订科学有效的“中小企业集群发展计划”并推进落实，加强政府部门对中小企业集群的监测及政策调整。

二是推进集群发展创新模式，鼓励中小企业专业化生产。鼓励集群中的重点企业将生产过程拆分、下包给小企业，支持小企业朝专业化方向发展。设立大企业、研究所/实验室与中小企业联合研发项目，集聚先进技术，推进“企业+实验室”创新模式，使大批中小型企业参与生产环节，进入高端市场，整体提高地方中小企业群的生产活力和专业竞争力。

三是推进集群联盟建设，构建中小企业非正式网络。推进建立以企业为核心、产学研结合的中小企业集群联盟，形成非正式交流平台，并举办各种不同活动促成中小企业与其他成员间的交流，创造跨领域、跨区域的合作，积极促成集群成员合作，引介价值链上不同企业交流，形成合作伙伴关系。

四是建立信息服务共享平台，构建完善的集群服务体系。支持各级政府搭建信息服务共享平台，形成为集群内中小企业服务的咨询机构、融资机构、技术服务机构、品牌推广机构，设立中小企业集群发展专项资金，或专注某一领域提升中小企业能力。支持行业组织及商会设立中小企业服务中心、产业区俱乐部等各类服务机构，从而构成中小企业生产的上、中、下游保障体系，为企业发展提供有效的服务支持。

（作者：中国信息通信研究院　金永花）

第七章　成都市电子信息产业集群培育路径及相关启示

一、成都市电子信息产业集群发展现状

电子信息产业位列成都市先进制造业五大产业之首。2017 年，成都电子信息产业实现主营业务收入超过 6300 亿元。其中，电子信息制造业规模以上企业的工业增加值同比增长达 20.8%，实现主营业务收入 3038.7 亿元，增长 14.9%，集成电路、新型显示、网络通信、智能终端等领域已初具规模；软件及信息服务业产业规模占中西部 30%以上，占全国的 4.85%，信息安全、游戏动漫、云计算和大数据领域优势突出，是全国首批智慧城市、中西部唯一“中国软件名城”。

（一）电子信息制造业

集成电路。2017 年，成都集成电路产业实现产值 670 亿元，占全国的 12%，仅次于上海、无锡、北京、深圳等国内第一方阵城市，构建了集 IC 设计、晶圆制造、封装测试于一体的集成电路产业链。

新型显示。2017 年，成都新型显示产业实现工业总产值 218 亿元，同比增长 67.3%，占全国的 15%以上。成都拥有京东方国内首条 6 代柔性 AMOLED 面板生产线量产领先优势，并吸引、聚集上下游配套企业，成为我国新型显示产业发展的重要一极。

网络通信。2017 年 1～11 月，成都网络通信产业累积工业总产值为 491.93 亿元。拥有富通、迈普、康宁、莫仕连接器、天邑康和等重点企业，摩托罗拉、诺基亚、爱立信、华为、中兴、大唐等知名企业研发机构。启动并建成了国际直达专用电路、国家级互联网骨干直联点、传输网 IPv6 改造等一大批重大信息基础设施项目。有全球最大的 5G 测试外场，计划 2020 年实现 5G 正式商用。

智能终端。2016 年，成都智能终端产业产值为 1740 亿元，生产微型计算机设备 5936.5 万台，手机 1391.6 万台。聚集了以成都欧珀移动通信有限公司和锤子科技为代表的智能手机生产商。鸿富锦全年生产包括 iPad、笔记本电脑在内

的电子产品超过 2300 万台，实现产值 773.96 亿元。极米科技的无屏电视全球出货量累计超过 30 万台，家庭智能微投市场全球排名第一。

（二）软件及信息服务业

信息安全。作为国家重点布局的网络安全产业化三大基地之一，成都是国内重要的网络安全科学研究、产品研发和人才培养的基地，占全国的市场份额超过 1/5，网络安全企业主营业务收入连续五年保持 20%以上增长。2017 年，成都网络与信息安全产业实现营业收入 357.59 亿元、同比增加 27.24%。

游戏动漫。2017 年，成都 75 家营业收入 100 万元以上的游戏企业实现营业总收入 261.6 亿元，游戏企业增速全国第一，研发占比全国第一，培育了炎龙科技、尼毕鲁、天象互动等一批垂直化、平台化发展企业，现已形成国内具有比较优势的泛娱乐生态系统，成为中国游戏产业重要的研发基地。

云计算和大数据。成都拥有中国移动、中国联通、中国电信三大运营商和曙光、万国数据、锐云科技等重点企业，在虚拟化技术、视频协同、云安全等方面具有较强实力。服务应用广泛，建成三大政府基础数据库、成都工业云平台、社区便民服务云平台、“天虎云商”电子商务平台、智能交通出行服务云平台、全媒体数据分析平台系统等 40 多个试点示范项目，产业集群效应初步显现。

二、成都市电子信息产业集群发展的做法和经验

（一）把自主创新作为成都电子信息产业的原生动力

2015 年 6 月，国务院批复同意成都高新区建设国家自主创新示范区，这是国家批复的第 8 个、西部首个国家自主创新示范区，成都市也将自主创新作为推动电子信息产业发展的原生动力，通过校地合作、军民融合、企业培育等多种模式，提升区域科研创新能力。

校地合作方面，成都拥有电子科技大学、四川大学、成都信息工程大学等本地高校，其中成都市围绕电子科技大学全面实施“一校一带”行动计划，以培育基地、孵化器、加速器、产业园为四级业态，打造环高校知识经济圈基地，聚焦电子信息领域的科学技术研究和成果转化，已建成集成电路研究中心、大

数据研究中心等 12 个特色研究中心，有效提升了电子信息研发实验能力。

军民融合方面，成都市积极发挥中华人民共和国成立初期国家规划布局的三大电子工业基地优势，推动中国电子科技集团公司 10 所、29 所、30 所等大院大所和亚光、锦电等军工电子企业率先迈出军民融合步伐，如 30 所下属的中国电子科技网络信息安全有限公司，现已发展成为我国具有主导地位的信息安全产业龙头企业、国家网络空间战略安全的核心力量。

企业培育方面，2017 年成都市召开新经济发展大会，明确提出“加快发展新经济、培育新动能”“培育扶持一批独角兽企业”。极米科技是成都本土培育的新经济企业代表，2012 年在成都成立，2014 年在市场率先开创“无屏电视”这一全新品类，2015 年极米出货量超过传统国际巨头 LG，成为又一个领跑世界的中国自主创新品牌。为助推包括极米科技在内的新经济企业快速成长，2017 年成都市出台《关于营造新生态发展新经济培育新动能的意见》，从优化政府服务方式、培育新经济应用场景等多个政策维度大力支持企业自主创新、加快发展。

（二）把项目引进作为成都电子信息产业的规模支撑

目前，中国已形成多个电子信息产业集群，其共同特征就是前期均为嵌入性产业，产业集群发展与招商引资之间存在明显关联。近 20 年来，成都紧紧抓住电子信息产业由国外向国内转移、再由沿海向内陆转移的战略机遇，通过构建政策洼地、提供优质服务，打造良好的产业发展环境，聚集了英特尔、IBM、华为、德州仪器、格罗方德、紫光、京东方、戴尔、西门子等多家世界 500 强和行业龙头公司。2017 年成都市电子信息产品制造业 39 个亿元以上重大项目总投资规模达 1900.3 亿元，实际完成投资 335.8 亿元，占全年计划的 138.6%，当前成都正在重点推进成都海光、成都格芯、紫光存储等重大项目建设。

成都海光通过与 AMD 合作，进行自主、可信、安全的通用服务器 X86 CPU 芯片的研发设计及产业化，第一代芯片性能指标优于英特尔同级别处理器，已流片即将量产；成都格芯项目将建设全国首条 22FDX 工艺 12 英寸晶圆生产线，致力于低功耗物联网等芯片的研发，随着物联网技术的进一步普及，未来市场前景广阔；紫光 IC 国际城项目计划建成国内领先的存储和逻辑芯片代工产线以及芯片研发设计中心，以上电子信息重大项目建成后，成都在国家电子信息产业格局中的战略地位将被重新定义。

（三）把“一芯一屏”作为成都电子信息产业的突破方向

以高端芯片为代表的集成电路产业和以新型显示为代表的核心器件产业技术密集、应用面广，几乎涉及智能硬件、网络通信、物联网、软件服务业等所有电子信息产品及服务。然而，“缺芯少屏”一直是制约我国电子信息产业发展的关键瓶颈，集成电路已成为我国进口量最大的单一大宗商品，新型显示国产化率一度不足 5%，破解这一瓶颈既是国家发展战略，也是电子信息行业的期待。成都主动思考、积极作为，力图站在国家产业布局的战略高度，在服务国家产业振兴过程中选准产业突破口，实现产业跨越式发展，为国家产业振兴贡献成都力量，将“一芯一屏”作为成都市发展电子信息的突破方向。

成都市集成电路产业在中西部具有领先优势，其服务器 CPU 芯片、军品芯片等设计领域在国内乃至全球占据领先地位，封装测试在西部地区规模最大、技术水平最高，材料配套环节初步形成，综合实力跻身国内前列。基于集成电路产业战略意义及良好产业基础，成都明确提出将集成电路产业作为推动战略型新兴产业发展和产业转型升级的战略重点，2018 年 3 月，成都市政府审议通过《关于进一步支持集成电路产业项目加快发展若干政策措施的意见》，提出对成都市 IC 设计企业、制造企业、封装测试企业、设备材料企业、配套服务企业、高校、科研机构等企业（单位）在集成电路流片、封测、IP 核采购等重要环节给予适度补贴，扶持集成电路产业加快发展。

成都市新型显示领域产业关键技术在全国领先，现形成了玻璃基板、背光模组等上游产业，显示屏、触控屏等中游产业，电视、手机、车载显示等下游产业的全产业链生态圈。2017 年 10 月，全球第二条、中国首条第 6 代柔性 AMOLED 面板线在成都京东方提前量产，打破了国外厂商在柔性 OLED 面板市场的垄断格局，也标志着成都已成为世界新型显示产业的重要一极。同时，成都率先引进中电熊猫 8.6 代液晶面板制造项目，它是中国首条以金属氧化物为核心技术、面向 8K 以上超高分辨率电视市场的液晶面板生产线，提前布局先进工艺将进一步推动成都市新型显示产业发展。

（四）把产业生态圈理念作为电子信息产业发展的基本思路

产业生态圈是产业集群可持续发展的重要指导思想。现代产业生态理论研究表明，产业生态圈不是企业简单地在地理位置上的集中和对公共物品的共享，而是一定区域内要素的有机排列组合，通过产业链自身配套、生产性服务配套、非生产性服务配套以及基础设施配套，从生产维、科技维、服务维、劳动维、政府维等形成产业自行调节、资源有效聚集、企业核心竞争力充分发挥的一种多维网络体系。

2017 年，成都市召开国家中心城市产业发展大会和研究产业生态圈建设专题会，四川省委常委、成都市委书记在会上强调“着力构建主题鲜明、要素可及、资源共享、协作协同、绿色循环、安居乐业的具有全球竞争优势的产业生态圈，不断提高经济发展的能级和水平，为建设全面体现新发展理念的国家中心城市夯实产业支撑”。电子信息产业是成都第一支柱产业，也是规划打造的首个万亿级产业集群，在全市经济发展全局中具有举足轻重的战略支撑作用。从产业链自身配套、生产性服务配套、非生产性服务配套以及基础设施配套 4 个维度，积极推动电子信息产业生态圈建设：产业链自身配套方面，打造“元器件—终端—应用—网络”互动互促、有机融合的电子信息产业生态链，重点做强集成电路和新型显示产业基础核心，坚持以应用需求为导向提升智能终端、软件服务产品质与量，紧跟互联网络通信升级换代步伐；生产性服务配套方面，形成资源有效聚集，促进“院校企地”协同创新，构建品牌效应显著、竞争优势突出、发展生态高效的电子信息产业创新生态体系；非生产性服务配套及基础设施配套方面，合理配置商业、医疗、教育等公共服务功能，打造功能配套完善、彰显文化风貌、体现生态宜居的产业社区。

（五）把电子信息产业功能区作为产业发展的特色载体

产业功能区的形态是“园”，内涵是“圈”，产业园区主要体现为工业厂房、物流仓库、配套设施等外在形态，产业生态圈则是各类市场主体、资源要素、功能设施的有机组合，是具有强关联的产业链、创新链、服务链和供应链，有机整合于园区这一载体。随着成都市产业生态圈建设工作的不断推进，2017 年年底，立足区域条件和产业基础，成都提出规划统筹布局建设 66 个主导产业明确、专业分工合理、差异发展鲜明的产业功能区，电子信息产业功能区就是其中的重中之重。

成都电子信息产业功能区规划总面积为 121.4 平方公里，其中郫都区 78.4

平方公里，高新西区43平方公里。通过加强生态圈跨行政区政府合作，形成紧密合作的建设机制，建立统一规划、资源共享、合作开发的机制，对重大基础设施统筹安排，加强区域生态联系。紧扣建设电子信息产业生态圈和高品质宜居生活城市两个逻辑起点，加快建成产业特色鲜明，区域边界清晰，体制机制专业，功能配套完善，区域识别突出，生产、生活、生态“三生融合”的电子信息产业功能区。电子信息产业功能区确立清晰的发展目标，以实现“中国新硅谷，国际花园城”的战略定位。根据中远期目标，电子信息产业功能区产业规模到2022年达到7000亿元，到2035年达到17 000亿元。重点领域方面，成都市立足产业发展优势、着力培育新经济业态，明确聚焦集成电路、新型显示、智能终端、网络通信、新经济五大主导产业，推动区域资源有效供给、做大做强优势领域。同时，成都市创新产业园区建设思路，立足空间、产业、要素融合，以“人城产”逻辑思考产业功能区建设，把生产和生活统筹起来，坚持人文标准、人本逻辑、人性尺度，根据电子信息产业人才的特定偏好，将电子信息产业功能区建设成为集研发、生产、居住、消费、人文、生态等多种功能为一体的城市新型社区。

三、成都市电子信息产业集群培育的相关启示

当前，全球电子信息产业发展环境发生明显变化。产业竞争的核心从要素之争转变为生态之争，产业集群培育已经升华为产业生态圈建设，产业生态优势成为区域竞争的新优势。产业生态圈的构建是市场自发行为和政府自觉行为的有机统一。在市场机制的自发作用下，产业生态圈的微观构成主体，遵循优位效益原理散布于各个优势区位，在区域空间上表现为若干孤环、断链和短链。政府基于宏观调控的需要和地区权益的推动在区内接通断链，跨区域延伸产业链，形成产业生态圈。成都市培育电子信息产业集群正是与时俱进、探索研究的一个过程，总结起来有如下启示。

（一）具有产业链带动与供应链整合能力的项目是产业集群培育的着力点

从生产维上来说，构建产业生态圈需要在区域聚集相互依存、相互协作的

企业。产业生态圈的形成是个长期过程，龙头企业、骨干企业的成长与发展，相关企业群体的集聚与发展是其必经阶段。实际上，先有大型企业，在其基础上寻求大量中小企业作为配套，由此形成的龙头企业和配套企业之间密切合作的纵向分布产业集群是相对最为稳定、生命力最强的生态圈形式。成都在培养产业集群过程中，运用“龙头企业主导”模式，以关键项目引进为着力点，围绕重大项目，问需龙头企业，对其产业链、供应链所需配套环节实施精准招商，对缺失、不足环节专项支持引进。通过海光、格芯、紫光等项目，带动芯片设计、封装测试等产业链环节，初步建成材料配套链条，围绕龙头企业的芯片制造能力，出台政策鼓励 IC 设计、流片等，发挥外资企业技术外溢作用；围绕中电熊猫 8.6 代液晶面板项目，引进康 8.6 代玻璃基板等上游配套项目，南京熊猫 SMT 生产线、冠石科技、江友光电、世平科技等生产服务项目，冠捷科技、创维等终端应用项目，带动新型显示产业链的整合。通过发挥关键核心项目的产业链带动能力和供应链整合能力，形成有机集聚、协同共生的产业生态。

（二）加快集聚创新资源构建创新网络是产业集群培育的动力

从科技维上来说，构建区域创新网络是产业生态圈发展的永恒主题。区域创新网络具有多层次技术转移、高协调性创新等特征，是能够适应多变经济环境的动态网络。区域创新网络能够增进创新主体合作协同，整合利用创新要素资源，形成区域创新氛围，实现与外部创新体系的对接和能量互换，集成和利用区内外、国内外创新资源，迅速增强区域创新能力，推动产业结构优化升级和产业生态集群发展。

构建区域创新网络可以从主体、功能、环境三大要素着手。成都在发展电子信息产业过程中高度重视整合创新资源，构建创新网络。一方面，推动“校院所+产城”发展的模式，将电子科技大学纳入电子信息产业功能区规划，实施“一校一带”，围绕高校建成多个特色研究中心，支持校企合作互动，使电子科技大学成为功能区创新成果的重要发轫地和创新创业企业孵化器；另一方面，积极推动军工电子企业军民融合，培育扶持具有行业领导力的本土创新型企业，招引技术前沿项目，形成创新企业梯队。由此为区域创新网络集聚了多样化的主体要素，并使之在功能上实现整合。环境要素方面，提供良好的创新基础设施、生活环境、政策保障，创造了良好创新环境。不断集聚区域创新要素，构建开放式创新网络，使产业创新由初始创新、离散创新向整合创新、集群创新转变。提高创新能力，从而提高全要素生产力，为推动产业发展提供源源不断的动力。

（三）以人本需求为导向配置生产生活要素是产业集群培育的关键所在

根据波特的产业集群竞争力钻石模型，生产要素分为初级生产要素和高级生产要素。其中以现代化通信的基础设施、高等教育人力及大学研究所等为代表的高级生产要素是产业集群竞争优势培养的关键。因此，成都围绕电子信息产业人才等高级生产要素，创造性地将“产城人”传统思路转变为“人城产”新逻辑，聚焦人本需求、产业需求，强化生产要素集聚和生活场景建设，着力建设满足电子信息产业人才的软硬件环境。首先围绕人力资源需求完善高端生活功能，对电子信息产业人群、居住人群的个性化需求开展调查研究，尤其是对产业发展的科技领军人物、企业家、产业人才、生活习性进行了解，以人力资源全生命周期需求为目标，根据特定人群偏好，合理布局教育、医疗、商务、文体、休闲娱乐、康养等生活设施。其次围绕电子信息产业个性需求，完善生产功能，深入研究企业生产活动的个性化需求、基础设施需求，以产业全生命周期为目标，基于电子信息产业特征，建设一批不可复制、不可替代的保障设施。

（作者：成都市工业经济发展研究中心　高芸　严苗　冯琦杰）

第八章 关于我国绿色制造业发展效果及布局的思考

本章从工业增加值耗能、工业固体废弃物综合利用、工业污染物排放 3 个方面，总结了工业绿色发展的效果，并从园区、工厂、产品 3 个维度，分析了绿色制造业布局特点，并针对发展效果与布局特点，提出了关于未来我国制造业绿色发展的对策建议。

绿色发展作为推动我国制造业转型升级的重要理念，受到了政府及企业界的高度重视，为推进工业高质量发展奠定了基础，尤其在节能降耗、综合利用、减少排放方面，取得了良好效果，绿色制造业布局也逐渐完善。

一、我国工业绿色发展效果

（一）工业增加值耗能逐年下降

近年来，万元工业增加值能耗逐年降低，说明工业企业在能源利用效率方面取得了较好成绩。从万元工业增加值耗能来看（如图 37 所示），2010—2013 年期间，万元工业增加值能耗逐年降低，万元工业增加值能耗在连续两年增长后，于 2016 年开始呈下降趋势，并达到了 2010 年以来的最低水平，2017 年万元工业增加值能耗为 1.60 吨标准煤。从重点耗能工业企业来看，单位烧碱综合能耗下降 0.3%，吨水泥综合能耗下降 0.1%，吨钢综合能耗下降 0.9%，吨粗铜综合能耗下降 4.8%，每千瓦时火力发电标准煤能耗下降 0.8%。

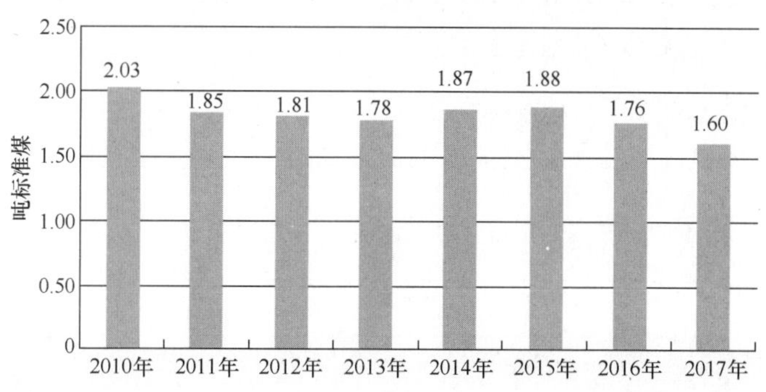

图 37 万元工业增加值耗能变化（数据来源：国民经济和社会发展统计公报（2010—2017 年））

从工业用水方面来看（如图 38 所示），2010 年以来万元工业增加值用水量呈现逐年降低的趋势，2017 年与 2010 年相比，用水量下降了 53%左右。从工业用水增长率来看，2016 年开始呈现负增长状态，2016 年比前一年下降了 0.4%，2017 年较 2016 年下降了 0.2%。以上数据说明，工业企业比较重视节水工艺的引入与提升。

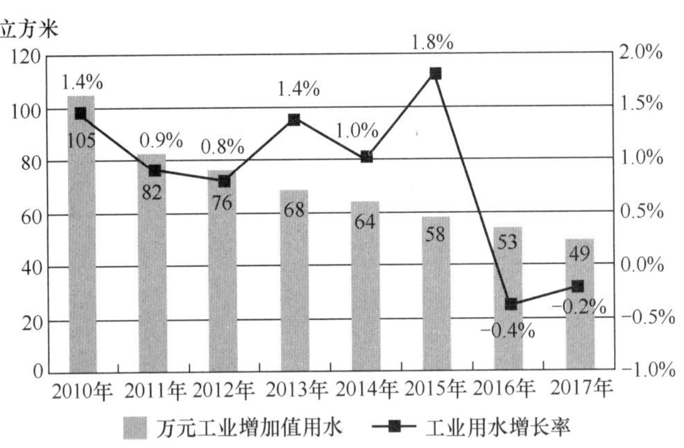

图 38　工业用水变化（数据来源：国民经济和社会发展统计公报（2010—2017 年））

（二）工业固体废弃物综合利用效果显著

从工业固体废弃物资源综合利用率变化来看（如图 39 所示），2011 年以后呈现逐年下降的趋势，2015 年工业固体废弃物综合利用率达到了 60.3%。在再生资源综合利用领域，政府也出台了一系列相关措施，旨在推进重点领域固体废弃物综合利用率的提升。从 2016 年处理利用情况来看（如图 40 所示），2016 年产生量为 309 210 万吨，2015 年贮存量为 58 365 万吨，2016 年一般固体废弃物总量为 367 575 万吨；2016 年综合利用量为 184 096 万吨，占总量的 50.1%；处置量为 65 522 万吨，占总量的 17.8%；贮存量为 62 599 万吨，占总量的 17%；丢弃量为 32.3 万吨。

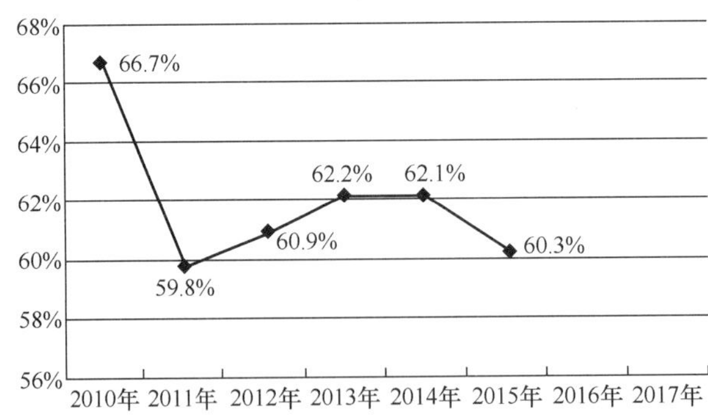

图 39　工业固体废弃物综合利用率变化（数据来源：中国环境统计年鉴（2010—2017 年））

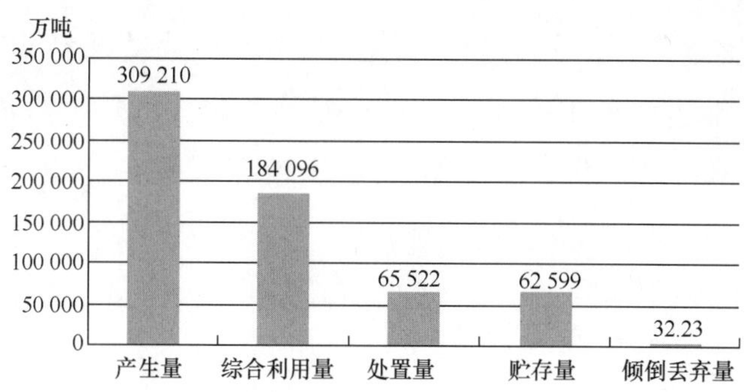

图 40　2016 年一般工业固体废弃物处置利用情况（数据来源：中国统计年鉴（2016））

从重点领域再生资源综合利用目标来看（见表 29），主要涉及废钢铁、废有色金属、废塑料、废纸、废旧轮胎、废弃电器电子产品、报废机动车、废旧纺织品。

表 29　重点领域再生资源综合利用目标

领域	2020 年目标
废钢铁	废钢消耗量达 1.5 亿吨
废有色金属	废有色金属利用规模达到 1800 万吨，其中再生铜 440 万吨，再生铝 900 万吨，再生铅 250 万吨，再生锌 210 万吨
废塑料	国内产生的废塑料回收利用规模达到 2300 万吨
废纸	国内废纸回收利用规模达到 5500 万吨，国内废纸回收利用率达到 50%
废旧轮胎	废轮胎回收环保达标利用规模达到 850 万吨，轮胎翻新率达到 8%～10%
废弃电器电子产品	废弃电器电子产品回收利用量达到 6.9 亿台
报废机动车	报废机动车再生利用率达到 95%
废旧纺织品	废旧纺织品综合利用总量达到 900 万吨

资料来源：《工业和信息化部　商务部　科技部关于加快推进再生资源产业发展的指导意见》工信部联节〔2016〕440 号。

（三）工业污染物排放呈递减趋势

从工业废水排放量变化来看（如图 41 所示），2010 年以来，工业废水排放量呈现下降趋势，2015 年工业废水排放总量较 2010 年下降了 16%，化学需氧量较 2010 年下降了约 32.5%，氨氮较 2010 年下降了约 20.5%。说明工业企业在减少废水排放方面，取得了良好效果。

从工业废气排放总量变化来看（如图 42 所示），工业废气排放总量变化趋势呈现增长与下降并存态势，2015 年工业废气排放总量为 685 190 亿立方米。从重点废气污染物排放量变化来看（如图 43 所示），2011 年以来，二氧化硫与氮氧化物均呈现出逐年下降的趋势，而烟（粉）尘排放量则自 2012 年下降以来，逐年递增，2014 年达到了 1456.1 万吨。2015 年烟（粉）尘排放量为 1232.6 万吨，较 2014 年下降了约 15.3%，但仍然处于较高水平。

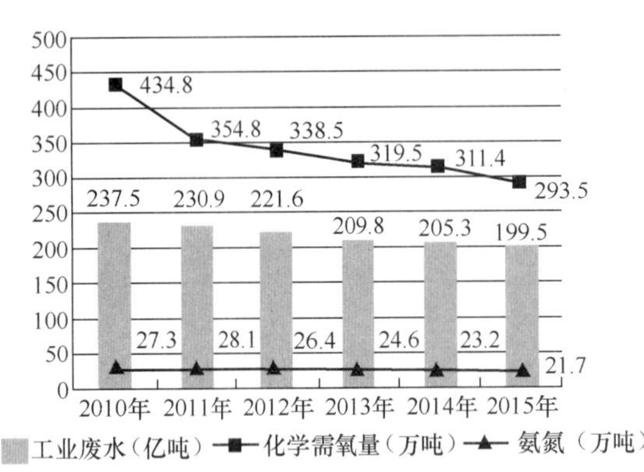

图 41　工业废水排放量变化

（数据来源：中国环境统计年鉴（2010—2015 年））

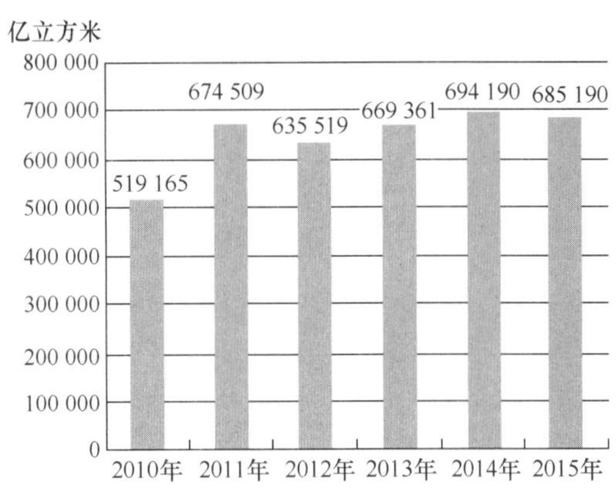

图 42　工业废气排放总量变化

（数据来源：中国环境统计年鉴（2010—2015 年））

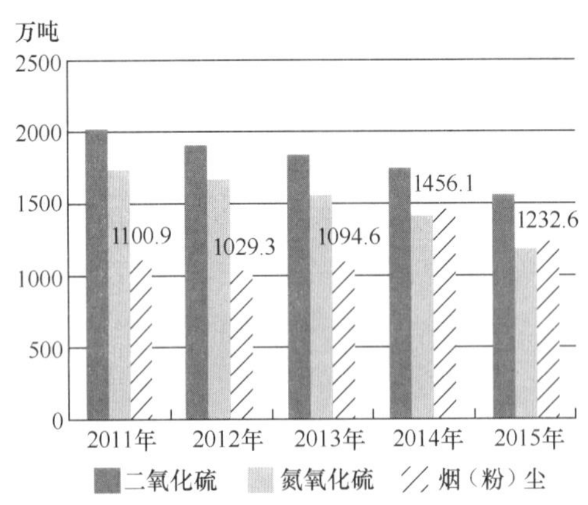

图 43　重点废气污染物排放量变化（数据来源：中国环境统计年鉴（2010—2015 年））

从治理废水与废气项目完成投资来看（如图 44 所示），2014 年治理废水项目完成投资达到了峰值（789.4 亿元），之后呈现下降趋势，2016 年投资有所回升（561.5 亿元），投资减少说明工业废水治理取得了阶段性成效，2016 年有所增加，与环保部大督查以及地方政府对污染治理的重视息息相关。废气治理方面，2011 年以来，一直呈现下降的趋势，从工业废气治理忽好忽坏的效果来看，工业废气治理项目投资有待提高。

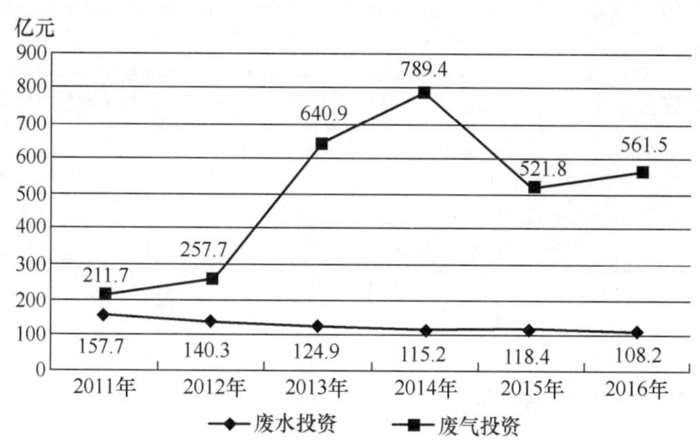

图 44　治理废水与废气项目完成投资变化（数据来源：国家统计局）

二、我国绿色制造业布局

工业绿色发展效果的提升，得益于我国绿色制造业发展体系的不断完善，为完善绿色制造业布局，推动绿色产品开发设计，工业和信息化部已经公布两批绿色制造示范名单，进一步完善了我国绿色制造业布局。

（一）绿色制造园区分布

绿色制造园区建设已经取得了阶段性进展，产业集聚效应初显。从绿色制造园区分布来看(见表 30),绿色制造业集聚区主要集中在长三角及其周边地区。就单个省（市、区）而言，江苏省的绿色制造园区最多，而作为工业大省的广东省则仅有一个，宁夏的绿色制造业园区也较多，为 5 个。没有绿色制造园区分布的省（市、区）有黑龙江、辽宁、北京、陕西、湖北、西藏、福建。

表 30　绿色制造园区分布

地区	个数（个）	地区	个数（个）	地区	个数（个）
江苏	7	吉林	2	江西	1
宁夏	5	上海	1	广东	1
内蒙古	3	浙江	1	重庆	1
安徽	3	广西	1	海南	1
山东	3	四川	1		
河南	2	陕西	1		
湖南	2	青海	1		

续表

地区	个数（个）	地区	个数（个）	地区	个数（个）
贵州	2	天津	1		
云南	2	河北	1		
新疆	2	浙江	1		

资料来源：工业和信息化部节能与综合利用司。

（二）绿色制造工厂分布

从绿色制造工厂分布来看（见表 31），绿色制造工厂分布最多的为广东省（59 个），其次是江苏省（49 个），第三位的是山东省（42 个），第四位的是安徽省（32 个），其他省份的绿色制造工厂数均在 30 个以下。根据绿色制造园区分布与绿色制造工厂分布的对比来看，绿色制造园区与绿色制造工厂分布并不完全统一，说明绿色制造园区内企业工厂的绿色化程度有待提升。此外，从绿色制造工厂行业分布来看（如图 45 所示），绿色制造工厂行业主要集中在电子（20%）、化工（13%）、机械（11%），这 3 个行业占比在 44%左右，其他行业均在 10%以下。从绿色制造工厂行业分布与工厂分布情况来看，一个地区的绿色制造工厂分布与该地区支柱产业类型较为一致。

表 31　　绿色制造工厂分布

地区	总数（个）	地区	总数（个）	地区	总数（个）
广东	59	内蒙古	11	广西	6
江苏	49	四川	11	福建	5
山东	42	吉林	10	山西	4
安徽	32	重庆	10	上海	4
河北	23	辽宁	9	黑龙江	3
新疆	21	云南	8	海南	3
浙江	20	湖北	7	贵州	3
湖南	15	陕西	7	青海	3
江西	13	宁夏	7	河南	10
北京	12	天津	6	甘肃	2

数据来源：工业和信息化部节能与综合利用司。

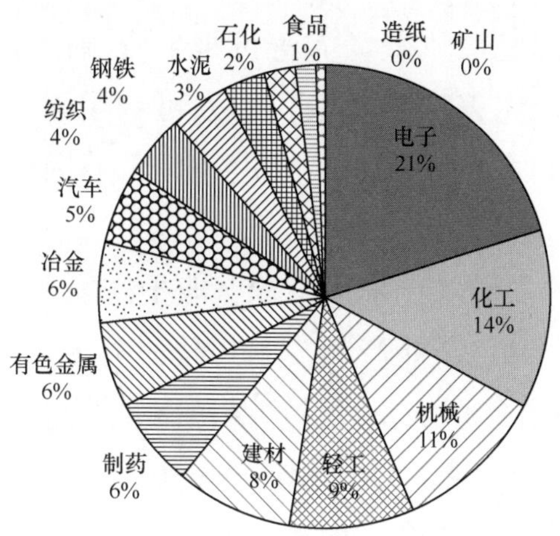

图 45　绿色制造工厂行业分布（数据来源：工业和信息化部节能与综合利用司）

（三）绿色设计产品分布

从绿色设计产品类别及分布来看（如图 46 所示），第一批与第二批绿色设计产品示范总计 246 种，主要集中在日常生活用品领域。其中，家用电冰箱最多（103 种），其次是家用洗涤剂（58 种）、电动洗衣机（27 种）、可降解塑料（16 种）、房间空气调节器（12 种）。其他产品均在 10 种以下。

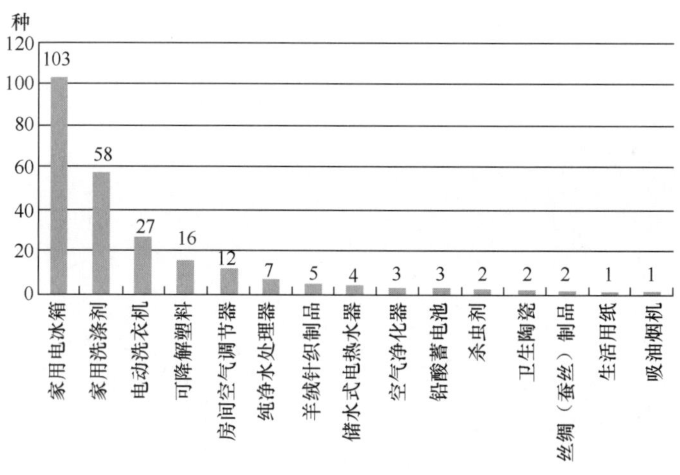

图 46　绿色设计产品分布（数据来源：工业和信息化部节能与综合利用司）

三、对策建议

推动再生资源利用率不断提升。加大力度不断完善重点领域再生资源利用政策，提升可再生资源制品质量，完善可再生资源回收流程并提高可再生资源技术及工艺。另外，完善产业链条，引入可利用固体废弃物进行生产的企业，促进固体废弃物的多元化利用，推进一般工业固体废弃物综合利用率的提升。

重视绿色制造业的发展。在推进工业企业生产绿色化的同时，鼓励企业开发绿色节能技术，生产绿色节能产品，尤其鼓励企业大力发展节能环保装备，补足产业链短板。另外，拓展绿色设计产品范围，提高绿色设计产品环保性能，对购买绿色设计产品的消费者，给予相应的补贴。

完善绿色园区循环体系建设。加强园区内企业绿色制造工厂建设，提高企业绿色生产水平，推动非支柱型产业绿色制造工厂建设。不断完善园区内污水处理厂、垃圾处理厂等污染物处理基础设施建设，提高园区污染物处理水平，同时搭建企业与企业间的循环利用纽带，实现园区的绿色循环发展。

（作者：中国信息通信研究院　李贺）

第九章　我国新能源汽车产业的演进特征及趋势

以 2011—2017 年新能源汽车产业链数据为依据，分析认为我国新能源汽车在产业分布、产业链形态、市场和产品竞争等方面呈现出由爆发增长到调整提升的发展特征。从趋势上看，各地加快发展步伐，产能过剩风险初显；开放型生态加深全链条合作，封闭型生态面临转型压力；跨界企业和外资品牌加剧市场竞争，自主品牌亟需创新发展；企业积极推动技术升级，核心技术指标亟待有效突破。为此，提出以下建议：一是加强规划指导，引导差异化布局；二是鼓励产业链协同合作创新，提升产业核心竞争力；三是推动政策驱动向市场、技术和创新驱动转变，构筑产业竞争新优势。

一、我国新能源汽车产业的演进特征

在经历了 2014 年和 2015 年产量同比增速超过 300%的爆发式增长后，我国新能源汽车产业规模增速有所放缓，2016 年和 2017 年产量分别同比增长 51.7%和 53.8%。整车及“三电”（即电池、电机、电控）产业链数据显示，我国新能源汽车在产业分布、产业链形态、市场和产品竞争等方面呈现出由爆发增长到调整提升的发展特征。

（一）从整车产业分布看，集中度趋于稳定，优势区域基本确立

产业布局快速扩张。2011—2017 年，我国新能源汽车的主要生产省份[35]由 9 个快速增长为 25 个。区域集中度保持高位。新能源汽车整车产量排名前十的省份占比有所下降，但仍接近 80%（如图 47 所示），其中乘用车和客车排名前十的省份占比分别达到 91.7%、88.8%。优势区域初步形成。2015—2017 年，安徽、北京、广东、湖北、江西、浙江均连续三年进入全国产量前十；由长三角（浙、苏、沪）、珠三角（粤）、京津（京、津）、中部集群（湘、鄂、赣、豫）、西部

[35] 主要生产省份，指产量大于 100 辆的省份。

集群（陕、川、渝）构成的五大集群基本形成。2017年，北京成为首个新能源汽车产量突破十万量级的省（市、自治区）（如图48所示）。

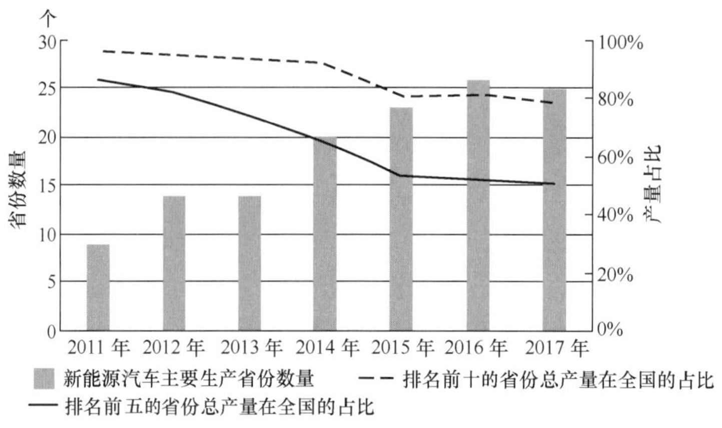

图47　2011—2017年新能源汽车区域集中度变化

（数据来源：根据机动车整车出厂合格证统计，中国信息通信研究院整理）

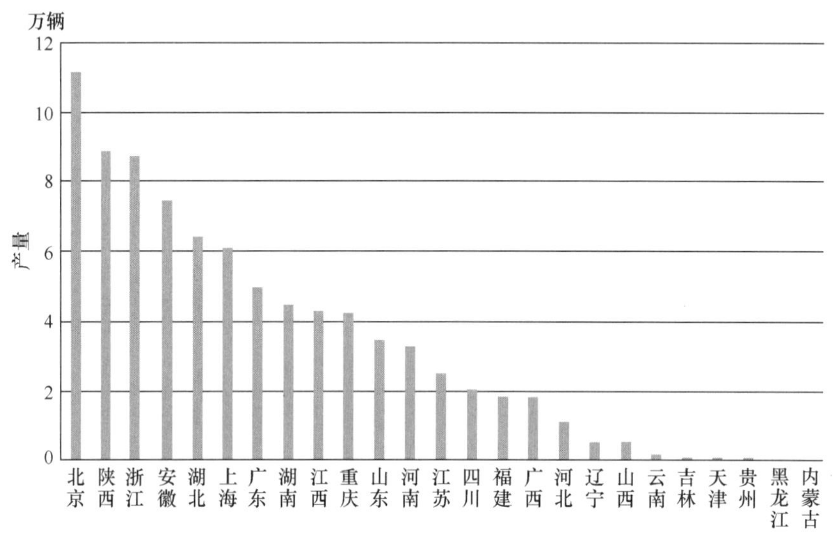

图48　2017年各省（市、区）新能源汽车产量排名

（数据来源：根据机动车整车出厂合格证统计，中国信息通信研究院整理）

（二）从产业链看，供应网络建构成型，电池企业地位更加突出

由整车厂牵头、“三电”供应商参与的零部件供应链网络发展迅速。以纯电动乘用车为例，2011—2017年，年配套量超过500辆的供应关系由10对增长到350对，涉及企业由15家上升到242家（如图49所示）。

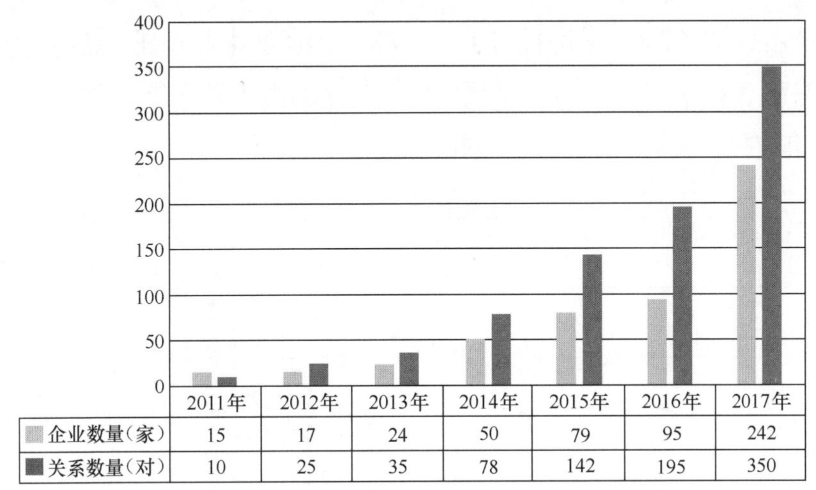

	2011年	2012年	2013年	2014年	2015年	2016年	2017年
企业数量（家）	15	17	24	50	79	95	242
关系数量（对）	10	25	35	78	142	195	350

图 49 2011—2017 年纯电动乘用车整车和零部件企业、关系数量变化

（数据来源：根据机动车整车出厂合格证统计，中国信息通信研究院整理）

封闭型与开放型两种产业生态并存。封闭型生态以比亚迪为代表，核心零部件自主供应实力较强，“三电”产品均实现自给自足，且仅供应自身整车厂。开放型生态以吉利、江南（众泰）为代表，零部件主要通过外购获得。

动力电池企业地位更加突出。一是相比其他零部件，动力电池供货商数量较少。2017 年，动力电池单体企业与车企的数量比为 0.51：1，总成企业与车企的数量比为 0.84：1；而电机和电控供货商与车企的数量比分别为 0.94：1 和 0.87：1；且 2011—2017 年，电池供货商与电机、电控供货商在这一比例上的差距逐渐被拉大（如图 50 所示）。二是具有技术、品牌和规模优势的电池企业不断巩固市场优势。如在 2017 年第 12 批推广车型目录中，宁德时代为 62 款新能源客车中的 40 款和 30 款新能源乘用车中的 7 款提供电池配套。

（三）从竞争格局看，企业优胜劣汰，细分领域逐步分化

市场竞争加速产业调整。在新企业不断进入市场的同时，部分企业在竞争中退出市场。以 2015 年企业名录为基准，其中约有 20%的整车企业未出现在 2017 年企业名录中，33%的零部件企业未出现在 2017 年供应关系中。

整车细分市场不断分化，核心零部件向优势企业集中。2015—2017 年，市场化竞争加剧使得新能源乘用车市场集中度持续下降，排名前十的企业产量占比由 94.6%下降到 76.4%；而客车领域龙头企业市场占有率相对稳固，排名前十

的企业产量占比由 67.8%缓慢提高到 69.9%。电池单体和电池总成企业市场集中度呈上升态势，排名前十的企业配套量占比分别由 2015 年的 62.0%、59.5%提升到 2017 年的 69.6%、62.6%（如图 51 所示）。

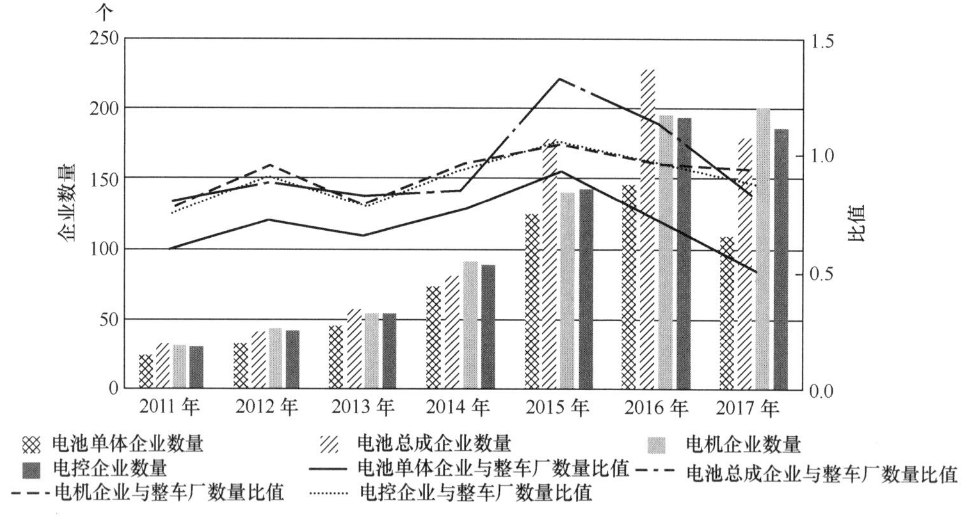

图 50 2011—2017 年整车企业与动力电池、电机、电控企业的数量关系

（数据来源：根据机动车整车出厂合格证统计，中国信息通信研究院整理）

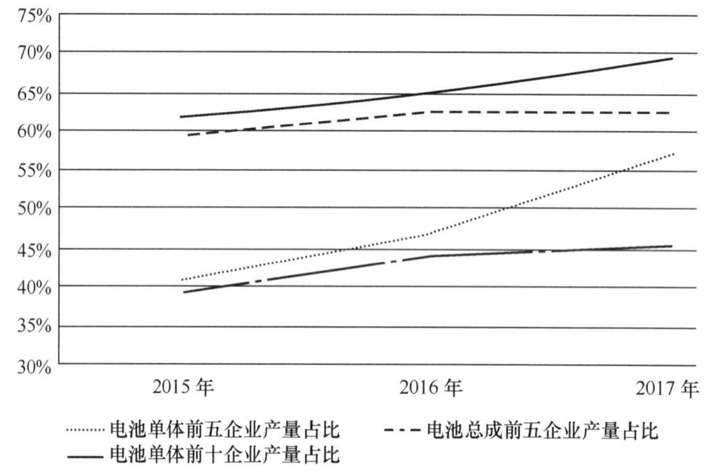

图 51 2015—2017 年电池单体、电池总成企业市场集中度变化情况

（数据来源：根据机动车整车出厂合格证统计，中国信息通信研究院整理）

（四）从产品进化看，推荐标准不断提高，车企积极升级改造

从续驶里程上看，2017 年第 11 批和第 12 批目录纯电动乘用车型平均续驶里程分别达到 247km 和 263km，续驶里程在 250km 以上的比例分别达到 55.5%

和 80.0%，远高于年初第一批目录的这一比例（31.1%）。从能量密度上来看，第 11 批和第 12 批目录平均能量密度分别达到 127Wh/kg 和 130Wh/kg，其中 140Wh/kg 以上占比从第 11 批的 7.4%提升至第 12 批的 40%。表明企业积极推进技术升级改造以满足新规要求。

2017 年第 11 批、第 12 批推荐车型续驶里程情况如图 52 所示。

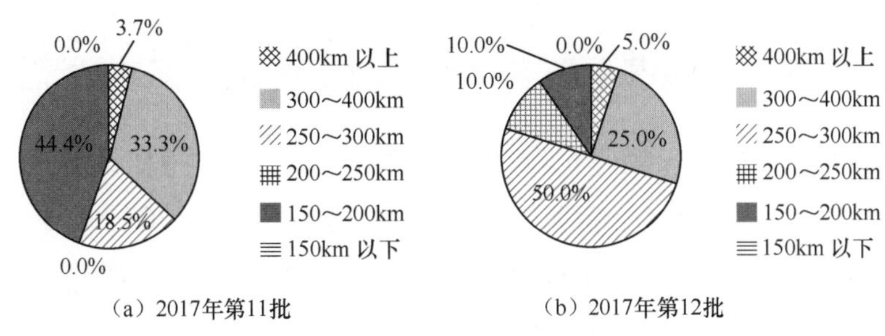

图 52　2017 年第 11 批、第 12 批推荐车型续驶里程情况

（数据来源：工业和信息化部，中国信息通信研究院整理）

二、产业发展趋势

近年来，我国新能源汽车产业政策不断调整和完善，更加强调市场主导和政府引导的作用。随着国补的退坡、推荐车型目录的标准不断提高，以及代表新能源汽车行业长效发展机制的积分制的推出，行业逐渐告别普惠式发展，政策和资源加速向优质供给倾斜，新能源汽车企业优胜劣汰提速，产业发展呈现出新的发展趋势。

（一）各地加快发展步伐，产能过剩风险初显

领先省份加强在技术创新、质量品牌和产业配套方面的建设，巩固竞争优势。例如，浙江规划提出突破关键共性技术，提升发展关键零部件及基础材料，将杭州建成新能源汽车研发、制造和应用示范基地；湖北提出加强本地配套能力，布局襄阳建成“中国新能源汽车之都”。后发省份依托区位优势、资源优势，加大对产业的培育和引进。例如河北抓住京津冀协同发展的机遇，支持京津冀高校、科研机构和企业在基础和前沿技术领域开展协同创新，培育壮大龙头企

业，引导产业集聚发展；云南提出利用清洁能源优势和区位优势，加快引进新能源汽车整车和关键零部件有实力企业和重大项目。各地发展热情高涨，产能过剩风险初显。《汽车产业中长期发展规划》提出到 2020 年我国新能源汽车年产销达到 200 万辆，初步统计 19 个省份在“十三五”期间的新能源汽车规划产量总计超过 700 万辆，远超国家的规划目标。在新能源汽车尚不能取代传统燃油车的情况下，各省规划存在着一定的产能过剩风险。

（二）开放型生态加深全链条合作，封闭型生态面临转型压力

生态更加开放，供应链上下游合作更加紧密。整车和零部件企业的数量和供应关系数据持续上扬，平均每家车企对应的供应关系从 2011 年的 0.67 对增长到 2017 年的 1.45 对。上下游企业在研发、采购等层面合作不断加深，供应关系更加紧密。例如，仅在 2018 年 7 月，宁德时代便与东风、华晨宝马、广汽等企业签订了战略合作协议或合约。封闭型生态承压。业内不断开放的模式使处于封闭供应链的比亚迪电池市场压力不断增大（如图 53 所示）。2017 年，比亚迪宣布将具有核心技术的动力电池业务进行拆分，开始向其他新能源汽车制造商供货。日前，比亚迪与长安汽车签署战略合作协议，共同成立动力电池合资公司，聚焦于动力电池生产、销售等业务板块。

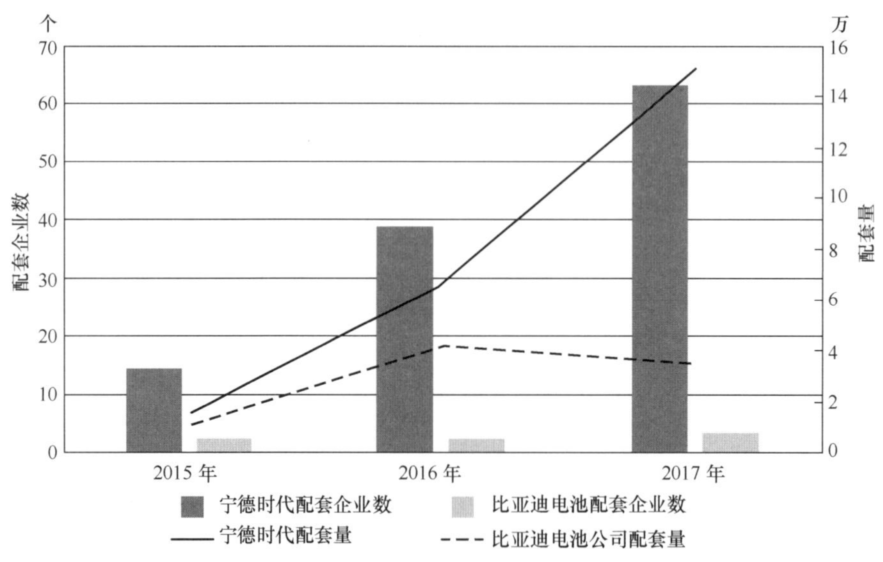

图 53　2015—2017 年宁德时代与惠州比亚迪电池单体配套情况

（数据来源：根据机动车整车出厂合格证统计，中国信息通信研究院整理）

（三）跨界企业和外资品牌加速进入，市场竞争更加激烈

市场新进入者的背景更加多元。新获得新能源汽车生产资质的15家企业中，由供应商转型的占 33.5%，现有整车厂分拆或新建的占 27%，中外合资厂商占 20%，商用车跨界的占 13%，低速车企升级转型的占 6.5%。以蔚来汽车等为代表的互联网企业也纷纷布局新能源汽车制造。外资品牌加速布局。外资通过与本土车企战略合作、设立合资公司等方式正加大在华对新能源汽车领域的投资与布局，如 2017 年江淮汽车与大众汽车协议出资成立合资公司，合资公司目标年产量 36 万辆；2018 年 7 月，特斯拉宣布将在上海临港地区建设集研发、制造、销售等功能于一体的特斯拉超级工厂，规划年生产 50 万辆。

（四）企业积极推动技术升级，核心技术指标亟待有效突破

《节能与新能源汽车技术路线图》（以下简称《路线图》）提出到 2020 年，纯电动汽车动力电池单体比能量将达到 350Wh/kg，满足 300km 以上纯电动汽车应用需求。

从续驶里程上看，完成难度不大。2017 年第 11 批和第 12 批目录纯电动乘用车型中，平均续驶里程分别已达 247km 和 263km（其中有两款车型超过了 400km），300～400km 之间车型占比约 1/3；在第 11 批和第 12 批目录纯电动客车车型中，均有 4 款续驶里程达到 500km 以上。

从电池单体能量密度上看，任重而道远。2017 年第 11 批和第 12 批目录车型中，乘用车电池单体能量密度大多集中在 120～140Wh/kg 区间，客车电池单体能量密度多在 140～150Wh/kg 区间，离《路线图》的要求还有很大的差距。2012 年发布的《节能与新能源汽车产业发展规划（2012—2020 年）》提出到 2015 年，动力电池单体能量密度达到 120Wh/kg，这一目标的实现滞后了一两年的时间。

三、几点建议

（一）加强规划指导，引导差异化布局

一是加强行业管理部门在新能源汽车产业规划、建设投资、产能利用、市

场管理等方面的合理指导，引导地方立足自身条件，科学选择发展路径，合理制订发展目标，避免结构性产能过剩和低水平重复建设。二是建立统一的市场机制，破除任何形式的地方保护措施，不同地区对新能源汽车产品执行免限行、免限购等支持措施时要一视同仁，从而促进新能源汽车市场良性发展。三是合理规划下游基础设施建设，推动充电桩等下游产业发展，促进新能源汽车的推广应用。

（二）鼓励协同合作创新，提升产业核心竞争力

一是加快组建协同攻关、开放共享的创新平台，完善新能源汽车的技术创新体系，设立新能源汽车产业链的重点专项，加大电池、电机、电控等关键零部件的研发投入。二是鼓励整车厂与零部件企业在研发、采购等方面建立稳定、深入的合作关系，通过合作促进协同创新和供需平衡，通过市场竞争实现优胜劣汰，提升产业整体竞争力。三是重视标准化工作，打造核心能力，形成统一标准，不断提高在国际标准法规领域的话语权。

（三）推动政策驱动向市场、技术和创新驱动转变，构筑产业竞争新优势

一是以具有技术和管理等优势的优质“独角兽”企业为抓手，在细分零部件领域着力培育优势企业，合理利用优势资源，提高产业集中度，改善粗放的产业链状态。二是支持以企业为主导开展国内外有序重组整合、并购和战略合作等，打造具有国际领先优势的新能源整车企业或零部件及系统供应商。三是鼓励互联网汽车与传统汽车产业的跨界融合，支持优势企业以相互持股、战略联盟等方式强强联合，创新跨产业的资本、技术、产能、品牌等合作模式。四是鼓励企业国际化发展，鼓励与外资企业的合作交流，引导自主品牌由规模优势转变为质量优势、技术优势和品牌优势，积极“走出去”。

（作者：中国信息通信研究院　段雨泽　巩天啸）

第十章　人工智能时代的智能机器人发展问题分析

当前，信息技术加速发展，社会需求飞速变革，云计算、大数据、深度学习算法的突破带动图像识别、语音识别、自然语言处理等智能技术的长足进步，智能终端、智能医疗、智能机器人等智能产品日益深入大众生活，全球正迈入人工智能时代。以机器人科技为代表的智能产业蓬勃兴起，成为当今科技创新的一个重要标志，大力发展智能机器人产业既是实现人工智能与实体经济深度融合的关键发力点，也是经济从高速阶段转向高质量阶段的全新增长点。

我国作为全球第一大工业机器人消费市场，以及全球最大的潜在服务机器人市场，智能机器人产业发展存在得天独厚的基础优势。然而，由于起步较晚、技术滞后，我国智能机器人产业发展现状与国际领先水平仍然存在较大差距，尚处于奋力追赶的局面。因此，冷静判断外部机遇和挑战，客观认识自身优势和弱点，理清发展的关键问题和相应对策，是推动我国智能机器人产业做大做强、实现高质量发展的必要前提。

一、我国智能机器人产业当前正处于发展的重要机遇期

（一）人工智能技术带动机器人进入智能化新时代

新一代信息技术的发展为智能机器人的发展奠定了坚实基础。尤其是图像识别、语音识别、自然语言理解等人工智能技术的实用化突破，带动了机器人感知、交互、决策能力的显著提升。当前，人脸识别准确率高达 99.55%，超过人眼识别率（97.35%），语音输入辨识成功率也已达到 97%以上，机器人已经具备了“看得见、听得懂”的技术条件，同时，随着深度学习、无监督学习的逐步应用，机器人具备了更为关键的“会思考”能力，开始真正迈入智能化的新时代。

（二）智能机器人应用范围不断向新兴领域拓展

智能技术的应用带动了机器人产品功能与性能的显著提升，从而驱动了智能机器人产品被应用于更多新兴领域。一方面，以人机协作机器人为代表的新一代工业机器人更加安全、更为灵活，不但被广泛应用到传统的汽车、金属加工行业，并且带动了 3C 电子行业的应用新热潮；另一方面，面向家居、教育、医疗等领域的智能服务和特种机器人的功能不断丰富，相比以往产品极大地提升了用户体验，因此也开始步入大众的日常生活，得到更为广泛的应用。

（三）智能机器人产业规模正在持续高速增长

智能机器人应用热潮也带动了产业规模的持续高速增长。据国际机器人联合会（IFR）统计，全球工业机器人 2017 年本体市场规模约为 140 亿美元，预计 2020 年机器人供应量将突破 52 万台套。而波士顿咨询公司（BCG）的数据显示，智能机器人在非工业领域的市场潜力也在不断释放，预计 2025 年，商业、家居和军事三大领域市场规模将分别达到 170 亿美元、90 亿美元和 165 亿美元。尤其值得注意的是，全球智能机器人市场的重心正在从欧美地区转向亚太地区，英国咨询机构 ABI Research 的研究显示，2020 年亚太地区将取代欧洲成为全球最大市场，份额占比将从 2015 年的 19%提升至 57%。

（四）智能机器人产业格局处于重塑期和窗口期

技术和市场的变革创新催生了全新的发展机遇，智能机器人产业的传统格局已经被打破，新的产业格局正在逐步形成。在传统市场，Universal Robots、Rethink Robotics 等创新技术企业已经在协作机器人的新领域中对发那科、库卡、ABB 等传统巨头构成了威胁，而新松、埃弗顿、广州数控等本土机器人企业凭借成本、服务等方面的优势加速崛起，也开始向巨头企业发起挑战。而在新兴市场，技术、思维与资本的相互碰撞推动了产业发展的百花齐放，既有专注技术、引领未来发展的波士顿动力公司，也有产品精准定位、商业推广成功的大疆无人机公司，还有跨界融合、创新理念的达闼科技公司，一批特色鲜明的独角兽企业正在不断成长壮大。

二、我国智能机器人面临国际竞争挑战

（一）围绕智能机器人的国际竞争正在加剧

以美、欧、日为代表的发达国家纷纷出台智能机器人相关战略规划，以提升产业国际竞争力为核心目标，从技术研发、产业发展层面提前进行布局。其中，美国试图借助《美国机器人发展路线图：从互联网到机器人》来建立下一代机器人技术及应用方面的优势，欧盟推出《欧盟机器人研发计划》以确保欧洲机器人在世界范围的战略领先地位，日本则在《机器人新战略》中指出要成为世界第一的机器人应用国家，而我国也于2016年发布《机器人产业发展规划(2016—2020年)》，力图提升自主品牌的国际竞争力。可以预见，今后围绕智能机器人的国际竞争将愈发激烈，我国所要面临的竞争压力也将不断加大。

（二）我国在部分关键市场存在较大差距

一方面，上游核心零部件市场基本被日本和欧洲企业把持，国内企业在相关市场中还缺乏竞争力。例如纳博特斯克和哈默纳科两家日本企业主导了全球机器人用减速器市场，伺服电机市场则主要被松下、安川、三菱等日系产品和西门子、博世力士乐等欧系产品占据。另一方面，在部分后端应用市场，我国企业产品的市场认可度和竞争力也都显著落后于国际领先水平。例如以四大家族为首的外资品牌近乎垄断了工业机器人市场，占据了我国75%以上的中高端产品市场份额，而在以医疗为典型代表的某些消费市场中，我国产品市场还基本处于空白状态。

（三）领先机器人企业不断加快本土化布局

工业机器人巨头企业进入中国市场较早，产业布局比较成熟。机器人四大家族库卡、ABB、发那科、安川已经在中国市场成功实现本土化战略，库卡早在1985年即开始申请中国专利并于2014年开始在上海建立新工厂，ABB将其机器人业务总部迁至中国上海，发那科和安川与中国企业合资设立机器人公司推动业务发展。相比之下，服务机器人企业刚刚开始中国市场本土化布局，目

前主要通过产品输出和商业合作来实现渗透，例如扫地机器人领军企业 iRobot 面向中国用户推出特定高端产品以打开市场，日本软银集团则联合阿里巴巴、海尔等国内企业加快 Pepper 机器人进入中国市场。

三、我国智能机器人发展具备坚实基础和相对优势

（一）国内机器人市场规模与需求潜力巨大

首先，我国工业机器人市场规模从 2013 年起一直稳居世界第一，2016 年中国市场机器人供应量达到 87 000 台，是第二名韩国的两倍，预计 2020 年中国市场在全球范围内所占比重将超过 40%。其次，我国服务机器人和特种机器人市场潜力正在快速释放，分别保持着 25%和 15%以上的增长速度，在老龄人口增多、可支配收入增加等因素刺激下，我国今后很有可能成为全球最大的服务和特种机器人消费市场。最后，我国多个机器人应用细分领域的需求潜力十分旺盛，2016 年我国工业机器人密度（平均每万名工人对应机器人数量）约为 68 台/万人，而排名第一的韩国工业机器人密度为 631 台/万人，此外在物流、医疗、安防等领域的机器人供给能力也远远落后于目前的市场需求。

（二）人工智能关键技术能力跻身国际先进水平

在国际范围内，美国和中国是人工智能技术领域表现最为活跃的两个国家，据《全球人工智能专利资源发展概况》，美国和中国人工智能专利数量分别约为 35 000 件和 34 000 件，而日本、韩国、德国等其他主要国家的专利数量合计才 40 000 件左右。国内以科大讯飞、百度、阿里巴巴为代表的技术型企业和高校、研究机构共同创新，助力我国在人脸识别、语音识别、群体协同等尖端研究领域与国际领先水平并驾齐驱，为我国智能机器人的发展奠定了坚实人工智能技术基础。

（三）机器人产业基础和发展水平实现稳步提升

我国机器人产业链条完整，涵盖精密减速器、伺服系统、智能传感器、本体加工与系统集成解决方案等上下游产业，涌现出绿的谐波、英腾威、速感科

技、新松、广州数控、科沃斯、优必选、明匠智能等一大批优秀企业。在龙头企业全力带动和地方政府积极扶持下，国内初步形成了东、南、西、北四大产业集聚区，包括起步较早的长三角地区、数控产业强的珠三角地区、积极引进外部资源的华中地区和华北地区以及具备科研人才优势的环渤海地区，产业发展呈现良好态势。与之对应的是，国产工业机器人、服务机器人市场份额近几年表现也十分亮眼，2015 年国内市场国产工业机器人占比约为 31%，全球民用无人机市场 70%的份额被中国的大疆公司占据。同时，薄弱环节的国产化也取得显著进展，例如绿的谐波减速器产品已得到国际认可，产品水平达到甚至超过哈默纳科同类产品；北京天智航公司与积水潭医院联合开发的骨科手术机器人“天玑”也填补了领域空白。

（四）新兴力量正在成为加速产业发展的新动力

国内各领域领先企业在应用需求和转型需求的驱动下，纷纷从产业下游的应用端向上游延伸，开始涉足工业机器人业务，家电企业格力投资成立智能装备子公司，自主研发工业机器人；电子企业小米推出扫地机器人实现智能服务机器人布局；互联网企业京东成立 X 事业部，专注物流配送无人机及仓储机器人的研发应用。而金融市场对智能机器人的关注度提升也驱动资本优势向产业发展力量进行转化，一是国内企业走出国门进行海外投资并购，行业内企业埃夫特公司通过收购意大利 CMA 和 EVOLUT 公司来提升自身技术能力，行业外企业美的则通过控股库卡来向机器人行业进行渗透；二是国内资本青睐机器人产业，2017 年年初至今，新三板上的近百家机器人公司中，有 32 家公司提出了总额接近 23 亿元的融资计划，全新的“独角兽企业”呼之欲出。

四、我国智能机器人发展仍然存在关键短板与瓶颈问题

（一）基础技术能力与研发设计经验欠缺

相比国外先进水平，我国在设计开发方面的理念和工具相对落后，仿真分析应用不够深入；在工艺水平方面的自动化和信息化程度不高，容易受到人员素质和管控能力影响；在产品可靠性方面则由于经验不足、重视程度不够等因

素，更是与国际先进水平存在较大差距，品牌形象和客户口碑往往不如国外产品。事实上，我国在减速器、伺服电机等核心零部件领域受制于人的局面就主要是在设计、工艺和可靠性方面与先进水平的差距所导致的。另外，对产品质量的提升而言，需要大量的经验积累，反复进行产品型号迭代，才能够持续满足用户需求，并不断强化自身能力水平。国外知名机器人企业普遍拥有数十年以上的发展历史，产品早已形成谱系化发展，而国内企业涉足机器人领域的时间短，产品种类少，销量也远远落后于竞争对手。经验欠缺和产品缺少迭代也反过来造成了产品性能上的劣势，例如，发那科重型机器人负载已经高达 1.3 吨，而国产机器人目前最高负载只有 500 千克。

（二）产业竞争能力相对薄弱

总体上看，我国机器人领域欠缺具备国际竞争力的大型龙头企业。一是规模以上企业数量太少，工业和信息化部 2016 年年初调研显示，国内约 800 家机器人企业中，超过 90%年产值在 1 亿元以下。二是国内龙头与国际龙头的体量差距太大，ABB 集团市场价值高达 490.97 亿美元，而国内新松公司在创业板的市值折算后约为 46 亿美元，尽管 ABB 业务不仅仅局限在工业机器人领域，但是企业规模所带来的优势仍然存在。三是企业综合竞争力相对不足，国际领先机器人企业大多走生态化发展道路，打造平台化的体系优势，发那科用 FIELD System 数据平台打造跨界协同生态，Universal Robots 用开放设计平台 UR Caps 构建行业内部创新生态，而我国机器人企业目前生态能力不足，大部分尚停留在协会、联盟等传统合作模式上。

（三）需要警惕泡沫化风险

尽管当前智能机器人的发展已经适逢其时，但是仍然需要清楚地看到，地方产业发展的过度规划和企业的低水平建设带来的产能过剩和虚假繁荣有可能导致整个产业存在泡沫化的风险。各地产业园规划的产值和产能明显超出市场需求，例如重庆、南京和广州均规划 2020 年产值超过 1000 亿元，然而根据 GGII 预测，2020 年我国整个机器人市场产值只有 1000 多亿元。另外，从资本的角度进行分析，我国智能机器人融资一度呈现火爆场景，2015 年、2016 年机器人投资数量达到顶峰，分别达到 22 起和 24 起，但随着大众关注度转移至人工智能、区块链滞后，2017 年投资案例数量开始明显回落，仅有 15 起，侧面证明智能机器人市场存在发展空间。

五、我国智能机器人发展的对策与建议

一是把握机遇、发挥优势，抢占智能机器人产业发展战略窗口期，从应用端牵引产业发展。充分利用当前技术更新、市场变革和格局未定的发展机遇，凭借前沿技术和市场规模的相对优势，综合发挥政策体制优势，做大做强本土智能机器人产业。

二是利用机遇、克服问题，加快人工智能技术和新应用领域布局，实现换道超车。避免在传统弱势领域与国外先进水平竞争，瞄准未来技术和产业发展方向，聚焦当前处于并跑或领跑的领域进行发力，构筑和巩固自身竞争优势，实现换道超车。

三是化解挑战、强化优势，构建平等互利合作生态，强化自主知识产权竞争能力。充分发挥市场需求和资本规模优势，积极与国外领先企业开展合作，快速提升自身技术水平与产业能力。进一步加快智能机器人产业国产化进程，打造具有国际竞争力的国产品牌。

四是直面挑战、正视问题，补短板与筑基础协同发力，促进产业发展水平稳定提升。清醒认识智能机器人产业发展的长期性和艰巨性，充分借鉴国外先进经验，充分汲取自身发展经验，小步快跑，不断夯实产业基础，促进产业整体水平提升。

（作者：中国信息通信研究院　刘棣斐）

第十一章　关于 GE 公司出售数字集团传闻的情况分析

《华尔街日报》2018 年 7 月 30 日报道，GE 公司日前正聘请一家投资银行对其数字集团资产进行估值，将可能出售数字集团的部分资产。这一新闻引发了国内产业界对工业互联网发展前景的担忧和疑虑。对此，中国信息通信研究院组织开展研究分析，现将初步结果汇报如下。

一、对 GE 公司出售数字集团传闻的几点判断

GE 公司 2015 年成立数字集团，工业互联网成为其发展战略方向。然而，近两年 GE 公司经营业绩持续下滑，股价大幅下跌。业界存在一种声音，认为是其工业互联网战略导致当前困境。对此有几点基本判断。

一是 GE 公司是否真正出售数字集团还有待观察。上述报道发布后的第 3 天，GE 公司集团 CEO John Flannery 就公开表示："作为工业互联网领域的领导者，GE 公司数字集团是我们为客户解决工业挑战的核心力量，与公司未来战略方向高度一致。"因此尚不能断定 GE 公司将会出售数字集团，很有可能是准备引入外部战略投资。

二是 GE 公司业绩下滑带来的压力传导至工业互联网领域，数字集团面临盈利挑战。GE 公司自 2015 年起聚焦工业领域，主动剥离收入占其总收入 1/3、利润丰厚的金融业务，先后于 2015 年和 2017 年以 97 亿欧元和 64 亿美元的高价收购法国阿尔斯通电力业务及油气公司贝克休斯。然而，近几年全球油价低迷，电力设备投资乏力，阿尔斯通与贝克休斯整体经营表现不佳，而收购中支付的大量现金也使 GE 公司背上了沉重的财务负担，导致 GE 公司利润率从 2014 年的 11.6%下降到 2017 年的−7.2%。在此背景下，GE 公司对各个业务集团的业务盈利能力要求更高，若数字集团业绩无法达到市场预期，将可能面临变数。

三是 GE 公司数字集团并不能完全代表其工业互联网业务。GE 公司的

工业互联网业务同时存在于数字集团及其他业务集团中，其中，数字集团主要负责 Predix 平台构建及软件开发支持，其他业务集团则在此基础上为特定行业客户提供数字化业务及分析服务。例如，GE 公司将航空集团的飞行效率分析能力与数字集团 Predix 平台结合，为澳洲航空公司提供 FlightPulse 应用，帮助其每年节省航油三万吨。目前，数字集团 40 亿美元收入大部分属于“双计双考”，同时列收于其他业务集团。例如，油气集团数字化业务就贡献了 14%的收入，规模超过 24 亿美元。我们认为，即便数字集团出现调整，也只是战术层面的变化，并不必然意味着 GE 公司改变了其工业互联网战略。

不可否认，GE 公司作为工业互联网的先行者，在发展中确实存在一些问题，走过一些弯路，主要表现为以下几个方面。

一是业务推进机制不够合理。由于 GE 公司管理层面缺乏有效的统筹协调，导致数字集团负责的 Predix 平台与业务集团负责的数字化服务相对割裂，一定程度上存在“两张皮”的问题。各业务集团大部分数字化服务至今尚未迁移至 Predix 平台。例如，可再生能源集团的数字化风场仍以传统软件方式提供服务。

二是 Predix 平台发展理念过于超前。GE 公司在发展工业互联网的过程中对 Predix 平台“未来工业操作系统”定位的宣传力度过大，强调基于平台提供服务，也强调基于平台整合资源，意图打造类似 Windows、安卓和 iOS 的垄断型生态系统。同时 Predix 平台早期设计理想宏大，对边缘设备、云设施、PaaS 平台等领域开展研发投入，尝试实现产业链条完全覆盖。但过于着急的发展理念导致平台建设投入过大，落地成本过高，业界接受程度有限，同时也引发了合作伙伴的戒备，增加了推进难度。

三是低估了工业领域的复杂性。GE 公司一开始就期望将 Predix 平台打造成能够适配不同行业、满足不同工业场景需求的通用性平台，然而各行业业务需求差异较大，所需的行业知识跨度也较大，导致平台开发难度极大，需要长期、持续和巨大的投入。

四是技术路径过于激进。GE 公司在 Predix 平台发展前期，采取了基于公有云部署的激进路线，忽略了制造企业对数据私密性的关切，也忽略了对工业现场的实时响应需求，导致企业应用受阻。同时，Predix 平台在构建中全方位采用微服务、容器等大量新型架构与前沿技术，也在一定程度上增加了开发成本及技术风险。

二、全球工业互联网发展态势

（一）美国工业互联网发展与创新依然活跃

一是行业巨头继续加快布局。工业软件公司PTC于2015年并购物联网平台ThingWorx，不断丰富其功能，目前已成为全球应用最为广泛的工业互联网平台。工业自动化巨头罗克韦尔在推出FactoryTalk平台的基础上，分别与发那科及PTC的平台进行合作，共同为客户提供服务。霍尼韦尔、艾默生也分别推出Uniformance Suite平台和Plantweb平台，重点面向油气、化工行业提供工业互联网解决方案。此外，微软、思科、IBM等ICT巨头也重点强化各自物联网平台的工业服务能力，如微软Azure IoT平台目前已提供远程设备监控、预测性维护、工厂联网与可视化等功能。

二是创新企业表现活跃。美国近年涌现出一批专注于工业互联网的创新型企业，获得了资本市场的广泛青睐（如图54所示）。2014年成立的Uptake公司为工程机械行业巨头卡特彼勒提供设备数据监测平台，帮助其提升资产绩效，迄今累计获取超过2.5亿美元融资，市场估值高达23亿美元。C3 IoT通过人工智能技术提供设备预测维护、能源管理等智能化应用，获得多家行业巨头及美国国务院、国防部订单，年收入超5000万美元。来自硅谷的Maana打造Knowledge Platform，进行设备的预测性维护，并分析市场供需相关数据，为企业产品实时定价。

三是工业互联网应用务实推进。工业互联网初步实现规模化应用。PTC的ThingWorx平台当前已经具备600多个工业App，每周有1000多个客户使用，形成了380多个生态合作伙伴。思科依托工业互联网平台已实现日均管理4300多万台设备，且每月新增150多万台设备。创新型应用案例不断涌现。例如，霍尼韦尔基于Uniformance Suite平台为墨西哥湾的近海油气开采平台提供设备远程监控服务，为沿岸炼油厂的化工设备提供预测性维护解决方案。

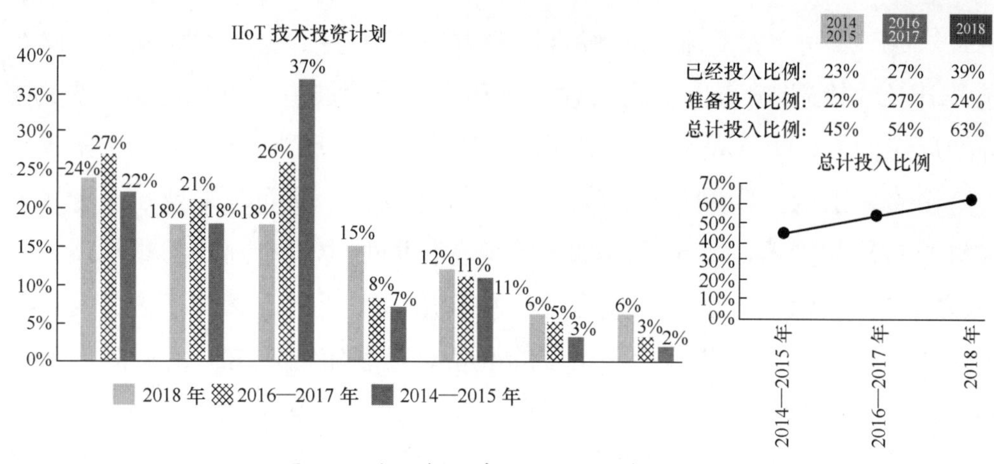

图 54　美国企业对工业互联网投资比例

（二）欧洲工业巨头加快跟进

一是领先企业深化发展。工业互联网业务对领先企业的重要性日益提升。据最新统计，西门子数字化年收入高达 140 亿欧元，尝到工业互联网业务甜头的西门子在其刚刚发布的“公司愿景 2020+”战略中宣布将数字化工业作为未来三大运营方向之一。已经推出平台的工业巨头不断丰富完善平台功能。西门子启动“火箭俱乐部”全球初创企业计划，推出 MindSphere 平台 3.0 版本，强化工业 App 的开发与应用服务能力。工业软件巨头 SAP 公司将原 HANA 升级为涵盖边缘计算、大数据处理与应用开发功能的 Leonardo 平台。更多工业自动化巨头参与到工业互联网创新进程中。ABB 公司推出的 ABB Ability 平台已经汇聚 210 多个数字化解决方案，施耐德 EcoStruxure 平台推动 4000 多家工业系统集成商将行业知识转化为工业 App，倍福公司推出边缘智能设备，提升对工业现场数据分析能力。

二是加大前沿技术投入力度。西门子近期收购低代码技术公司 Mendix，利用其技术优化 MindSphere 平台，预计将会使基于平台的工业 App 开发效率提升 20 倍，同时大幅降低应用开发门槛。ABB 与华为公司一起联合研发基于 eLTE-U 通信技术的机器人方案，将机器人与网络高效连接起来，实时提取机器人数据并进行分析，实现预测性维护和生产优化。

三、启示与建议

一是要保持发展工业互联网的战略定力，也要充分认识到发展的复杂性和

艰巨性。GE 公司一家企业的阶段性困难并不能代表工业互联网发展方向存在问题，GE 公司的影响力也不足以对工业互联网的发展造成巨大冲击，就美国产业界的反应而言，更多是对 GE 公司感到惋惜而非对工业互联网产生疑虑。从更大范围看，工业互联网市场的信心不但没有减弱，反而越来越强，更多巨头并未放松布局和投入，甚至还有加大趋势。但同时也应看到，工业互联网既要具备较强的行业积累，也要有能力整合和利用各类新兴信息技术，其发展具有复杂性和艰巨性，必须做好长期发展的准备。在坚定前进方向的同时，要鼓励大胆创新、积极探索，把握好发展节奏，寻找合适的路径和策略。

二是要强调平台培育与应用创新并举，从行业需求出发推动平台做深做实。从国外领先工业互联网企业实践看，应着力打造平台与应用的紧耦合关系。平台需要通过培育应用，解决特定工业场景下的业务痛点问题，才能提高持续盈利能力，实现良性发展。在平台培育过程中应强调行业知识与平台业务的结合，重点打造能够解决特定企业、特定行业发展痛点的工业互联网平台，在此基础上逐步向更多领域拓展。

三是要聚焦核心能力，着力突破关键技术瓶颈。纵观美、欧工业互联网发展，领先企业核心优势在于利用信息技术将行业知识转化为数字化模型和分析工具。我国工业基础薄弱，在工业互联网发展过程中要强化对工业知识的积累和创新，同时加快工业大数据、人工智能、边缘计算、低代码开发等信息技术的工业化应用，构建我国工业互联网的核心竞争力。

四是要坚持多方合作，打造开放共享的创新生态体系。即使像 GE 公司这样的工业巨头，在发展工业互联网的过程中也面临着诸多挑战。我国在缺少巨头的情况下，更应该通过分工合作实现优势互补，形成发展合力。在发展过程中，需要以更开放的合作心态和更灵活的商业策略，打造更具活力的生态体系，推动工业互联网应用落地。

（作者：中国信息通信研究院　刘默　刘棣斐　杨楠　王戈　黄骞）

第十二章　5G 芯片产业发展分析

一、5G 芯片产业发展态势

5G 是第五代移动电话行动通信标准，也称第五代移动通信技术。移动通信自 20 世纪 80 年代诞生以来，约每十年出现新一代技术，其中 1G 到 4G 主要解决人与人之间的沟通问题，而 5G 将实现人与人之外的人与物、物与物之间的沟通。5G 在用户体验速率、连接数密度、端到端时延、流量密度、移动性和用户峰值速率等关键性能指标上比 4G 都会有巨大的提升，如用户体验速率可达 1Gbit/s 以上，是 4G 的 100 倍，连接数密度达到每平方公里 100 万，是 4G 的 10 倍。

5G 对芯片需求主要来自设备制造商的网络和终端设备的需求，5G 将拉动全球半导体千亿美元市场规模。根据 Strategy Analytics 预测，2022 年全球 5G 终端数将达到 2 亿，5G 基站数达到 180 万。增强移动宽带将是早期 5G 网络面向个人消费市场的核心应用场景，智能手机仍将是 5G 商用初期的主要终端类型，5G 手机终端预计将在 2019 年登场。在 5G 发展初期仍然需要向下兼容 2G/3G/4G，在两三年后才有可能实现全部 2G 的清频退网，多模多频通信将对基带、射频芯片尤其是射频前端具有明显的拉动作用。5G 基站部署包括 6GHz 以下中频段和毫米波频段两部分，毫米波在空气中衰减非常大，不太适合在室外距离很远的场合使用，5G 部署初期仍以 6GHz 以下中低频段基站为主，高频基站数约占 20%。预计 2022 年全球 5G 终端和基站芯片市场规模合计超过 500 亿美元。

5G 通信关键技术对于芯片能力提出的新需求，推动着芯片在设计、制造、封装等领域的系统性革新。多载波聚合、高阶调制、大规模天线、全频谱接入等 5G 关键技术的引入使数据传输速率和带宽容量成倍提升，对 5G 终端与基站的芯片设计、制造工艺、材料、封装集成等环节提出了新的需求。设计方面，基带高速并行处理能力的要求大幅提升，5G 带宽要求超过 800Mbit/s，工作频率达到 1GHz 左右，对基带的高速并行处理能力提出了更高的要求。制造工艺方面，一是半导体先进制程工艺需要持续的升级，以满足基带 5G 高速率和低功耗的需求，预计到 2019 年 5G 预商用时，终端基带芯片有望升级到 7nm 工艺节点；二是砷化镓（GaAs）/氮化镓（GaN）化合物半导体工艺、滤波器制造工艺等特色工艺亟待升级，基站功率放大器（PA）将从硅基器件工艺转向承载功率和高频性能更有优势的化合物半导体工艺，6GHz 以下中频终端滤波器将从声表面波（SAW）器件转向体声波（BAW）尤其是薄膜体声波谐振器（FBAR）器件；三是 5G 毫米波高频通信还将推动基于射频 CMOS 或锗硅（SiGe）等硅基集成工艺技术的发展。封装领域同样面临新的挑战，5G 毫米波射频前端集成化、小型化、一体化需求将推动三维异质异构集成、系统级封装等技术的应用。

二、全球 5G 芯片产业主要进展

全球已经进入 5G 标准制定和产业化关键阶段，5G 中高频基站和终端芯片和器件的竞争日趋激烈。国际芯片巨头正在加速对 5G 芯片技术和产业的布局，企图抢占 5G 市场发展主导权。

5G 终端基带主要由高通和英特尔引领创新。基带芯片的技术门槛高、研发周期长、资金投入大，现阶段高通占领基带芯片 60%的市场份额。高通 2016 年发布支持 28GHz 毫米波频段的 X50 5G 基带芯片，2017 年将毫米波基带芯片扩展到 6GHz 以下频谱，首批商用产品预计于 2018 年上半年推出，搭载 X50 芯片的手机将于 2019 年上半年上市，目前高通与合作伙伴们共同宣布启动了“5G 领航”计划，联想、小米、OPPO、vivo 都将成为高通的 5G 合作伙伴，并承诺 2019—2021 年将采购高通 20 亿美元的 5G 芯片。英特尔在 2017 年国际消费类电子产品展览会（CES 2017）上发布了业界首款全球通用 5G 调制解调器、收发芯片以及毫米波射频前端，预计 2019 年中旬推出搭载其 5G 基带的终端设备。

5G 终端射频前端主要由 Skyworks、Qorvo、博通、村田等射频巨头垄断。射频前端模块是终端通信系统的核心组件，其中 PA 和滤波器是关键的核心器件。终端 PA 市场由 Skyworks、Qorvo、博通、村田等国外企业垄断，产业模式呈现 IDM 集中化发展态势。除了欧、美、日龙头企业具备制造能力外，我国台湾企业在 GaAs 晶圆制造、封装测试等环节占据重要地位，包括稳懋、联颖光电、宏捷科技、环宇等代工企业，菱生精密、同欣电子等封装企业以及全智科技和硅格股份等封测企业。台湾稳懋是全球最大的砷化镓晶圆厂，已签下高通PA及射频组件的代工大单。滤波器已成为射频前端成本最高的器件，随着5G频段的增加和MIMO等新技术的引入，滤波器市场将成倍增长。现阶段SAW滤波器市场被村田、TDK和太阳诱电等日企控制，三者市场份额超过80%；BAW滤波器市场被博通和Qorvo垄断，专利壁垒较高，两者市场份额超过90%。

5G基站领域主要核心芯片和器件被国外企业主导。数模转换和射频收发等核心芯片主要被ADI、德州仪器等企业垄断。氮化镓PA市场主要由日本住友、美国科锐和Qorvo主导，并且欧、美、日企业控制GaN产业链上游材料环节。毫米波应用使传统基站器件进一步小型化，ADI、IBM、Anokiwave等企业利用射频技术优势，大力推动毫米波芯片设计、制造、封装技术研发，现阶段处于技术领先位置。基站厂商多选择与器件厂商合作开发，爱立信基于移动通信系统方面的积累与IBM强强联合，结合其毫米波相控阵芯片和天线封装的技术优势，合作推出基站侧基于封装天线（AiP）技术的28GHz锗硅相控阵芯片。

国际巨头兼并重组正在加速，5G芯片的行业集中度有望进一步提高。移动通信芯片领域的并购案例层出不穷，芯片厂商还在不断加强行业的并购整合，市场格局将面临重构。Qorvo由美国射频巨头RFMD公司与TriQuint合并而成，安华高并购博通成为新博通，Qorvo和安华高都成为5G射频领域的领跑者。

三、我国5G芯片产业发展情况

（一）发展现状

我国5G技术研发和产业化进程不断提速，企业和科研院所围绕5G芯片不断发力。

终端领域，华为海思、紫光展锐等国内芯片企业近期加速5G基带芯片产品研发，逐渐缩短与高通、英特尔的差距。华为海思在2018年世界通信大会（MWC 2018）上正式发布首款5G商用基带芯片巴龙5G01和5G商用用户终端（CPE），同时正在开发支持5G低频及毫米波频段的手机SoC处理器麒麟990，将于2019年实现预商用。射频前端方面，国内目前拥有终端PA设计企业近20家，汉天下、紫光展锐、唯捷创芯等企业发展迅速，已在2G和3G手机PA市场占据重要市场地位，并且正在积极研发4G和5G PA产品，与此同时，三安光电和海威华芯等代工企业的GaAs、GaN工艺产线正在逐渐走向成熟。

基站领域，以华为、中兴为代表的国内移动通信设备厂商为适应国际市场需求，正在联合国内基站芯片、器件厂商加快5G基站设备的研发，嘉纳海威、重庆声光电、美辰微电子等初步具备射频器件以及毫米波芯片设计能力，苏州能讯以及一些科研院所已开展GaN PA的研发与产业化。目前设备厂商已完成技术验证、原型样机制作和测试工作，预计将于2018年年底推出5G中频段和高频段的商用基站设备，2019年具备商用产品批量供应能力。

（二）存在的问题

经过长期积累，我国在移动芯片领域已取得巨大进展，但5G面临的瓶颈问题依然突出，主要有以下几个问题。

一是核心技术缺失。国内5G芯片产品研发面临国外专利封锁、部分关键核心技术缺失的问题。例如5G终端用的BAW/FBAR滤波器和5G基站用的数模转换、射频收发等芯片，国外技术已经非常成熟，专利布局全面深入，相比之下我国专利储备十分薄弱，自主研发面临诸多壁垒。

二是制造水平落后。国内5G芯片缺乏成熟的商用工艺支撑，数字基带工艺技术落后国外至少两代，化合物半导体代工技术目前仍不成熟，锗硅和绝缘硅等高频硅基集成工艺技术缺失。

三是产业配套不完善。5G芯片关键装备及材料配套主要由国外企业掌控。设备方面，制造化合物半导体的关键核心设备MOCVD仍主要被德国爱思强和美国Veeco所主导。材料方面，大尺寸高纯半绝缘碳化硅衬底、化合物半导体外延片、封装用高端陶瓷基板等关键材料仍依赖进口。

四是整机带动不明显。当前通信设备整机厂商和国外芯片厂商之间的合作惯性一时还难以打破，国内整机设备厂商缺乏与国内芯片厂商的紧密互动，国产芯片在没有形成技术、成本、质量和规模竞争力之前很难进入整机企业的供应链。

四、对我国 5G 芯片发展的建议

为抓住 5G 重大发展机遇，加快我国 5G 芯片的研发和产业布局，需要攻关 5G 芯片核心技术，提高制造水平，完善产业配套，促进产业协同，从而推动我国 5G 产业链加快成熟，抢占新一轮全球产业竞争制高点。

一是攻关核心技术。产学研联动加快推动 5G 关键芯片及器件技术的攻关，以科研创新成果转化为目标，支持国内企业和科研院所加大对 5G 终端和基站用的基带、射频收发、功率放大器、滤波器等关键芯片及器件产品的研发布局力度，加强 5G 毫米波技术及芯片的研发。

二是提高制造水平。加快 14nm 及以下先进制程研发进程，以满足国内基带芯片厂商的代工需求。提升化合物半导体工艺制造水平，提高功率放大器等中高频器件的可靠性、一致性和成品率。推动锗硅和绝缘硅等高频硅基集成工艺技术的研发。

三是完善产业配套。结合 5G 芯片制造、封装工艺，完善关键装备和材料配套产业的发展，加强 5G 芯片关键装备和材料技术的研发，增强产业配套能力。加强 5G 芯片的封装测试产线的建设，加大国内仿真软件和测试仪表环节的研发投入力度。

四是促进产业协同。整机带动器件，支持和鼓励国内整机设备企业与芯片企业联合研发，采购国内芯片企业产品，培养和扶持国内芯片企业，为国内 5G 芯片的发展提供时间和空间。推动 5G 芯片设计、制造、封测、装备材料配套等芯片产业链环节间的合作，鼓励 5G 芯片设计企业在国内流片和封测。

（作者：中国信息通信研究院　王骏成）

第十三章　大数据与产业融合发展情况调研报告——以遵义市大数据与茶产业为例

大数据已成为产业发展的新型资源要素，产业也是大数据产生和应用的重要领域，二者正在全面深度融合并加快推进产业现代化进程。为进一步了解大数据与产业融合发展情况、存在的问题，本章以茶产业为例进行深入调研剖析。遵义市是“中国茶业第一市”，我们基于对遵义湄潭、凤冈、余庆、务川、正安、道真等县（镇）大数据与茶产业融合发展的情况，提出了大数据与产业融合发展的相关路径。

一、基本情况

（一）大数据向茶产业全面渗透

大数据在遵义茶产业的应用广度不断拓展、应用程度不断加深，逐渐贯穿茶产业的全链条各环节。一是运用大数据实施茶产业精准监测，推进茶业种植精准化，引导农民生产经营决策。二是推动茶产业加工向网络化、数字化和智能化方向发展。贵州阳春白雪茶叶有限公司（阳春白雪）等公司逐步实现了传统茶生产工艺和现代生产流程的有机结合。三是建设茶叶质量安全可追溯体系，至今已有近百家茶企进入“贵州省质量安全云服务平台”上线运行。

（二）茶产业的电子商务快速成长

遵义利用电子商务渠道进行营销的茶企不断增多，销售规模不断增加。2016年，遵义已有200余家茶企（约占全市规模茶企的40%）在淘宝、天猫、阿里巴巴、京东等开设品牌网店513个，部分茶企还自建电商平台、加入村级电子商务专店销售产品，全年电子商务销售额已突破亿元。湄潭、习水等县入选“国家电子商务进农村示范县”也为遵义茶产业电子商务发展奠定了良好基础。

（三）新业态新模式不断涌现

遵义已有部分茶企开始利用互联网、大数据等新一代信息技术推动在线茶园、众筹茶园和茶庄园经济等新业态新模式发展。在线茶园让“天涯”若“比邻”，改变了用户的被动状态。众筹茶园主足不出户，就能感知属于自己的每一颗茶芽的生长。通过大力发展茶庄园经济，打造茶旅一体化，促进一二三产业融合发展。贵州兰馨茶业有限公司（兰馨公司）等公司已经走在茶产业发展模式创新的前列，并取得了明显成效。

（四）公共服务大数据稳步增加

近年来，遵义对茶产业的数据资源采集、挖掘和应用水平不断深化。搭建基于云计算技术的茶产业种植、加工和销售数据采集与服务平台，探索建立茶产业大数据库。挖掘茶叶自身特点，加强对消费者和市场的大数据调查分析，推进遵义茶产品精准种植、精准生产、精准营销、精准定价和精准传播。运用大数据增强茶产业经济运行信息及时性和准确性，加快实现基于数据的科学决策和市场引导。

（五）基础支撑能力明显增强

信息基础设施建设加快推进，为大数据与茶产业融合发展奠定了良好基础。2017 年遵义已基本建成全光网市，城域带宽突破 1000Gbit/s，不断提升“宽带中国示范城市”水平。推进“无线网络·满格遵义”建设，基本消除产业园区、乡镇建成区等盲点盲区。“宽带乡村”建设加快推进，基本实现“村村通宽带”目标。推进中心城区免费 Wi-Fi 网络建设，湄潭茶博会馆中心、旅客集散中心等主要旅游景区已实现 Wi-Fi 全覆盖。

二、经验及做法

（一）以服务产业为根本导向把握大数据应用领域

一是开展茶产业自然灾害预测预报。遵义根据气象部门提供的天气预报、气候预测等数据，加强对灾害发生趋势的研判和预测，建立茶叶风险保障机制，最大限度降低灾害损失。2016 年以来，遵义积极开展茶叶低温气象指数保险试点工作，仅仅正安县 3 家参保茶企就获得了 230 万元灾害赔偿。二是实现茶叶产品质量安全全程追溯。基于贵州省食品安全云和茶产品质量安全全程可追溯体系，一头连基地，一头连市场，加强与相关部门的数据对接，实现对生产、加工、储运、销售的全过程监控。三是强化产销对接信息监测预警数据支持，打通茶叶销售新渠道，开辟“网罗茶园、放心消费”的电子商务新路径。

（二）以试点示范为重要抓手引领大数据应用方向

湄潭县现代高效茶产业示范园区初步开展智慧茶园物联网工程，全面展示了大数据在茶产业的重大应用方向。当前，该县近 10 万亩茶园基本建立了茶产品信息采集网络和茶业大数据平台，完成农业园区 O2O 官方体验馆，包括味道湄潭、数据湄潭、安全湄潭、工夫湄潭等四大功能区，搭建集茶用农资超市、物联网数据库、味道湄潭农旅电商港、农资超市等四位一体的现代互联网茶业平台。该工程全部完成后，将实现茶业园区“一城五园”全方位、全流程的生产调度，适时监控和质量全程可追溯。

（三）以发展茶庄园经济为突破口创新大数据应用模式

茶庄园经济是一种茶产业新型经营主体和新兴经济模式。兰馨茶庄园位于湄潭县兴隆镇，总面积 2000 亩，是兰馨公司精心打造的茶旅文一体化主题庄园。兰馨茶庄园在运营和发展上以“众筹天下”为核心内容，全力打造兰馨众筹平台。“1 亩茶园”众筹计划及创客茶园众筹计划于 2016 年 5 月正式启动，至今已售出玩家茶园 700 亩，实现众筹销售 600 万元；发展“创客”茶园主 400 人，创客茶园主实现微商销售 200 万元，茶叶及茶旅综合销售收入达到 1130 万元。

（四）以创新机制为根本途径夯实大数据应用基础

一是举办网上茶博会。网上茶博会与“2017 中国・贵州国际茶文化节暨茶产业博览会”相结合，第一次尝试茶博会线下线上共同推动，主要通过微信、百度、阿里巴巴等一线网络平台进行宣传推广，扩展茶博会知名度，将贵州好茶在阿里巴巴、京东、微信等省内外知名平台进行销售，实现大数据在贵州茶产业的充分利用。二是组建贵州智慧黔茶联盟。2014 年，兰馨公司率先联合省内 80 家茶叶企业组建了贵州智慧黔茶联盟，实施集聚资源、集群加工、集中精制、集约经营、集团发展的战略。2016 年，黔茶联盟销售收入达到 18.8 亿元，占全省茶叶总收入的 7%左右。三是加强茶旅一体化建设，推进一二三产业融合发展。

三、存在的问题

遵义大数据与茶产业融合已经取得一定进展，但总体上尚处于起步阶段，仍然存在一些问题和不足。

（一）认识不到位

大数据已经上升为国家战略，但对如何推进大数据和茶产业融合发展仍然难以把握，导致工作开展成效受制约。茶产业作为传统产业，经营主体产业化发展意识淡薄，现代化理念不强，对大数据接受程度不高仍是一个比较普遍的问题。

（二）底数不清晰

存在包括数据采集机制不完善、数据内容不全面、数据质量不高、数据规范性不够等问题。统计数据大多来源于基层上报，茶产业发展各环节纵向和横向数据采集浅尝辄止，挖掘程度不够、缺乏实用性。个别地方数据采集工具仍然比较落后。

（三）共享开放不足

大数据项目整合力度须加大。例如湄潭智慧茶业物联网建设工程按照项目资金渠道和建设单位，涉及农业园区、县经贸局、县农牧局等单位，须进一步解决平台与平台之间的兼容共享问题。龙头茶企支撑实力较弱，带动能力不强。产业链条过窄过短，协同开发力度不够，大数据应用效果不明显。

（四）要素保障缺乏

一方面大数据建设资金投入不够。网上茶园、电商平台前期建设投资大，缺少运营和推广资金，很多企业只建了网站却不能运营，重资产模式难以为继。另一方面大数据人才招不到、留不住，需进一步加大人才引进和培训力度，强化企业家大数据理论水平，丰富企业大数据实践经验。

四、对策建议

推进大数据与茶产业融合发展，加快茶产业现代化进程，一定要有产业思维，抓住产业本质，打造一个产需对接、协同创新、合作共赢的生态圈。在推进大数据与茶产业融合发展这一产业重构过程中，要么构建生态圈，要么融入生态圈。

一是坚持平台创新推进大数据共享。推进涉茶数据资源全面、高效和集约采集，推动形成跨部门、跨区域涉茶数据资源开放共享格局。立足云上贵州等系统平台，聚焦打造遵义市茶产业一朵云，汇集形成云上黔茶，注重生产、消费、库存、贸易、价格、成本收益等茶产业各环节大数据分析和应用，助力黔茶出山。

二是坚持轻资产运营促进大数据应用。借助省内外公共服务平台，统筹推进茶产业电子商务发展。鼓励有条件的涉茶市场主体共同探索茶产业大数据应用合作模式，避免或减少重复购买、建设和运营成本。在充分整合和利用已有涉茶产业大数据项目资金基础上，积极拓宽资金来源渠道，规范引导社会资本进入茶产业大数据领域。

三是坚持产业链协同营造大数据环境。引导龙头茶企带动中小茶企和其他各类涉茶市场主体发展，推动大数据在茶产业全链条各环节应用。充分发挥贵州智慧黔茶联盟等中介机构作用，利用大数据强化生态优势、提升品牌影响力，推动茶旅一体化和一二三产业融合发展，推进线下茶产业各环节的互联网改造。

（作者：中国信息通信研究院　朱金周）

后　　记

《2018 年中国工业发展报告》是我们编写的第七部年度系列发展报告。2018 年我们从统筹机制、质量把控、研究深度和研究方法等多方面不断完善改进，进一步突出“以数据为展示核心”的编写理念，以期为读者提供更全面、更准确、更具前瞻性的研究报告，希望这一报告能成为相关人员研究、了解工业最具权威性和参考性的资料。

自 2015 年始，中国信息通信研究院在持续开展工业规律、发展战略、区域布局等研究工作的基础上，推动建设了“国家制造强国产业基础大数据平台（以下简称‘平台’）”的建设任务。本年度报告立足“平台”开展工业大数据分析，中国信息通信研究院创新了工业研究咨询方法，形成了一些初具价值的研究成果，希望抛砖引玉，引起社会各界对我国产业大数据和工业转型发展的深入思考和热烈讨论，共同推动建设“制造强国”。

本报告得到了工业和信息化部规划司的悉心指导和大力支持。中国石油和化学工业联合会、中国钢铁工业协会、中国有色金属工业协会、中国建材联合会、中国汽车工业协会、中国机械工业联合会、中国纺织工业联合会、中国轻工业联合会、中国医药企业管理协会、中国电子信息行业联合会等单位为本书提供了高质量的稿件，在此表示感谢。

由于编者能力有限，报告中存在诸多不足之处，欢迎读者给予批评和指正。

编　者

2018 年 10 月